高等职业教育会计专业课程系列教材

U0648899

Enterprise Economic Business
Accounting and Reporting

企业经济业务核算与报告

（第二版）

韩延龄 主 编

安耀文 谢冰 殷慧敏 苏吉余 副主编

东北财经大学出版社
Dongbei University of Finance & Economics Press

大连

图书在版编目（CIP）数据

企业经济业务核算与报告 / 韩延龄主编. —2版. —大连：东北财经大学出版社，2018.8
（高等职业教育会计专业课程系列教材）
ISBN 978-7-5654-3242-2

Ⅰ．企…　Ⅱ．韩…　Ⅲ．企业经济-经济核算-高等职业教育　Ⅳ．F275

中国版本图书馆CIP数据核字（2018）第163083号

东北财经大学出版社出版
（大连市黑石礁尖山街217号　邮政编码　116025）
网　　址：http://www.dufep.cn
读者信箱：dufep@dufe.edu.cn
大连日升彩色印刷有限公司印刷　　东北财经大学出版社发行
幅面尺寸：185mm×260mm　　字数：455千字　　印张：19　　插页：1
2018年8月第2版　　　　　　　　2018年8月第2次印刷
责任编辑：王天华　周　晗　　责任校对：周小焕　周　慧
封面设计：冀贵收　　　　　　　版式设计：钟福建
定价：39.00元

教学支持　售后服务　　联系电话：（0411）84710309
版权所有　侵权必究　　举报电话：（0411）84710523
如有印装质量问题，请联系营销部：（0411）84710711

第二版前言

本书是在企业会计准则修订和新增后，企业经济业务核算方法、核算规范，尤其是营业税改征增值税后企业经济业务核算发生重大变化，亟待会计专业学生去掌握的背景下，在高职会计专业学情分析的基础上，总结会计专业实践教学经验，为适应专业教学编写而成。

本书根据高职高专会计专业人才培养目标的要求，结合高职高专教学的要求和特点，在内容处理上，遵循强化基础、突出应用性的原则，总体上具有简明实用的特点，适合学生在完成"会计基础"课程的学习，掌握会计基本理论、基本方法之后，对企业经济业务核算进一步深化和理解。本书在教材体系编排上，力求先易后难、循序渐进，理论与实践相结合，用例题阐述原理。

本书编写的创新之处在于充分尊重和考虑业务循环的内在必然性和账户间的对应关系，改变了以往财务会计教材只是按照会计要素依次介绍会计准则的做法，避免内容上的简单重复，实现了在结构和内容安排上的科学、合理、简约。本书的核心内容按照"资金筹集、长期资产购建、生产准备、生产经营过程、销售收款、投资、资产清查和减值、利润形成和分配、财务报告"的顺序编写。本书在每个学习情境中均设有开篇案例，以激发学生的学习兴趣，结合企业经济业务实践，理清学习思路；同时还介绍了相关业务所涉及的会计岗位和岗位职责，让学生明确所学即所用。在每个学习情境后都附有综合习题和账务处理案例，学生通过反复练习，从不同侧面加深对教材内容的理解和掌握。针对"学生课上能听懂，但自己处理业务又似懂非懂"的问题，本书在每个学习任务后都安排了"本学习任务小结"，把会计知识以最简单明确的方式呈现出来，以备学生进一步明晰和巩固所需知识。

本次修订主要是根据会计准则和财税政策的最新变化，对第一版的有关内容进行增补、删减、调整、纠错，具体修订内容如下：

1. 根据国务院最新修订的《中华人民共和国增值税暂行条例》及2018年《财政部 税务总局关于调整增值税税率的通知》，对增值税征税对象、税率、计税方法等内容进行了调整、补充；

2. 根据《企业会计准则》（2018版），对企业出售、转让固定资产、无形资产业务进行了调整；

3. 根据《企业会计准则第22号——金融工具确认和计量》，对金融资产分类由"四分类"改为"三分类"；

4. 根据《财政部关于修订印发2018年度一般企业财务报表格式的通知》（财会

〔2018〕15号），对现行的财务报表格式进行了修订。

本书的编写人员均为高职高专院校长期从事会计专业教学的骨干教师，他们在积累多年的教学经验的基础上，深入企业调研，充分听取企业会计实务专家的意见。所以，本书无论是在内容还是在结构安排上，更适合高职高专会计专业学生对会计知识的掌握，也更贴近企业经济业务核算实务。

本书由韩延龄任主编，安耀文、谢冰、殷慧敏、苏吉余任副主编。具体编写分工如下：总论由安耀文编写；学习情境四、五由谢冰编写；学习情境一、九由苏吉余编写；学习情境十由殷慧敏编写；学习情境二、三、六、七、八由韩延龄编写。本书由韩延龄、安耀文、谢冰进行总纂和定稿，胡玲敏教授和朱丹副教授给予了指导。在此，对上述人员表示衷心的感谢。本次修订工作由韩延龄、安耀文完成。

在编写本书的过程中，我们依据企业会计准则、国际会计准则的最新发展成果，密切关注国内会计理论与实务的发展动态，并参考了国内外的相关资料，同时得到高职高专院校同行和中国石油华北油田公司二连分公司的大力支持，在此表示衷心感谢。

书中难免会有错漏及不足之处，欢迎广大读者和同行批评指正。

编　者

2018年7月

目　录

总　论

开篇案例

2006年6月20日至9月11日，财政部驻湖南省财政监察专员办事处对湖南浏阳花炮股份有限公司（*ST花炮）及其下属8家子公司2005年度的会计信息质量进行了现场检查。2006年10月19日，财政部对湖南浏阳花炮股份有限公司下发了《关于湖南浏阳花炮股份有限公司会计信息质量检查结论和处理决定的通知》，指出湖南浏阳花炮股份有限公司在会计核算、会计信息披露以及会计基础性工作等方面都存在严重的问题。2007年7月9日，上证所发布了公开谴责*ST花炮的通知。通知指出，*ST花炮主要存在三项违规事实：信息披露不及时、披露虚假会计信息和业绩预告滞后。2007年10月31日，财政部发布第十三号会计信息质量检查公告，对*ST花炮的会计违规行为予以披露。财政部已对*ST花炮进行了罚款、补税、调账等处理、处罚，对相关企业的法定代表人和财务负责人予以罚款、吊销会计从业资格证书等处罚，对应予追究刑事责任的责任人依法移送司法机关处理。

会计信息的可靠性要求企业应当以实际发生的交易或事项为依据进行确认、计量和报告，如实反映符合确认和计量要求的各项会计要素及其他相关信息，保证会计信息的真实可靠、内容完整。为了贯彻可靠性要求，企业应当做到：（1）以实际发生的交易或事项为依据进行确认和计量，将符合会计要素定义及其确认条件的资产、负债、所有者权益、收入、费用和利润等如实反映在财务报表中，不得根据虚构的、没有发生的或者尚未发生的交易或事项进行确认、计量和报告。（2）在符合重要性和成本效益原则的前提下，保证会计信息的完整性，其中包括应当编报的报表及其附注内容等应该保持完整，不能随意遗漏或者减少应予披露的信息，与使用者决策相关的有用信息都应该充分披露。

资料来源：佚名. 关于财政部驻湖南专员办《关于*ST花炮（600599）会计信息质量检查结论和处理决定的通知》的公告［EB/OL］.［2007-05-18］. http://finance.sina.com.cn/stock/s/20070518/08011414244.shtml.

任务一　财务会计的特征及目标

知识目标

1.掌握财务会计的特征；

2.掌握企业资金运动的方式；

3.掌握财务会计核算的目标。

技能目标

1.分析生产企业和商业企业资金运动的方式；

2.能够根据企业资金循环和运动方式判断企业需要进行会计核算的经济业务。

知识准备

在展开本书的论述之前，首先必须明确什么是现代会计、会计的定义及研究对象究竟是什么。在这里，所谓现代会计，是指在现代国际经济全球化趋势下以及在我国当代社会主义市场经济体制下的会计，它包括企业、事业、机关、团体等单位的会计，本书只涉及企业会计。以下论述均是建立在企业会计的基础上。

现代企业是以股份有限公司为代表的公司制企业，它们发行股票，筹集资金，申请进入股票交易市场，发展壮大促使自己成为上市公司。因此，现代企业会计主要是指股份有限公司会计。受控于公司管理者的现代企业会计，是与传统会计紧密相衔接、以《企业会计准则》为规范、以对外公开披露为目的的会计（对内揭示企业经营管理信息的会计为管理会计），即为财务会计。

一、财务会计的定义与特征

（一）财务会计的定义

财务会计是以货币为主要计量单位，运用专用的方法，全面、连续、系统、完整地核算和监督一个单位经济活动的经济信息系统。企业的财务会计工作主要核算企业在某一时点的财务状况、一段期间内的经营成果和现金流量。

财务会计已经成为现代企业的一项重要的基础性管理工作。现代企业的会计工作主要是通过一系列会计程序，针对企业的经济活动、财务收支及经济效益等进行核算和监督，以了解企业的管理层对于该企业的财务状况、经营成果、现金流量的受托责任的履行情况，为会计信息使用者提供对决策有用的信息，并积极参与经营管理决策，提高企业经济效益，促进市场经济的健康有序发展。

财务会计的目的是通过向企业外部会计信息使用者提供有用的财务信息，帮助信息使用者做出相关决策。承担这一信息载体和功能的媒介就是企业定期编制并提供的财务报告，它是财务会计确认和计量的最终结果，是沟通企业管理层与外部信息使用者的桥梁和纽带。

财务报告外部信息使用者主要包括投资者、债权人、银行、政府及其有关部门和社会公众等。满足投资者的信息需求是企业财务报告编制的首要出发点。将投资者作为企业财务报告的首要使用者，凸显了投资者的重要地位，体现了保护投资者利益的要求，是市场经济顺利发展的必然。根据决策有用目标，财务报告所提供的信息应当如实反映企业所拥有或者控制的经济资源、对经济资源的要求权以及经济资源及其要求权的变化情况，如实反映企业的各项收入、费用、利润和损失的变化脉络，如实反映企业各项经营活动、投资活动和筹资活动等所形成的现金流入和现金流出等情况，从而有助于现在的或者潜在的投资者正确、合理地评价企业的资产质量、偿债能力、盈利能力和营运效率，有助于投资者根据相关会计信息做出理性的投资决策。

（二）财务会计的特征

从财务会计的定义来看，我们可以看出财务会计具有如下特征：

1.财务会计是一个经济信息系统——会计的本质

财务会计是一个收集、处理和输送企业经济信息的系统，它将企业经济活动的各种分散的数据转化为一组客观的、货币化的会计信息，为企业内部管理者和外部利益相关者进行相关经济决策提供重要的依据，这是会计的本质。

2.财务会计以货币为主要计量单位

财务会计对经济活动过程中使用的财产物资、发生的劳动耗费及形成的劳动成果等以货币为主要计量单位，进行系统的记录、计算、分析和考核，以达到加强经济管理的目的。经济活动中通常使用劳动计量、实物计量和货币计量三种计量单位，但在市场经济条件下，劳动计量和实物计量的结果通常无法直接进行汇总、比较，而利用货币计量，通过价值量的核算，则可以进行统一衡量和比较，综合反映经济活动的全貌。因此，会计核算从数量上核算单位的经济活动状况，以货币计量为主，以劳动计量和实物计量为辅。

3.财务会计具有核算和监督的职能——会计的基本职能

会计职能是指财务会计在经济管理活动中所具有的客观功能。财务会计具有核算和监督的功能，会计一方面要按照会计法规制度的要求，对企业经济业务流程中可以货币表现的资金运动进行确认、计量和报告，另一方面要对企业业务活动的合法性、合理性进行审查。会计核算和监督贯穿于会计工作的全过程，是会计工作最基本的职能，也是会计管理活动的重要表现形式。

4.财务会计采用一系列专门的方法——会计的方法

财务会计在对经济活动进行核算、监督和分析时，形成了一套有别于其他工作的独特方法，即会计方法。会计方法是指用来核算和监督会计对象、实现会计目标的手段，具体包括会计核算方法、会计分析方法和会计检查方法等。其中，会计核算方法是最基本的方法；会计分析方法和会计检查方法主要是在会计核算方法的基础上，利用提供的会计资料进行分析和检查活动所使用的方法。这些方法相辅相成，形成了一整套的方法体系。会计最基础性的工作就是运用这些方法，并结合其他技术手段实现会计工作的目标。

二、财务会计的对象与目标

（一）财务会计的对象

财务会计的对象是指会计核算和监督的具体内容，具体是指社会再生产过程中能以货币表现的经济活动，即资金运动或价值运动。财务会计以货币为主要计量单位对会计主体的经济活动进行核算和监督。也就是说，凡是特定主体能够以货币表现的经济活动，都是会计核算和监督的内容，即会计的对象，而以货币表现的经济活动通常又称为价值运动或资金运动，因此，会计核算和监督的内容即会计对象就是资金运动或价值运动。

不同企业在社会再生产过程中所处的地位、负担的任务及经济活动的方式各不相同，经济业务的内容也不尽相同，其具体的资金运动就有所区别。下面我们分别通过介绍生产企业、商业企业的资金运动，来简要说明会计核算的对象。

1.生产企业的资金运动

生产企业的资金运动表现为资金投入、资金运用和资金退出三个过程。

（1）生产企业的资金投入包括投资者投入的资金和债权人投入的资金，前者形成企业的所有者权益，后者形成企业的负债。投入企业的资金一部分形成流动资产，另一部分形成非流动资产。

（2）企业的资金运用。资金投入企业后，在供应、生产和销售等环节不断循环与周转。资金的循环与周转就是资金从货币资金开始依次转化为储备资金、生产资金、成本资金，最后通过销售又回归货币资金的循环过程。

（3）企业的资金退出。这一过程具体包括偿还各项债务、缴纳各项税费、向所有者分配利润等，这部分资金将离开企业，退出企业的资金循环与周转。

生产企业资金运动流程图如图0-1所示。

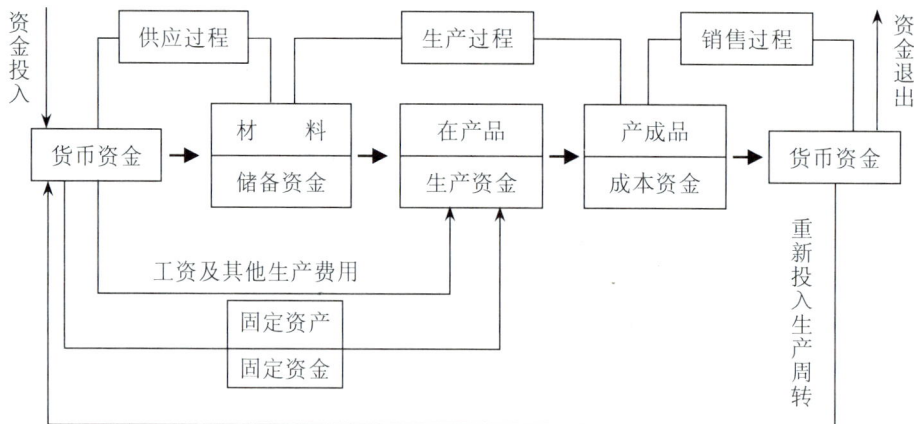

图0-1　生产企业资金运动流程图

2.商业企业的资金运动

与生产企业不同，商业企业一般没有生产加工过程，其经济活动包括采购、销售两大环节，在商品采购回来之后到销售出去之前，有一个短暂的储存过程。商业企业在用各种方式筹得资金后，按照等价交换的原则购进商品，资金由货币资金形态转化为商品资金形态；再根据供求变化适时把商品销售出去收回货款，资金又从商品资金形态转化为货币资金形态。商业企业的资金就是按照"货币—商品—货币"的形式不断循环周转的。

商业企业资金运动流程如图0-2所示。

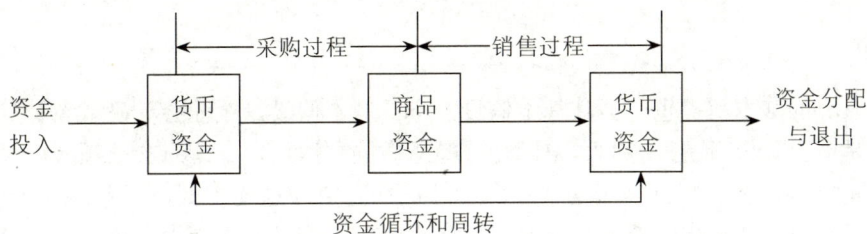

图0-2　商业企业资金运动流程图

（二）财务会计的目标

会计目标也称为会计目的，是要求会计工作完成的任务或达到的标准，即向财务会计报告使用者提供与企业财务状况、经营成果和现金流量等有关的会计信息，反映企业管理层受托责任的履行情况，有助于财务会计报告使用者做出经济决策。

1.向财务会计报告使用者提供与决策有关的信息

财务会计报告使用者主要包括投资者、债权人、银行、政府及有关部门和社会公众。财务会计主要通过财务会计报告向其使用者提供与企业财务状况、经营成果和现金流量等有关的会计信息，有助于财务会计报告使用者了解企业的资产规模和来源情况、是否能够盈利或盈利多少、有没有足够的现金偿付能力等，从而帮助他们做出是否投资或继续投资、是否发放或收回贷款的决策；有助于政府及有关部门做出促进经济资源分配公平与合理、市场经济秩序公正和有序的宏观经济决策。

2.反映企业管理层受托责任履行情况

现代企业制度强调企业所有权和经营权的分离，企业管理层受委托人之托经营管理企业及其各项资产，负有受托责任。企业的投资者和债权人等需要评价企业管理层的受托责任的履行情况和经营业绩，及时或者经常性地了解企业管理层保管和使用资金的情况，决定是否需要调整投资或信贷政策，是否需要加强企业内部控制和其他制度建设，是否需要更换管理层等。因此，财务会计应当通过财务会计报告反映企业管理层受托责任的履行情况，以便外部投资者和债权人等评价企业的经营管理和资源利用的有效性。

任务二　会计核算的基本前提和基础

知识目标

1.掌握会计核算的基本前提；
2.掌握会计核算的基础。

技能目标

1.理解会计核算的基础——权责发生制的意义；
2.判断权责发生制对企业财务状况和经营成果的影响。

知识准备

会计核算的基本前提也称会计基本假设。会计基本假设是企业会计确认、计量和报告的前提，是对会计核算所处时间、空间环境等所做的合理假定，即对会计领域中某些无法正面加以论证的事务，根据客观的、正常的情况和趋势经过逐步认识所做出的合理判断。如为了及时核算企业的损益情况，就有必要将企业的生产过程人为地划分为一定期间；为了反映企业的经营情况，就有必要确立一定的计量单位等。会计核算的基本前提包括会计主体、持续经营、会计分期和货币计量四个基本假设。

一、会计核算的基本前提

（一）会计主体

会计主体，是会计工作服务的特定对象，是企业会计确认、计量和报告的空间范围。为了向财务报告使用者反映企业的财务状况、经营成果和现金流量，提供对其决策有用的信息，会计核算和财务报表的编制应当集中反映特定对象的活动，并将其与其他经济实体区分开来。在会计主体假设前提下，企业应当对其本身发生的交易或事项进行会计确认、计量和报告，反映企业本身所从事的各项生产经营活动及其他相关活动。明确界定会计主体是开展会计确认、计量和报告工作的重要前提。

首先，明确会计主体，才能划定会计所要处理的各项交易或事项的范围。在会计实务中，只有那些影响企业本身经济利益的各项交易或事项才能加以确认、计量和报告，那些不影响企业本身经济利益的各项交易或事项不能加以确认、计量和报告。会计工作中通常所讲的资产、负债的确认，收入的实现，费用的发生等，都是针对特定会计主体而言的。比如我们说到某企业的资产，就是指权属归于该企业的资产，而不能是其他企业的资产；说到某企业的负债，就只能是该企业所应承担的债务。

其次，明确会计主体，才能将会计主体的交易或事项与会计主体所有者的交易或事项以及其他会计主体的交易或事项区分开来。例如，滨海公司的投资人自己家庭所购车辆就不能作为滨海公司的资产进行核算；滨海公司从乙企业购入钢材，滨海公司的会计就只能核算滨海公司的采购业务，至于乙企业如何核算销售钢材的业务，就不属于滨海公司会计所要考虑的问题。

会计主体不同于法律主体。一般来说，法律主体必然是一个会计主体，而会计主体未必一定是法律主体。例如，一个企业作为一个法律主体，应当建立财务会计系统，独立反映其财务状况、经营成果和现金流量。但是，会计主体不一定是法律主体。例如，对企业集团而言，一个母公司中虽然有不同的法律主体，但是母公司拥有子公司的控制权，为了全面反映企业集团的财务状况、经营成果和现金流量，就有必要将企业集团作为一个会计主体编制合并财务报表。

（二）持续经营

持续经营，是指在可以预见的将来，企业将会按当前的规模和状况继续经营下去，不会停业，也不会大规模削减业务。在持续经营前提下，会计确认、计量和报告应当以企业持续的、正常的生产经营活动为前提，企业在可预见的将来不会进行清算，这样企业拥有的各项资产就可以在正常的生产经营过程中耗用、出售或转换、承担的债务也在正常的经营过程中清偿，经营成果就会不断地形成。明确了这个基本前提，会计人员就可以选择适用的会计原则和会计方法，进行资产计价和收益确认。比如，某企业购入一台设备，预计使用寿命是10年，在持续经营假设下企业就可以按照10年计提折旧，而不用考虑这期间可能会出现非正常情况从而改变折旧期限。当然，持续经营只是一个假定，任何企业在经营中都存在破产、清算等不能持续经营的风险。企业一旦进入清算，就应当改按清算进行会计处理。

如果一个企业在不能持续经营时仍按持续经营假设选择会计确认、计量和报告的原则和方法，就不能客观地反映企业的财务状况、经营成果和现金流量，会误导会计信息使用者的经济决策。

（三）会计分期

会计分期，是指将一个企业持续经营的生产经营活动人为地划分为一个个连续的、长短相同的期间。会计分期是一个企业对经济业务核算的时间范围的界定。会计分期的目的在于，通过会计期间的划分，将持续经营的生产经营活动划分为连续的、相等的期间，据以结算盈亏，按期编报财务报告，从而及时向财务报告使用者提供有关企业财务状况、经营成果和现金流量的信息。

在会计分期假设下，企业应当划分会计期间，分期结算账目和编制财务报告。会计期间通常分为年度和中期。在我国，会计年度自公历1月1日起至12月31日止；中期，是指短于一个完整的会计年度的报告期间，通常包括半年度、季度和月度。正是由于会计分期，才产生了当期与以前期间、以后期间的差别，才使不同类型的会计主体有了记账的基准，进而孕育出折旧、摊销等会计处理方法。

（四）货币计量

货币计量，是指会计主体在会计确认、计量和报告时以货币计量、反映会计主体的生产经营活动。

在会计的确认、计量和报告过程中之所以选择货币为基础进行计量，是由货币本身的属性决定的。货币是商品的一般等价物，是衡量一般商品价值的共同尺度，具有价值尺度、流通手段、贮藏手段和支付手段等特点。其他计量单位，如重量、长度等，只能从一个侧面反映企业的生产经营情况，无法在量上进行汇总和比较，不便于会计计量和经营管理。只有选择货币尺度进行会计计量，才能充分地反映企业的生产经营情况，因此，《企业会计准则——基本准则》规定，会计确认、计量和报告选择货币作为计量单位。

会计以货币作为统一的计量尺度，但企业的经济活动往往涉及多种货币，就要求会计核算选择某一种具体的货币作为基本货币单位来统一反映企业的财务状况与经营成果等。这种基本的货币单位叫作记账本位币。我国会计核算以人民币为记账本位币。业务收支以人民币以外的货币为主的单位，也可以选定某一种货币作为记账本位币，但编制的财务报表应当折算为人民币反映。在境外设立的中国企业向国内报送的财务报表，也应当折算为人民币反映。

在特殊情况下，某些影响企业财务状况和经营成果的因素往往难以用货币来计量，但这些信息对于使用者做出决策也很重要，为此，企业可以在财务会计报告中补充披露有关非财务信息来弥补这一缺陷。

会计核算的四项基本前提具有相互依存、相互补充的关系。会计主体确立了会计核算的空间范围，持续经营与会计分期确立了会计核算的时间范围，而货币计量则为会计核算提供了必要手段。没有会计主体，就不会有持续经营；没有持续经营，就不会有会计分期；没有货币计量，就不会有现代会计。

二、会计核算的基础

会计核算基础是指会计确认、计量和报告的基础，是会计主体确认一定会计期间的收入、费用，从而确定当期经营成果的标准。会计实务中运用的会计基础主要有两种：权责发生制和收付实现制。我国《企业会计准则——基本准则》第九条规定："企业应当以权责发生制为基础进行会计确认、计量和报告。"

权责发生制，也称应计制或应收应付制，是指收入、费用的确认应当以收入和费用的实际发生而不是以款项的收付作为确认的标准来确认当期损益的一种会计基础。

权责发生制要求，凡是当期已经实现的收入和已经发生或应当负担的费用，无论款项是否收付，都应当作为当期的收入和费用，计入利润表；凡是不属于当期的收入和费用，即使款项已在当期收付，也不应当作为当期的收入和费用。

在实务中，企业交易或事项的发生时间与相关款项支付时间有时并不一致。例如，款项已经收到，但销售尚未实现；或者款项已经支付，但并不是为本期生产经营活动而发生的。收付实现制是与权责发生制相对应的一种会计基础，它是以收到或支付的现金及其时点作为确认收入和费用等的依据。为了更加真实、公允地反映特定会计期间的财务状况和经营成果，企业在会计确认、计量和报告时应当以权责发生制为基础。

任务三　会计信息质量要求

知识目标

掌握会计信息质量要求的内容。

技能目标

1.理解掌握会计信息质量要求的重要意义；
2.了解企业违反会计信息质量要求应受到的处罚。

知识准备

会计信息质量要求是对企业财务报告中所提供会计信息质量的基本要求，是使财务报告中所提供的会计信息对投资者等信息使用者决策有用应具备的基本特征，它主要包括可靠性、相关性、可理解性、可比性、实质重于形式、重要性、谨慎性和及时性。

一、可靠性

可靠性要求企业应当以实际发生的交易或事项为依据进行确认、计量和报告，如实地反映符合确认和计量要求的会计要素及其他相关信息，保证会计信息真实可靠、内容完整。

会计信息要有用，必须以可靠性为基础。如果财务报告所提供的会计信息是不可靠的，就会对投资者等信息使用者的决策产生误导甚至给其带来损失。为了贯彻可靠性要求，企业应当做到：

（1）以实际发生的交易或事项为依据进行确认、计量，将符合会计要素定义及其确认条件的资产、负债、所有者权益、收入、费用和利润等如实反映在财务报表中。

（2）在符合重要性和成本效益原则的前提下，为保证会计信息的完整性，编报的报表及其附注内容等应当保持完整，不得随意遗漏或者减少应予披露的信息。

（3）包括在财务报告中的会计信息应当是中立的、无偏的。如果企业在财务报告中为了达到事先设定的结果或效果，通过选择或列示有关会计信息以影响决策和判断，这样的财务报告信息就不是中立的。

二、相关性

相关性要求企业提供的会计信息应当与投资者等财务报告使用者的经济决策需要相关，有助于投资者等财务报告使用者对企业过去、现在或未来情况做出评价或预测。

会计信息是否有用、是否具有价值，关键看其与使用者的决策需要是否相关、是否有助于决策或者提高决策水平。相关的会计信息应当能够有助于使用者评价企业过去的决策，证实或者修正过去的有关预测，因而具有反馈价值。相关的会计信息还应当具有预测价值，有助于使用者根据财务报告所提供的会计信息预测企业未来的财务状况、经营成果和现金流量。例如，区分收入和利得、费用和损失，区分流动资产和非流动资产、流动负债和非流动负债以及适度引入公允价值等，都可以提高会计信息的预测价值，进而提升会计信息的相关性。

会计信息质量的相关性要求，企业在确认、计量和报告会计信息的过程中，要充分考虑使用者的决策模式和信息需要。但是，相关性是以可靠性为基础的，两者之间并不矛盾，不应将两者对立起来。也就是说，会计信息在可靠性前提下，应尽可能地做到相关，以满足投资者等财务报告使用者的决策需要。

三、可理解性

可理解性要求企业提供的会计信息应当清晰明了，便于投资者等财务报告使用者理解和使用。

企业编制财务报告、提供会计信息的目的在于使用，而要想让使用者有效使用会计信息，就应当让其了解会计信息的内涵，弄懂会计信息的内容，这就要求财务报告所提供的会计信息应当清晰明了，易于理解。只有这样，才能提高会计信息的有用性，实现财务报告的目标，满足向投资者等财务报告使用者提供对决策有用的信息的要求。

会计信息是一种专业性较强的信息，在强调会计信息的可理解性要求的同时，还应假定使用者具有一定的有关企业经营活动和会计方面的知识，并且愿意付出努力去研究这些信息。对于某些复杂的信息，如交易本身较为复杂或者会计处理较为复杂，如其与使用者的决策相关，企业就应当在财务报告中充分披露。

四、可比性

可比性要求企业提供的会计信息应当相互可比，主要包括两层含义：

（一）同一企业不同时期可比

为了便于投资者等财务报告使用者了解企业财务状况、经营成果和现金流量的变化趋势，比较企业在不同时期的财务报告信息，全面、客观地评价过去、预测未来，从而做出决策，会计信息质量的可比性要求同一企业不同时期发生的相同或者相似的交易或事项，应当采用一致的会计政策，如果按照规定或者在会计政策变更后可以提供更可靠、更相关的会计信息的，可以变更会计政策。有关会计政策变更的情况，应当在附注中予以说明。

（二）不同企业相同会计期间可比

为了便于投资者等财务报告使用者评价不同企业的财务状况、经营成果和现金流量及其变动情况，会计信息质量的可比性要求不同企业同一会计期间发生的相同或类似的交易或事项，应当采用规定的会计政策，确保会计信息口径一致、相互可比，以使个不同企业按照一致的确认、计量和报告要求提供有关会计信息。

五、实质重于形式

实质重于形式要求企业按照交易或者事项的经济实质进行会计确认、计量和报告，不仅仅以交易或者事项的法律形式为依据。

企业发生的交易或者事项在多数情况下其经济实质和法律形式是一致的，但在有些情况下，会出现不一致。例如，以融资租赁方式租入的资产，虽然从法律形式来讲企业并不拥有其所有权，但是由于租赁合同中规定的租赁期相当长，往往接近于该资产的使用寿命，租赁期间结束时承租企业有优先购买该资产的选择权，在租赁期内承租企业有权支配资产并从中受益等，从其经济实质看，企业能够控制融资租入资产所创造的未来经济利益，因此，在会计确认、计量和报告时就应当将以融资租赁方式租入的资产视为企业自有的资产，列入企业的资产负债表。

六、重要性

重要性要求企业提供的会计信息应当反映与企业财务状况、经营成果和现金流量有关的所有重要交易或者事项。

在实务中，如果某会计信息的省略或者错报会影响投资者等财务报告使用者据此做出决策，该信息就具有重要性。重要性的应用需要依赖职业判断，企业应当根据其所处环境和实际情况，从项目的性质和金额大小两个方面加以判断。

七、谨慎性

谨慎性要求企业对交易或者事项进行会计确认、计量和报告时应当保持应有的谨慎，不应高估资产或者收益、低估负债或者费用。

在市场经济环境下，企业的生产经营活动面临着诸多风险和不确定性，如应收款项的可收回性、固定资产的使用寿命、无形资产的使用寿命、售出存货可能发生的退货或者返修等。会计信息质量的谨慎性要求，需要企业在面临不确定性因素的情况下做出职业判断时，应当保持应有的谨慎，充分估计到各种风险和损失，既不高估资产或收益，也不低估负债或费用。例如，要求企业对可能发生的资产减值损失计提资产减值准备，对售出商品可能发生的保修义务等确认预计负债等，就体现了会计信息质量的谨慎性要求。

八、及时性

及时性要求企业对于已经发生的交易或者事项应当及时确认、计量和报告，不得提前或延后。

会计信息的价值在于帮助所有者或者其他方面做出经济决策，具有时效性。即使是可靠、相关的会计信息，如果不及时提供，就会失去时效性，对于使用者的效用就大大降低，甚至不再具有实际意义。在会计确认、计量和报告过程中贯彻及时性，一是要求及时收集会计信息，即在经济交易或者事项发生后，及时收集、整理各项原始单据或者凭证；二是要求及时处理会计信息，即按照会计准则的规定，及时对经济交易或者事项进行确认或计量，并编制财务报告；三是要求及时传递会计信息，即按照国家规定的有关时限，及时地将编制的财务报告传递给财务报告使用者，便于其及时使用和决策。

在实务中，为了及时提供会计信息，可能需要在有关交易或事项的信息全部获得之前即进行会计处理，从而满足了会计信息的及时性要求，但可能会影响会计信息的可靠性；反之，如果企业等到与交易或事项有关的信息全部获得之后再进行会计处理，这样的信息披露可能会由于实效性问题，对于投资者等财务报告使用者决策的有用性大大降低。这需要在及时性和可靠性之间做出权衡，以更好地满足投资者等财务报告使用者的经济决策需要为判断标准。

任务四　财务报告要素

知识目标

1. 掌握两大会计等式；
2. 掌握会计六要素；
3. 掌握会计要素核算的内容；
4. 掌握会计要素的核算原则。

技能目标

1. 能够判断企业经济业务发生后，对企业哪些会计要素产生了影响；
2. 能够将会计要素的核算原则应用到具体的会计业务中；
3. 能够理解会计等式的意义和应用范围。

知识准备

会计要素是根据交易或事项的经济特征所确定的财务会计对象和基本分类。会计要素按照其性质分为资产、负债、所有者权益、收入、费用和利润。其中，资产、负债和所有者权益要素侧重于反映企业的财务状况，收入、费用、利润要素侧重于反映企业的经营成果。

一、资产的定义及其确认条件

（一）资产的定义

资产，是指企业过去的交易或事项形成的，由企业拥有或控制的，预期会给企业带来经济利益的资源。根据资产的定义，资产具有以下几个方面的特征：

1.资产预期会给企业带来经济利益

资产预期会给企业带来经济利益，是指资产直接或间接导致现金和现金等价物流入企业的潜力。这种潜力可以来自企业日常的生产经营活动，也可以是非日常活动；带来的经济利益可以是现金或者现金等价物，也可以是转化为现金或现金等价物的形式，或者是可以减少现金或现金等价物流出的形式。

预期能为企业带来经济利益是资产的重要特征。例如，企业采购的原材料、购置的固定资产等可以用于生产经营过程，制造商品或提供劳务，对外出售后收回货款，货款即为企业所获得的经济利益。如果某一项目预期不能给企业带来经济利益，那么就不能将其确认为企业的资产。前期已经确认为资产的项目，如果不能再为企业带来经济利益，也不能再确认为企业的资产。

2.资产应为企业拥有或控制的资源

资产作为一项资源，应当由企业拥有或控制，具体是指企业享有某项资源的所有权，或者虽然不享有某项资源的所有权，但该资源能被企业所控制。

企业享有资产的所有权，通常表明企业能够排他性地从资产中获取经济利益。通常在判断资产是否存在时，所有权是首要考虑的因素。在有些情况下，资产虽然不为企业所拥有，即企业并不享有所有权，但企业控制了这些资产，同样表明企业能够从资产中获取经济利益，符合会计上对资产的定义。如果企业既不拥有资产也不能控制资产所能带来的经济利益，就不能将其作为企业的资产予以确认。

3.资产是由企业过去的交易或事项形成的

资产应当由企业过去的交易或事项所形成，过去的交易或事项包括购买、生产、建造行为或者其他交易或事项。只有过去的交易或事项才能产生资产，预期在未来发生的交易或事项不形成资产。例如，企业有购买某存货的意愿或计划，但是购买行为尚未发生，就不符合资产的定义，不能因此而确认存货资产。

（二）资产的确认条件

将一项资产确认为资产，需要符合资产的定义，还应同时满足以下两个条件：

1.与该资源有关的经济利益很可能流入企业

从资产的定义可以看出，能带来经济利益是资产的一个本质特征，但在现实生活中，由于经济环境瞬息万变，与资源有关的经济利益能否流入企业或者能够流入多少实际上带有不确定性。因此，资产的确认还应与经济利益流入的不确定性程度的判断结合起来。如果根据编制财务报表时所获取的证据判断，与资源有关的经济利益很可能流入企业，那么就应当将其作为资产予以确认；反之，不能确认为资产。

2.该资源的成本或者价值能够可靠地计量

财务会计系统是一个确认、计量和报告的系统，其中计量起着枢纽作用，可计量性是所有会计要素的重要前提，资产的确认也是如此。只有当有关资产的成本或价值能够可靠地计量时，资产才能予以确认。在实务中，企业取得的许多资产都是发生了实际成本的。例如，企业购买或者生产的存货、企业购置的厂房或设备等，对于这些资产，只有实际发生的购买成本或者生产成本能够可靠计量，才能视为符合了资产确认的可计量性。在某些情况下，企业取得的资产没有实际成本或发生的实际成本很小。例如，对于企业持有的某些衍生金融工具形成的资产，尽管它们没有实际成本或发生的实际成本很小，但是如果其公允价值能够可靠地计量的话，也被认为符合了资产可计量性的确认条件。

二、负债的定义及其确认条件

（一）负债的定义

负债，是指企业过去的交易或事项形成的，预期会导致经济利益流出企业的现时义务。根据负债的定义，负债具有以下几个方面的特征：

1.负债是企业承担的现时义务

负债必须是企业承担的现时义务，这里的现时义务是指企业在现行条件下已承担的义务。未发生的交易或事项形成的义务，不属于现时义务，不应当确认为负债。

这里所指的义务可以是法定义务，也可以是推定义务。其中，法定义务是指具有约束力的合同或者法律、法规规定的义务，通常在法律意义上需要强制执行。例如，企业购买原材料形成应付账款、企业向银行贷入款项形成借款、企业按照税法规定应当缴纳的税款等，均属于企业承担的法定义务，需要依法予以偿还。推定义务是指根据企业多年来的习惯做法、公开的承诺或者公开宣布的经营政策而导致企业将承担的责任，这些责任也使有关各方形成了企业将履行义务承担责任的合理预期。例如，某企业多年来制定有一项销售政策，对于售出商品提供一定期限内的售后保修服务，预期将为售出商品提供的保修服务就属于推定义务，应当将其确认为一项负债。

2.负债预期会导致经济利益流出企业

预期会导致经济利益流出企业也是负债的一个本质特征，只有在履行义务时会导致经济利益流出企业的，才符合负债的定义。在履行现时义务清偿负债时，导致经济利益流出企业的形式多种多样，例如，用现金偿还或以实物资产形式偿还；以提供劳务形式偿还；以部分转移资产、部分提供劳务形式偿还；将负债转为资本等。

3.负债是由企业过去的交易或者事项形成的

负债应当是由企业过去的交易或事项所形成的。换句话说，只有过去的交易或事项才形成负债，企业将在未来发生的承诺、签订的合同等交易或事项，不形成负债。

（二）负债的确认条件

将一项现时义务确认为负债，需要符合负债的定义，还需要同时满足以下两个条件：

1.与该义务相关的经济利益很可能流出企业

从负债的定义可以看出，预期会导致经济利益流出企业是负债的一个本质特征。在实务中，履行义务所流出的经济利益带有不确定性，尤其是与推定义务相关的经济利益通常需要依赖大量的估计。因此，负债的确认应当与经济利益流出的不确定性程度的判断结合起来。如果有确凿的证据表明，与现时义务有关的经济利益很可能流出企业，就应当将其作为负债予以确认；反之，如果企业承担了现时义务，但是导致经济利益流出企业的可能性很小，就不符合负债的确认条件，不应将其作为负债予以确认。

2.未来流出的经济利益的金额能够可靠计量

负债的确认在考虑经济利益流出企业的同时，对于未来流出的经济利益的金额应当能够可靠计量。对于与法定义务有关的经济利益流出金额，通常可以根据合同或者法律规定的金额予以确定，考虑到经济利益流出通常是在未来期间，有时未来期间较长，有关金额的计量需要考虑货币时间价值等因素的影响。对于与推定义务有关的经济利益流出金额，企业应当根据履行相关义务所需支出的最佳估计数进行估计，并综合考虑有关货币时间价值、风险等因素的影响。

三、所有者权益的定义及其确认条件

（一）所有者权益的定义

所有者权益，是指企业资产扣除负债后，由所有者享有的剩余权益，公司的所有者权益又称股东权益。所有者权益是所有者对企业资产的剩余索取权，它是企业的资产扣除债权人权益后应由所有者享有的部分，既可反映所有者投入资本的保值与增值情况，又体现保护债权人权益的理念。

（二）所有者权益的来源构成

所有者权益的来源包括所有者投入的资本、直接计入所有者权益的利得和损失、留存收益等，通常由股本（或实收资本）、资本公积（含股本溢价或资本溢价、其他资本公积）、其他综合收益、盈余公积和未分配利润等构成。

所有者投入的资本是指所有者投入企业的资本部分，它既包括构成企业注册资本或股本的金额，也包括投入资本超过注册资本或股本部分的金额，即资本溢价或股本溢价，这部分投入资本作为资本公积（资本溢价）反映。

直接计入所有者权益的利得和损失，是指不应计入当期损益、会导致所有者权益发生增减变动的、与所有者投入资本或者向所有者分配利润无关的利得或损失。其中，利得是指由企业非日常经营活动所形成的、会导致所有者权益增加的、与所有者投入资本无关的经济利益的流入。损失是指由企业非日常活动所发生的、会导致所有者权益减少的、与向所有者分配利润无关的经济利益的流出。直接计入所有者权益的利得和损失主要包括以公允价值计量且其变动计入其他综合收益的金融资产的公允价值变动额、现金流量套期中套期工具公允价值变动额（有效套期部分）等。

留存收益是企业历年实现的净利润留存于企业的部分，主要包括盈余公积和未分配利润。

（三）所有者权益的确认条件

所有者权益体现的是所有者在企业中的剩余权益，因此，所有者权益的确认主要依赖于其他会计要素，尤其是资产和负债的确认，所有者权益金额的确定也主要取决于资产和负债的计量。例如，企业接受投资者投入的资产，在该资产符合资产确认条件时，就相应地符合了所有者权益的条件；当该资产的价值能够可靠地计量时，所有者权益的金额也就可以确定。

四、收入的定义及其确认条件

（一）收入的定义

收入，是指企业在日常活动中形成的、会导致所有者权益增加的、与所有者投入资本

无关的经济利益的总流入。根据收入的定义，收入具有以下几方面的特征：

1.收入是企业在日常活动中形成的

日常活动是指企业为完成其经营目标所从事的经营性活动以及与之相关的活动。例如，工业企业制造并销售产品即属于企业的日常活动。明确界定日常活动是为了将收入与利得相区分，因为企业非日常活动所形成的经济利益的流入不能确认为收入，而应当计入利得。

2.收入是与所有者投入资本无关的经济利益的总流入

收入应当会导致经济利益的流入，从而导致资产的增加。例如，企业销售商品，应当收到现金或者有权在未来收到现金，才表明该交易符合收入的定义。但是在实务中，经济利益的流入有时是所有者投入资本的增加所导致的，所有者投入资本的增加不应当确认为收入，应当将其直接确认为所有者权益。

3.收入会导致所有者权益的增加

与收入相关的经济利益的流入应当会导致所有者权益的增加，不会导致所有者权益增加的经济利益的流入不符合收入的定义，不应确认为收入。例如，企业向银行借入款项，尽管也导致了企业经济利益的流入，但该流入并不导致所有者权益的增加，反而使企业承担了一项现时义务。企业对于因借入款项所导致的经济利益的增加，不应将其确认为收入，应当确认为一项负债。

（二）收入的确认条件

企业收入的来源渠道多种多样，不同收入来源的特征有所不同，其收入确认的条件也往往存在差别，如销售商品、提供劳务、让渡资产使用权等。一般而言，收入只有在经济利益很可能流入从而导致企业资产增加或者负债减少，且经济利益的流入额能够可靠地计量时才能予以确认。收入的确认至少应当符合以下条件：一是与收入相关的经济利益应当很可能流入企业；二是经济利益流入企业的结果会导致资产的增加或者负债的减少；三是经济利益的流入额能够可靠计量。

五、费用的定义及其确认条件

（一）费用的定义

费用，是指企业在日常活动中发生的、会导致所有者权益减少的、与向所有者分配利润无关的经济利益的总流出。根据费用的定义，费用具有以下几方面的特征：

1.费用是企业在日常活动中形成的

费用必须是企业在日常活动中所形成的，这些日常活动的界定与收入定义中涉及的日常活动的界定相一致。日常活动中所产生的费用通常包括销售成本（营业成本）、职工薪酬、折旧费、无形资产摊销等。将费用界定为日常活动中所形成的，目的是将其与损失相区分，企业非日常活动中所形成的经济利益的流出不能确认为费用，而应当计入损失。

2.费用是与向所有者分配利润无关的经济利益的总流出

费用的发生应当会导致经济利益的流出，从而导致资产的减少或者负债的增加，其表现形式包括现金或者现金等价物的流出，存货、固定资产和无形资产等的流出或者消耗等。企业向所有者分配利润也会导致经济利益的流出，而这种经济利益的流出属于所有者权益的抵减项目，不应确认为费用，应当将其排除在费用的定义之外。

3.费用会导致所有者权益的减少

与费用相关的经济利益的流出应当会导致所有者权益的减少，不会导致所有者权益减少的经济利益的流出不符合费用的定义，不应确认为费用。

（二）费用的确认条件

费用的确认条件除了应当符合定义外，还应当满足严格的条件，即费用只有在经济利益很可能流出从而导致企业资产减少或者负债增加，且经济利益的流出额能够可靠计量时才予以确认。因此，费用的确认至少需要符合以下条件：一是与费用相关的经济利益应当很可能流出企业；二是经济利益流出企业的结果会导致资产的减少或者负债的增加；三是经济利益的流出额能够可靠地计量。

六、利润的定义及其确认条件

（一）利润的定义

利润，是指企业在一定会计期间的经营成果。通常情况下，如果企业实现了利润，表明企业的所有者权益将增加；反之，如果企业发生了亏损（即利润为负数），表明企业的所有者权益将减少。因此，利润往往是评价企业管理层业绩的一项重要指标，也是投资者等财务报告使用者进行决策时的重要参考依据。

（二）利润的来源构成

利润包括收入减去费用后的净额、直接计入当期利润的利得和损失等。其中收入减去费用后的净额反映的是企业日常活动的经营业绩。直接计入当期利润的利得和损失是指应当计入当期损益、最终会引起所有者权益发生增减变动的、与所有者投入资本或者向所有者分配利润无关的利得或损失。企业应当严格区分收入和利得、费用和损失之间的区别，以更加全面地反映企业的经营业绩。

（三）利润的确认条件

利润反映的是收入减去费用、利得减去损失后的净额，因此，利润的确认主要依赖于收入和费用以及利得和损失的确认，其金额的确定也主要取决于收入、费用、利得、损失金额的计量。

七、会计要素计量属性

会计计量是为了将符合条件的会计要素登记入账并列报于财务报表而确定其金额的过程。企业应当按照规定的会计计量属性进行计量，确定相关金额。会计的计量反映的是会计要素金额的确定基础，主要包括历史成本、重置成本、可变现净值、现值和公允价值等。

（一）历史成本

历史成本又称实际成本，是指取得或制造某项财产物资时所实际支付的现金或者其他等价物。在历史成本计量下，资产按照其购置时所支付的现金或者现金等价物的金额，或者按照购置资产时所付出的对价的公允价值计量；负债按照其因承担现时义务而实际收到的款项或者资产的金额，或者承担现时义务的合同金额，或者按照日常活动中为偿还负债预期需要支付的现金或者现金等价物的金额计量。

（二）重置成本

重置成本又称现行成本，是指按照当前市场条件，重新取得同样一项资产所需支付的现金或者现金等价物金额。在重置成本下，资产按照现在购买相同或者相似资产所需支付的现金或者现金等价物的金额计量，负债按照现在偿付该项负债所需支付的现金或者现金等价物的金额计量。

（三）可变现净值

可变现净值，是指在生产经营过程中，以预计售价减去进一步加工成本和销售所必需的预计税金、费用后的净值。在可变现净值计量下，资产按照其正常对外销售所能收到的现金或者现金等价物的金额扣减该项资产至完工时估计将要发生的成本、估计的销售费用以及相关税金后的金额计量。

（四）现值

现值，是指对未来现金流量以恰当的折现率进行折现后的价值，是考虑货币时间价值因素等的一种计量属性。在现值计量下，资产按照预计从其持续使用和最终处置中所产生的未来现金流入量的折现金额计量，负债按照预计期限内需要偿还的未来净现金流出量的折现金额计量。

（五）公允价值

公允价值，是指市场参与者在计量日发生的有序交易中，出售一项资产所能收到或者转移一项负债所需支付的价格，即脱手价格。企业以公允价值计量相关资产或者负债，应当考虑该资产或者负债的特征以及该资产或者负债是以单项还是以组合的方式进行计量。企业应当假定市场参与者在计量日出售资产或者转移负债的交易，是在当前市场条件下的有序交易。企业应当假定出售资产或者转移负债的有序交易在该资产或者负债的主要市场进行；不存在主要市场的，应当假定该交易在该资产或者负债的最有利市场进行。企业以公允价值计量相关资产或者负债，应当采用市场参与者在对该资产或者负债定价时为实现其经济利益最大化所使用的假设，包括有关风险的假设。企业应当根据交易性质和相关资产或者负债的特征等，判断初始确认时的公允价值是否与交易价格相等。企业以公允价值计量相关资产或者负债，应当使用在当前情况下适用并且有足够可利用数据和其他信息支持的估值技术。企业应当根据估值技术所使用的输入值确定公允价值计量结果所属的层次。

本情境综合习题

一、单项选择题

1.财务会计提供会计信息的主要方式是（　　　　）。

  A.财务会计报告　　　　　　　　　　B.媒体宣传材料

  C.信息发布会　　　　　　　　　　　D.董事会报告

2.下列各项关于会计基本假设的表述不正确的是（　　　　）。

  A.会计基本假设包括会计主体、持续经营、会计分期、货币计量和权责发生制

  B.会计主体，是指企业会计确认、计量和报告的空间范围

C.会计分期规定了会计核算的时间范围

D.法律主体必然是一个会计主体

3.明确会计服务对象，界定会计为其服务的特定单位和组织的基本前提是（　　　）。

　　A.会计主体　　　　　B.会计分期　　　　　C.持续经营　　　　　D.货币计量

4.会计核算必须以实际发生的经济业务及证明经济业务发生的合法凭证为依据，如实反映企业的财务状况和经营成果的信息质量要求是（　　　）。

　　A.可靠性　　　　　　B.相关性　　　　　　C.重要性　　　　　　D.客观性

5.下列会计事项处理，体现谨慎性要求的是（　　　）。

　　A.按期计提无形资产摊销　　　　　　　　B.对应收账款计提坏账准备

　　C.存货按历史成本计价　　　　　　　　　D.当期收入与费用相配比

6.企业将融资租入的固定资产视同自有固定资产核算，体现的会计信息质量要求是（　　　）。

　　A.可比性　　　　　　B.谨慎性　　　　　　C.配比性　　　　　　D.实质重于形式

7.企业于7月初用银行存款3 000元支付第三季度房租，7月末仅将其中的1 000元计入本月费用，这符合（　　　）。

　　A.配比原则　　　　　　　　　　　　　　B.权责发生制原则

　　C.收付实现制原则　　　　　　　　　　　D.历史成本计价原则

8.下列各项反映企业财务状况的会计要素是（　　　）。

　　A.所有者权益　　　B.营业收入　　　　　C.利润　　　　　　　D.财务费用

9.下列各项不属于所有者权益的来源的是（　　　）。

　　A.所有者投入的资本　　　　　　　　　　B.留存收益

　　C.直接计入所有者权益的利得和损失　　　D.企业借入的长期借款

10下列各项不属于损益类科目的是（　　　）。

　　A.资本公积　　　　　　　　　　　　　　B.投资收益

　　C.公允价值变动损益　　　　　　　　　　D.资产减值损失

二、多项选择题

1.财务会计的基本前提包括（　　　）。

　　A.会计主体　　　　　B.持续经营　　　　　C.会计分期　　　　　D.货币计量

2.反映企业财务状况的会计要素有（　　　）。

　　A.利润　　　　　　　B.资产　　　　　　　C.负债　　　　　　　D.所有者权益

3.下列各项中，体现会计核算的谨慎性要求的有（　　　）。

　　A.对无形资产计提减值准备

　　B.固定资产采用加速折旧法计提折旧

　　C.固定资产大修理期间符合资本化条件的支出计入固定资产成本

　　D.对应收账款计提坏账准备

4.下列各项中，能引起资产和所有者权益同时变动的有（　　　）。

　　A.以公允价值计量且其变动计入其他综合收益的金融资产公允价值增加

　　B.用盈余公积弥补亏损

　　C.将债务转为资本

D.接受投资者投入设备

5.下列各项中，可以作为一个会计主体进行会计核算的有（　　）。

    A.独资企业　　　　　B.企业分公司　　　　　C.企业生产分厂　　　　D.集团公司

6.下列各项属于资产范围的有（　　）。

    A.预收购货单位款项　　　　　　　　B.经营租入的固定资产

    C.委托加工商品　　　　　　　　　　D.无形资产

7.下列各项中，能使负债增加的有（　　）。

    A.偿还应付账款　　　　　　　　　　B.从银行借入款项

    C.收回应收账款　　　　　　　　　　D.计提生产工人职工薪酬

8.下列各项属于负债要素特点的有（　　）。

    A.由过去的交易或事项形成　　　　　B.清偿债务导致经济利益流出企业

    C.能够用货币确切计量　　　　　　　D.有确切的偿付日期

9.下列各项属于损益类的有（　　）。

    A.投资收益　　　　　　　　　　　　B.主营业务成本

    C.所得税费用　　　　　　　　　　　D.制造费用

10.下列各项属于所有者权益的有（　　）。

    A.实收资本　　　　B.资本公积　　　　　C.未分配利润　　　　D.长期股权投资

三、判断题

1.利润包括两个来源：收入减去费用后的净额以及企业确认的利得和损失。　（　　）

2.谨慎性要求企业不仅要核算可能发生的收入，也要核算可能发生的费用和损失，以对未来的风险进行充分核算。　（　　）

3.企业预期的经济业务所将发生的债务，应作为负债进行核算。　（　　）

4.一项会计事项重要性的确认，在很大程度上取决于企业会计人员的职业判断。

    （　　）

5.法律主体必定是会计主体，会计主体也必定是法律主体。　（　　）

6.同一会计主体在不同会计期间发生的相同交易或事项尽可能采用相同的会计处理方法和会计程序，不得随意改变，是会计信息质量可比性要求的内容之一。　（　　）

7.企业采用权责发生制确认收入和费用的所属会计期间，而不是以货币的实际收付为依据，是建立在持续经营会计基本假设基础上的。　（　　）

8.债权人权益和投资者权益是同一问题的两种不同表述，两者享有相同的权利和责任。　（　　）

9.会计上所讲的收入通常包括为第三方或者客户代收的款项。　（　　）

10.费用是指企业为销售商品、提供劳务等日常活动所发生的经济利益的流出。

    （　　）

会计机构和会计岗位设置

开篇案例

杭州起航电子公司是一家从事电子产品生产的企业，该企业由于规模较小，从事会计工作的人员较少，会计机构中设置了三个会计岗位，即出纳、明细账会计及总账会计，总账会计兼任会计主管。

各岗位的基本职责范围如下：

（1）出纳，履行一般企业出纳职责，负责处理财务收支、债权与债务、纳税申报与缴纳税款等事项；

（2）明细账会计，登记所有明细分类账，定期核对总账与明细分类账和财产账的收发、结存数额，定期进行财产清查；

（3）总账会计，编制、审核会计凭证，登记所有总账，核算成本，编制财务报表。

任务一　会计机构的设置原则和设置方式

知识目标

1.会计机构的设置原则；

2.会计机构的设置方式。

技能目标

能够掌握会计机构的设置方式。

任务导入

会计机构是企业内部管理的职能机构之一，担负着重要的任务，建立会计机构是做好企业会计工作的组织保证，同时也是保证会计制度实施的重要条件。各单位可以根据本单位的经济业务规模大小和会计业务繁简情况来决定是否设置会计机构。但是，无论是否需要设置会计机构，会计工作必须依法开展，不能因为没有独立的会计机构而对会计工作放任不管，这是法律所不允许的。

会计机构是各单位办理会计事项的职能机构，会计人员是直接从事会计工作的人员。建立健全会计机构，配备数量和素质都相当的会计人员，是各单位做好会计工作、充分发挥会计职能作用的重要保证。因此，为了科学、合理地组织开展会计工作，保证本单位正常的会计核算，各单位原则上应设置会计机构。

知识准备

一、会计机构的设置原则

会计机构是企业整个经营管理机构中一个相当重要、必不可少的职能部门，不仅专业性很强，而且对企业整个生产经营活动负有核算与监督之责。企业在结合具体情况建立自己的会计机构时需要遵循以下原则：

（一）系统性原则

企业的经营管理组织是一个大系统，而会计机构是这一大系统下的子系统。会计机构设置范围的确定取决于企业经营管理组织系统的规模、管理方针及战略规划。

（二）内部控制原则

会计的职能之一是对企业的生产经营进行监督控制，因此，会计机构的设置必须根据企业管理上的要求，抓住企业资金运动全过程的关键点，从而形成对企业经营全过程和全方位的监控。这就要求会计机构中每个部门和各工作人员应有明确的职权、责任和具体的工作内容，做到部门之间职责清、任务明，有利于实行岗位责任制。设计企业会计机构必须充分贯彻内部控制制度，以行使相互稽核、相互监督的功能。

（三）协同性原则

企业管理目标实现的条件之一就是企业各组织机构相互间具有较强的协同性，会计机构的设置必须以此为原则。该原则的目的是要获得两方面的效益：一是所设置会计机构提供的会计信息所产生的经济效益必须大大高于为实现此目的而发生的成本费用；二是会计机构设置繁简相宜，在整个会计工作中各司其职，协调一致地履行会计的职责，使企业管理从中受益。会计核算组织环节和职能机构设置范围的确定，要依据企业经营管理组织系统的规模、管理方针等因素，实现对企业生产经营的全面控制，并充分贯彻成本效益原则，取得会计管理和整个企业管理的最大经济效益。因此，一个合适的、有效的会计机构设置必须与企业整个组织体系相协调。

二、会计机构的设置方式

（一）设置会计机构应以会计业务需要为基本前提

《中华人民共和国会计法》（以下简称《会计法》）第三十六条和《会计基础工作规范》第六条都规定，是否单独设置会计机构是由各单位根据自身会计业务的需要自主决定的。一般而言，一个单位是否单独设置会计机构，往往取决于下列各要素：

1.单位规模的大小

一个单位的规模，往往决定了这个单位内部职能部门的设置，也决定了会计机构的设置与否。一般来说，大中型企业和具有一定规模的行政事业单位，以及财务收支数额较大、会计业务较多的社会团体和其他经济组织，都应单独设置会计机构，如会计（或财务）处、部、科、股、组等，以便及时组织本单位各项经济活动和财务收支的核算，实行有效的会计监督。

2.经济业务和财务收支的繁简

经济业务较多、财务收支量大的单位，有必要单独设置会计机构，以保证会计工作的效率和会计信息的质量。

3.经营管理的要求

有效的经营管理是以信息的及时准确和全面系统为前提的。一个单位在经营管理上的要求越高，对会计信息的需求也相应增加，对会计信息系统的要求也越高，从而决定了该单位设置会计机构的必要性。

（二）不设置会计机构的应当配备会计人员

《会计基础工作规范》在第六条中规定："不具备单独设置会计机构条件的，应当在有关机构中配备专职会计人员。"这是《会计基础工作规范》对设置会计机构问题提出的又一原则性要求。对于不具备单独设置会计机构条件的单位，如财务收支数额不大、会计业务比较简单的企业、机关、团体、事业单位和个体工商户等，为了适应这些单位的内部客观需要和组织结构特点，《会计基础工作规范》允许其在有关机构中配备专职会计人员。这类机构一般应是单位内部与财务会计工作接近的机构，如计划、统计或经营管理部门，或者是有利于发挥会计职能作用的内部综合部门，如办公室等。只配备专职会计人员的单位也必须具有健全的财务会计制度和严格的财务手续，其专职会计人员的专业职能不能被其他职能所替代。

（三）实行代理记账

《会计基础工作规范》第八条规定："没有设置会计机构和配备会计人员的单位，应当根据《代理记账管理暂行办法》委托会计师事务所或者持有代理记账许可证书的其他代理记账机构进行代理记账。"此项规定的目的是适应不具备设置会计机构、配备会计人员条件的小型组织解决记账、算账、报账问题的要求。代理记账，是指由社会中介组织即会计咨询、服务机构代替独立核算单位办理记账、算账、报账业务。

为了肯定代理记账业务，2017年11月4日第十二届全国人民代表大会常务委员会第三十次会议在修订的《会计法》中明确规定：对不具备设置会计机构条件的单位，应当委托经批准设立从事会计代理记账业务的中介机构代理记账，从而确立了代理记账业务的法律地位。

为了具体规范代理记账业务，财政部于2016年5月1日起实施《代理记账管理办法》，对从事代理记账业务的条件、代理记账的程序、委托双方的责任和义务做出了具体的规定。

1.从事代理记账业务的条件

符合下列条件的机构可以申请代理记账资格：为依法设立的企业；持有会计从业资格证书的专职从业人员不少于3名；主管代理记账业务的负责人具有会计师以上专业技术职务资格且为专职从业人员；有健全的代理记账业务内部规范。

2.代理记账的业务范围

代理记账机构可以接受委托代表委托人办理的业务主要有：根据委托人提供的原始凭证和其他资料，按照会计制度的规定进行会计核算，包括审核原始凭证、填制记账凭证、登记会计账簿、编制财务报告等；定期向有关部门和其他会计报表使用者提供财务报告；定期向税务机关提供税务资料；承办委托人委托的其他会计业务。

3.代理记账的基本程序

首先，委托人与代理记账机构在相互协商的基础上签订书面委托合同。委托合同除应具备法律规定的基本条款外，应当明确以下内容：双方对会计资料真实性、完整性各自应当承担的责任；会计资料传递程序和签收手续；编制和提供财务会计报告的要求；会计档案的保管要求及相应的责任；终止委托合同应当办理的会计业务交接事宜。其次，代理记账机构根据合同约定，定期派人到委托人所在地办理会计核算业务；或者根据委托人送交的原始凭证在代理记账机构所在地办理会计核算业务。最后，代理记账机构为委托人编制的财务会计报告，经代理记账机构负责人和委托人负责人签名并盖章后，按照有关法律、法规和国家统一的会计制度的规定对外提供。

4.委托人的责任和义务

委托人对代理记账机构在委托合同约定范围内的行为承担责任，同时委托人委托代理记账机构记账应当承担相应的义务，包括：对本单位发生的经济业务事项，应当填制或者取得符合国家统一的会计制度规定的原始凭证；应当配备专人负责日常货币收支和保管；及时向代理记账机构提供真实、完整的原始凭证和其他相关资料；对于代理记账机构退回的，要求按国家统一的会计制度的规定进行更正、补充的原始凭证，应当及时予以更正、补充。

5.代理记账人员的从业规则

代理记账人员的从业规则主要包括：遵守有关法律、法规和国家统一的会计制度的规定，按照委托合同办理代理记账业务；对在执行业务中知悉的商业秘密予以保密；对委托人要求其做出不当的会计处理，提供不实的会计资料，以及其他不符合法律、法规和国家统一的会计制度行为的，予以拒绝；对委托人提出的有关会计处理相关问题予以解释。

任务二　会计岗位设置的种类和职责要求

知识目标

1.掌握会计岗位设置的种类；
2.掌握各会计岗位的职责要求；
3.掌握设置会计岗位应注意的事项。

技能目标

1.分析各种类型的企业应设置哪些会计岗位；
2.能够分清各会计岗位的职责要求及人员配备。

任务导入

企业会计岗位的设置，可以根据我国《会计法》的有关规定以及相关制度，建立会计人员岗位责任制。会计人员岗位责任制是指在会计机构内部按照会计工作的内容和会计人员的配备情况，将会计机构的工作划分为若干个具体岗位，并按照岗位规定职责进行考核的责任制度。

一般性企业会计工作岗位的设置包括两层含义：第一，确定整个会计机构的岗位类别；第二，确定每一会计岗位的职责要求并配备相应的会计人员。

知识准备

一、会计岗位设置的种类

企业应该设置哪些会计工作岗位，应根据自身规模大小、业务量多少等具体情况设置。一般大中型企业应设置会计主管、出纳、固定资产核算、材料物资核算、库存商品核算、工资核算、成本核算、收入利润核算、资金核算、往来结算、总账报表和稽核等多种会计岗位。

小型企业因其经济业务量少，应适当合并减少岗位设置。例如，可设置出纳、总账报表和明细分类核算等会计岗位。

二、各会计岗位的职责要求

（一）会计主管岗位的职责要求

（1）组织领导单位财务会计工作；
（2）组织制定、贯彻执行本单位的财务会计制度；
（3）组织编制本单位的各项财务、成本计划；
（4）组织开展财务成本分析；
（5）审查或参与拟定经济合同、协议及其他经济文件；

（6）参加生产经营管理会议，参与经营决策；

（7）负责向本单位领导、职工代表大会报告财务状况和经营成果；

（8）审查对外报送的财务会计报告；

（9）负责组织会计人员的政治理论、业务技术的学习和考核，参与会计人员的任免和调动。

（二）出纳岗位的职责要求

（1）办理现金收付和结算业务；

（2）登记库存现金和银行存款日记账；

（3）保管现金和各种有价证券；

（4）保管有关印章、空白收据和空白支票。

（三）固定资产核算岗位的职责要求

（1）会同有关部门拟定固定资产的核算和管理办法；

（2）参与编制固定资产更新改造和大修理计划；

（3）负责固定资产的明细核算和有关报表的编制；

（4）计算提取固定资产折旧和大修理资金；

（5）参与固定资产的清查盘点。

（四）材料物资核算岗位的职责要求

（1）会同有关部门拟定材料物资的核算与管理办法；

（2）审查汇编材料物资的采购资金计划；

（3）负责材料物资的明细核算；

（4）会同有关部门编制材料物资计划成本目录；

（5）配合有关部门制定材料物资消耗定额；

（6）参与材料物资的清查盘点。

（五）库存商品核算岗位的职责要求

（1）负责库存商品的明细分类核算；

（2）会同有关部门编制库存商品计划成本目录；

（3）配合有关部门制定库存商品的最低、最高限额；

（4）参与库存商品的清查盘点。

（六）工资核算岗位的职责要求

（1）监督工资基金的使用；

（2）审核发放工资、奖金；

（3）负责工资的明细核算；

（4）负责工资分配的核算；

（5）计提应付福利费和工会经费等费用。

（七）成本核算岗位的职责要求

（1）拟定成本核算办法；

（2）制订成本费用计划；

（3）负责成本管理基础工作；

（4）核算产品成本和期间费用；

（5）编制成本费用报表并进行分析；

（6）协助管理在产品和自制半成品。

（八）收入利润核算岗位的职责要求

（1）负责编制收入、利润计划；

（2）办理销售款项结算业务；

（3）负责收入和利润的明细核算；

（4）负责利润分配的明细核算；

（5）编制收入和利润报表；

（6）协助有关部门对产成品进行清查盘点。

（九）资金核算岗位的职责要求

（1）拟定资金管理和核算办法；

（2）编制资金收支计划；

（3）负责资金调度；

（4）负责资金筹集的明细分类核算；

（5）负责企业各项投资的明细分类核算。

（十）往来结算岗位的职责要求

（1）建立往来款项结算手续制度；

（2）办理往来款项的结算业务；

（3）负责往来款项结算的明细核算。

（十一）总账报表岗位的职责要求

（1）负责登记总账；

（2）负责编制资产负债表、利润表、现金流量表等有关财务会计报表；

（3）负责管理会计凭证和财务会计报表。

（十二）稽核岗位的职责要求

（1）审查财务成本计划；

（2）审查各项收支；

（3）复核会计凭证和财务会计报表。

三、建立会计岗位应注意的事项

（1）要从实际出发，坚持精简的原则，切实做到事事有人管、人人有专责、办事有要求、工作有检查，保证会计工作有秩序地开展；

（2）要同本单位的经济（经营）责任制相结合，以责定权，责权明确，严格考核，有奖有惩；

（3）要从整体出发，发扬互助协作精神，紧密配合，共同做好本职工作。

筹资业务核算

开篇案例

京东商城是综合的网上购物商城，是中国电子商务领域最受消费者欢迎和最具影响力的电子商务网站之一，在线销售家电、手机及其他数码产品、电脑、家居百货、服装与鞋类、母婴用品、图书、食品、虚拟商品等13大品类数万个品牌几千万种优质商品。

京东商城无论在访问量、点击率、销售量及行业影响力上，均在国内B2C网购平台中首屈一指。京东的飞速发展和广阔前景为它赢得了国际著名风险投资基金的青睐，资本注入势不可挡。近几年来，京东商城曾经过多次融资。（1）2007年8月，京东赢得国际著名风险投资基金——今日资本的青睐，首批融资千万美金。（2）2009年1月，京东商城获得来自今日资本、雄牛资本以及亚洲著名投资银行家梁伯韬先生的私人公司共计2 100万美元的联合注资。京东商城在2009年年初获得2 100万美元融资时，将70%的资金投向了物流系统的建设，其中包括建设自有快递公司，把北京、上海、广州三地仓储中心扩容至9万平方米，开通26个城市配送站等，全面提升了京东商城的物流体系。（3）2010年1月，京东商城获得老虎环球基金领投总金额超过1.5亿美元的第三轮融资。这是金融危机发生以来中国互联网市场上金额最大的一笔融资，国际知名的老虎环球基金注资京东商城，说明投资者对京东商城商业模式和出色经营业绩的认可。（4）2011年4月1日，刘强东宣布完成C2轮融资，投资方俄罗斯的DST、老虎基金等六家基金和一些社会知名人士融资金额总计15亿美元。（5）2012年10月，京东完成第六轮融资，融资金额为3亿美元，并非外界传说的4亿美元。该笔融资由加拿大安大略教师退休基金领投，京东的第三轮投资方老虎环球基金跟投，两者分别投资2.5亿美元和5 000万美元。（6）2013年2月，京东完成新一轮7亿美元融资，投资方包括加拿大安大略教师退休基金和沙特阿拉伯阿尔瓦利德王子控股的王国控股集团，公司一些主要股东也进行了跟投。

自2004年年初正式涉足电子商务领域以来，京东商城一直保持高速成长，连续7年增长率均超过200%。京东商城始终坚持以纯电子商务模式运营，缩减中间环节，为消费者在第一时间提供优质的产品及满意的服务。

资料来源：百度百科.

工作情境描述

1.主要经济业务及其流程

资金筹集是指企业通过不同渠道，采用各种方式，按照一定程序，筹措企业设立、生产经营所需资金的财务活动。筹集资金是企业资金运动的起点，是决定资金运动规模和生产经营发展程度的重要环节。通过一定的资金渠道、采用一定的筹资方式组织资金的供应，保证企业生产经营活动的需要，是企业财务管理的一项重要内容。

因此，筹资活动首先必须经过企业管理当局的批准或者授权。选择合适的筹资渠道后，即可以与投资人、银行或者其他金融机构签订筹资合同或者协议。在企业取得资金后，定期计算利息和股利，按期向投资者发放股利，以及按照合同或协议约定的日期偿还借入资本的本金及利息。

企业筹资活动一般程序如图2-1所示：

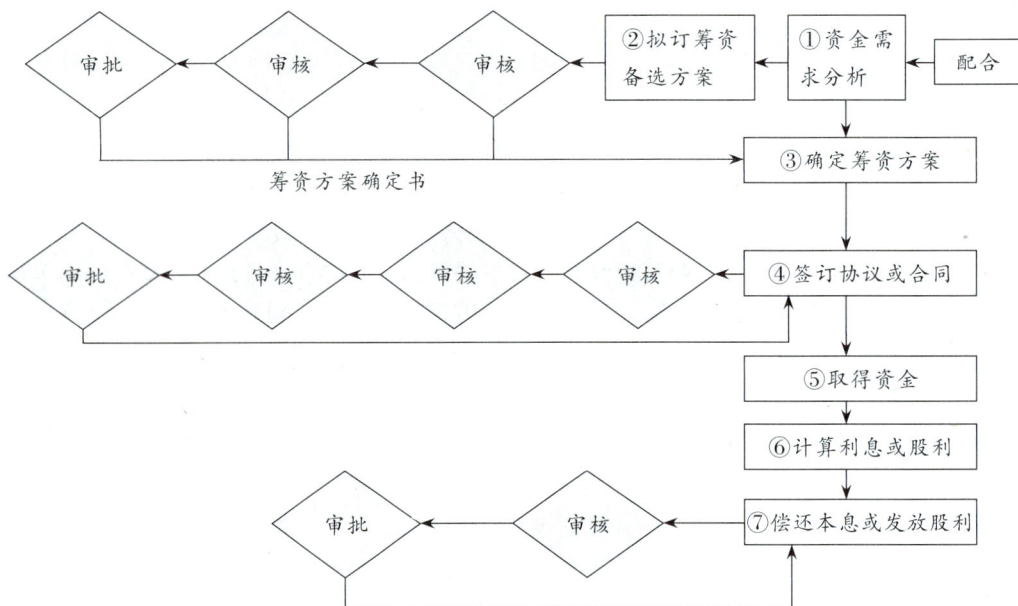

图 2-1 企业资金筹集流程图

企业应当建立筹资业务岗位责任制，明确相关部门和岗位的职责、权限。企业不得由同一部门或个人办理筹资业务的全过程，确保办理筹资业务的不相容岗位互相分离、相互监督和相互制约。

2.业务涉及的主要会计岗位及其职责

筹资业务涉及的主要会计岗位包括会计主管岗位、资金核算岗位、出纳岗位。

（1）会计主管岗位。负责组织拟订企业的资金筹集和使用方案，合理安排资金筹集、调拨和融通工作，控制资金的流动，提高资金的使用效果。

（2）资金核算岗位。按照公司经理、会计主管的安排，负责筹措、调度企业的各项资金，拟定资金管理和核算办法，负责企业筹集所得资金的明细分类核算。

（3）出纳岗位。负责企业所筹集的现金资产的缴存，填制正确的银行进账单等，及时、准确地办理相关的收付和结算业务，并登记现金和银行存款日记账。

按照所筹资金的性质，企业的资金筹集活动可分为权益性筹资和债务性筹资。具体来说，筹资活动的主要经济业务包括实收资本的核算、资本公积的核算、短期借款的核算、长期借款的核算、应付债券的核算，以及资金的管理和使用涉及的库存现金的核算、银行存款的核算和其他货币资金的核算。

任务一　权益资金筹资业务核算

知识目标

1.掌握实收资本、股本、资本公积的账务处理方法；
2.理解实收资本、股本、资本公积变动的原因和会计处理方法；
3.了解办理权益资金的程序和相关手续。

技能目标

1.熟悉企业权益资金筹资业务流程；
2.根据取得或填制的原始凭证判断属于权益资金筹资的经济业务；
3.根据审核无误的原始凭证编制记账凭证并登记相关账簿。

知识准备

一、权益资金筹资业务

权益资金筹集是指企业筹集权益资金的财务活动。权益资金是企业投资者的投资及其增值中留存企业的部分，是投资者在企业中享有权益和承担责任的依据，在企业账面上体现为权益资金，包括实收资本（股本）、资本公积、其他综合收益、盈余公积和未分配利润。

微课：有限责任公司权益资金筹集的核算

我国相关法律法规规定，投资者设立企业首先必须投入资本。《中华人民共和国企业法人登记管理条例》（以下简称《企业法人登记管理条例》）规定，企业申请开业，必须具备国家规定的与其生产经营和服务规模相适应的资金。为了反映和监督投资者投入资本的增减变动情况，企业必须按照国家统一的会计制度的规定进行实收资本的核算，真实地反映所有者投入企业资本的状况，维护所有者在企业的权益。除股份有限公司外，其他各类企业应通过"实收资本"科目核算，股份有限公司通过"股本"科目核算。

《中华人民共和国公司法》规定，股东可以用货币出资，也可以用实物、知识产权、土地使用权等可以用货币估价并可以依法转让的非货币财产出资。但是，法律、行政法规规定不得作为出资的财产除外。企业应当对作为出资的非货币财产评估作价，核实财产，不得高估或者低估作价。法律、行政法规对评估作价有规定的，从其规定。全体股东的货币出资金额不得低于有限责任公司注册资本的30%。不论以何种方式出资，投资者如在投资过程

微课：股份有限公司权益资金筹集的核算

中违反投资合约或协议约定，不按规定如期缴足出资额，企业可以依法追究投资者的违约责任。企业设立时，根据企业的组织形式不同，可采用发行股票和吸收直接投资等方式筹集资金。股份有限公司采用发行股票方式筹集资金，其他企业则采用吸收直接投资方式筹集资金。

企业收到所有者投入的资本后，应根据有关原始凭证（如投资清单、银行通知单等），分别不同的出资方式进行会计处理。

二、账户设置

（一）"实收资本"或"股本"账户

实收资本（或股本）是指投资者按照企业章程或合同、协议的约定，实际投入企业并依法进行注册的资本，它体现了企业所有者对企业的基本产权关系。实收资本的构成或股东的股份比例，是确定所有者在企业所有者权益中所占份额的基础，也是企业进行利润或股利分配的主要依据。

我国《公司法》规定，投资者可以用货币资金，也可以用实物、知识产权、土地使用权等能用货币估价并可以依法转让的非货币财产作价出资。企业应当对作为出资的非货币财产评估作价，核实财产，不得高估或者低估作价。投资者应按期足额缴纳公司章程中规定的各自所认缴的出资额。投资者以货币出资的，应当将货币出资足额存入有限责任公司在银行开设的账户；以非货币财产出资的，应当依法办理财产权的转移手续。企业收到所有投资者投入企业的资本后，应根据有关原始凭证（如投资清单、银行通知单等），分别不同的出资方式进行会计处理。

"实收资本""股本"账户为所有者权益类账户。股份有限公司应通过"股本"科目核算，除股份有限公司以外的企业，如国有企业、有限责任公司和外商投资企业等企业，通过"实收资本"科目核算。

（二）"资本公积"账户

资本公积是企业收到投资者出资额超出其在注册资本（或股本）中所占的部分，以及其他资本公积等。资本公积包括资本溢价（或股本溢价）和其他资本公积等。形成资本溢价（或股本溢价）的原因有溢价发行股票、投资者超额缴入资本等。其他资本公积是指除资本溢价（或股本溢价）、净损益、其他综合收益和利润分配以外所有者权益的其他变动。

【提示】资本公积与实收资本（股本）、留存收益、其他综合收益的区别

（1）资本公积与实收资本（股本）的区别

①从来源和性质看。实收资本（或股本）是指投资者按照企业章程或者合同、协议的约定，实际投入企业并依法进行注册的资本，它体现了企业所有者对企业的基本产权关系。资本公积是投资者的出资额超出其在注册资本中所占份额的部分，以及直接计入所有者权益的利得和损失，它不直接表明所有者对企业的基本产权关系。

②从用途上看。实收资本（或股本）的构成比例是确定投资者参与企业财务经营决策的基础，是企业进行利润分配或者股利分配的依据，同时也是企业清算时确定投资者对净资产的要求权的依据。资本公积的用途主要是用于转增资本（或股本）。资本公积不体现各投资者的占有比例，也不能作为投资者参与企业财务经营决策或进行利润分配（或股利分配）的依据。

（2）资本公积与留存收益的区别

资本公积的来源不是企业实现的利润，主要来源于资本溢价（或股本溢价）等。留存收益是企业从历年实现的利润中提取或形成的留存于企业的内部积累，来源于企业生产经营活动实现的利润。

（3）资本公积与其他综合收益的区别

其他综合收益是指企业根据企业会计准则规定未在当期损益中确认的各项利得和损失。资本公积和其他综合收益都会引起企业所有者权益发生增减变动，资本公积不会影响损益，而部分其他综合收益项目在符合企业会计准则规定的条件下，可以重分类进损益，从而成为企业利润的一部分。

三、实收资本的核算

（一）接受现金资产投资

有限责任公司收到现金投资时，一般做如下会计处理：应当于实际收到或存入企业开户银行时，按实际收到的金额借记"银行存款"科目，同时，按投入资本在注册资本中所占的份额，贷记"实收资本"科目，按其差额，贷记"资本公积——资本溢价"科目。

【例2-1】佳和公司、博优公司、畅信公司共同投资设立滨海有限责任公司，注册资本为4 000 000元，佳和公司、博优公司、畅信公司持股比例分别为60%、25%和15%。按照章程规定，佳和公司、博优公司、畅信公司投入资本分别为2 400 000元、1 000 000元和600 000元。滨海有限责任公司已如期收到各投资者一次缴足的款项。滨海有限责任公司编制如下会计分录：

借：银行存款　　　　　　　　　　　　　　　　　　　　　　　4 000 000

　　贷：实收资本——佳和公司　　　　　　　　　　　　　　　　2 400 000

　　　　　　　　——博优公司　　　　　　　　　　　　　　　　1 000 000

　　　　　　　　——畅信公司　　　　　　　　　　　　　　　　　600 000

（二）接受非现金资产投资

1.接受固定资产投资

企业接受投资者作价投入的房屋、建筑物、机器设备等固定资产，应按投资合同或协议约定价值确定固定资产的入账价值（投资合同或协议约定价值不公允的除外），按投资合同或协议约定的投资者在企业注册资本中所占份额的部分作为实收资本入账，投资合同或协议约定的价值（不公允的除外）超过投资者在企业注册资本中所占份额的部分，计入资本公积（资本溢价）。

【例2-2】华商有限责任公司于2018年6月设立时收到安达公司作为资本投入的不需要安装的机器设备一台，合同约定该机器设备的价值为1 000 000元，安达公司开具的增值税专用发票上注明的增值税税额为160 000元。经约定，华商有限责任公司接受安达公司的投入资本为1 160 000元。合同约定的固定资产价值与公允价值相符，假设不考虑其他因素。华商公司应编制如下会计分录：

借：固定资产　　　　　　　　　　　　　　　　　　　　　　　1 000 000

　　应交税费——应交增值税（进项税额）　　　　　　　　　　　160 000

　　贷：实收资本——安达公司　　　　　　　　　　　　　　　　1 160 000

2.接受材料物资投资

企业接受投资者作价投入的材料物资，应按投资合同或协议约定价值确定材料物资的入账价值（投资合同或协议约定价值不公允的除外），按投资合同或协议约定的投资者在企业注册资本中所占份额的部分作为实收资本入账，投资合同或协议约定的价值（不公允的除外）超过投资者在企业注册资本中所占份额的部分，计入资本公积（资本溢价）。

【例2-3】2018年7月5日，杭启有限责任公司于设立时收到海华公司作为资本投入的原材料一批，该批原材料在投资合同中约定价值为200 000元，海华公司开具的增值税专用发票上注明的进项税额为32 000元。假设合同约定的价值与公允价值相符，不考虑其他因素，原材料按照实际成本法进行日常核算。杭启有限责任公司应编制如下会计分录：

借：原材料　　　　　　　　　　　　　　　　　　　　200 000
　　应交税费——应交增值税（进项税额）　　　　　　　 32 000
　　　贷：实收资本——海华公司　　　　　　　　　　　　　232 000

3.接受无形资产投资

企业收到以无形资产方式投入的资本，应按投资合同或协议约定价值确定无形资产的入账价值（投资合同或协议约定价值不公允的除外），按投资合同或协议约定的投资者在企业注册资本中所占份额的部分作为实收资本入账，投资合同或协议约定的价值（不公允的除外）超过投资者在企业注册资本中所占份额的部分，计入资本公积（资本溢价）。

【例2-4】2018年8月20日，安邦有限责任公司于设立时收到海达公司作为资本投入的专利一项，该专利在投资合同中约定价值为60 000元，增值税专用发票上注明的增值税税额为3 600元；同时，收到杭亿公司作为资本投入的土地使用权一项，投资合同约定价值为80 000元，增值税专用发票上注明的增值税税额为8 000元。假设安邦公司接受该专利和土地使用权符合国家注册资本管理的有关规定，并且投资合同约定的价值与公允价值相符，不考虑其他因素。安邦有限责任公司应编制如下会计分录：

借：无形资产——专利　　　　　　　　　　　　　　　　60 000
　　　　　　　——土地使用权　　　　　　　　　　　　　80 000
　　应交税费——应交增值税（进项税额）　　　　　　　 11 600
　　　贷：实收资本——海达公司　　　　　　　　　　　　 63 600
　　　　　　　　　　——杭亿公司　　　　　　　　　　　 88 000

（三）实收资本的增减变动

一般情况下，企业的实收资本应相对固定不变，但在某些特殊情况下，实收资本也可能发生增减变化。我国有关法律法规规定，除国家另有规定外，企业的注册资本应与实收资本相一致，当实收资本比原注册资本增加或减少幅度超过20%时，应持资金使用证明或验资证明，向原登记机关申请变更登记。如擅自改变注册资本或抽逃资金，要受到工商行政管理部门的处罚。

一般企业增加资本主要有三种途径：接受投资者追加投资、资本公积转增资本和盈余公积转增资本。

企业按规定接受投资者追加投资时，核算原则与投资者初次投入时相同。

【提示】由于资本公积和盈余公积均属于所有者权益，用其转增资本时，如果是独资企业直接结转即可，如果是有限责任公司应该按照原投资者各自出资比例相应增加各投资者的出资额。

企业用资本公积或盈余公积转增资本时，应按转增资本金额确认实收资本。用资本公积转增资本时，借记"资本公积——资本溢价"科目，贷记"实收资本"科目。用盈余公积转增资本时，借记"盈余公积"科目，贷记"实收资本"科目。

【例2-5】安泰公司、花旗公司、申通公司共同投资设立了长虹有限责任公司，原注册资本为4 000 000元，安泰公司、花旗公司、申通公司分别出资2 000 000元、1 500 000元和500 000元。为扩大经营规模，经批准，长虹有限责任公司注册资本增加至6 000 000元，安泰公司、花旗公司、申通公司按照原出资比例分别追加投资1 000 000元、750 000元和250 000元。长虹有限责任公司如期收到安泰公司、花旗公司、申通公司追加的现金投资。长虹有限责任公司应编制如下会计分录：

借：银行存款　　　　　　　　　　　　　　　　　　　　2 000 000
　　贷：实收资本——安泰公司　　　　　　　　　　　　　　1 000 000
　　　　　　　——花旗公司　　　　　　　　　　　　　　　750 000
　　　　　　　——申通公司　　　　　　　　　　　　　　　250 000

除股份有限公司以外的其他类型的企业，在企业创立时，投资者认缴的出资额与注册资本一致，一般不会产生资本溢价。但在企业重组或有新的投资者加入时，常常会出现资本溢价。原因是在企业进入正常生产经营阶段后，其资本利润率通常高于企业初创阶段，另外，由于企业形成了内部积累，新投资者加入企业后，对这些积累也要求分享，所以新加入的投资者往往要付出大于原投资者的出资额，才能取得与原投资者相同的净资产分享权。投资者多缴的出资额部分就形成了资本溢价。

【例2-6】飞达有限责任公司原注册资本为400 000元，由恒康公司和金石公司各出资200 000元设立。公司成立一年后，为扩大经营规模，经批准，引入恒顺公司，飞达有限责任公司注册资本增加到600 000元。按照投资协议，新投资者需缴入现金210 000元，同时享有飞达有限责任公司增资后注册资本1/3的权益份额。飞达有限责任公司现已收到恒顺公司的现金投资。假设不考虑其他因素，飞达有限责任公司应编制如下会计分录：

借：银行存款　　　　　　　　　　　　　　　　　　　　210 000
　　贷：实收资本——恒顺公司　　　　　　　　　　　　　　200 000
　　　　资本公积——资本溢价　　　　　　　　　　　　　　10 000

【例2-7】海昌公司、金晶公司、丰东公司三位投资者共同投资设立了昌盛有限责任公司，原注册资本为4 000 000元，海昌公司、金晶公司、丰东公司分别出资2 000 000元、1 500 000元和500 000元。为扩大经营规模，经批准，昌盛有限责任公司按原出资比例将资本公积500 000元转增资本。昌盛有限责任公司应编制如下会计分录：

借：资本公积——资本溢价　　　　　　　　　　　　　　500 000
　　贷：实收资本——海昌公司　　　　　　　　　　　　　　250 000
　　　　　　　——金晶公司　　　　　　　　　　　　　　　187 500
　　　　　　　——丰东公司　　　　　　　　　　　　　　　62 500

【例2-8】天安公司、西王公司、华泰公司共同投资设立了港都有限责任公司，原注册资本为4 000 000元，天安公司、西王公司、华泰公司分别出资2 000 000元、1 500 000元和500 000元。为扩大经营规模，经批准，港都有限责任公司按原出资比例将盈余公积

2 000 000元转增资本。港都有限责任公司应编制如下会计分录：

借：盈余公积 2 000 000

贷：实收资本——天安公司 1 000 000

——西王公司 750 000

——华泰公司 250 000

四、股本的核算

（一）股份有限公司接受现金资产投资

股份有限公司接受现金资产投资通常是以发行股票的方式进行的。股份有限公司发行股票时，既可以按面值发行，也可以溢价发行（我国目前不允许折价发行股票）。股份有限公司在核定的股本总额及核定的股份总额的范围内发行股票时，应在实际收到现金资产时进行会计处理。

与其他类型的企业不同，股份有限公司在成立时可能会溢价发行股票，因此，在股份有限公司成立之初，就可能产生股本溢价。股本溢价的数额等于股份有限公司发行股票时实际收到的款额超过股票面值总额的部分。

在按面值发行股票的情况下，企业发行股票取得的收入，应全部作为股本处理；在溢价发行股票的情况下，企业发行股票的收入中等于股票面值的部分作为股本处理，超过股票面值的溢价部分应当作为股本溢价处理。

对于发行股票相关的手续费、佣金等交易费用，如果是溢价发行股票的，应从溢价中抵扣，冲减资本公积（股本溢价）；无溢价发行股票或溢价金额不足以抵扣的，应将不足以抵扣的部分冲减盈余公积和未分配利润。

【例2-9】国瑞股份有限公司发行普通股20 000 000股，每股面值1元，每股发行价格为5元。假定股票发行成功，发行过程中发生的相关税费为发行收入的2‰，其余款项全部收到。根据上述资料，国瑞股份有限公司应做如下会计分录：

股票发行收入=20 000 000×5×（1-2‰）=99 800 000（元）

记入"资本公积"科目的金额=99 800 000-20 000 000×1=79 800 000（元）

借：银行存款 99 800 000

贷：股本 20 000 000

资本公积——股本溢价 79 800 000

（二）股本的减少

企业减少资本应按照法定程序报经批准，股份有限公司采用收购本公司股票方式减资的，通过"库存股"科目核算回购股份的金额。减资时，按股票面值和注销股份数量计算的股票面值总额冲减股本，按注销库存股的账面余额与所冲减股本的差额冲减股本溢价，股本溢价不足冲减的，应依次冲减"盈余公积""利润分配——未分配利润"等科目。如果回购股票支付的价款低于面值总额的，所注销库存股的账面余额与所冲减股本的差额作为资本公积（股本溢价）增加处理。

【例2-10】宏盛上市公司2018年12月31日的股本为100 000 000元（面值为1元），资本公积（股本溢价）为30 000 000元，盈余公积为40 000 000元。经股东大会批准，宏盛上市公司以现金回购本公司股票20 000 000股并注销。假设宏盛公司按每股2元回购股票，不考虑其他因素。宏盛上市公司应编制如下会计分录：

（1）回购本公司股份时：

库存股成本=20 000 000×2=40 000 000（元）

借：库存股　　　　　　　　　　　　　　　　　　　40 000 000

　　贷：银行存款　　　　　　　　　　　　　　　　　　　　　40 000 000

（2）注销本公司股份时：

借：股本　　　　　　　　　　　　　　　　　　　　20 000 000

　　资本公积——股本溢价　　　　　　　　　　　　20 000 000

　　贷：库存股　　　　　　　　　　　　　　　　　　　　　40 000 000

【例2-11】沿用【例2-10】的资料，假设宏盛上市公司按每股3元回购股票，其他条件不变，宏盛上市公司应编制如下会计分录：

（1）回购本公司股份时：

库存股成本=20 000 000×3=60 000 000（元）

借：库存股　　　　　　　　　　　　　　　　　　　60 000 000

　　贷：银行存款　　　　　　　　　　　　　　　　　　　　　60 000 000

（2）注销本公司股份时：

借：股本　　　　　　　　　　　　　　　　　　　　20 000 000

　　资本公积——股本溢价　　　　　　　　　　　　30 000 000

　　盈余公积　　　　　　　　　　　　　　　　　　10 000 000

　　贷：库存股　　　　　　　　　　　　　　　　　　　　　60 000 000

本例中，由于应冲减的资本公积大于公司现有的资本公积，所以，只能冲减资本公积30 000 000元，剩余的10 000 000元应冲减盈余公积。

【例2-12】沿用【例2-10】资料，假设宏盛上市公司按每股0.9元回购股票，其他条件不变，宏盛上市公司应编制如下会计分录：

（1）回购本公司股份时：

库存股成本=20 000 000×0.9=18 000 000（元）

借：库存股　　　　　　　　　　　　　　　　　　　18 000 000

　　贷：银行存款　　　　　　　　　　　　　　　　　　　　　18 000 000

（2）注销本公司股份时：

借：股本　　　　　　　　　　　　　　　　　　　　20 000 000

　　贷：库存股　　　　　　　　　　　　　　　　　　　　　18 000 000

　　　　资本公积——股本溢价　　　　　　　　　　　　　　　 2 000 000

本例中，由于折价回购，股本与库存股成本的差额2 000 000元应作为资本公积增加处理。

本学习任务小结

1.实收资本、股本业务核算任务小结见表2-1。

表2-1 实收资本、股本业务核算任务小结

业务内容			会计处理
有限责任公司设立时收到的资产投资			借：银行存款、原材料、固定资产、无形资产等 　　应交税费——应交增值税（进项税额） 　贷：实收资本
股份有限公司设立时发行股票			借：银行存款 　贷：股本
股份有限公司减资	注销库存股	以银行存款回购本公司股票	借：库存股 　贷：银行存款
		回购成本大于股票面值时	借：股本 　　资本公积——股本溢价 　　盈余公积 　　未分配利润 　贷：库存股
		回购成本小于股票面值时	借：股本 　贷：库存股 　　　资本公积——股本溢价

2.资本公积业务核算任务小结见表2-2。

表2-2 资本公积业务核算任务小结

业务内容	会计处理
有限责任公司接受新投资者投资	借：银行存款 　贷：实收资本 　　　资本公积——资本溢价
股份有限公司增发股票	借：银行存款 　贷：股本 　　　资本公积——股本溢价
资本公积转增资本	借：资本公积——资本溢价（或股本溢价） 　贷：实收资本（或股本）

任务二 债务资金筹资业务核算

知识目标

1.了解债务资金筹资的程序；

2.理解债务资金筹资的优缺点；

3.掌握短期借款、长期借款、应付债券等债务资金筹资业务的账务处理过程。

技能目标

1.熟悉企业债务资金筹资的业务流程；

2.根据取得或填制的原始凭证判断属于债务资金筹资的经济业务；

3.根据审核无误的原始凭证填制债务资金筹资业务的记账凭证并登记相关账簿。

知识准备

吸收新投资者加入来筹集资金，会稀释公司原有股权，从而影响原投资者的权益份额，因此，许多发展已经步入正轨的企业在需要资金时，往往不倾向于采用权益资金筹资的方式。在资本市场中，众多的银行等金融机构为企业筹资提供了许多渠道，通过借入资金筹资就成了企业首选的筹资方式。

一、债务资金筹集业务活动

债务资金筹资的主要方式是银行借款，按借款时间和用途可分为短期借款和长期借款。另外，企业还可以通过发行债券来筹集资金。

微课：债务资金筹资的核算

二、短期借款的核算

短期借款是指企业向银行或其他金融机构等借入的期限在1年以下（含1年）的各种款项。短期借款一般是为了满足正常生产经营所需的资金或者为了抵偿某项债务而借入的。短期借款的债权人不仅是银行，还包括其他非银行金融机构或其他单位和个人。

企业通过"短期借款"科目核算短期借款的发生、偿还等情况。该科目的贷方登记取得借款本金的数额，借方登记偿还借款本金的数额，余额在贷方，反映企业尚未偿还的短期借款。本科目可按借款种类、贷款人和币种设置明细科目进行明细核算。

企业从银行或其他金融机构取得短期借款时，借记"银行存款"科目，贷记"短期借款"科目。

企业借入短期借款应支付利息。在实际工作中，如果短期借款利息是按期支付的，如按季度支付利息，或者利息是在借款到期时连同本金一起归还，并且其数额较大的，企业应采用月末预提方式进行短期借款利息的核算。短期借款利息属于筹资费用，应当于发生时直接计入当期财务费用。在资产负债表日，企业应当按照计算确定的短期借款利息费用，借记"财务费用"科目，贷记"应付利息"科目；实际支付利息时，借记"应付利息"科目，贷记"银行存款"科目。短期借款到期偿还本金时，企业应借记"短期借款"科目，贷记"银行存款"科目。

【例2-13】滨海公司于2018年1月1日向工商银行借入一笔生产经营用短期借款，共计120 000元，期限为9个月，年利率为4%。根据与银行签署的借款协议，该项借款的本金到期后一次归还，利息按季支付。滨海公司应编制如下会计分录：

（1）1月1日借入短期借款时：

借：银行存款　　　　　　　　　　　　　　　　　　　　　　120 000

　　贷：短期借款——工商银行　　　　　　　　　　　　　　　　　120 000

（2）1月末，计提1月份应付利息时：

本月应计提的利息金额=120 000×4%÷12=400（元）

借：财务费用　　　　　　　　　　　　　　　　　　　　　　　400

　　贷：应付利息　　　　　　　　　　　　　　　　　　　　　　　400

2月末计提2月份利息费用的处理与1月份相同。

（3）3月末，支付第一季度银行借款利息时：

借：财务费用   400

    应付利息   800

    贷：银行存款   1 200

第二、第三季度的会计处理同上。

（4）10月1日偿还银行借款本金时：

借：短期借款——工商银行   120 000

    贷：银行存款   120 000

如果上述借款期限是8个月，则到期日为9月1日，8月末之前的会计处理与上述相同。9月1日偿还银行借款本金，同时支付7月和8月已提未付利息：

借：短期借款   120 000

    应付利息   800

    贷：银行存款   120 800

如果企业的短期借款利息是按月支付的，或者利息是在借款到期时连同本金一起归还，但数额不大的，可以不采用预提的方法，而在实际支付或收到银行的计息通知时，直接计入当期损益，借记"财务费用"科目，贷记"银行存款"科目。

三、长期借款的核算

长期借款是指企业向银行或其他金融机构借入的期限在1年以上（不含1年）的各项借款。就长期借款的用途来讲，企业一般用于固定资产的购建、改扩建工程、大修理工程、对外投资以及为了保持长期经营能力等方面的需要。与短期借款相比，长期借款除数额大、偿还期限较长外，其借款费用需要根据权责发生制的要求，按期预提计入所购建资产的成本或直接计入当期财务费用。由于长期借款的期限较长，至少是在1年以上，因此，在资产负债表非流动负债项目中列示。

由于长期借款的使用关系到企业的生产经营规模和效益，因此，必须加强管理与核算。企业除了要遵守有关的贷款规定、编制借款计划并要有不同形式的担保外，还应监督借款的使用、按期支付长期借款的利息以及按规定的期限归还借款本金等。因此，长期借款会计处理的基本要求是反映和监督长期借款的借入、借款利息的结算和借款本息的归还情况，促使企业遵守信贷纪律，提高信用等级，同时也要确保长期借款发挥效益。

企业通过"长期借款"科目核算长期借款的借入、归还等情况。该科目贷方登记长期借款本息的增加额，借方登记借款本息的减少额，贷方余额表示企业尚未归还的长期借款本息。本科目可按照贷款单位和贷款种类设置明细账，分别"本金""利息调整"等进行明细核算。

长期借款账务处理的内容主要包括长期借款取得与使用、利息的确认以及归还长期借款的核算。

（一）长期借款取得与使用

企业借入长期借款，应按实际收到的金额，借记"银行存款"科目，贷记"长期借款——本金"科目；如存在差额，应借记"长期借款——利息调整"科目。

【例2-14】滨海公司于2018年11月30日从银行借入资金3 000 000元，借款期限为3年，借款年利率为6.9%，到期一次还本付息，不计复利，所借款项存入银行。滨海公司用该借款于当日购入一台不需要安装的机器设备，价款是2 400 000元，增值税税额384 000元，设备已于当日投入使用。滨海公司应编制如下会计分录：

（1）取得借款时：

借：银行存款　　　　　　　　　　　　　　　　　　　　　　　　3 000 000

　　贷：长期借款——本金　　　　　　　　　　　　　　　　　　　　　　　3 000 000

（2）支付设备价款时：

借：固定资产　　　　　　　　　　　　　　　　　　　　　　　　2 400 000

　　应交税费——应交增值税（进项税额）　　　　　　　　　　　384 000

　　贷：银行存款　　　　　　　　　　　　　　　　　　　　　　　　2 784 000

（二）长期借款利息的确认

长期借款利息费用应当在资产负债表日按实际利率计算确认，实际利率与合同利率差异较小的，也可以采用合同利率计算确定利息费用。长期借款按合同利率计算确定的应付未付利息，如果属于分期付息的，记入"应付利息"科目，如果属于到期一次还本付息的，记入"长期借款——应计利息"科目。

长期借款计算确定的利息费用，应当按以下原则计入有关成本、费用：属于筹建期间的，计入管理费用。属于生产经营期间的，如果长期借款用于购建固定资产等符合资本化条件的资产，在资产尚未达到预定可使用状态前，所发生的利息支出应当资本化，计入在建工程等相关资产成本；资产达到预定可使用状态后发生的利息支出，以及按规定不予资本化的利息支出，计入财务费用。财务处理方法为：借记"在建工程""制造费用""财务费用""研发支出"等科目，贷记"应付利息"或"长期借款——应计利息"科目。

【例2-15】沿用【例2-14】的资料，滨海公司于2018年12月31日计提长期借款利息，滨海公司应编制如下会计分录：

2018年12月31日计提的长期借款利息=3 000 000×6.9%÷12=17 250（元）

借：财务费用　　　　　　　　　　　　　　　　　　　　　　　　17 250

　　贷：长期借款——应计利息　　　　　　　　　　　　　　　　　　17 250

2019年1月至2021年10月末每月预提利息分录同上。

（三）归还长期借款

企业归还长期借款的本金时，应按归还的金额，借记"长期借款——本金"科目，贷记"银行存款"科目；按归还的利息，借记"应付利息"或"长期借款——应计利息"科目，贷记"银行存款"科目。

【例2-16】沿用【例2-14】和【例2-15】的资料，滨海公司于2021年11月30日偿还该笔银行借款本息。滨海企业应编制如下会计分录：

应计利息=3 000 000×6.9%÷12×35=603 750（元）

借：财务费用　　　　　　　　　　　　　　　　　　　　　　　　17 250

　　长期借款——本金　　　　　　　　　　　　　　　　　　　　3 000 000

　　　　　　——应计利息　　　　　　　　　　　　　　　　　　603 750

　　贷：银行存款　　　　　　　　　　　　　　　　　　　　　　　3 621 000

四、应付债券的核算

（一）应付债券概述

应付债券是指企业为筹集（长期）资金而发行的债券。 通过发行债券取得的资金，构成了企业的一项非流动负债，企业会在未来某一特定日期按债券所记载的利率、期限等约定还本付息。

企业债券发行价格的高低一般取决于债券票面金额、债券票面利率、发行当时的市场利率以及债券期限的长短等因素。债券发行有面值发行、溢价发行和折价发行三种情况。企业债券按其面值价格发行，称为面值发行；以低于债券面值价格发行，称为折价发行；以高于债券面值价格发行，则称为溢价发行。债券溢价或折价不是债券发行企业的收益或损失，而是发行债券企业在债券存续期间内对利息费用的一种调整。

（二）应付债券的账务处理

企业应通过设置"应付债券"科目，核算应付债券发行、计提利息、还本付息等情况。该科目贷方登记应付债券的本金和利息，借方登记归还的债券本金和利息，期末贷方余额表示企业尚未偿还的长期债券。本科目可按"面值""利息调整""应计利息"等设置明细科目进行明细核算。

企业应当设置"企业债券备查簿"，详细登记每一债券的票面金额、债券票面利率、还本付息期限与方式、发行总额、发行日期和编号、委托代售单位、转换股份等资料。企业债券到期结清时，应当在备查簿内逐笔注销。

应付债券有面值发行、溢价发行和折价发行三种会计处理方法，本书只讲解债券按面值发行的会计处理。

1.发行债券

企业按面值发行债券时，应按实际收到的金额，借记"银行存款"等科目，按债券票面金额，贷记"应付债券——面值"科目；存在差额的，还应借记或贷记"应付债券——利息调整"科目。

【例2-17】滨海公司于2018年7月1日发行三年期、到期一次还本付息、年利率为8%、发行面值总额为30 000 000元的债券，计算利息时不计复利，发行时票面利率等于市场利率。该债券按面值发行。滨海公司应编制如下会计分录：

借：银行存款　　　　　　　　　　　　　　　　　　　　　30 000 000
　　贷：应付债券——面值　　　　　　　　　　　　　　　　　　　30 000 000

2.债券利息的确认

发行长期债券的企业，应按期计提利息。对于按面值发行的债券，在每期采用票面利率计提利息时，应当按照与长期借款相一致的原则计入有关成本费用，借记"在建工程"、"制造费用"、"财务费用"和"研发支出"等科目。其中，对于分期付息、到期一次还本的债券，其按票面利率计算确定的应付未付利息通过"应付利息"科目核算；对于一次还本付息的债券，按其票面利率计算确定的应付未付利息通过"应付债券——应计利息"科目核算。应付债券按实际利率计算确定的利息费用，应按照与长期借款相一致的原则计入有关成本、费用。

【例2-18】沿用【例2-17】的资料，滨海公司发行债券所筹集资金于当日用于建造厂房，至2018年12月31日工程尚未完工，计提本年长期债券利息。企业按照《企业会计准则第17号——借款费用》的规定，将该期债券产生的实际利息费用全部资本化，作为在建工程成本。滨海公司应编制如下会计分录：

2018年应计提的债券利息=30 000 000×8%÷12×6=1 200 000（元）

借：在建工程　　　　　　　　　　　　　　　　　　　　　1 200 000

　　贷：应付债券——应计利息　　　　　　　　　　　　　　　　　1 200 000

【例2-19】沿用【例2-17】的资料，滨海公司发行债券所筹集资金于当日用于建造厂房，假设至2018年12月31日工程完工，计提2019年长期债券利息。滨海公司应编制如下会计分录：

2019年应计提的债券利息=30 000 000×8%=2 400 000（元）

借：财务费用　　　　　　　　　　　　　　　　　　　　　2 400 000

　　贷：应付债券——应计利息　　　　　　　　　　　　　　　　　2 400 000

2020年、2021年计提利息的会计处理同上。

3.债券还本付息

长期债券到期，企业支付债券本息时，借记"应付债券——面值"和"应付债券——应计利息"、"应付利息"等科目，贷记"银行存款"等科目。

【例2-20】沿用【例2-17】、【例2-18】和【例2-19】的资料，2021年7月1日，滨海公司偿还债券本金和利息。滨海公司应编制如下会计分录：

借：应付债券——面值　　　　　　　　　　　　　　　　　30 000 000

　　　　　　——应计利息　　　　　　　　　　　　　　　　7 200 000

　　贷：银行存款　　　　　　　　　　　　　　　　　　　　　37 200 000

本例中，滨海公司长期债券的应计利息=30 000 000×8%×3=7 200 000（元）。

本学习任务小结

1.短期借款业务核算任务小结见表2-3。

表2-3　　　　　　　　　短期借款业务核算任务小结

业务内容	会计处理
向银行借入短期借款	借：银行存款 　　贷：短期借款（短期借款本金）
按月计提短期借款利息	借：财务费用（借款本金×适用利率） 　　贷：应付利息
按季支付短期借款利息	借：应付利息 　　贷：银行存款
归还短期借款本金	借：短期借款 　　贷：银行存款

2.长期借款业务核算任务小结见表2-4。

表2-4　　　　　　　　　　长期借款业务核算任务小结

业务内容	会计处理
向银行借入长期借款	借：银行存款 　　贷：长期借款——本金
按月计提长期借款利息	借：财务费用、在建工程（借款本金×适用利率） 　　贷：应付利息 或　贷：长期借款——应计利息
按规定日期支付长期借款利息	借：应付利息 　　贷：银行存款
归还长期借款本金、利息（到期一次还本付息的长期借款）	借：长期借款——本金 　　　　　　——应计利息 　　贷：银行存款

3.应付债券业务核算任务小结见表2-5。

表2-5　　　　　　　　　　应付债券业务核算任务小结

业务内容		会计处理
发行债券取得款项	平价发行	借：银行存款 　　贷：应付债券——面值
	溢价发行	借：银行存款 　　贷：应付债券——面值 　　　　　　　　——利息调整
	折价发行	借：银行存款 　　应付债券——利息调整 　　贷：应付债券——面值
计提利息，摊销溢、折价	分期付息，到期还本的债券	借：财务费用、在建工程 　　应付债券——利息调整（或贷方） 　　贷：应付利息（债券面值×票面利率）
	到期一次还本付息的债券	借：财务费用、在建工程 　　应付债券——利息调整（或贷方） 　　贷：应付债券——应计利息（债券面值×票面利率）
支付债券利息	分期付息，到期还本的债券	借：应付利息 　　贷：银行存款
债券到期偿还本金、利息	分期付息，到期还本的债券	借：应付债券——面值 　　贷：银行存款
	到期一次还本付息的债券	借：应付债券——面值 　　　　　　——应计利息 　　贷：银行存款

任务三　资金的管理和使用业务

知识目标

1.掌握现金的使用范围；

2.熟悉资金收付业务流程；

3.掌握库存现金、银行存款、其他货币资金业务的账务处理过程。

技能目标

1.熟悉企业资金业务流程；

2.根据取得或填制的原始凭证判断资金收付经济业务；

3.根据审核无误的原始凭证填制资金收付业务的记账凭证并登记相关账簿。

知识准备

一、现金的管理

现金是指存放于企业财会部门、由出纳人员经管的货币。现金是企业流动性最强的资产，企业应当严格遵守国家有关现金管理制度，正确进行现金收支的核算，监督现金使用的合法性与合理性。

（一）现金管理制度

根据国务院发布的《中华人民共和国现金管理暂行条例》的规定，现金管理制度主要包括以下内容：

1.现金的使用范围

企业可用现金支付的款项有：

（1）职工工资、津贴；

（2）个人劳务报酬；

（3）根据国家规定颁发给个人的科学技术、文化艺术、体育等各种奖金；

（4）各种劳保、福利费用以及国家规定的对个人的其他支出；

（5）向个人收购农副产品和其他物资的价款；

（6）出差人员必须随身携带的差旅费；

（7）结算起点（1 000元）以下的零星支出；

（8）中国人民银行确定需要支付现金的其他支出。

除上述情况可以用现金支付外，其他款项的支付应通过银行转账结算。

2.现金的库存限额

现金的库存限额是指为了保障单位日常零星开支的需要，允许单位留存现金的最高数额。这一限额由开户银行根据单位的实际需要核定，一般按照单位3～5天日常零星开支的需要确定。边远地区和交通不便地区的开户单位的库存现金限额，可按多于5天，但不得超过15天的日常零星开支的需要确定。经核定的库存现金限额，开户单位必须严格遵守，超过部分应于当日终了前存入银行。需要增加或者减少库存现金限额的，应当向开户银行提出申请，由开户银行核定。

3.现金收支的规定

开户单位现金收支应当依照下列规定办理：

（1）开户单位现金收入应当于当日送存开户银行，当日送存确有困难的，由开户银行确定送存时间。

（2）开户单位支付现金，可以从本单位库存现金限额中支付或从开户银行提取，不得从本单位的现金收入中直接支付（即坐支）。因特殊情况需要坐支现金的，应当事先报经开户银行审查批准，由开户银行核定坐支范围和限额。坐支单位应当定期向开户银行报送坐支金额和使用情况。

（3）开户单位从开户银行提取现金时，应当写明用途，由本单位财会部门负责人签字盖章，经开户银行审核后，予以支付。

（4）因采购地点不固定、交通不便、生产或市场急需、抢险救灾以及其他特殊情况必须使用现金的，开户单位应当向开户银行提出申请，由本单位财会部门负责人签字盖章，经开户银行审核后，予以支付现金。

（二）库存现金的账务处理

为了反映和监督企业库存现金的收入、支出和结存情况，企业应当设置"库存现金"科目，借方登记企业库存现金的增加，贷方登记企业库存现金的减少，期末借方余额反映期末企业实际持有的库存现金的金额。企业内部各部门周转使用的备用金，可以单独设置"备用金"科目进行核算。

为了全面、连续地反映和监督库存现金的收支和结存情况，企业应当设置库存现金总账和库存现金日记账，分别进行库存现金的总分类核算和明细分类核算。

库存现金日记账由出纳人员根据收付款凭证，按照业务发生顺序逐笔登记。每日终了，应当在库存现金日记账上计算出当日的现金收入合计额、现金支出合计额和结余额，并将库存现金日记账的余额与实际库存现金余额相核对，保证账款相符。月度终了，库存现金日记账的余额应当与库存现金总账的余额核对，做到账账相符。

二、银行存款的管理

（一）银行存款的账务处理

银行存款是企业存放在银行或其他金融机构的货币资金。企业应当根据业务需要，按照规定在其所在地银行开设账户，运用所开设的账户，进行存款、取款以及各种收支转账业务的结算。银行存款的收付应严格执行银行结算制度的规定。

为了反映和监督企业银行存款的收入、支出和结存情况，企业应当设置"银行存款"科目，借方登记企业银行存款的增加，贷方登记企业银行存款的减少，期末借方余额反映期末企业实际持有的银行存款的金额。

企业应当设置银行存款总账和银行存款日记账，分别进行银行存款的总分类核算和明细分类核算。企业可按开户银行和其他金融机构、存款种类等设置银行存款日记账，根据收付款凭证，按照业务的发生顺序逐笔登记。每日终了，应结出余额。

（二）银行存款的核对

银行存款日记账应定期与银行对账单核对，至少每月核对一次。企业银行存款账面余额与银行对账单余额之间如有差额，应编制"银行存款余额调节表"进行调节，如没有记账错误，调节后的双方余额应相等。银行存款余额调节表只是为了核对账目，不能作为调整银行存款账面余额的记账依据。

三、其他货币资金

（一）其他货币资金的定义及内容

其他货币资金是指企业除现金、银行存款以外的其他各种货币资金，主要包括银行汇票存款、银行本票存款、信用卡存款、信用证保证金存款、存出投资款和外埠存款等。

1.银行汇票存款

银行汇票存款，是企业为取得银行汇票按照规定存入银行的款项。银行汇票是指由出票银行签发的，由其在见票时按照实际结算金额无条件支付给收款人或者持票人的票据。银行汇票的出票银行为银行汇票的付款人。单位和个人各种款项的结算，均可使用银行汇票。银行汇票可以用于转账，填明"现金"字样的银行汇票也可以用于支取现金。

2.银行本票存款

银行本票存款，是企业为取得银行本票按规定存入银行的款项。银行本票是指银行签发的，承诺自己在见票时无条件支付确定的金额给收款人或持票人的票据。单位和个人在同一票据交换区域需要支付的各种款项，均可使用银行本票。银行本票可以用于转账，注明"现金"字样的银行本票可以用于支取现金。

3.信用卡存款

信用卡存款是指企业为取得信用卡而存入银行信用卡专户的款项。信用卡是银行卡的一种。

4.信用证保证金存款

信用证保证金存款，是指采用信用证结算方式的企业为开具信用证而存入银行信用证保证金专户的款项。企业向银行申请开立信用证，应按规定向银行提交开证申请书、信用证申请人承诺书和购销合同。

5.存出投资款

存出投资款，是指企业为购买股票、债券、基金等根据有关规定存入在证券公司指定银行开立的投资款专户的款项。

6.外埠存款

外埠存款，是指企业为了到外地进行临时或零星采购，而汇往采购地银行开立采购专户的款项。

(二)其他货币资金的账务处理

为了反映和监督其他货币资金的收支和结存情况，企业应当设置"其他货币资金"科目，借方登记其他货币资金的增加，贷方登记其他货币资金的减少，期末余额在借方，反映企业实际持有的其他货币资金的金额。"其他货币资金"科目应当按照其他货币资金的种类设置明细科目进行核算。

微课：其他货币资金的核算

1.银行汇票存款

汇款单位（即申请人）使用银行汇票，应向出票银行填写"银行汇票申请书"，填明收款人名称、汇票金额、申请人名称、申请日期等事项并签章，签章是其预留银行的签章。出票银行受理银行汇票申请书，收妥款项后签发银行汇票，并用压数机压印出票金额，将银行汇票和解讫通知一并交给申请人。申请人应将银行汇票和解讫通知一并交付给汇票上记明的收款人。收款人收到申请人交付的银行汇票时，应在出票金额以内，根据实际需要的款项办理结算，并将实际结算的金额和多余金额准确、清晰地填入银行汇票和解讫通知的有关栏内，到银行办理款项入账手续。收款人可以将银行汇票背书转让给被背书人。银行汇票的背书转让以不超过出票金额的实际结算金额为准。未填写实际结算金额或实际结算金额超过出票金额的银行汇票，不得背书转让。银行汇票的提示付款期限为自出票日起一个月，持票人超过付款期限提示付款的，银行将不予受理。持票人向银行提示付款时，必须同时提交银行汇票和解讫通知，缺少任何一联，银行不予受理。

银行汇票丧失，失票人可以凭人民法院出具的其享有票据权利的证明，向出票银行请求付款或退款。

企业填写"银行汇票申请书"，将款项交存银行时，借记"其他货币资金——银行汇票"科目，贷记"银行存款"科目；企业持银行汇票购货、收到有关发票账单时，借记"材料采购"或"原材料"、"库存商品"、"应交税费——应交增值税（进项税额）"等科目，贷记"其他货币资金——银行汇票"科目；采购完毕收回剩余款项时，借记"银行存款"科目，贷记"其他货币资金——银行汇票"科目。

销货企业收到银行汇票、填制进账单到开户银行办理款项入账手续时，根据进账单及销货发票等，借记"银行存款"科目，贷记"主营业务收入""应交税费——应交增值税（销项税额）"等科目。

【例2-21】 滨海公司为增值税一般纳税人，向银行申请办理银行汇票用以购买原材料。将款项500 000元交存银行转作银行汇票存款。根据银行盖章退回的申请书存根联，滨海公司应编制如下会计分录：

借：其他货币资金——银行汇票 500 000

贷：银行存款 500 000

【例2-22】 沿用【例2-21】的资料，2018年10月8日，滨海公司购入原材料一批已验收入库，取得的增值税专用发票上的价款为400 000元、增值税税额为64 000元，已用银行汇票办理结算，多余款项36 000元退回开户银行，企业已收到开户银行转来的银行汇票第四联（多余款收账通知）。滨海公司应编制如下会计分录：

（1）用银行汇票结算材料价款和增值税税款时：

借：原材料 400 000

应交税费——应交增值税（进项税额） 64 000

贷：其他货币资金——银行汇票 464 000

（2）收到退回的银行汇票多余款项时：

借：银行存款 36 000

贷：其他货币资金——银行汇票 36 000

2.银行本票存款

银行本票分为不定额本票和定额本票两种。定额本票面额为1 000元、5 000元、10 000元和50 000元。银行本票的提示付款期限自出票日起最长不得超过两个月。在有效付款期内，银行见票付款。持票人超过付款期限提示付款的，银行不予受理。

申请人使用银行本票，应向银行填写"银行本票申请书"。申请人或收款人为单位的，不得申请签发现金银行本票。出票银行受理银行本票申请书，收妥款项后签发银行本票，在本票上签章后交给申请人。申请人应将银行本票交付给本票上记明的收款人。收款人可以将银行本票背书转让给被背书人。

申请人因银行本票超过提示付款期限或其他原因要求退款时，应将银行本票提交到出票银行并出具单位证明。根据银行盖章退回的进账单第一联，借记"银行存款"科目，贷记

"其他货币资金——银行本票"科目。出票银行对于在本行开立存款账户的申请人，只能将款项转入原申请人账户；对于现金银行本票和未到本行开立存款账户的申请人，才能退付现金。

银行本票丧失，失票人可以凭人民法院出具的其享有票据权利的证明，向出票银行请求付款或退款。

企业填写"银行本票申请书"，将款项交存银行时，借记"其他货币资金——银行本票"科目，贷记"银行存款"科目；企业持银行本票购货、收到有关发票账单时，借记"材料采购"或"原材料"、"库存商品"、"应交税费——应交增值税（进项税额）"等科目，贷记"其他货币资金——银行本票"科目。

销货企业收到银行本票、填制进账单到开户银行办理款项入账手续时，根据进账单及销货发票等，借记"银行存款"科目，贷记"主营业务收入""应交税费——应交增值税（销项税额）"等科目。

【例2-23】滨海公司为取得银行本票，向银行填交"银行本票申请书"，并将30 000元银行存款转作银行本票存款。企业取得银行本票后，应根据银行盖章退回的银行本票申请书存根联填制银行付款凭证。滨海公司应编制如下会计分录：

借：其他货币资金——银行本票　　　　　　　　　　　　　　　30 000
　　贷：银行存款　　　　　　　　　　　　　　　　　　　　　　　　30 000

【例2-24】沿用【例2-23】的资料，滨海公司用银行本票购买30 000元的办公用品。根据发票账单等有关凭证，滨海公司应编制如下会计分录：

借：管理费用　　　　　　　　　　　　　　　　　　　　　　　30 000
　　贷：其他货币资金——银行本票　　　　　　　　　　　　　　　30 000

3.信用卡存款

信用卡是指商业银行向个人和单位发行的，凭以向特约单位购物、消费和向银行存取现金，且具有消费信用的特制载体卡片。信用卡按使用对象分为单位卡和个人卡，按信誉等级分为金卡和普通卡。凡申领单位卡的单位，必须在中国境内金融机构开立基本存款账户，并按规定填制申请表，连同有关资料一并送交发卡银行。该单位符合条件并按银行要求交存一定金额的备用金以后，银行为申领人开立信用卡存款账户，并发给信用卡。单位卡可申领若干张，持卡人资格由申领单位法定代表人或其委托的代理人书面指定和注销。单位卡账户的资金一律从其基本存款账户转账存入，不得交存现金，不得将销货收入的款项存入其账户。持卡人可持信用卡在特约单位购物、消费，但单位卡不得用于10万元以上的商品交易、劳务供应款项的结算，不得支取现金。特约单位在每日营业终了，应将当日受理的信用卡签购单汇总，计算手续费和净额，并填写汇（总）计单和进账单，连同签购单一并送交收单银行办理进账。

企业应填制"信用卡申请表"，连同支票和有关资料一并送存发卡银行，根据银行盖章退回的进账单第一联，借记"其他货币资金——信用卡"科目，贷记"银行存款"科目；企业用信用卡购物或支付有关费用，收到开户银行转来的信用卡存款的付款凭证及所附发票账单时，借记"管理费用"等科目，贷记"其他货币资金——信用卡"科目；企业信用卡在使用过程中，需要向其账户续存资金的，应借记"其他货币资金——信用卡"科目，贷记"银行存款"科目。企业的持卡人如不需要继续使用信用卡时，应持信用卡主动到发卡银行办理销户，销卡时，信用卡余额转入企业基本存款户，不得提取现金，借记

"银行存款"科目,贷记"其他货币资金——信用卡"科目。

【例2-25】滨海公司于2018年2月15日向银行申领信用卡,向银行交存50 000元。2018年4月5日,该公司用信用卡向新华书店支付购书款3 000元。滨海公司应编制如下会计分录:

借:其他货币资金——信用卡　　　　　　　　　　　　　50 000
　　贷:银行存款　　　　　　　　　　　　　　　　　　　　50 000
借:管理费用　　　　　　　　　　　　　　　　　　　　3 000
　　贷:其他货币资金——信用卡　　　　　　　　　　　　　3 000

4.信用证保证金存款

企业填写"信用证申请书",将信用证保证金交存银行时,应根据银行盖章退回的"信用证申请书"回单,借记"其他货币资金——信用证保证金"科目,贷记"银行存款"科目;企业接到开证行通知,根据供货单位信用证结算凭证及所附发票账单,借记"材料采购"或"原材料"、"库存商品"、"应交税费——应交增值税(进项税额)"等科目,贷记"其他货币资金——信用证保证金"科目;将未用完的信用证保证金存款余额转回开户银行时,借记"银行存款"科目,贷记"其他货币资金——信用证保证金"科目。

【例2-26】滨海公司向银行申请开具信用证4 000 000元,用于支付境外采购材料价款,公司已向银行缴纳保证金,并收到银行盖章退回的进账单第一联。滨海公司应编制如下会计分录:

借:其他货币资金——信用证保证金　　　　　　　　　　4 000 000
　　贷:银行存款　　　　　　　　　　　　　　　　　　　4 000 000

【例2-27】沿用【例2-26】的资料,滨海公司收到银行转来的境外销货单位信用证结算凭证以及所附发票账单、海关进口增值税专用缴款书等有关凭证,材料价款3 000 000元,增值税税额为480 000元。后滨海公司收到银行收款通知,对该境外销货单位开出的信用证余款520 000元已经转回银行账户。滨海公司应编制如下会计分录:

借:原材料　　　　　　　　　　　　　　　　　　　　　3 000 000
　　应交税费——应交增值税(进项税额)　　　　　　　　480 000
　　贷:其他货币资金——信用证保证金　　　　　　　　　3 480 000

滨海公司收到银行收款通知,对境外销货单位开出的信用证余款转回银行账户时:

借:银行存款　　　　　　　　　　　　　　　　　　　　520 000
　　贷:其他货币资金——信用证保证金　　　　　　　　　　520 000

5.存出投资款

企业向证券公司划出资金时,应按实际划出的金额,借记"其他货币资金——存出投资款"科目,贷记"银行存款"科目;购买股票、债券、基金等时,借记"交易性金融资产"等科目,贷记"其他货币资金——存出投资款"科目。

6.外埠存款

企业将款项汇往外地时,应填写汇款委托书,委托开户银行办理汇款。汇入地银行以汇款单位名义开立临时采购账户,该账户的存款不计利息、只付不收、付完清户,除了采购人员可从中提取少量现金外,一律采用转账结算。

企业将款项汇往外地开立采购专用账户,根据汇出款项凭证编制付款凭证时,借记

"其他货币资金——外埠存款"科目，贷记"银行存款"科目；收到采购人员转来供应单位发票账单等报销凭证时，借记"材料采购"或"原材料"、"库存商品"、"应交税费——应交增值税（进项税额）"等科目，贷记"其他货币资金——外埠存款"科目；采购完毕收回剩余款项时，根据银行的收账通知，借记"银行存款"科目，贷记"其他货币资金——外埠存款"科目。

【例2-28】滨海公司派采购员到异地采购原材料，2018年7月2日委托开户银行汇款100 000元到采购地设立采购专户。7月20日，采购员交来从采购专户付款购入材料的有关凭证，增值税专用发票上注明的原材料价款为80 000元，增值税税额为12 800元。7月30日，收到开户银行的收款通知，该采购专户中的结余款项已经转回。滨海公司应编制如下会计分录：

（1）7月2日，根据收到的银行汇款凭证回单联：

借：其他货币资金——外埠存款　　　　　　　　　　　　100 000

　　贷：银行存款　　　　　　　　　　　　　　　　　　　　100 000

（2）7月20日，根据采购发票账单：

借：原材料　　　　　　　　　　　　　　　　　　　　　80 000

　　应交税费——应交增值税（进项税额）　　　　　　　12 800

　　贷：其他货币资金——外埠存款　　　　　　　　　　　　92 800

（3）7月30日，收到开户银行的收款通知：

借：银行存款　　　　　　　　　　　　　　　　　　　　7 200

　　贷：其他货币资金——外埠存款　　　　　　　　　　　　7 200

本学习任务小结

1.库存现金业务核算任务小结见表2-6。

表2-6　　　　　　　　　　库存现金业务核算任务小结

业务内容	会计处理
收到零星产品销售收入	借：库存现金 　　贷：主营业务收入 　　　　应交税费——应交增值税（销项税额）
从银行提取现金	借：库存现金 　　贷：银行存款
用现金购买办公用品	借：管理费用——办公用品 　　贷：库存现金
用现金支付预借差旅费	借：其他应收款 　　贷：库存现金
报销差旅费（预借）	借：管理费用、销售费用 　　库存现金（交回多余现金） 　　贷：其他应收款 　　　　库存现金（补还出差人员现金）
将现金存入银行	借：银行存款 　　贷：库存现金

2.银行存款业务核算任务小结见表2-7。

表2-7 银行存款业务核算任务小结

业务内容	会计处理
收到产品销售收入	借：银行存款 　贷：主营业务收入 　　　应交税费——应交增值税（销项税额）
购买材料支付银行存款	借：原材料 　　应交税费——应交增值税（进项税额） 　贷：银行存款
收回应收款项	借：银行存款 　贷：应收账款

3.其他货币资金业务核算任务小结见表2-8。

表2-8 其他货币资金业务核算任务小结

业务内容		会计处理
银行本票/ 银行汇票	企业申请银行本票/银行汇票	借：其他货币资金——银行本票/银行汇票 　贷：银行存款
	持银行本票/银行汇票进行业务结算	借：原材料/库存商品等 　　应交税费——应交增值税（进项税额） 　　银行存款（多余款项退回） 　贷：其他货币资金——银行本票/银行汇票 　　　银行存款（补付不足款项）
信用卡	企业申请信用卡	借：其他货币资金——信用卡 　贷：银行存款
	企业持信用卡购物或支付有关费用	借：管理费用等 　贷：其他货币资金——信用卡
	企业注销信用卡	借：银行存款 　贷：其他货币资金——信用卡
信用证保证金	企业申请信用证	借：其他货币资金——信用证保证金 　贷：银行存款
	持信用证办理业务	借：原材料/库存商品等 　　应交税费——应交增值税（进项税额） 　贷：其他货币资金——信用证保证金
	收到信用证余款	借：银行存款 　贷：其他货币资金——信用证保证金
外埠存款	企业申请异地采购专户	借：其他货币资金——外埠存款 　贷：银行存款
	异地采购办理结算	借：原材料/库存商品等 　　应交税费——应交增值税（进项税额） 　　银行存款（多余款项退回） 　贷：其他货币资金——外埠存款 　　　银行存款（补付不足款项）

本情境综合习题

一、单项选择题

1.某公司委托证券公司发行股票1 000万股，每股面值1元，每股发行价格8元，向证券公司支付佣金150万元，发行股票冻结期间的利息收入为100万元。该公司应贷记"资本公积——股本溢价"科目的金额为（　　　）万元。

　　A.6 750　　　　　　　B.6 850　　　　　　　C.6 950　　　　　　　D.7 000

2.A有限责任公司属于增值税一般纳税人，2018年10月10日接受投资方投入的一项非专利技术，合同约定价值是800万元，增值税税率为6%，同时收到投资方作为资本投入的一条生产线，合同约定价值为500万元，增值税税率为10%，上述投入资本合同约定的价值与公允价值相符。假设不考虑其他因素，下列说法正确的是（　　　）。

　　A.投资方不能用非专利技术投资

　　B.应该计入实收资本的数额为800万元

　　C.应该计入实收资本的数额为500万元

　　D.应该计入实收资本的数额为1 398万元

3.股份有限公司接受股东投入的资本金，进行核算的科目是（　　　）。

　　A.实收资本　　　　B.资本公积　　　　C.盈余公积　　　　D.股本

4.A公司在设立时收到X公司作为资本投入的不需要安装的机器设备一台，合同约定该设备的价值为100万元（与公允价值相等），增值税进项税额为16万元（由投资方支付税款，并开具增值税专用发票）。经约定，A公司接受X公司投入资本为100万元，不考虑其他因素，A公司接受投资时应记入"资本公积——资本溢价"科目的金额为（　　　）万元。

　　A.0　　　　　　　　B.16　　　　　　　　C.100　　　　　　　D.116

5.下列各项中，不会引起实收资本增加的是（　　　）。

　　A.接受现金资产投资　　　　　　　　B.盈余公积转增资本

　　C.资本公积转增资本　　　　　　　　D.对被投资单位追加现金投资

6.企业计提短期借款利息时贷方应记入的会计科目是（　　　）。

　　A.财务费用　　　B.短期借款　　　C.应收利息　　　D.应付利息

7.2018年9月1日，某企业向银行借入一笔期限2个月、到期一次还本付息的生产经营周转借款200 000元，年利率6%。借款利息不采用预提方式，于实际支付时确认。11月1日，企业以银行存款偿还借款本息的会计处理正确的是（　　　）。

A.借：短期借款　　　　　　　　　　　　　　200 000

　　　　应付利息　　　　　　　　　　　　　　2 000

　　　　　贷：银行存款　　　　　　　　　　　　　　202 000

B.借：短期借款　　　　　　　　　　　　　　200 000

　　　　应付利息　　　　　　　　　　　　　　1 000

　　　　财务费用　　　　　　　　　　　　　　1 000

　　　　　贷：银行存款　　　　　　　　　　　　　　202 000

C.借：短期借款 200 000

        财务费用 2 000

    贷：银行存款 202 000

D.借：短期借款 202 000

    贷：银行存款 202 000

8.2017年7月1日，某公司按面值发行5年期到期一次还本付息的公司债券，该债券的面值为10万元，票面利率为4%（不计复利）。假定不考虑相关税费，2018年12月31该应付债券的账面价值为（ ）万元。

    A.10.4   B.10.6   C.10.2   D.10

9.企业为了到外地进行临时或零星采购，而汇往采购地银行开立采购专户的款项应记入的账户是（ ）。

    A.银行存款   B.应付账款

    C.其他货币资金   D.其他应收款

10.按照国家《银行结算账户管理办法》的规定，企业的工资、奖金等现金的支取，只能通过（ ）办理。

    A.基本存款账户   B.一般存款账户

    C.临时存款账户   D.专业存款账户

11.企业存放在银行的信用证存款，应通过（ ）科目进行核算。

    A.其他货币资金   B.银行存款

    C.在途货币资金   D.库存现金

12.甲公司收到投资者作为资本投入的固定资产，合同约定该固定资产的价值为1 500万元，公允价值是1 528万元，增值税税率为16%。投入资本合同约定的价值与公允价值相符，假设不考虑其他因素，甲公司收到该投资时，应计入实收资本的金额是（ ）万元。

    A.0   B.28   C.1740   D.1 772.48

13.企业办理日常结算和现金收付的账户是（ ）。

    A.基本存款账户   B.一般存款账户

    C.专用存款账户   D.临时存款账户

14.企业下列各项经济业务不能用现金结算的是（ ）。

    A.支付给职工的工资   B.出差人员必须随身携带的差旅费

    C.向个人收购农产品的支出   D.上缴税金

15.汇款人将款项交存银行，由银行签发给汇款人持往外地办理转账结算或支取现金的票据，称为（ ）。

    A.银行承兑汇票   B.银行汇票

    C.银行本票   D.商业承兑汇票

二、多项选择题

1.公司增加资本的主要途径有（ ）。

    A.将资本公积转赠资本   B.将盈余公积转赠资本

    C.发行新股票   D.销售收入转赠资本

2.公司制企业减少资本的原因主要有（　　　）。

　　A.投资者个人急需资金而抽走资本　　　B.投资者个人不愿继续投资而抽走资本

　　C.企业发生重大亏损　　　　　　　　　D.资本出现过剩

3.长期借款发生的利息费用，根据长期借款的使用方向，可以将其直接计入的项目有

（　　　）。

　　A.财务费用　　　　B.在建工程　　　　C.管理费用　　　　D.研发支出

4.甲公司为增值税一般纳税人，2018年5月10日，收到乙公司投资的一台设备，增值税专用发票上注明价款120万元、增值税税额19.2万元，合同约定设备的价款为120万元（价值公允），甲公司收到乙公司投资后注册资金达到1 000万元，乙公司占10%的股权，下列各项会计处理正确的有（　　　）。

　　A.实收资本入账金额为100万元　　　　B.接受投资产生的溢价39.2万元

　　C.实收资本增加20万元　　　　　　　　D.准予抵扣的进项税额19.2万元

5.下列存款中，应在"其他货币资金"科目核算的有（　　　）。

　　A.外埠存款　　　　　　　　　　　　　B.银行汇票存款

　　C.信用卡存款　　　　　　　　　　　　D.商业汇票

6.一般来说，货币资金的管理和控制应当遵循的原则有（　　　）。

　　A.严格职责分工　　　　　　　　　　　B.实行交易分开

　　C.实施内部稽核　　　　　　　　　　　D.实施定期轮岗制度

7.下列行为中，不符合结算有关规定的有（　　　）。

　　A.用现金支付出差人员的差旅费

　　B.用现金支付向个人采购的农副产品款

　　C.持信用卡在结算单位支取现金

　　D.签发的支票金额超过企业的银行存款余额

8.甲有限责任公司首次接受现金资产投资，在进行会计处理时可能涉及的会计科目有

（　　　）。

　　A.银行存款　　　　B.实收资本　　　　C.盈余公积　　　　D.资本公积

9.企业现金出纳人员不得兼任的工作有（　　　）。

　　A.稽核　　　　　　　　　　　　　　　B.库存现金保管

　　C.登记库存现金总账　　　　　　　　　D.登记库存现金日记账

10.下列各项能用现金支付的有（　　　）。

　　A.支付职工奖金65 000元　　　　　　　B.出差人员预借差旅费1 200元

　　C.购买办公用品520元　　　　　　　　D.购买机器一台56 000元

11.下列有关短期借款的说法中，正确的有（　　　）。

　　A.短期借款利息应当于发生时直接计入当期财务费用

　　B.短期借款属于企业的非流动负债

　　C.企业从银行取得短期借款时，借记"银行存款"等科目，贷记"短期借款"

　　　科目

　　D.短期借款到期偿还本金时，借记"短期借款"科目，贷记"银行存款"科目

12.下列关于应付利息的说法中，正确的有（　　　）。

A．应付利息核算企业按照合同约定支付的利息，包括短期借款、分期付息到期还本的长期借款、企业债券等应支付的利息

B．企业采用合同约定的名义利率计算确定短期借款的利息费用时，应按合同约定的名义利率计算确定的应付利息的金额记入"应付利息"科目

C．企业在实际支付利息时，借记"财务费用"科目，贷记"应付利息"科目

D．该科目期末贷方余额反映企业按照合同约定应支付但尚未支付的利息

13．企业年末银行存款日记账余额和银行对账单余额不一致。经逐笔核对，发现以下未达账项，其中使得企业银行存款日记账余额大于银行对账单的有（　　　　）。

A．企业送存转账支票，并已登记银行存款增加，但银行尚未记账

B．企业开出转账支票，但持票单位尚未到银行办理转账，银行尚未记账

C．企业委托银行代收某公司购货款，银行已收妥并登记入账，但企业尚未收到收款通知，尚未记账

D．银行代企业支付电话费，银行已登记企业银行存款减少，但企业未收到银行付款通知，尚未记账

14．企业发生的下列各项负债的利息支出，可以记入"财务费用"账户的有（　　　　）。

A．筹建期间的长期借款利息　　　　B．短期借款的利息

C．生产经营期间的长期借款利息　　D．应付债券的利息

三、判断题

1．企业的实收资本也就是注册资本。（　　　）

2．企业的资本一经注册，不得再进行更改。（　　　）

3．投资者投入企业的资金中，只有按投资者在企业注册资本中所占比例计算的部分，才作为实收资本。（　　　）

4．企业溢价发行股票超过面值的部分，按现行制度规定记入"资本公积——股本溢价"。（　　　）

5．企业收购的尚未转让或注销的库藏股票单独设立"库存股"账户核算。（　　　）

6．企业举借长期借款，不会影响企业原有的股权结构。（　　　）

7．狭义的库存现金是指企业库存的人民币现金，不包括外币现金。（　　　）

8．库存现金日记账一般由出纳人员根据收付款凭证，按业务发生顺序逐笔登记。（　　　）

9．每个企业只能在银行开立一个基本存款账户，企业的工资、奖金等现金的支取只能通过该账户办理。（　　　）

10．单位不得由一人办理有关货币资金业务的全过程。（　　　）

11．到期还本付息的短期借款，如果利息金额不大，可以不预提，而在实际支付时直接计入当期损益。（　　　）

12．一般纳税人企业接受的原材料投资，其进项税额不能计入实收资本。（　　　）

13．短期借款是指企业向银行或者其他金融机构等借入的期限在1年以下（不含1年）的各种借款。（　　　）

14．企业如果出现银行存款日记账与银行对账单余额不一致的情况，都是由于未达账项引起的。（　　　）

本情境账务处理案例

案例一

泰晶科技有限责任公司由投资者恒顺公司和投资者申花公司于2015年12月共同出资成立，分别以货币资金出资200 000元，各占注册资本的50%。2018年5月，公司经营状况良好，为扩大生产经营规模，投资者恒顺公司和投资者申花公司一致同意增加公司资本。此时康康公司认为泰晶科技有限责任公司能够在未来的电子市场中占有一席之地，遂要求加入泰晶科技有限责任公司。经有关部门批准后，泰晶科技有限责任公司实施增资，将实收资本增加到900 000元。经三方协商，并一致同意，完成下述投入后，三方投资者各拥有泰晶科技有限责任公司300 000元实收资本，并各占泰晶科技有限责任公司1/3的股份。各投资者的出资情况如下，并于2017年5月31日办理完所有增资事宜：

（1）投资者恒顺公司以一台设备投入泰晶科技有限责任公司作为增资，该设备原价180 000元，已提折旧95 000元，投资协议约定该设备的公允价值为126 000元。增值税专用发票上注明设备价款126 000元、增值税税额20 160元。

（2）投资者申花公司以一批原材料投入泰晶科技有限责任公司作为增资，投资协议根据该批原材料的公允价值约定其价值为110 000元，税务部门核定计税基础为110 000元。申花公司已开具了增值税专用发票。

（3）投资者康康公司以银行存款出资，投入泰晶科技有限责任公司390 000元。

要求：根据以上资料，分别编制泰晶科技有限责任公司接受各投资者初次出资和增资时的会计分录。

案例二

2018年1月，天润数码股份有限公司委托证券公司发行普通股股票100 000股，每股面值1元，发行价格为5元。天润数码股份有限公司与受托单位约定，按发行收入的4%收取手续费，从发行收入中抵扣。2018年8月，股票已发行完毕，股款全部收存银行。

2018年9月1日，天润数码股份有限公司与城地有限责任公司签订投资合同，合同约定城地有限责任公司投资入股一项工业产权和一台设备。工业产权确认的价值为120 000元，换取面值1元的普通股8万股；设备确认价值为360 000元，换取面值为1元的普通股24万股。2018年10月20日，双方办理完资产和股权过户手续。

要求：根据上述经济业务编制会计分录。

案例三

优德有限责任公司2018年第二季度发生下列有关短期借款的部分经济业务：

（1）4月1日，短期借款账面余额350万元；同日，从工商银行借入为期5个月的借款40万元，存入银行存款户。

（2）4月30日，按年利率3.6%计算提取本月短期借款利息。

（3）5月31日，以银行存款偿还到期的短期借款50万元；同日，又从建设银行借入为期3个月的借款30万元，存入银行存款户。

（4）5月31日，按年利率3.6%计算提取本月短期借款利息。

（5）6月份未发生短期借款业务。月末，接到银行短期借款利息通知单，共支付本季利息33 600元。

（6）6月30日，从建设银行借入的短期借款到期，用银行存款偿还该笔借款本金350万元。

要求：根据上述资料计算每月应付利息，并编制相关会计分录。

案例四

金石股份有限公司于2018年10月11日从建设银行借入资金8 000 000元，借款期限为3年，年利率为6%，不计复利，每年1月1日—5日支付上年度利息，到期还本时一并支付最后一年的利息。所借款项已于10月20日存入银行。金石股份有限公司用该借款于25日购买不需安装的设备一台，增值税专用发票上注明设备价款6 500 000元、增值税税额1 040 000元，另支付运杂费及保险等费用200 000元，设备已于当日投入使用。

要求：根据上述经济业务，编制与长期借款有关的会计分录。

案例五

2018年8月，西王食品有限公司发生如下经济业务：

（1）开出现金支票一张，从银行提取现金1 600元。

（2）行政管理部门职工刘江出差，借支差旅费1 500元，以现金支付。

（3）收到华恒有限公司交来的转账支票一张，金额54 000元，用以归还上月所欠货款，支票已送存银行。

（4）向泰康有限公司采购生产食品用面粉，收到的增值税专用发票上标明价款100 000元、增值税16 000元，企业采用汇兑结算方式将款项116 000元付给泰康有限公司，该材料已验收入库。

（5）企业开出转账支票一张，归还前欠供应商仁康公司货款20 000元。

（6）企业向华联商城销售食品一批，价款50 000元，增值税税款8 000元，已向银行办妥委托收款手续。

（7）职工刘江出差回来报销差旅费，原借支1 500元，实际报销1 650元，差额150元用现金补付。

（8）将现金18 000元送存银行。

（9）收到银行转来的收款通知，环宇商城前欠货款及增值税共计58 000元已收妥。

（10）企业向杭达百货公司购买办公用品2 000元，开出转账支票支付款项。

（11）企业从天安有限公司采购面粉一批，价款80 000元，增值税税款12 800元，双方约定采用托收承付结算方式，验单付款，现企业收到银行转来的托收承付结算凭证和所附单据，经审核无误，支付该笔货款，但材料尚未收到。

（12）月底，银行对账单上的期末余额为450 000元，银行存款日记账上的期末余额为450 890元。经核实，企业8月份的通信费890元已通过银行代扣代缴，企业尚未收到有关结算凭证。

要求：根据以上经济业务进行相应的会计处理。

案例六

大华工厂2018年5月份发生如下经济业务：

（1）委托银行开出银行汇票50 000元，有关手续已办妥，采购员李强持票到上海市采购材料。

（2）工厂派采购员张山到外地湖州市采购材料，委托银行汇款100 000元，到湖州市开立采购账户。

（3）李强在上海市采购结束，增值税专用发票上标明材料价款为45 000元、增值税为7 200元，款项共计52 200元，材料已验收入库。用银行汇票支付50 000元，差额2 200元采用汇兑结算方式补付。

（4）张山在湖州市采购结束，增值税专用发票上标明材料款为80 000元、增值税为12 800元，款项共计92 800元，材料已验收入库。同时接到银行多余款收账通知，退回余款7 200元。

（5）委托银行开出银行本票，票面金额20 000元，有关手续已办妥。

（6）厂部管理部门购买办公用品2 300元，用信用卡付款。收到银行转来的信用卡存款的付款凭证及所付账单，经审核无误，用银行存款偿还信用卡金额。

要求：根据以上经济业务编制会计分录。

长期资产购建、使用业务核算

开篇案例

　　深圳市大族激光科技股份有限公司由成立于1996年的大族实业公司发展而来，主要从事激光加工设备的研发、生产和销售，是亚洲最大、世界知名的激光加工设备生产厂商，年均增长率达60%，同时也是深圳国家科技成果推广示范基地、重点推广示范企业、国家规划布局内重点软件企业、深圳市光学光电子行业协会会长单位、深圳市软件行业协会会长单位，被国家发改委认定为国家高新技术产业化示范工程项目的实施单位。

　　根据新会计准则，2007年公司技术开发费用得以资本化，相比原会计准则，此举增加公司利润1 785.75万元，占公司净利润总额的10%。新会计准则规定：企业内部研发项目的支出应当区分研究阶段支出与开发阶段支出。研究费用依然是费用化处理；进入开发程序后，开发过程中的费用如果符合相关条件，就可以资本化。企业研发费用还可按实际发生额的150%抵扣当年度的应纳税所得额，对于开发新技术、新产品、新工艺的研发费用，还允许加计扣除（在原有100%的基础上再加一个比例）。这些都是鼓励企业增加研发投入同时保证利润水平的新做法。

　　大族激光市场拓展能力突出。公司以打标机起家，通过收购整合、快速学习其他行业知识，依次进入焊接、PCB、印刷等行业。公司以良好的激励制度和优秀的管理文化为基础，善于对下游客户进行引导示范推广，结合客户需求开发激光配套设备。另外，完善的售后服务、良好的性价比也使公司极富竞争力。

　　资料来源：佚名. 深圳市大族激光科技股份有限公司 [N]. 中国证券报，2008-02-19.

工作情境描述

1.主要经济业务及其流程

固定资产在企业资产中所占比重较大，对企业长期的财务状况和健康发展有着举足轻重的影响。固定资产的购建需要经过经办人申请、部门审核、总经理及董事长批准的程序。固定资产的折旧计提直接影响企业当期的相关损益，因此需要选择合适的折旧方法并进行及时准确的会计处理。固定资产直接使用人负责固定资产的日常维护保养，建立固定资产登记制度和保养记录登记制度是确保固定资产安全、完整的重要手段。在固定资产退出企业时，也须经过有关部门的审批并及时进行正确的会计处理。

对于生产准备工作来讲，购建长期资产是很重要的部分。固定资产是企业生产经营过程中使用的主要劳动资料，对企业生产经营活动的正常开展具有重要意义。随着市场经济的不断发展以及社会知识产权意识的提高，无形资产的价值在经济活动中的作用日益凸显。今天的企业如果要实现持续性的价值创造，就需要发挥无形资产的杠杆作用，企业重视无形资产营运具有十分重要的意义。

与企业生产经营有密切关系的长期资产是固定资产和无形资产。围绕长期资产建设和使用的主要经济业务包括固定资产的增加、计提折旧、后续支出、处置，无形资产的增加、计提摊销、减少等业务。

以固定资产为例介绍长期资产的管理业务流程，如图3-1所示。

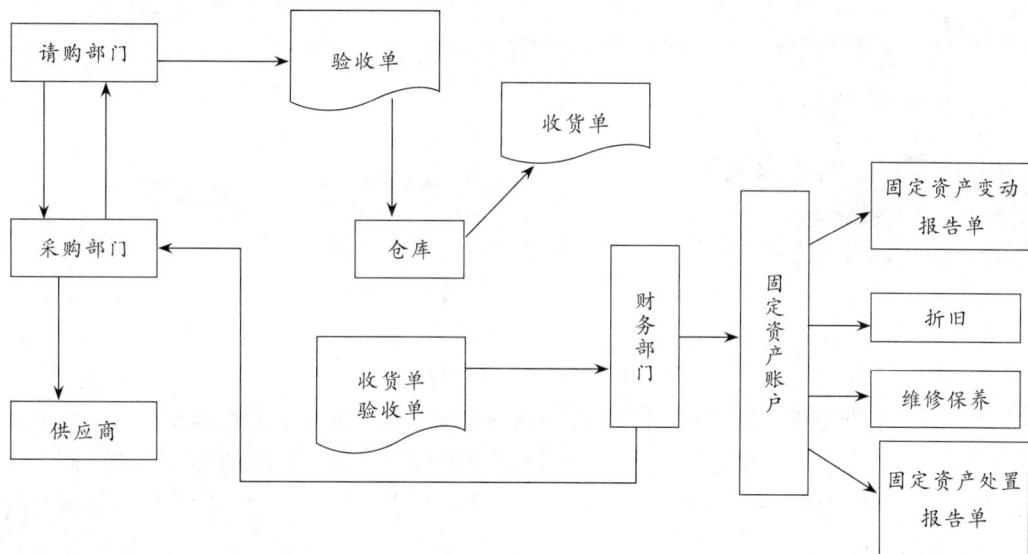

图3-1　固定资产管理业务流程图

2.业务涉及的主要会计岗位及其职责

固定资产核算岗位的职责一般包括：

（1）会同有关部门拟定固定资产的核算与管理办法；

（2）参与编制固定资产更新改造和大修理计划；

（3）负责固定资产的明细分类核算和有关报表的编制；

（4）计算提取固定资产折旧和大修理基金；

（5）参与固定资产的清查和盘点；

（6）对固定资产业务进行会计核算。

任务一　固定资产业务核算

知识目标

1.掌握固定资产的含义；

2.了解固定资产的分类；

3.掌握固定资产初始计量原则；

4.掌握固定资产增加的会计处理；

5.掌握固定资产折旧的影响因素及计提方法和会计处理；

6.掌握固定资产后续计量的会计处理；

7.掌握固定资产处置业务的核算方法。

技能目标

1.能够辨析企业资产哪些属于固定资产；

2.能够熟练运用有关固定资产业务的相关账户处理经济业务；

3.理解固定资产在企业中的重要作用，并采取必要措施保证固定资产的安全和完整。

知识准备

一、固定资产概述

（一）固定资产的定义及特征

固定资产是指同时具有以下特征的有形资产：（1）为生产商品、提供劳务、出租或经营管理而持有；（2）使用寿命超过一个会计年度。

从这一定义可以看出，作为企业的固定资产应具备以下两个特征：

第一，企业持有固定资产的目的是满足生产商品、提供劳务、出租或经营管理的需要，而不像商品一样为了对外出售。这一特征是固定资产区别于商品等流动资产的重要标志。

第二，企业使用固定资产的期限较长，使用寿命一般超过一个会计年度。这一特征表明企业固定资产的收益期超过一年，能在一年以上的时间里为企业创造经济利益。固定资产的使用寿命，是指企业使用固定资产的预计期间，或者该固定资产所能生产产品或者提供劳务的数量。

第三，固定资产必须是有形资产。该特征将固定资产与无形资产区别开来。

（二）固定资产的分类

企业的固定资产种类繁多、规格不一，为加强管理，便于组织会计核算，有必要对其进行科学、合理的分类。根据不同的管理需要和核算要求以及不同的分类标准，可以对固定资产进行不同的分类，主要有以下几种分类方法：

1.按经济用途分类

按固定资产的经济用途分类，可分为生产经营用固定资产和非生产经营用固定资产。

生产经营用固定资产，是指直接服务于企业生产、经营过程的各种固定资产，如生产经营用的房屋、建筑物、机器、设备、器具、工具等。

非生产经营用固定资产，是指不直接服务于生产、经营过程的各种固定资产，如职工宿舍等使用的房屋、设备和其他固定资产等。

按照固定资产的经济用途分类，可以归类反映和监督企业生产经营用固定资产和非生产经营用固定资产之间，以及生产经营用各类固定资产之间的组成和变化情况，借以考核和分析企业固定资产的使用情况，促使企业合理地配备固定资产，充分发挥其效用。

2.综合分类

按固定资产的经济用途和使用情况等综合分类，可把企业的固定资产划分为七大类：

（1）生产经营用固定资产；

（2）非生产经营用固定资产；

（3）租出固定资产（指企业在经营租赁方式下出租给外单位使用的固定资产）；

（4）不需用固定资产；

（5）未使用固定资产；

（6）土地（指过去已经估价单独入账的土地，因征地而支付的补偿费，应计入与土地有关的房屋、建筑物的价值内，不单独作为土地价值入账，企业取得的土地使用权应作为无形资产管理，不作为固定资产管理）；

（7）融资租入固定资产（指企业以融资租赁方式租入的固定资产，在租赁期内，应视同自有固定资产进行管理）。

由于企业的经营性质不同，经营规模各异，对固定资产的分类不可能完全一致。但实际工作中，企业大多采用综合分类的方法作为编制固定资产目录、进行固定资产核算的依据。

（三）固定资产的确认条件

确认一项资产是否属于固定资产，除了首先要符合固定资产的定义外，还要符合固定资产的确认条件，即：与该固定资产相关的经济利益很可能流入企业，同时，该固定资产的成本能够可靠地计量。

（1）与该固定资产有关的经济利益很可能流入企业。

企业在确认固定资产时，需要判断与该项固定资产相关的经济利益是否可能流入企业。在实务中，主要通过判断与该项固定资产相关的风险和报酬是否转移到了企业来确定。

通常情况下，取得固定资产所有权是判断与固定资产所有权相关的风险和报酬是否转移到企业的一个重要标志，凡是所有权已属于企业，无论企业是否收到或者拥有该项固定资产，均可作为企业的固定资产；反之，如果企业没有取得资产的所有权，即使存放在企业，也不能作为企业的固定资产。但是，所有权转移不是判断该项资产是否属于企业固定资产的唯一标准，比如企业以融资租赁方式租入的固定资产，承租人虽然没有取得该项固定资产的所有权，但企业能够控制与该固定资产有关的经济利益流入企业，因此，符合固定资产确认的第一个条件。

（2）该固定资产的成本能够可靠地计量。

成本能够可靠地计量是资产确认的一项基本条件。要确认固定资产，企业取得该固定资产所发生的支出必须能够可靠地计量。企业在确定固定资产成本时，有些情况下需要根据所获得的最新资料信息，对固定资产的成本进行合理的估计，如果企业能够合理估计出固定资产的成本，则视同固定资产的成本能够可靠计量。

二、固定资产的账务处理

（一）固定资产核算应设置的会计科目

为了反映和监督固定资产的取得、计提折旧和处置等情况，企业一般需要设置"固定资产"、"累计折旧"、"在建工程"、"工程物资"及"固定资产清理"等科目。

"固定资产"科目核算企业固定资产的原价，借方登记企业增加的固定资产原价，贷方登记企业减少的固定资产原价，期末借方余额，反映企业期末固定资产的账面原价。企业应当设置"固定资产登记簿"和"固定资产卡片"，按固定资产类别、使用部门和每项固定资产进行明细核算。

"累计折旧"科目属于"固定资产"的调整科目，核算企业固定资产的累计折旧，贷方登记企业计提的固定资产折旧，借方登记处置固定资产转出的累计折旧，期末贷方余额，反映企业固定资产的累计折旧额。

"在建工程"科目核算企业基建、更新改造等在建工程发生的支出，借方登记企业各项在建工程的实际支出，贷方登记完工工程转出的成本，期末借方余额反映企业尚未达到预定可使用状态的在建工程的成本。

"工程物资"科目核算企业为在建工程而准备的各种物资的实际成本。该科目借方登记企业购入工程物资的成本，贷方登记领用工程物资的成本，期末借方余额，反映企业为在建工程准备的各种物资的成本。

"固定资产清理"科目核算企业因出售、报废、毁损、对外投资、非货币性资产交换、债务重组等原因转出的固定资产价值以及在清理过程中发生的费用等，借方登记转出的固定资产账面价值、清理过程中应支付的相关税费及其他费用，贷方登记出售固定资产取得的价款、残料价值和变价收入。期末如为借方余额，表示清理的净损失；期末如为贷方余额，表示清理的净收益。企业应当按照被清理的固定资产项目设置明细账，进行明细核算。

此外，企业固定资产、在建工程、工程物资发生减值的，还应当设置"固定资产减值准备"、"在建工程减值准备"及"工程物资减值准备"等科目进行核算。

（二）取得固定资产

固定资产应当按照成本进行初始计量。固定资产的成本，是指企业构建某项固定资产达到预定可使用状态前所发生的一切合理、必要的支出，包括直接发生的价款、相关税费、运杂费、包装费和安装费等，也包括间接发生的费用，如应承担的借款利息、外币借款折算差额以及应分摊的其他间接费用。

1.外购固定资产

企业外购的固定资产，应按实际支付的购买价款，相关税费，使固定资产达到预定可使用状态前所发生的可归属于该项资产的运输费、装卸费、安装费和专业人员服务费等，作为固定资产的取得成本。其中，相关税费不包括按照现行增值税制度规定，可以从销项税额中抵扣的增值税进项税额。固定资产是否达到预定可使用状态，需要根据具体情况进行判断。如果购入不需要安装的固定资产，购入后即可发挥作用，则购入后即可达到预定可使用状态。如果购入需要安装的固定资产，只有在安装调试后达到设计要求或者合同规定的标准，才能达到预定可使用状态。

企业作为一般纳税人，购入不需要安装的机器设备、管理设备等动产时，应按实际支付的购买价款、相关税费以及使固定资产达到预定可使用状态前所发生的可归属于该项资产的运输费、装卸费和专业人员服务费等，作为固定资产成本，借记"固定资产"科目，取得增值税专用发票、海关完税证明或者公路发票等增值税扣税凭证，并经税务机关认证可以抵扣的，应按增值税专用发票上注明的增值税进项税额，借记"应交税费——应交增值税（进项税额）"科目，贷记"银行存款"等科目。

企业作为增值税一般纳税人，购入需要安装的机器设备、管理设备等动产时，应在购入的固定资产取得成本的基础上加上安装调试成本等，作为购入固定资产的成本，先通过"在建工程"科目核算，待安装完毕达到预定可使用状态时，再由"在建工程"科目转入"固定资产"科目。

企业购入需安装的固定资产时，按实际支付的购买价款、运输费、装卸费和其他相关税费等，借记"在建工程"科目，贷记"银行存款"等科目；按购入固定资产时可抵扣的增值税进项税额，借记"应交税费——应交增值税（进项税额）"科目，贷记"银行存款"等科目；按发生的安装调试成本，借记"在建工程"科目，按取得的外部单位提供的增值税专用发票上注明的增值税进项税额，借记"应交税费——应交增值税（进项税额）"科目，贷记"银行存款"等科目；固定资产安装过程中耗用了本企业的材料和人工的，应按其所承担的成本金额，借记"在建工程"科目，贷记"原材料""库存商品""应付职工薪酬"等科目。安装完毕达到预定可使用状态时，按其实际成本，借记"固定资产"科目，贷记"在建工程"科目。

企业以一笔款项购入多项没有单独标价的固定资产，应将各项资产单独确认为固定资产，并按各项固定资产公允价值的比例对总成本进行分配，分别确定各项固定资产的成本。

企业作为小规模纳税人，购入固定资产时取得增值税专用发票的，增值税进项税额应计入固定资产成本，借记"固定资产"或"在建工程"科目，不通过"应交税费——应交增值税"科目核算。

【例3-1】滨海公司是增值税一般纳税人，2018年11月，滨海公司购入一台不需要安装即可投入使用的设备，取得的增值税专用发票上注明的设备价款为30 000元、增值税税额为4 800元，另支付运输费300元，增值税税额30元，包装费400元，款项以银行存款支付。

滨海公司应编制如下会计分录：

固定资产的成本=30 000+300+400=30 700（元）

借：固定资产　　　　　　　　　　　　　　　　　　　　　　　30 700
　　应交税费——应交增值税（进项税额）　　　　　　　　　　　4 830
　　　贷：银行存款　　　　　　　　　　　　　　　　　　　　　　　　35 530

【例3-2】滨海公司为增值税一般纳税人，2018年12月，用银行存款购入一台需要安装的设备，增值税专用发票上注明的设备买价为 400 000 元、增值税税额为 64 000 元。支付运输费 5 000 元，增值税税额 500 元；安装费 10 000 元，增值税税额 1 000 元。滨海公司应编制如下会计分录：

（1）购入设备进行安装时：

借：在建工程　　　　　　　　　　　　　　　　　　　　　　405 000

　　应交税费——应交增值税（进项税额）　　　　　　　　　64 500

　　贷：银行存款　　　　　　　　　　　　　　　　　　　　　　　469 500

（2）支付安装费时：

借：在建工程　　　　　　　　　　　　　　　　　　　　　　10 000

　　应交税费——应交增值税（进项税额）　　　　　　　　　1 000

　　贷：银行存款　　　　　　　　　　　　　　　　　　　　　　　11 000

（3）设备安装完毕交付使用时：

确定的固定资产成本＝405 000＋10 000＝415 000（元）

借：固定资产　　　　　　　　　　　　　　　　　　　　　　415 000

　　贷：在建工程　　　　　　　　　　　　　　　　　　　　　　　415 000

【例 3-3】滨海公司是增值税一般纳税人，2018 年 5 月，滨海公司向顺丰公司一次购进了三台不同种类且具有不同生产能力的设备——高压泵、传感器、电导仪，共支付款项 100 000 000 元，增值税税额 16 000 000 元，安装费 750 000 元，增值税税额 75 000 元，全部以银行存款转账支付；假定设备高压泵、传感器、电导仪均满足固定资产的定义及确认条件，公允价值分别为 45 000 000 元、38 500 000 元、16 500 000 元；不考虑其他相关税费。滨海公司的账务处理如下：

（1）确定应计入固定资产成本的金额，包括购买价款、安装费，即：

计入固定资产成本的金额＝100 000 000＋750 000＝100 750 000（元）

（2）确定高压泵、传感器、电导仪设备的价值分配比例：

$$高压泵设备应分配的固定资产价值比例＝\frac{45\,000\,000}{45\,000\,000＋38\,500\,000＋16\,500\,000}×100\%＝45\%$$

$$传感器设备应分配的固定资产价值比例＝\frac{38\,500\,000}{45\,000\,000＋38\,500\,000＋16\,500\,000}×100\%＝38.5\%$$

$$电导仪设备应分配的固定资产价值比例＝\frac{16\,500\,000}{45\,000\,000＋38\,500\,000＋16\,500\,000}×100\%＝16.5\%$$

（3）确定高压泵、传感器、电导仪各自的成本：

高压泵设备的成本＝100 750 000×45%＝45 337 500（元）

传感器设备的成本＝100 750 000×38.5%＝38 788 750（元）

电导仪设备的成本＝100 750 000×16.5%＝16 623 750（元）

（4）滨海公司应作如下会计处理：

借：固定资产——高压泵设备　　　　　　　　　　　　　　45 337 500

　　　　　　　——传感器设备　　　　　　　　　　　　　　38 788 750

　　　　　　　——电导仪设备　　　　　　　　　　　　　　16 623 750

　　应交税费——应交增值税（进项税额）　　　　　　　　16 075 000

　　贷：银行存款　　　　　　　　　　　　　　　　　　　　　　116 825 000

2.自行建造的固定资产

企业自行建造的固定资产，应按照建造该项资产达到预定可使用状态前所发生的必要支出，作为固定资产的成本。

企业自行建造固定资产应先通过"在建工程"科目核算，工程达到预定可使用状态时，再从"在建工程"科目转入"固定资产"科目。企业自行建造固定资产，主要有自营和出包两种方式，由于采用的建设方式不同，其会计处理也不同。

（1）自营工程

自营工程是指企业自行组织工程物资采购、自行组织施工人员施工的建筑工程和安装工程。购入工程物资时，借记"工程物资"科目，贷记"银行存款"等科目。领用工程物资时，借记"在建工程"科目，贷记"工程物资"科目。在建工程领用本企业原材料时，借记"在建工程"科目，贷记"原材料"等科目。在建工程领用本企业生产的商品时，借记"在建工程"科目，贷记"库存商品""应交税费——应交增值税（销项税额）"等科目。自营工程发生的其他费用，如工程人员的工资薪酬等，借记"在建工程"科目，贷记"银行存款""应付职工薪酬"等科目。自营工程达到预定可使用状态时，按其成本，借记"固定资产"科目，贷记"在建工程"科目。

根据《中华人民共和国增值税暂行条例》和《关于全面推开营业税改征增值税试点的通知》（财税〔2016〕36号）等有关规定，一般纳税人自2016年5月1日后取得并按固定资产核算的不动产或者2016年5月1日后取得的不动产在建工程，取得增值税专用发票并通过税务机关认证时，应按增值税专用发票上注明的价款作为固定资产，借记"固定资产""在建工程"科目，其进项税额按现行增值税规定自取得之日起分2年从销项税额中抵扣，应按增值税专用发票上注明的增值税进项税额的60%作为当期可抵扣的进项税额，借记"应交税费——应交增值税（进项税额）"科目，按增值税专用发票上注明的增值税进项税额的40%作为自本月起第13个月可抵扣的进项税额，借记"应交税费——待抵扣进项税额"科目；按实际支付或应付的金额，贷记"银行存款""应付账款"等科目。上述待抵扣的进项税额在下一年度同月允许抵扣时，按允许抵扣的金额，借记"应交税费——应交增值税（进项税额）"科目，贷记"应交税费——待抵扣进项税额"科目。

【例3-4】2018年7月30日，滨海公司自建厂房一幢，购入为工程准备的各种物资1 000 000元，增值税专用发票上注明的增值税税额为160 000元，全部用于工程建设。领用本企业生产的水泥一批，实际成本为96 000元，生产该批水泥所消耗原材料成本为70 000元，增值税税额11 200元；工程人员应计工资200 000元，用银行存款支付的其他费用50 000元。工程完工并达到预定可使用状态。滨海公司应编制如下会计分录：

①购入工程物资时：

借：工程物资 1 000 000
　　应交税费——应交增值税（进项税额） 96 000
　　　　　　——待抵扣进项税额 64 000
　　贷：银行存款 1 160 000

②工程领用工程物资时：

借：在建工程 1 000 000
　　贷：工程物资 1 000 000

③工程领用本企业生产的水泥时：

借：在建工程 96 000

　　贷：库存商品 96 000

借：应交税费——待抵扣进项税额 4 480

　　贷：应交税费——应交增值税（进项税额转出） 4 480

④分配工程人员工资时：

借：在建工程 200 000

　　贷：应付职工薪酬 200 000

⑤支付工程发生的其他费用时：

借：在建工程 50 000

　　贷：银行存款 50 000

⑥工程完工时：

工程完工转入固定资产成本=1 000 000+96 000+200 000+50 000=1 346 000（元）

借：固定资产 1 346 000

　　贷：在建工程 1 346 000

⑦2019年7月，进项税额可抵扣销项税额时：

借：应交税费——应交增值税（进项税额） 68 480

　　贷：应交税费——待抵扣进项税额 68 480

（2）出包工程

出包工程是指企业通过招标方式将工程项目发包给建造承包商，由建造承包商组织施工的建筑工程和安装工程。企业采用出包方式进行的固定资产工程，其工程的具体支出主要由建造承包商核算，在这种方式下，"在建工程"科目主要反映企业与建造承包商办理工程价款结算的情况，企业支付给建造承包商的工程价款作为工程成本，通过"在建工程"科目核算。企业按合理估计的发包工程进度和合同规定向建造承包商结算的进度款，借记"在建工程"科目，贷记"银行存款"等科目；工程完成时，按合同规定补付的工程款，借记"在建工程"科目，贷记"银行存款"等科目；工程达到预定可使用状态时，按其成本，借记"固定资产"科目，贷记"在建工程"科目。

【例3-5】滨海公司将一幢厂房的建造工程出包给一建公司承建，按合理估计的发包工程进度和合同规定向一建公司结算进度款800 000元，工程完工后，收到一建公司有关工程结算单据，补付工程款200 000元，工程完工并达到预定可使用状态。滨海公司应编制如下会计分录：

①按合理估计的发包工程进度和合同规定向一建公司结算进度款时：

借：在建工程 800 000

　　贷：银行存款 800 000

②补付工程款时：

借：在建工程 200 000

　　贷：银行存款 200 000

③工程完工并达到预定可使用状态时：

借：固定资产 1 000 000

贷：在建工程　　　　　　　　　　　　　　　　　　　　　　1 000 000

（三）固定资产计提折旧

1.固定资产折旧概述

固定资产折旧，是指在固定资产的使用寿命内，按照确定的方法对应计折旧额进行系统分摊。其中，应计折旧额是指应当计提折旧的固定资产原价扣除其预计净残值后的金额，已计提减值准备的固定资产，还应当扣除已计提的固定资产减值准备累计金额。预计净残值是指假定固定资产预计使用寿命已满并处于使用寿命终了时的预期状态，企业目前从该项资产处置中获得的扣除预计处置费用后的金额。企业应当根据固定资产的性质和使用情况，合理确定固定资产的使用寿命和预计净残值。固定资产的使用寿命、预计净残值一经确定，不得随意变更，但是符合《企业会计准则第4号——固定资产》第十九条规定的除外。上述事项在报经股东大会或董事会、经理（厂长）会议或类似机构批准后，作为计提折旧的依据，并按照法律、行政法规等的规定报送有关各方备案。

影响折旧的因素主要有以下几个方面：

（1）固定资产原价，是指固定资产的成本。

（2）预计净残值，是指假定固定资产预计使用寿命已满并处于使用寿命终了时的预期状态，企业目前从该项资产处置中获得的扣除预计处置费用后的金额。

（3）固定资产减值准备，是指已计提的固定资产减值准备累计金额。

（4）固定资产的使用寿命，是指企业使用固定资产的预计期间，或者该固定资产所能生产产品或提供劳务的数量。企业确定固定资产使用寿命时，应当考虑下列因素：该项资产的预计生产能力或实物产量；该项资产的预计有形损耗，如设备使用中发生磨损、房屋建筑物受到自然侵蚀等；该项资产的预计无形损耗，如因新技术的出现而使现有的资产技术水平相对陈旧、市场需求变化使产品过时等；法律或者类似规定对该项资产使用的限制。

除以下情况外，企业应当对所有固定资产计提折旧：

（1）已提足折旧仍继续使用的固定资产；

（2）单独计价入账的土地。

在确定计提折旧的范围时，还应注意以下几点：

（1）固定资产应当按月计提折旧，当月增加的固定资产，当月不计提折旧，从下月起计提折旧；当月减少的固定资产，当月仍计提折旧，从下月起不计提折旧。

（2）固定资产提足折旧后，不论能否继续使用，均不再计提折旧；提前报废的固定资产，也不再补提折旧。所谓提足折旧，是指已经提足该项固定资产的应计折旧额。

（3）已达到预定可使用状态但尚未办理竣工决算的固定资产，应当按照估计价值确定其成本，并计提折旧；待办理竣工决算后，再按实际成本调整原来的暂估价值，但不需要调整原已计提的折旧额。

企业至少应当于每年年度终了，对固定资产的使用寿命、预计净残值和折旧方法进行复核。使用寿命预计数与原先估计数有差异的，应当调整固定资产使用寿命。预计净残值预计数与原先估计数有差异的，应当调整预计净残值。与固定资产有关的经济利益预期实现方式有重大改变的，应当改变固定资产折旧方法。固定资产使用寿命、预计净残值和折旧方法的改变应当作为会计估计变更进行会计处理。

2.固定资产的折旧方法

企业应当根据与固定资产有关的经济利益的预期消耗方式，合理选择固定资产折旧方法。可选用的折旧方法包括年限平均法（又称直线法）、工作量法、双倍余额递减法和年数总和法等。

（1）年限平均法

采用年限平均法计提固定资产折旧，其特点是将固定资产的应计折旧额均衡地分摊到固定资产预计使用寿命内，采用这种方法计算的每期折旧额是相等的。

年限平均法的计算公式如下：

$$年折旧率=（1-预计净残值率）÷预计使用寿命（年）$$
$$月折旧率=年折旧率÷12$$
$$月折旧额=固定资产原价×月折旧率$$

【例3-6】滨海公司有一幢厂房，原价为10 000 000元，预计可使用20年，预计报废时的净残值率为2%。该厂房的折旧率和折旧额的计算如下：

年折旧率=（1-2%）÷20=4.9%

月折旧率=4.9%÷12=0.41%

月折旧额=10 000 000×0.41%=41 000（元）

（2）工作量法

工作量法是指根据实际工作量计算每期应提折旧额的一种方法。

工作量法的基本计算公式如下：

$$单位工作量折旧额=固定资产原价×（1-预计净残值率）÷预计总工作量$$
$$某项固定资产月折旧额=该项固定资产当月工作量×单位工作量折旧额$$

【例3-7】滨海公司的一辆运货卡车的原价为600 000元，预计总行驶里程为500 000千米，预计报废时的净残值率为5%，本月行驶3 000千米。该辆汽车的月折旧额计算如下：

单位工作量折旧额=600 000×（1-5%）÷500 000=1.14

本月折旧额=3 000×1.14=3 420（元）

（3）双倍余额递减法

双倍余额递减法是指在不考虑固定资产预计净残值的情况下，根据每期期初固定资产原价减去累计折旧后的余额和双倍的直线法折旧率计算固定资产折旧的一种方法。采用双倍余额递减法计提固定资产折旧，一般应在固定资产使用寿命到期前两年内，将固定资产账面净值扣除预计净残值后的余额平均摊销。

双倍余额递减法的计算公式如下：

$$年折旧率=2÷预计使用寿命（年）×100\%$$
$$月折旧率=年折旧率÷12$$
$$月折旧额=每月月初固定资产账面净值×月折旧率$$

【例3-8】滨海公司的一台生产线的原价为1 000 000元，预计使用年限为5年，预计净残值为4 000元。按双倍余额递减法计提折旧，每年的折旧额计算如下：

年折旧率=2÷5×100%=40%

第1年应提的折旧额=1 000 000×40%=400 000（元）

第2年应提的折旧额=（1 000 000-400 000）×40%=240 000（元）

第3年应提的折旧额=（600 000-240 000）×40%=144 000（元）

从第4年起改用年限平均法（直线法）计提折旧。

第4、5年的折旧额=（1 000 000-400 000-240 000-144 000-4 000）÷2=106 000（元）

（4）年数总和法

年数总和法又称年限合计法，是指将固定资产的原值减去预计净残值后的余额，乘以一个逐年递减的分数计算固定资产折旧额的一种方法。这个分数的分子代表固定资产尚可使用的年数，分母代表固定资产预计使用年数的逐年数字之总和。

年数总和法的计算方法如下：

$$年折旧率=\frac{尚可使用年数}{预计使用年限的年数总和}×100\%$$

$$年折旧额=（固定资产原值-预计净残值）×年折旧率$$

$$月折旧率=年折旧率÷12$$

$$月折旧额=（固定资产原值-预计净残值）×月折旧率$$

【例3-9】滨海公司拥有一台生产经营用设备，其原价为1 000 000元，预计使用年限为5年，预计净残值为4 000元。采用年数总和法计算的各年折旧额见表3-1。

表3-1　　　　　　　　　　　　　各年折旧额计算表　　　　　　　　　　　金额单位：元

年份	尚可使用年限	原价-净残值	变动折旧率	年折旧额	累计折旧
1	5	996 000	5/15	332 000	332 000
2	4	996 000	4/15	265 600	597 600
3	3	996 000	3/15	199 200	796 800
4	2	996 000	2/15	132 800	929 600
5	1	996 000	1/15	66 400	996 000

3.固定资产折旧的账务处理

固定资产应当按月计提折旧，计提的折旧应当记入"累计折旧"科目，并根据用途计入相关资产的成本或当期损益。企业自行建造固定资产过程中使用的固定资产，其计提的折旧应计入在建工程成本；基本生产车间所使用的固定资产，其计提的折旧应计入制造费用；管理部门所使用的固定资产，其计提的折旧应计入管理费用；销售部门所使用的固定资产，其计提的折旧应计入销售费用；经营租出的固定资产，其计提的折旧额应计入其他业务成本。企业计提固定资产折旧时，借记"制造费用""管理费用""销售费用""其他业务成本"等科目，贷记"累计折旧"科目。

【例3-10】滨海公司采用年限平均法对固定资产计提折旧。2018年3月份根据"固定资产折旧计算表"确定的各车间及厂部管理部门应分配的折旧额为：一车间1 600 000元，二车间2 200 000元，三车间3 500 000元，厂部管理部门610 000元。滨海公司应编制如下会计分录：

微课：固定资产折旧的核算

借：制造费用——一车间　　　　　　　　　　　　　　　　　　1 600 000

```
借：制造费用——二车间                                    2 200 000
        ——三车间                                    3 500 000
    管理费用                                          610 000
    贷：累计折旧                                              7 910 000
```

【例3-11】滨海公司2018年5月份固定资产计提折旧情况如下：一车间厂房计提折旧3 600 000元，机器设备计提折旧4 500 000元；管理部门房屋建筑物计提折旧6 600 000元，运输工具计提折旧2 400 000元；销售部门房屋建筑物计提折旧3 200 000元，运输工具计提折旧2 630 000元。当月新购置机器设备一台，价值为5 800 000元，预计使用寿命为8年，该企业同类设备计提折旧采用年限平均法。

本例中，新购置的机器设备本月不计提折旧。本月计提的折旧费用中，车间使用的固定资产计提的折旧费用计入制造费用，管理部门使用的固定资产计提的折旧费用计入管理费用，销售部门使用的固定资产计提的折旧费用计入销售费用。滨海公司应编制如下会计分录：

```
借：制造费用——一车间                                    8 100 000
    管理费用                                        9 000 000
    销售费用                                        5 830 000
    贷：累计折旧                                            22 930 000
```

（四）固定资产的后续支出

固定资产的后续支出是指固定资产在使用过程中发生的更新改造支出、修理费用等。企业的固定资产投入使用后，由于各个组成部分耐用程度不同或者使用条件不同，往往会发生固定资产的局部损坏等情况。为了保持固定资产的正常运转和使用，充分发挥其使用效能，就必然产生必要的后续支出。

固定资产后续支出的处理原则为：固定资产的更新改造等后续支出，满足固定资产确认条件的，应当计入固定资产成本，如有被替换的部分，应同时将被替换部分的账面价值从该固定资产原账面价值中扣除；不满足固定资产确认条件的固定资产修理费用等，应当在发生时计入当期损益。

1.资本化的后续支出

固定资产发生的可资本化的后续支出，应当通过"在建工程"科目核算。固定资产发生可资本化的后续支出时，企业应将该固定资产的原价、已计提的累计折旧和减值准备转销，将固定资产的账面价值转入在建工程，借记"在建工程""累计折旧""固定资产减值准备"等科目，贷记"固定资产"科目；发生的可资本化的后续支出，借记"在建工程"科目，发生后续支出取得增值税专用发票的，应区分动产和不动产分别进行核算。如为动产，按增值税专用发票上注明的增值税进项税额，借记"应交税费——应交增值税（进项税额）"科目，如为不动产的，增值税税额分别按照60%、40%的比例在当年和间隔12月后抵扣，借记"应交税费——应交增值税（进项税额）""应交税费——待抵扣进项税额"科目，按实际支付的金额，贷记"银行存款"等科目。在固定资产发生的后续支出完工并达到预定可使用状态时，借记"固定资产"科目，贷记"在建工程"科目。

【例3-12】滨海公司2010年5月购入一条汽车生产线，该生产线原值9 000万元（含发动机），发动机当时的购买价为500万元。公司未将发动机作为一项单独的固定资产进行核算。2018年5月，公司为扩大产能，决定更换一部性能更为先进的发动机。新发动机购价700万元，增值税税额112万元，另需支付安装费用51 000元，增值税税额5 100元。假设生产线的年折旧率为3%，不考虑预计净残值和相关税费的影响，滨海公司应编制如下会计分录：

（1）2018年5月汽车生产线的累计折旧金额=90 000 000×3%×8=21 600 000（元），将固定资产转入在建工程：

借：在建工程　　　　　　　　　　　　　　　　　　　68 400 000

　　累计折旧　　　　　　　　　　　　　　　　　　　21 600 000

　　　贷：固定资产　　　　　　　　　　　　　　　　　　　90 000 000

（2）安装新发动机：

借：在建工程　　　　　　　　　　　　　　　　　　　7 051 000

　　应交税费——应交增值税（进项税额）　　　　　　1 125 100

　　　贷：银行存款　　　　　　　　　　　　　　　　　　8 176 100

（3）2018年5月老发动机的账面价值=5 000 000-5 000 000×3%×8=3 800 000（元），终止确认老发动机的账面价值：

借：营业外支出——处置非流动资产损失　　　　　　　3 800 000

　　　贷：在建工程　　　　　　　　　　　　　　　　　　3 800 000

（4）发动机安装完毕，投入使用，固定资产的入账价值= 68 400 000+7 051 000-3 800 000 =71 651 000（元）：

借：固定资产　　　　　　　　　　　　　　　　　　　71 651 000

　　　贷：在建工程　　　　　　　　　　　　　　　　　　71 651 000

2.费用化的后续支出

一般情况下，固定资产投入使用后，由于固定资产磨损、各组成部分耐用程度不同，可能导致固定资产的局部损坏，为了维护固定资产的正常运转和使用，充分发挥其实际使用效能，企业会对固定资产进行必要的维护。

企业生产车间和行政管理部门发生的不可资本化的后续支出，如发生的固定资产日常修理费用，借记"管理费用"科目，贷记"银行存款"等科目；企业专设销售机构发生的不可资本化的后续支出，如发生的固定资产日常修理费用，借记"销售费用"科目，贷记"银行存款"等科目。

【例3-13】2018年8月1日，滨海公司对现有的一台管理用设备进行日常修理，修理过程中应支付的维修人员工资为30 000元。滨海公司应编制如下会计分录：

借：管理费用　　　　　　　　　　　　　　　　　　　30 000

　　　贷：应付职工薪酬　　　　　　　　　　　　　　　　30 000

修理过程中应支付的维修费用等后续支出，不符合资本化条件的，应记入"管理费用"等科目，而不是"制造费用"科目。

（五）处置固定资产

企业在生产经营过程中，可能将不适用或不需用的固定资产对外出售转让，或因磨损、技术进步等原因对固定资产进行报废，或因遭受自然灾害而对毁损的固定资产进行处理。对于上述事项在进行会计处理时，应当按照规定程序办理有

微课：固定资产后续支出的核算

微课：固定资产处置的核算

关手续，结转固定资产的账面价值，计算有关的清理收入、清理费用及残料价值等。

固定资产的处置包括固定资产的出售、报废、毁损、对外投资、非货币性资产交换、债务重组等。处置固定资产应通过"固定资产清理"科目核算，具体包括以下几个环节：

1.固定资产转入清理

企业因出售、报废、毁损、对外投资、非货币性资产交换、债务重组等转出的固定资产，按该项固定资产的账面价值，借记"固定资产清理"科目，按已计提的累计折旧，借记"累计折旧"科目，按已计提的减值准备，借记"固定资产减值准备"科目，按其账面原价，贷记"固定资产"科目。

2.发生的清理费用

固定资产清理过程中应支付的相关税费及其他费用，借记"固定资产清理"科目，贷记"银行存款""应交税费——应交增值税（销项税额）"等科目。

3.收回出售固定资产的价款、残料价值和变价收入

企业收回出售固定资产的价款、残料价值和变价收入等，应冲减清理支出，借记"银行存款""原材料"等科目，贷记"固定资产清理"科目。

4.保险赔偿等的处理

企业收到的应由保险公司或过失人赔偿的损失，借记"其他应收款"等科目，贷记"固定资产清理"科目。

5.清理净损益的处理

固定资产清理完成后产生的清理净损益，依据固定资产处置方式的不同，分别适用不同的处理方法：

（1）因已丧失使用功能或因自然灾害发生毁损等原因而报废清理所产生的利得或损失，应计入营业外收支。属于生产经营期间正常报废清理所产生的处理净损失，借记"营业外支出——处置非流动资产损失"科目，贷记"固定资产清理"科目；属于生产经营期间由于自然灾害等非正常原因造成的处理净损失，借记"营业外支出——非常损失"科目，贷记"固定资产清理"科目；如为净收益，借记"固定资产清理"科目，贷记"营业外收入"科目。

（2）因出售、转让等原因产生的固定资产处置利得或损失，应计入资产处置损益。产生处置净损失的，借记"资产处置损益"科目，贷记"固定资产清理"科目；如为处置净收益的，借记"固定资产清理"科目，贷记"资产处置损益"科目。

【例3-14】2018年7月10日，滨海公司出售一台生产经营用设备，原价为200 000元，已计提折旧110 000元，未计提减值准备。增值税专用发票上注明价款为120 000元、增值税税额为19 200元，款项已通过银行收回，滨海公司应编制如下会计分录：

（1）将出售的固定资产转入清理时：

借：固定资产清理	90 000	
累计折旧	110 000	
贷：固定资产		200 000

（2）收回出售固定资产的价款时：

借：银行存款	139 200	

贷：固定资产清理 120 000

应交税费——应交增值税（销项税额） 19 200

（3）结转出售固定资产实现的利得时：

借：固定资产清理 30 000

贷：资产处置损益 30 000

【例3-15】滨海公司现有一台生产设备，由于其所生产的产品退出市场，决定提前报废，原价500 000元，已计提折旧450 000元，未计提减值准备，报废时的残料变价收入20 000元，报废清理过程中发生清理费用3 500元。有关收入、支出均通过银行办理结算。假定不考虑相关税费的影响，滨海公司应编制如下会计分录：

（1）将报废的固定资产转入清理时：

借：固定资产清理 50 000

累计折旧 450 000

贷：固定资产 500 000

（2）收回残料变价收入时：

借：银行存款 20 000

贷：固定资产清理 20 000

（3）支付清理费用时：

借：固定资产清理 3 500

贷：银行存款 3 500

（4）结转报废固定资产发生的净损失时：

借：营业外支出——处置非流动资产损失 33 500

贷：固定资产清理 33 500

【例3-16】滨海公司因遭受火灾而毁损一条生产线，该生产线原价4 000 000元，已计提折旧1 000 000元，未计提减值准备，其残料估计价值50 000元，残料已办理入库，发生清理费用30 000元，以银行存款支付。经保险公司核定应赔偿损失1 500 000元，尚未收到赔款，假定不考虑相关税费的影响。滨海公司应编制如下会计分录：

（1）将毁损的生产线转入清理时：

借：固定资产清理 3 000 000

累计折旧 1 000 000

贷：固定资产 4 000 000

（2）残料入库时：

借：原材料 50 000

贷：固定资产清理 50 000

（3）支付清理费用时：

借：固定资产清理 30 000

贷：银行存款 30 000

（4）确定应由保险公司理赔的损失时：

借：其他应收款 1 500 000

贷：固定资产清理 1 500 000

（5）结转毁损固定资产发生的损失时：

借：营业外支出——非常损失   1 480 000

    贷：固定资产清理   1 480 000

本学习任务小结

固定资产的核算任务小结见表3-2。

表3-2   固定资产的核算任务小结

业务内容			会计处理
外购不需要安装固定资产			借：固定资产（买价+运杂费+保险费等） 　　应交税费——应交增值税（进项税额） 　贷：银行存款
外购需要安装固定资产	支付购买价款		借：在建工程（买价+运杂费+保险费等） 　　应交税费——应交增值税（进项税额） 　贷：银行存款
	支付安装费		借：在建工程 　贷：银行存款
	安装完毕，交付使用		借：固定资产 　贷：在建工程（结转为零）
取得固定资产			
自行建造固定资产	自营工程	购入工程物资	自营工程为不动产： 借：工程物资 　　应交税费——应交增值税（进项税额） 　　　　　　　——待抵扣进项税额 　贷：银行存款 自营工程为动产： 借：工程物资 　　应交税费——应交增值税（进项税额） 　贷：银行存款
		工程领用工程物资	借：在建工程 　贷：工程物资
		工程建设期间计提工程人员工资薪酬	借：在建工程 　贷：应付职工薪酬
		工程达到预定可使用状态	借：固定资产 　贷：在建工程（结转为零）
	出包工程	支付工程款	借：在建工程 　贷：银行存款
		工程达到预定可使用状态	借：固定资产 　贷：在建工程（结转为零）

业务内容			会计处理
计提固定资产折旧			借：制造费用 　　管理费用 　　销售费用 　　贷：累计折旧
固定资产后续支出	固定资产改良、扩建、改建（资本化支出）	将固定资产转入改良、改建、扩建工程	借：在建工程 　　累计折旧 　　固定资产减值准备 　　贷：固定资产
		发生改扩建支出	借：在建工程 　　贷：银行存款、原材料、应付职工薪酬等
		工程达到预定可使用状态	借：固定资产 　　贷：在建工程（结转为零）
	固定资产维修保养（费用化支出）		借：管理费用 　　贷：银行存款等
处置固定资产业务	将处置的固定资产转入清理		借：固定资产清理 　　累计折旧 　　固定资产减值准备 　　贷：固定资产
	支付清理费用		借：固定资产清理 　　贷：银行存款
	处置固定资产取得清理收入		借：银行存款 　　贷：固定资产清理 　　　　应交税费——应交增值税（销项税额）
	结转固定资产清理净损益		因出售、转让等原因产生的固定资产处置利得或损失： 净收益： 借：固定资产清理（结转为零） 　　贷：资产处置损益 净损失： 借：资产处置损益 　　贷：固定资产清理（结转为零） 因已丧失使用功能或因自然灾害发生毁损等原因而报废清理所产生的利得或损失： 净收益： 借：固定资产清理（结转为零） 　　贷：营业外收入 净损失： 借：营业外支出——非常损失 　　贷：固定资产清理（结转为零）

任务二　无形资产业务核算

知识目标

1.掌握无形资产的含义；

2.掌握无形资产的分类；

3.掌握无形资产的确认和计量；

4.掌握无形资产取得、摊销、转让等经济业务的账务处理方法。

技能目标

1.能够分辨企业无形资产的种类；

2.能够认识无形资产对企业的价值。

知识准备

一、无形资产概述

（一）无形资产的定义和特征

无形资产，是指企业拥有或者控制的没有实物形态的可辨认非货币性资产。无形资产具有三个主要特征：

一是无形资产不具有实物形态，无形资产是不具有实物形态的非货币性资产，它不像固定资产、存货等有形资产那样具有实物形态。无形资产通常表现为某种权利、某项技术或是某种获取超额利润的综合能力，比如，土地使用权、非专利技术等。

二是无形资产具有可辨认性，资产满足下列条件之一的，符合无形资产定义中的可辨认性标准：

（1）能够从企业中分离或者划分出来，并能单独或者与相关合同、资产或负债一起，用于出售、转让、授予许可、租赁或者交换。

（2）源自合同性权利或其他法定权利，无论这些权利是否可以从企业或其他权利和义务中转移或者分离。

三是无形资产是企业拥有或者控制的、能为企业带来未来经济利益的非货币性长期资产。无形资产作为一项资产，具有资产的本质特征，即由企业拥有或者控制并预期能为企业带来未来经济利益。

无形资产属于非货币性资产且能够在多个会计期间为企业带来经济利益，无形资产的使用年限在一年以上，其价值将在各个受益期间逐渐摊销。

（二）无形资产的内容

无形资产主要包括专利权、非专利技术、商标权、著作权、土地使用权和特许权等。

1.专利权

专利权是指国家专利主管机关依法授予发明创造专利申请人对其发明创造在法定期限内所享有的专有权利，包括发明专利权、实用新型专利权和外观设计专利权。它给予持有者独家使用或控制某项发明的特殊权利。《中华人民共和国专利法》明确规定，专利人拥有的专利权受到国家法律保护。专利权是允许其持有者独家使用或控制的特权，但它并不保证一定能给持有者带来经济效益，如有的专利可能会被其他更有经济价值的专利所淘汰等。因此，企业不应将其所拥有的一切专利权都予以资本化，作为无形资产管理和核算。一般而言，从外单位购入的专利或者自行开发并按法律程序申请取得的专利，才能作为无形资产管理和核算。这种专利可以降低成本，或者可以提高产品质量，或者将其转让出去能获得转让收入。

企业从外单位购入的专利权，应按实际支付的价款作为专利权的成本，企业自行开发并按法律程序申请取得的专利权，应按照《企业会计准则第6号——无形资产》确定的金额作为成本。

2.非专利技术

非专利技术又称专有技术，是指不为外界所知、在生产经营活动中已采用了的、不享有法律保护的、可以带来经济效益的各种技术和诀窍。非专利技术主要包括：一是工业专有技术，即在生产上已经采用，仅限于少数人知道，不享有专利权或发明权的生产、装配、修理、工艺或加工方法的技术知识；二是商业贸易专有技术，即具有保密性质的市场情报、原材料价格情报以及用户、竞争对象的情况和有关知识；三是管理专有技术，即生产组织的经营方式、管理方式、培训职工方法等保密知识。非专利技术并不是专利法的保护对象，非专利技术所有人依靠自我保密的方式来维持其独占权，可以用于转让和投资。

企业的非专利技术，有些是自己开发研究的，有些是根据合同规定从外部购入的。如果是企业自己开发研究的非专利技术，应将符合《企业会计准则第6号——无形资产》规定的开发支出资本化条件的，确认为无形资产。对于从外部购入的非专利技术，应将实际发生的支出予以资本化，作为无形资产入账。

3.商标权

商标权是指专门在某类指定的商品或产品上使用特定的名称或图案的权利。《中华人民共和国商标法》明确规定，经商标局核准注册的商标为注册商标，商标注册人享有商标专用权，受法律的保护。商标权的内容包括独占使用权和禁止使用权两个方面。

注册登记企业自创的商标，所花费用一般不大，是否将其资本化并不重要。能够给企业带来获利能力的商标，往往是通过多年的广告宣传和其他传播商标名称的手段，以及客户的信赖等树立起来的。广告费一般不作为商标权的成本入账，而是在发生时直接计入当期损益。

按照《中华人民共和国商标法》的规定，商标可以转让，但受让人应保证使用该注册商标的产品质量。如果企业购买他人的商标，一次性支出费用较大的，可以将其资本化，作为无形资产管理。这时，应根据购入商标的买价、支付的手续费及有关费用记账。投资者投入的商标权应按投资各方确认的价值入账。

4.著作权

著作权又称版权，是指作者对其创作的文学、科学和艺术作品依法享有的某些特殊权利。著作权包括两方面的权利，即精神权利（人身权利）和经济权利（财产权利）。前者指作品署名、发表作品、确认作者身份、保护作品的完整性、修改已经发表的作品等各项权利，包括作品署名权、发表权、修改权和保护作品完整权；后者指以出版、表演、广播、展览、录制唱片、摄制影片等方式使用作品以及因授权他人使用作品而获得经济利益的权利。

5.土地使用权

土地使用权是指国家准许某一企业或单位在一定期间内对国有土地享有开发、利用、经营的权利。根据《中华人民共和国土地管理法》的规定，我国实行土地的社会主义公有制，即全民所有制和劳动群众集体所有制。任何单位和个人不得侵占、买卖或者以其他形式非法转让土地。土地使用权可以依法转让。企业取得土地使用权，应将取得时发生的支出资本化，作为土地使用权的成本，记入"无形资产"科目核算。

6.特许权

特许权又称经营特许权、专营权，是指企业在某一地区经营或销售某种特定商品的权利或是一家企业接受另一家企业使用其商标、商号、技术秘密等的权利。前者一般是由政府机构授权，准许企业使用或在一定地区享有经营某种业务的特权，如水、电、邮电通信等专营权，烟草专卖权等；后者指企业间依照签订的合同，有限期或无限期使用另一家企业的某些权利，如连锁店分店使用总店的名称等。

二、无形资产的账务处理

（一）无形资产核算应设置的会计科目

为了反映和监督无形资产的取得、摊销和处置等情况，企业应当设置"无形资产""累计摊销"等科目进行核算。

"无形资产"科目核算企业持有的无形资产成本，借方登记取得无形资产的成本，贷方登记出售无形资产时转出的无形资产账面余额，期末借方余额，反映企业无形资产的成本。"无形资产"科目应当按照无形资产的项目设置明细科目进行核算。

"累计摊销"科目属于"无形资产"的调整科目。该科目核算企业对使用寿命有限的无形资产计提的累计摊销，贷方登记企业计提的无形资产摊销，借方登记处置无形资产转出的累计摊销，期末贷方余额，反映企业无形资产的累计摊销额。

此外，企业无形资产发生减值的，还应当设置"无形资产减值准备"科目进行核算。

（二）取得无形资产

无形资产应当按照成本进行初始计量。企业取得无形资产的主要方式有外购、自行研究开发等。取得的方式不同，其会计处理也有差别。

1.外购无形资产

外购无形资产的成本包括购买价款、相关税费以及直接归属于使该项资产达到预定用途所发生的其他支出。其中，直接归属于使该项资产达到预定用途所发生的其他支出，包括使无形资产达到预定用途所发生的专业服务费、测试无形资产是否能够正常发挥作用的费用等，但不包括为引入新产品进行宣传所发生的广告费、管理费等其他间接费用，也不包括在无形资产已经达到预定用途以后发生的费用。

【例3-17】2018年6月2日，滨海公司因生产经营需要，购入一项非专利技术，支付的买价和有关费用合计700 000元，增值税税额为42 000元，均以银行存款支付。滨海公司应编制如下会计分录：

借：无形资产——非专利技术 700 000
　　应交税费——应交增值税（进项税额） 42 000
　　贷：银行存款 742 000

2.投资者投入无形资产的成本

投资者投入无形资产的成本，应当按照投资合同或者协议约定的价值确定，但合同或者协议约定价值不公允的，应当按照无形资产的公允价值入账。

微课：无形资产
取得和摊销的
核算

3.自行研究开发的无形资产

企业内部研究开发项目所发生的支出应区分研究阶段支出和开发阶段支出。在企业实务中，关于研究与开发阶段的具体划分，企业应当根据自身实际情况以及相关信息加以判断区分。

（1）研究阶段

研究，是指为获取并理解新的科学或技术知识而进行的独创性的有计划的调查。研究阶段基本是探索性的，是为了进一步的开发活动进行资料及相关方面的准备，已经进行的研究活动将来是否转入开发，以及开发后是否会形成无形资产等具有较大的不确定性。在这一阶段一般不会形成阶段性成果。

（2）开发阶段

开发，是指在进行商业性生产或使用前，将研究成果或其他知识应用于某项计划或设计，以生产出新的或具有实质性改进的材料、装置、产品等。相对于研究阶段而言，开发阶段应当是已经完成研究阶段的工作，在很大程度上具备了形成一项新产品或者新技术的基本条件。

企业应当设置"研发支出"科目，核算企业进行研究与开发无形资产过程中发生的各项支出，按照研究开发项目，分别"费用化支出"与"资本化支出"进行明细核算。

企业自行开发无形资产发生的研发支出，不满足资本化条件的，借记"研发支出——费用化支出"科目，满足资本化条件的，借记"研发支出——资本化支出"科目，贷记"原材料""银行存款""应付职工薪酬"等科目。研究开发项目达到预定用途形成无形资产的，应按"研发支出——资本化支出"科目的余额，借记"无形资产"科目，贷记"研发支出——资本化支出"科目。期（月）末，应将"研发支出——费用化支出"科目归集的金额转入"管理费用"科目，借记"管理费用"科目，贷记"研发支出——费用化支出"科目。按依法取得时发生的注册费、聘请律师费等费用，借记"无形资产"科目，贷记"银行存款"等科目。

如果无法可靠区分研究阶段的支出和开发阶段的支出，应将其所发生的研发支出全部费用化，计入当期损益，记入"管理费用"科目。

【例3-18】滨海公司自行研究、开发一项技术，截至2016年12月31日，发生研发支出合计1 000 000元，经测试该项研发活动完成了研究阶段，从2017年1月1日开始进入开发阶段。2017年发生开发支出200 000元，假定符合《企业会计准则第6号——无形资产》规定的开发支出资本化条件。2018年1月3日，该项研发活动结束，最终开发出一项非专利技术。滨海公司应编制如下会计分录：

（1）2016年发生的研发支出：

借：研发支出——费用化支出　　　　　　　　　　　　　　　1 000 000

　　贷：银行存款等　　　　　　　　　　　　　　　　　　　　　　　1 000 000

（2）2016年12月31日，发生的研发支出全部属于研究阶段的支出：

借：管理费用　　　　　　　　　　　　　　　　　　　　　　　1 000 000

　　　　贷：研发支出——费用化支出　　　　　　　　　　　　　　　　　1 000 000

　　（3）2017年，发生开发支出并满足资本化确认条件：

　　　　借：研发支出——资本化支出　　　　　　　　　　　200 000

　　　　　　贷：银行存款等　　　　　　　　　　　　　　　　　　　　　200 000

　　（4）2018年1月3日，该技术研发完成并形成无形资产：

　　　　借：无形资产　　　　　　　　　　　　　　　　　　200 000

　　　　　　贷：研发支出——资本化支出　　　　　　　　　　　　　　　200 000

（三）无形资产的后续计量

　　企业应当于取得无形资产时分析判断其使用寿命，使用寿命有限的无形资产应进行摊销，使用寿命不确定的无形资产不应摊销。使用寿命有限的无形资产，通常其残值视为零。对于使用寿命有限的无形资产应当自可供使用（即其达到预定用途）当月起开始摊销，处置当月不再摊销。

　　无形资产的摊销方法包括年限平均法（即直线法）、生产总量法等。企业选择的无形资产的摊销方法，应当反映与该项无形资产有关的经济利益的预期消耗方式。无法可靠确定经济利益的预期消耗方式的，应当采用直线法摊销。

　　企业应当按月对无形资产进行摊销。无形资产的摊销额一般应当计入当期损益。但如果某项无形资产是专门用于生产某种产品或者其他资产的，其所包含的经济利益是通过转入所产的产品或者其他资产中实现的，则该无形资产的摊销金额应当计入相关资产的成本。出租的无形资产，其摊销金额计入其他业务成本。

　　【例3-19】滨海公司购买了一项特许权，成本为2 400 000元，合同规定收益年限为10年，滨海公司每月应摊销20 000元。每月摊销时，滨海公司应编制如下会计分录：

　　　　借：管理费用　　　　　　　　　　　　　　　　　20 000

　　　　　　贷：累计摊销　　　　　　　　　　　　　　　　　　　　　　20 000

　　【例3-20】滨海公司从外单位购得一项新专利技术用于产品生产，该专利技术的成本为750 000元，该项专利技术的法律保护期间为15年，公司预计运用该专利技术生产的产品在未来10年内会为公司带来经济利益。假定该项无形资产的净残值为0，并按年采用直线法进行摊销。滨海公司按年摊销时应做如下会计处理：

　　　　借：制造费用——专利权摊销　　　　　　　　　　75 000

　　　　　　贷：累计摊销　　　　　　　　　　　　　　　　　　　　　　75 000

　　本例中，滨海公司外购的专利技术的预计使用期限为10年，短于法律保护年限，则应当按照公司预计使用期限确定其使用寿命。

　　【例3-21】2018年1月1日，滨海公司将其自行开发完成的非专利技术出租给三合公司，该非专利技术成本为2 400 000元，双方约定的租赁期限为10年，滨海公司每月应摊销20 000元，每月摊销时，滨海公司应作如下会计处理：

　　　　借：其他业务成本　　　　　　　　　　　　　　　20 000

　　　　　　贷：累计摊销　　　　　　　　　　　　　　　　　　　　　　20 000

（四）处置无形资产

　　无形资产的处置，主要是指无形资产对外出租、出售、对外捐赠，或者无法为企业带来未来经济利益时，应当予以转销并终止确认。

1.出租无形资产

企业让渡资产使用权并收取租金，在满足收入确认条件的情况下，应当确认相关的收入和费用。

出租无形资产取得租金收入时，借记"银行存款"科目，贷记"其他业务收入"等科目；摊销出租无形资产的成本和发生与之有关的各项费用支出时，借记"其他业务成本""税金及附加"等科目，贷记"累计摊销""应交税费"等科目。

【例3-22】2018年7月5日，滨海公司将一项商标权出租给益达公司使用，租期为4年，每年收取不含税租金200 000元，该商标权的初始入账价值为3 000 000元，预计使用年限为15年，采用直线法摊销，假定按年摊销该项商标权，且不考虑除增值税以外的其他相关税费，滨海公司应编制如下会计分录：

（1）每年取得租金收入时：

借：银行存款 212 000

　　贷：其他业务收入 200 000

　　　　应交税费——应交增值税（销项税额） 12 000

（2）按年对该专利权进行摊销时：

借：其他业务成本——商标权摊销 200 000

　　贷：累计摊销 200 000

2.出售无形资产

企业出售无形资产，表明企业放弃该无形资产的所有权，应将所取得的价款与该无形资产账面价值的差额作为资产处置利得或者损失，计入当期损益。值得注意的是，企业出售无形资产确认其利得的时点，应当按照收入中的相关原则进行确定。

出售无形资产时，应按照实际收到的金额等，借记"银行存款"等科目；按已计提的累计摊销金额，借记"累计摊销"科目；原已计提减值准备的，借记"无形资产减值准备"科目；按应支付的相关税费及其他费用，贷记"应交税费""银行存款"等科目，按其账面余额，贷记"无形资产"科目；按其差额，贷记或者借记"资产处置损益"科目。

微课：无形资产
处置的核算

【例3-23】滨海公司将其购买的一项专利权的所有权转让给万达公司，该专利权的成本为800 000元，已摊销520 000元，实际取得的转让价款为600 000元，款项已存入银行，滨海公司开具增值税专用发票，增值税税率为6%。滨海公司应编制如下会计分录：

借：银行存款 636 000

　　累计摊销 520 000

　　贷：无形资产——专利权 800 000

　　　　应交税费——应交增值税（销项税额） 36 000

　　　　资产处置损益 320 000

3.报废无形资产

如果无形资产预期不能为企业带来未来经济利益，比如，某项无形资产已被其他新技术所替代或者超过法律保护期限，不能再为企业带来经济利益，则不再符合无形资产的定义，应将其报废并予以转销，其账面价值转入当期损益。

【例3-24】滨海公司原拥有一项非专利技术，采用直线法进行摊销，预计使用期限为

10年。现该项非专利技术已被新技术所替代，经过市场调查，用该非专利技术生产的产品已经没有市场需求，预期不能再为企业带来任何经济利益，企业决定将其转销。该项非专利技术成本为8 000 000元，转销时已摊销金额为4 000 000元，未计提减值准备。该项非专利技术的净残值为0，假设不考虑其他相关因素，滨海公司应编制如下会计分录：

借：累计摊销   400 000

  营业外支出——处置非流动资产损失   400 000

   贷：无形资产——专利权   800 000

本学习任务小结

无形资产的核算任务小结见表3-3。

表3-3   无形资产的核算任务小结

业务内容			会计处理

取得无形资产的核算	外购无形资产		借：无形资产
			  应交税费——应交增值税（进项税额）
			  贷：银行存款

	自行研发的无形资产	研发过程支出	借：研发支出——资本化支出
			      ——费用化支出
			  贷：银行存款

		年底或研发成功结转费用化支出	借：管理费用 贷：研发支出——费用化支出
		研发成功	借：无形资产 贷：研发支出——资本化支出
无形资产摊销			借：管理费用/制造费用等 贷：累计摊销

无形资产转让	转让无形资产所有权		借：银行存款
			  累计摊销
			  无形资产减值准备
			  资产处置损益（若为处置损失）
			  贷：无形资产
			    应交税费——应交增值税（销项税额）
			    资产处置损益（若为处置收益）

	转让无形资产使用权		借：银行存款
			  贷：其他业务收入
			    应交税费——应交增值税（销项税额）
			借：其他业务成本
			  贷：累计摊销
			    银行存款等

报废无形资产			借：累计摊销
			  无形资产减值准备
			  营业外支出——处置非流动资产损失
			  贷：无形资产

任务三　投资性房地产业务核算

知识目标

1.掌握投资性房地产的含义；
2.掌握投资性房地产的范围；
3.掌握投资性房地产的确认原则；
4.掌握投资性房地产的初始计量与后续计量的会计处理方法；
5.掌握投资性房地产转换业务的核算方法；
6.掌握投资性房地产处置业务的核算方法。

技能目标

1.能够判断企业的资产是否属于投资性房地产；
2.能够分析投资性房地产采用公允价值计量和以成本法计量对企业的影响。

知识准备

一、投资性房地产概述

投资性房地产是指为了赚取租金或资本增值，或两者兼有而持有的房地产。投资性房地产主要包括已经出租的土地使用权、持有并准备增值后转让的土地使用权和已出租的建筑物。

投资性房地产的一种形式是已出租的建筑物、已经出租的土地使用权，实质上是让渡资产使用权的经济业务。房地产出租取得的租金收入即是让渡资产使用权取得的使用费收入，是企业为完成其经营目标所从事的经营行为，与企业的其他经济活动取得的收入一起构成了企业经济利益的总流入。

投资性房地产的另一种形式是持有并准备增值后转让的土地使用权。尽管土地使用权增值后的收益通常与市场供应、经济发展等因素相关，但企业的主要目的是转让后赚取增值收益，也是企业为完成其经营目标而从事的经营性活动，与企业的其他经济活动取得的收入一起构成了企业经济利益的总流入。

（一）投资性房地产的范围

基于投资性房地产的定义，投资性房地产包括以下三种形式：

1.已经出租的土地使用权

已经出租的土地使用权是指企业通过出让或转让方式取得，并以经营租赁方式出租的土地使用权。企业计划用于出租但尚未出租的土地使用权，不属于投资性房地产。对于以经营方式租入的土地使用权再转租给其他单位或个人的，也不能确认为投资性房地产。

【例3-25】长生公司与华盛公司签署了一份土地使用权经营租赁协议，长生公司将其拥有的面积为20万平方米的土地使用权租给华盛公司，每年收取租金2 000 000元，租赁期限为5年。自租赁协议约定的租赁期开始日起，这项土地使用权即属于长生公司的投资性房地产。

【例3-26】滨海公司与恒顺公司签订了一项经营租赁合同，恒顺公司将其持有产权的一栋办公楼出租给滨海公司，租赁期为10年。1年后，滨海公司又将该办公楼转租给华泰公司，以赚取租金差价，租赁期为5年。这栋楼不属于滨海公司的投资性房地产。

2.持有并准备增值后转让的土地使用权

持有并准备增值后转让的土地使用权，是指企业取得的、准备增值后转让的土地使用权。这类土地使用权很可能给企业带来资本增值收益，符合投资性房地产的定义。按照我国有关规定所认定的闲置土地，由于没有准备增值后转让的意图，不属于此类，也就不属于投资性房地产。

【例3-27】滨海公司为响应政府的环保号召，决定将其生产车间由市区搬迁至郊区，原在市区的生产车间厂房所占用的土地使用权停止自用。公司管理层决定继续持有该土地使用权，待其增值后转让以赚取增值收益。市区的这部分土地使用权就属于滨海公司的投资性房地产。

3.已出租的建筑物

已出租的建筑物是指企业拥有产权的、以经营租赁方式出租的建筑物，包括自行建造或开发完成后用于出租的建筑物。已经出租的建筑物是企业已经和其他单位或个人签订了租赁协议，约定以经营租赁方式出租的建筑物。一般应自租赁协议规定的租赁期开始日起，经营租出的建筑物即可以划分为投资性房地产。通常情况下，企业持有以备经营出租的空置建筑物，如董事会或类似机构做出书面决议，明确表明将其用于出租且持有的意图短期内不再发生变化的，即使尚未签订租赁协议，也应视为投资性房地产。企业新购入、自行建造或开发完成但尚未使用的建筑物，以及不再用于日常生产经营活动且经过整理后达到可以经营出租状态的建筑物，均属于空置建筑物。

（二）不属于投资性房地产的范围

1.企业自用的房地产

自用房地产是指企业为生产商品、提供劳务或者经营管理而持有的房地产。如企业生产经营用的厂房、办公楼属于固定资产，而不属于投资性房地产；企业生产经营用的土地使用权属于无形资产。

2.作为存货的房地产

作为存货的房地产，通常是指房地产开发企业在正常的经营过程中持有或开发并准备销售的商品房和土地使用权。这部分房地产属于房地产开发企业的存货，其生产、销售行为构成企业的主营业务活动，产生的现金流量也与企业的其他资产密切相关，因此，具有存货性质的房地产不属于投资性房地产。

在实务中，企业存在某项房地产部分自用或部分作为存货出售、部分用于赚取租金或资本增值的情形。如果某项房地产自用用途的部分能够单独计量和出售，应当区分固定资产（或无形资产、存货）和投资性房地产加以确认。

【例3-28】一建公司是一家房地产开发企业，2016年，该企业将其开发建造的一栋商住两用楼盘中的一层出租给华泰超市，并已经签署了经营租赁合同；其余楼层均作为普通住宅正在公开销售中。在这种情况下，如果一层商铺能够单独计量和出租，应确认为一建公司的投资性房地产，其余楼层作为一建公司的存货。

二、投资性房地产的账务处理

(一) 投资性房地产核算应设置的会计科目

为了反映和监督投资性房地产的取得、后续计量和处置等情况，企业应当设置"投资性房地产"、"投资性房地产累计折旧"或者"投资性房地产累计摊销"、"公允价值变动损益"、"其他业务收入"、"其他业务成本"等科目进行核算。投资性房地产作为企业主营业务的，应当设置"主营业务收入""主营业务成本"科目核算相关损益。

"投资性房地产"科目核算企业采用成本模式计量的投资性房地产的成本或采用公允价值模式计量的投资性房地产的公允价值。"投资性房地产"科目的借方登记企业投资性房地产的取得成本，以及资产负债表日其公允价值高于账面余额的差额等；贷方登记资产负债表日其公允价值低于账面余额的差额，以及处置投资性房地产时结转的投资性房地产的成本和公允价值变动等。企业可以按照投资性房地产类别和项目进行明细分类核算。采用公允价值模式计量的投资性房地产，还应当分别设置"成本"和"公允价值变动"明细科目进行核算。

采用成本模式计量的投资性房地产的累计折旧或者累计摊销，可以单独设置"投资性房地产累计折旧"或者"投资性房地产累计摊销"科目，参照"累计折旧""累计摊销"科目进行账务处理。

采用成本模式计量的投资性房地产发生减值的，可以单独设置"投资性房地产减值准备"科目，参照"固定资产减值准备""无形资产减值准备"科目进行账务处理。

"其他业务收入"、"其他业务成本"或者"主营业务收入"、"主营业务成本"科目分别核算企业投资性房地产取得的租金收入、处置投资性房地产实现的收入和投资性房地产计提折旧或进行摊销、处置投资性房地产结转的成本。

(二) 投资性房地产的初始计量

企业取得的投资性房地产应当按照其取得时的成本进行计量。下面按照投资性房地产的来源，分别进行说明。

1.外购取得的投资性房地产

外购取得的投资性房地产的成本包括购买价款、相关税费和可直接归属于该投资性房地产的各项支出。外购取得投资性房地产时，按照取得时的实际成本进行初始计量，借记"投资性房地产"科目（后续计量采用成本模式的情况下）或"投资性房地产——成本"科目（后续计量采用公允价值模式的情况下），贷记"银行存款"等科目。

2.自行建造的投资性房地产

企业自行建造的投资性房地产的成本，由建造该项房地产达到预定可使用状态前发生的必要支出构成，包括土地开发费、建造成本、安装成本、应予以资本化的借款费用、支付的其他费用和分摊的间接费用等。建造过程中发生的非正常性的损失直接计入当期损益，不计入建造成本。建造完工达到预定可使用状态时，应当按照确定的成本，借记"投资性房地产"科目（后续计量采用成本模式的情况下）或"投资性房地产——成本"科目（后续计量采用公允价值模式的情况下），贷记"在建工程"等科目。

3.内部转换形成的投资性房地产

企业将自用的建筑物转换为投资性房地产时，在投资性房地产采用成本模式进行后续计量的情况下，应当按照其在转换日的原始价值、累计折旧、固定资产减值准备分别转入"投资性房地产""投资性房地产累计折旧""投资性房地产减值准备"科目；在投资性房地产采用公允价值模式进行后续计量的情况下，按其在转换日的公允价值，借记"投资性房地产——成本"科目，按照已经计提的累计折旧、固定资产减值准备，借记"累计折旧""固定资产减值准备"科目，按其账面余额，贷记"固定资产"科目，按其差额，贷记"其他综合收益"（出现贷方余额的情况下），或者借记"公允价值变动损益"（出现借方余额的情况下）。

企业将作为存货的房地产转换为投资性房地产的，在投资性房地产采用成本模式进行后续计量的情况下，应当按照该项存货在转换日的账面余额或公允价值，借记"投资性房地产"科目；在投资性房地产采用公允价值模式进行后续计量的情况下，按其在转换日的公允价值，借记"投资性房地产——成本"科目。按其账面余额，贷记"开发产品"科目，按其差额，贷记"其他综合收益"（出现贷方余额的情况下）或者借记"公允价值变动损益"（出现借方余额的情况下）。已计提存货跌价准备的，还应当同时结转存货跌价准备。

（三）投资性房地产的后续计量

投资性房地产的后续计量有成本模式和公允价值模式两种，通常采用成本模式计量，在满足特定条件时可以采用公允价值模式进行计量。但是，同一企业只能采用一种模式对所有的投资性房地产进行后续计量，不得同时采用两种计量模式。

1.采用成本模式进行后续计量的投资性房地产

采用成本模式进行后续计量的投资性房地产，应当按照固定资产或者无形资产的有关规定，按期对投资性房地产计提折旧或者进行摊销。借记"其他业务成本"等科目，贷记"投资性房地产累计折旧"科目或者"投资性房地产累计摊销"科目。取得租金收入时，借记"银行存款"等科目，贷记"其他业务收入"等科目。

投资性房地产存在减值迹象时，经减值测试后确定发生减值的，应当计提减值准备。借记"资产减值损失"科目，贷记"投资性房地产减值准备"科目。已经计提减值准备的投资性房地产，其减值损失在以后会计期间内不得转回。

【例3-29】滨海公司将一栋办公楼出租给华泰公司使用，滨海公司将该栋写字楼确认为投资性房地产，并采用成本模式进行后续计量。该栋写字楼的成本为24 000 000元，预计使用寿命为20年，预计净残值为零，按照年限平均法计提折旧。按照租赁合同的约定，华泰公司每月支付给滨海公司租金80 000元。滨海公司应编制如下会计分录：

（1）计提投资性房地产折旧：

每月计提的折旧额=24 000 000÷20÷12=100 000（元）

借：其他业务成本　　　　　　　　　　　　　　　　　　　　　100 000

　　贷：投资性房地产累计折旧　　　　　　　　　　　　　　　　　　100 000

（2）取得租金收入：

借：银行存款（或其他应收款）　　　　　　　　　　　　　　　　80 000

　　贷：其他业务收入　　　　　　　　　　　　　　　　　　　　　　80 000

2.采用公允价值模式进行后续计量的投资性房地产

企业有确凿的证据表明其投资性房地产的公允价值能够持续可靠取得的，可以对投资性房地产采用公允价值模式进行后续计量。

投资性房地产采用公允价值模式进行后续计量的,对投资性房地产不计提折旧或者进行摊销,企业应当以资产负债表日的公允价值为基础,调整其账面价值。

资产负债表日,投资性房地产的公允价值高于其账面余额的差额,借记"投资性房地产——公允价值变动"科目,贷记"公允价值变动损益"科目;资产负债表日,投资性房地产的公允价值低于其账面余额的差额,借记"公允价值变动损益"科目,贷记"投资性房地产——公允价值变动"科目。

取得的租金收入,借记"银行存款"等科目,贷记"其他业务收入"等科目。

【例3-30】2018年9月,滨海公司与联合公司签订租赁协议,约定将滨海公司新建造的一栋写字楼租赁给联合公司使用,租赁期为10年。2018年12月1日,该写字楼开始起租,写字楼的工程造价为80 000 000元,公允价值也为相同金额,该写字楼所在区域有活跃的房地产交易市场,而且能够从房地产交易市场上取得同类房地产的市场报价,滨海公司决定采用公允价值模式对该项出租的房地产进行后续计量。2018年12月31日,该写字楼的公允价值为84 000 000元。滨海公司的账务处理如下:

(1)2018年12月1日,滨海公司出租写字楼。

借:投资性房地产——成本　　　　　　　　　　　　　　　　80 000 000

　　贷:固定资产——写字楼　　　　　　　　　　　　　　　　　　80 000 000

(2)2018年12月31日,按照公允价值调整其账面价值,公允价值与原账面价值之间的差额计入当期损益。

借:投资性房地产——公允价值变动(84 000 000-80 000 000)　4 000 000

　　贷:公允价值变动损益　　　　　　　　　　　　　　　　　　　4 000 000

(四)投资性房地产后续计量模式的变更

为保证会计信息的可比性,企业对投资性房地产的计量模式一经确定,不得随意变更。如果企业存在确凿证据表明投资性房地产的公允价值能够持续可靠取得,且能够满足采用公允价值模式条件的情况下,才允许企业对投资性房地产从成本模式计量变更为公允价值模式计量。成本模式转换为公允价值模式的,应当作为会计政策变更处理,按计量模式变更时公允价值与账面价值之间的差额,调整期初留存收益。已经采用公允价值计量模式的投资性房地产,不得从公允价值模式转换为成本模式。

(五)投资性房地产的处置

1.采用成本模式计量的投资性房地产的处置

企业出售、转让采用成本模式进行后续计量的投资性房地产,应当按照实际收到的金额,借记"银行存款"等科目,贷记"其他业务收入"科目;按照该项投资性房地产的账面价值,借记"其他业务成本"科目,按照该项投资性房地产的累计折旧或者累计摊销,借记"投资性房地产累计折旧"或者"投资性房地产累计摊销"科目;已经计提减值准备的,还应同时结转减值准备,借记"投资性房地产减值准备"科目,按照该项投资性房地产的账面余额,贷记"投资性房地产"科目。

【例3-31】滨海建设公司将其出租的一栋写字楼确认为投资性房地产。租赁期届满后,滨海建设公司将该栋写字楼出售给江中一建公司,合同价款为200 000 000元,江中一建公司已用银行存款付清。假设这栋写字楼原采用成本模式计量。出售时,该栋写字楼的成本为 180 000 000 元，已计提折旧 20 000 000 元，不考虑相关税费的影响。滨海建设公司的账务处理如下：

（1）取得处置收入：

借：银行存款　　　　　　　　　　　　　　　　　200 000 000
　　贷：其他业务收入　　　　　　　　　　　　　　　　　　　200 000 000

（2）结转处置成本：

借：其他业务成本　　　　　　　　　　　　　　　　160 000 000
　　投资性房地产累计折旧　　　　　　　　　　　　 20 000 000
　　贷：投资性房地产　　　　　　　　　　　　　　　　　　　180 000 000

2.采用公允价值模式计量的投资性房地产的处置

企业处置采用公允价值模式计量的投资性房地产，应当按照实际收到的金额，借记"银行存款"等科目，贷记"其他业务收入"科目；按照该项投资性房地产的账面余额，借记"其他业务成本"科目，按照其成本，贷记"投资性房地产——成本"科目，按照其累计公允价值变动，贷记或借记"投资性房地产——公允价值变动"科目；同时，按照原计入该项投资性房地产的公允价值变动，借记或者贷记"公允价值变动损益"科目，贷记或借记"其他业务成本"科目。如果存在原转换日计入其他综合收益的金额，也一并结转。按照该项投资性房地产在转换日计入其他综合收益的金额，借记"其他综合收益"科目，贷记"其他业务成本"科目。

【例 3-32】滨海公司将其出租的一栋写字楼确认为投资性房地产，采用公允价值模式计量。租赁期满后，滨海公司将该栋写字楼出售给蓝天公司，合同价款为 300 000 000 元，蓝天公司已用银行存款付清。出售时，该栋写字楼的成本为 240 000 000 元，公允价值变动为借方余额 20 000 000 元，假设不考虑相关税费的影响。滨海公司应编制如下会计分录：

（1）取得处置收入：

借：银行存款　　　　　　　　　　　　　　　　　300 000 000
　　贷：其他业务收入　　　　　　　　　　　　　　　　　　　300 000 000

（2）结转处置成本：

借：其他业务成本　　　　　　　　　　　　　　　　260 000 000
　　贷：投资性房地产——成本　　　　　　　　　　　　　　　240 000 000
　　　　　　　　　　——公允价值变动　　　　　　　　　　　 20 000 000

（3）结转投资性房地产累计公允价值变动：

借：公允价值变动损益　　　　　　　　　　　　　　 20 000 000
　　贷：其他业务成本　　　　　　　　　　　　　　　　　　　 20 000 000

本学习任务小结

投资性房地产的核算任务小结见表 3-4。

表 3-4　　　　　　　　　　　　　　投资性房地产的核算任务小结

业务内容			会计处理
取得投资性房地产的核算	外购取得的投资性房地产	采用成本模式进行后续计量	借：投资性房地产 　　贷：银行存款
		采用公允价值模式进行后续计量	借：投资性房地产——成本 　　贷：银行存款
	自行建造的投资性房地产	采用成本模式进行后续计量	借：在建工程 　　应交税费——应交增值税（进项税额） 　　　　　　——待抵扣进项税额 　　贷：银行存款、工程物资等 借：投资性房地产 　　贷：在建工程
		采用公允价值模式进行后续计量	借：在建工程 　　应交税费——应交增值税（进项税额） 　　　　　　——待抵扣进项税额 　　贷：银行存款、工程物资等 借：投资性房地产——成本 　　贷：在建工程
	内部转换形成的投资性房地产	采用成本模式进行后续计量	借：投资性房地产 　　累计折旧（摊销） 　　固定资产减值准备 　　贷：固定资产 　　　　投资性房地产累计折旧（摊销） 　　　　投资性房地产减值准备
		采用公允价值模式进行后续计量	借：投资性房地产——成本 　　累计折旧（摊销） 　　固定资产减值准备 　　公允价值变动损益（借方差异） 　　贷：固定资产 　　　　其他综合收益（贷方差异）
投资性房地产的后续计量	成本模式下	计提折旧（摊销）	借：其他业务成本 　　贷：投资性房地产累计折旧（摊销）
		确认租金收入	借：银行存款 　　贷：其他业务收入
	公允价值模式下	期末以公允价值计量	投资性房地产公允价值大于账面价值时： 借：投资性房地产——公允价值变动 　　贷：公允价值变动损益 投资性房地产公允价值小于账面价值时： 借：公允价值变动损益 　　贷：投资性房地产——公允价值变动
		确认租金收入	借：银行存款 　　贷：其他业务收入

业务内容	会计处理
处置投资性房地产业务的核算	**成本模式下** 借：银行存款 　　贷：其他业务收入 借：其他业务成本 　　投资性房地产累计折旧（摊销） 　　投资性房地产减值准备 　　贷：投资性房地产
	公允价值模式下 借：银行存款 　　贷：其他业务收入 借：其他业务成本 　　贷：投资性房地产——成本 　　　　　　　　——公允价值变动 同时， 借：公允价值变动损益 　　贷：其他业务成本 （或反向）

本情境综合习题

一、单项选择题

1.某企业2018年6月购入一台需要安装的设备，取得的增值税专用发票上注明的设备买价为60 000元、增值税税款为9 600元，用银行存款支付包装费1 200元。设备安装时领用工程用材料物资价值1 500元，设备安装时支付有关人员工资费用2 500元，该项固定资产的成本为（　　）元。

A.60 000　　　　　B.62 700　　　　　C.65 200　　　　　D.75 655

2.生产经营期间固定资产报废清理的净损失应记入的科目是（　　）。

A.营业外支出　　B.管理费用　　　　C.资本公积　　　　D.财务费用

3.企业有设备一台，原价100 000元，预计净残值4 000元，预计可使用年限为5年。按双倍余额递减法计提折旧，则第二年应计提的折旧为（　　）元。

A.19 200　　　　　B.20 000　　　　　C.24 000　　　　　D.24 640

4.企业有设备一台，原价100 000元，预计净残值4 000元，预计可使用年限为5年。按年数总和法计提折旧，则第二年应计提的折旧为（　　）元。

A.18 133　　　　　B.19 200　　　　　C.25 600　　　　　D.26 667

5.企业购入三项没有单独标价的不需要安装的固定资产A、B、C，实际支付的价款总额为100万元。其中固定资产A的公允价值为60万元，固定资产B的公允价值为40万元，固定资产C的公允价值为20万元。固定资产A的入账价值为（　　）万元。

A.60　　　　　　　B.50　　　　　　　C.100　　　　　　　D.120

6.某企业为增值税一般纳税人，增值税税率为16%。该企业对某生产经营用固定资产进行改造。该项固定资产账面原价为1 000万元，累计折旧为550万元。改造该项固定资产领用生产用原材料100万元（不含增值税），另发生工资等费用200万元，改建后的固定资产价值不超过该项固定资产预计可收回金额。该固定资产改建后的入账价值为（　　）万元。

    A.667　　　　　　B.750　　　　　　C.1 217　　　　　　D.1 317

7.购入需要安装的固定资产的增值税税额应记入的科目是（　　）。

    A.固定资产　　　B.营业外支出　　　C.在建工程　　　D.应交税费

8.企业一次购入多项没有标价的固定资产，各项固定资产的原价应按（　　）。

    A.各项固定资产的重置完全价值确定

    B.各项固定资产公允价值的比例对总成本进行分配后确定

    C.各项同类固定资产的历史成本确定

    D.各项同类固定资产的净值确定

9.2017年7月1日，甲公司购入一项商标权，购买价款为15万元，支付相关税费及归属于使该项资产达到预定用途所发生的其他支出3万元。合同规定该项资产的受益年限为10年，采用直线法摊销。假定不考虑其他因素，则该项无形资产2018年应确认的摊销额为（　　）万元。

    A.0.75　　　　　　B.0.9　　　　　　C.1.5　　　　　　D.1.8

10.无形资产预期不能为企业带来经济利益时，应予以报废，其账面价值应列入（　　）。

    A.营业外支出　　　B.管理费用　　　C.其他业务成本　　　D.长期待摊费用

11.接受投资者投入的无形资产，应按（　　）入账。

    A.同类无形资产的价格

    B.该无形资产可能带来的未来现金流量之和

    C.投资合同约定的价值

    D.投资者无形资产账面价值

12.自创并经法律程序申请取得的无形资产，在研究过程中发生的费用支出应记入的科目是（　　）。

    A.管理费用　　　　　　　　B.无形资产

    C.其他业务成本　　　　　　D.研发支出

13.企业出售无形资产发生的净损失，应记入的科目是（　　）。

    A.营业外支出　　　　　　　B.其他业务成本

    C.主营业务支出　　　　　　D.管理费用

14.企业出租无形资产取得的收入，应记入的科目是（　　）。

    A.主营业务收入　　　　　　B.其他业务收入

    C.投资收益　　　　　　　　D.营业外收入

15.下列有关无形资产会计处理的表述中，错误的是（　　）。

    A.企业取得的已作为无形资产确认的正在进行中的研究开发项目，在取得后发生的支出不允许资本化

    B.使用寿命不确定的无形资产不应进行摊销

    C.不能为企业带来经济利益的无形资产的账面价值应全部转入当期管理费用

　　D.只有可能为企业带来经济利益且其成本能够可靠计量的无形资产才能予以确认

二、多项选择题

1.购入的固定资产入账价值包括（　　　）。

A.买价　　　　　　　　　　　　　　B.运杂费

C.途中保险费　　　　　　　　　　　D.增值税及进口关税

2.下列固定资产中应计提折旧的有（　　　）。

A.不需用的房屋及建筑物　　　　　　B.季节性停用的固定资产

C.未提足折旧提前报废的固定资产　　D.以经营租赁方式租入的固定资产

3.下列固定资产不提折旧的有（　　　）。

A.当月减少的原在用固定资产　　　　B.大修理停用的固定资产

C.已提足折旧继续使用的固定资产　　D.已全额计提减值准备的固定资产

4.甲公司有一台生产用设备，原价为7.5万元，预计可以使用5年，预计净残值为6 000元。该生产用设备为2017年6月30日购入，采用年数总和法计提折旧。假定不考虑其他因素，则下列有关固定资产折旧的说法中正确的有（　　　）。

A.计提固定资产的年折旧率为40%

B.2017年该项固定资产计提的折旧额为1.15万元

C.2018年该项固定资产计提的折旧额为2.07万元

D.至2018年年末，该项固定资产累计计提的折旧额为2.5万元

5.企业计算固定资产折旧的主要依据有（　　　）。

A.固定资产原价　　　　　　　　　　B.预计使用年限

C.预计净残值　　　　　　　　　　　D.固定资产的使用部门

6.下列关于无形资产摊销的说法中，正确的有（　　　）。

A.无形资产摊销方法包括年限平均法、生产总量法等

B.对于使用寿命不确定的无形资产，不进行摊销

C.使用寿命有限的无形资产，通常其残值视为零

D.对于使用寿命有限的无形资产应当自可供使用当月起开始摊销，处置当月不再摊销

7.自营方式建造固定资产，下列各项应计入固定资产取得成本的有（　　　）。

A.工程耗用原材料　　　　　　　　　B.工程人员的工资

C.工程领用本企业的商品实际成本　　D.企业行政管理部门发生的管理费用

8.确定固定资产处置损益时，应考虑的因素有（　　　）。

A.累计折旧　　　　　　　　　　　　B.保险赔款

C.清理费用　　　　　　　　　　　　D.固定资产减值准备

9."固定资产清理"账户核算的内容包括（　　　）。

A.固定资产报废　　　　　　　　　　B.固定资产出售

C.固定资产盘盈　　　　　　　　　　D.固定资产改扩建支出

10.下列各项说法正确的有（　　　）。

A.购置的不需要经过建造过程即可使用的固定资产，按实际支付的买价、包装费、运输费、安装成本、缴纳的有关税金等，作为入账价值

    B.自行建造的固定资产，按建造该项资产达到预定可使用状态前所发生的全部支出，作为入账价值

    C.投资者投入的固定资产，按投资方原账面价值作为入账价值

    D.如果以一笔款项购入多项没有单独标价的固定资产，按各项固定资产公允价值的比例对总成本进行分配，分别确定各项固定资产的入账价值

11.关于自行研究开发的无形资产，下列各项说法不正确的有（　　）。

    A.研究阶段的支出，应当资本化，确认为无形资产

    B.研究阶段的支出，应当费用化，月末转入当期损益

    C.研发支出，应当区分研究阶段支出与开发阶段支出

    D.开发阶段的支出，应当资本化，确认为无形资产

12.下列固定资产在购建时需记入"在建工程"科目的有（　　）。

    A.不需安装的固定资产

    B.需要安装的固定资产

    C.固定资产的改扩建

    D.应计入固定资产账面价值以外的后续支出

13."固定资产清理"账户的贷方登记的项目有（　　）。

    A.转入清理的固定资产的净值　　　　　B.固定资产变价收入

    C.结转的清理净收益　　　　　　　　　D.结转的清理净损失

14.下列各项中，企业应确认为无形资产的有（　　）。

    A.吸收投资取得的土地使用权

    B.购买的土地使用权

    C.自行开发并按法律程序申请取得的无形资产

    D.无偿划拨取得的土地使用权

15.出售无形资产的转让成本包括（　　）。

    A.出售无形资产的洽谈费用和差旅费

    B.出售无形资产取得的收入

    C.无形资产的摊余价值

    D.出售无形资产时应缴纳的税金

三、判断题

1.按双倍余额递减法计提的折旧额在任何时期都大于按平均年限法计提的折旧额。
（　　）

2.企业接受其他单位的固定资产投资时，"固定资产"账户要按投资合同或协议约定的价值入账。（　　）

3.企业在计提固定资产折旧时，当月增加的固定资产当月不提折旧，当月减少的固定资产当月照提折旧。（　　）

4.企业生产车间以经营租赁方式将一台固定资产租给某单位使用，该固定资产的所有权尚未转移。企业对该固定资产仍应计提折旧，计提折旧时应记入"其他业务成本"账户。（　　）

5.固定资产的入账价值中应当包括企业为取得固定资产而缴纳的契税、耕地占用税、

车辆购置税等相关税费。 （　　）

6.固定资产出售、报废、由于各种不可抗拒的自然灾害而产生的毁损，均应通过"固定资产清理"科目核算，计算出处置固定资产的净损益后，直接转入本年利润。 （　　）

7.按现行企业会计制度的规定，企业未使用的机器设备和房屋建筑物均不计提折旧。
（　　）

8.计提固定资产折旧的双倍余额递减法的特点是，固定资产使用前期提取折旧多，使用后期提取折旧逐年减少，以使固定资产成本在有效使用年限中加快得到补偿。 （　　）

9.企业自行研发的无形资产的成本，指符合资本化条件的研发支出，不包括费用化的研发支出。 （　　）

10.企业出售无形资产，应将所得价款与该项无形资产的账面价值之间的差额，计入当期其他业务收入或其他业务成本。 （　　）

11.对于企业取得的所有无形资产，均应当按期摊销。 （　　）

12.固定资产的使用寿命、预计净残值一经确定，不得随意变更。 （　　）

本情境账务处理案例

案例一

长安公司发生如下经济业务：

（1）2018年12月10日，购入一台需要安装的生产经营用设备，价款600 000元，增值税税率16%，以银行存款支付。

（2）2018年12月11日，购买设备安装用材料，增值税专用发票上注明价款100 000元、增值税税额16 000元，以银行存款支付，全部用于安装工程。

（3）2018年12月20日，设备安装完毕交付使用，支付安装人员工资228 000元。该设备预计使用10年，净残值率5%，采用双倍余额递减法计提折旧。

要求：

（1）编制上述有关业务的会计分录。

（2）计算2019年该设备应计提的折旧额并进行相应的账务处理。

案例二

华兴公司2018年11月份开工自行建造仓库一座，工程建设过程中，用银行存款购入为工程准备的各种物资200 000元，支付的增值税税额为32 000元。实际领用工程物资200 000元，另外领用生产用原材料一批，实际成本为20 000元，该批原材料购入时的增值税税额为3 200元，分配工程人员工资26 000元。2019年6月20日工程完工交付使用。仓库的预计使用年限为20年，预计净残值为6 000元，企业采用年限平均法计提折旧。

要求：

（1）对仓库建设业务进行账务处理；

（2）计算2019年该仓库应计提的折旧额，并进行会计处理。

案例三

长兴公司于2018年9月15日对一条生产线进行改扩建，改扩建前该生产线的原价为

1 400万元，已提折旧400万元。改扩建过程中实际领用工程物资300万元；分配工程人员工资45万元；该生产线于2018年12月3日达到预定可使用状态。该企业对改扩建后的固定资产采用年数总和法计提折旧，预计尚可使用年限为5年，预计净残值为42万元。

要求：

（1）编制上述与固定资产改扩建业务有关的会计分录。

（2）计算改扩建后的固定资产2019年应计提的折旧额。

案例四

长江公司2015年至2018年，与固定资产有关的业务资料如下：

（1）2015年12月12日，长江公司购进一台不需要安装的设备，取得的增值税专用发票上注明的设备价款为456万元，另支付运杂费5万元，款项以银行存款支付，假设没有发生其他相关税费。该设备于当日投入使用，预计使用年限为6年，预计净残值为11万元，采用年限平均法计提折旧；

（2）2017年6月对该设备进行简单维修，领用维修材料9 000元，发生修理人员工资1 000元；

（3）2018年6月，因转产该设备停止使用，2018年11月30日长江公司以90万元的价格将该设备出售给滨海公司，并开具增值税专用发票，增值税税率为16%。处置时用银行存款支付固定资产清理费用10万元。

要求：

（1）计算2015年长江公司购入设备的入账价值并编制会计分录；

（2）计算2016年上述设备应计提的折旧额并编制会计分录；

（3）计算2017年上述设备应计提的折旧额并编制会计分录；

（4）编制2017年6月对该设备进行维修时的会计分录；

（5）计算2018年上述设备应计提的折旧额并编制会计分录；

（6）编制2018年长江公司出售该设备的会计分录。

（答案中的金额单位用万元表示，金额保留小数点后两位）

案例五

长城股份有限公司（以下简称长城公司）与无形资产相关的业务资料如下：

（1）2015年1月，长城公司以银行存款3 600万元购入一项土地使用权（不考虑相关税费）。该土地使用年限为50年。预计净残值为0，采用直线法进行摊销。

（2）2015年6月，长城公司研发部门准备研究开发一项专利技术。研究阶段，企业为了研究成果的应用研究、评价，以银行存款支付了相关费用500万元。

（3）2015年8月，上述专利技术研究获得技术可行认证，转入开发阶段。在开发阶段，直接发生的研发人员工资、材料费，以及相关设备折旧费分别为800万元、1 500万元和500万元，同时以银行存款支付了其他相关费用200万元。以上开发支出均满足无形资产的确认条件。

（4）2015年10月，上述专利技术的研究开发项目达到预定用途，形成无形资产，当月投入新产品蓝牙耳机的生产。长城公司预计该专利技术的使用年限为10年，预计净残值为0。

（5）2018年5月，新产品完全替代长城公司自行研发技术所生产的蓝牙耳机，长城公司决定停止生产蓝牙耳机，由于该项专利技术不能用于其他类似产品的生产，长城公司预计该项专利技术不能再为企业带来经济利益，经批准将其予以转销。

（6）2018年6月，长城公司出租商标权取得收入50 000元存入银行，以银行存款支付出租无形资产的相关费用10 000元。

（7）2018年7月，长城公司转让一项专利技术，该技术账面余额60 000元，已经计提摊销4 000元，未计提减值准备。合同约定该项专利技术转让价款100 000元，长城公司开具增值税专用发票，增值税税率为6%。

要求：

（1）编制长城公司2015年1月购入该项土地使用权的会计分录。

（2）编制土地使用权2015年摊销的会计分录，计算长城公司2015年12月31日该项土地使用权的账面价值。

（3）编制长城公司2015年研究开发专利技术的有关会计分录。

（4）编制长城公司该项专利技术2018年5月予以转销的会计分录。

（5）编制长城公司2018年6月出租商标权的会计分录。

（6）编制长城公司2018年7月转让专利权的会计分录。

（答案中的金额单位用万元表示）

学习情境四

存货采购与付款业务核算

开篇案例

2006年8月14日，*ST科龙公布了2005年年度报告。年报显示，公司的总资产和净资产分别缩水至54.12亿元和-10.8亿元，2005年的亏损额高达36.93亿元。

年报显示，公司巨额亏损的主要原因有两个：一是主营业务利润率大幅度下降。占公司销售额绝大多数的冰箱和空调，2005年度的主营业务利润率分别为-1.11%和4.09%，较2004年分别下降了103%和77%。主营业务利润率大幅下降的主因在年报中被解释为停产导致的新产品不能及时推出，以及原材料的价格上涨。但有专业人士认为，*ST科龙采用根据年末产成品盘点数量及加权采购单价计算年末库存，并据此倒推2005年度主营业务成本的方法也是毛利率下降的主要原因之一。该方法虽然可以保证年末存货的认定，但可能使本年度的主营业务成本包含以前年度应计成本。

除了上述原因外，引起*ST科龙2005年度巨亏的第二个原因更加引人注目，那就是*ST科龙将发生在以前经营管理期间的大量坏账、大量欠付费用、不良存货、过度无效投资等潜在亏损集中在2005年爆发，计提总额高达14.2亿元的各类资产减值准备，其中包括坏账准备5.7亿元、存货跌价准备2.7亿元、固定资产减值准备1.76亿元、无形资产减值准备3.04亿元等，对"科龙""容声"商标提取了高达2.86亿元的减值准备，"容声"和"科龙"的最终评估价值分别仅为7 990万元、3 847万元。

同时公司还对2004年虚增的利润进行重大会计差错调整，调减年末净资产2.09亿元，这样*ST科龙净资产将一举减少39.2亿元，由此前的28亿元变为-10.8亿元；而总资产也由2004年年末的113.6亿元缩水到54.12亿元。

资料来源：佚名. *ST科龙去年巨亏36.93亿元　创国内上市公司年度亏损额之最 [EB/OL]. [2006-08-15]. http://news.sohu.com/20060815/n244801663.shtml.

工作情境描述

1.主要经济业务及其流程

采购与付款业务从企业有关部门填制请购单开始，经过请购、订货、付款等一系列业务循环，企业应将各项职能活动指派给不同的部门和职员来完成。

存货采购、付款业务活动一般程序如图4-1所示：

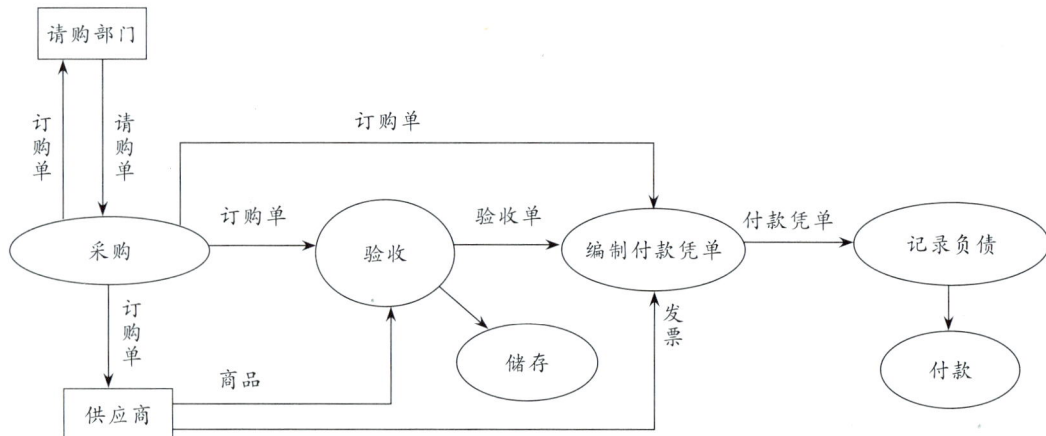

图4-1　存货采购、付款业务活动一般程序图

企业应建立采购付款业务的岗位责任制，明确相关部门岗位的权限和责任，任何企业不得由一个部门或个人办理采购付款业务的全过程，要确保不相容岗位相分离，以相互制约和监督。

2.业务涉及的主要会计岗位及其职责

（1）材料验收岗位。验收材料，填制一式多联、事先编号的验收单。

（2）仓库管理岗位。对需要购买的已列入存货清单的项目填写请购单，对已验收商品进行仓储管理。

（3）付款凭单岗位。核对订货单、验收单和供货发票的内容、金额及后附凭证的一致性，确认负债，编制付款凭单，交付款部门。

（4）付款岗位。根据付款凭单，参考供应商给予的信用期限进行付款。将审核后的付款凭单连同每日的凭单汇总表一起交送会计部门记账。

（5）记账岗位。在收到已批准的付款凭单后，对相关资料的内容进行核对，确定正确无误后编制记账凭证，登记有关明细账和总账；根据付款凭单、支票登记簿和相关记账凭证登记现金、银行存款的日记账和总账账簿。

企业存货采购、付款业务的核算主要包括存货的确认与计量、存货的取得和发出业务的核算、存货取得过程中付款业务的核算。

任务一　存货确认与初始计量

知识目标

1.了解存货的含义、特征及分类；

2.掌握存货的成本构成及计量。

技能目标

1.能正确地对存货进行分类；
2.能准确地计量存货的初始入账价值。

知识准备

一、存货的定义

存货，是指企业在日常活动中持有的以备出售的产品或商品、处于生产过程中的产品、在生产过程或提供劳务过程中耗用的材料或物料等，包括各类原材料、在产品、半成品、产成品、商品、包装物、低值易耗品、委托代销商品等。

（一）原材料

原材料是指企业在生产过程中经加工改变其形态或性质并构成产品主要实体的各种原料及主要材料、辅助材料、燃料、修理用备件、包装材料、外购半成品等。为构建固定资产等各项工程而储备的各项材料虽然同属于材料，但是由于是用于建造固定资产的，不符合存货的定义，因此不能作为企业存货。

（二）在产品

在产品是指企业正在制造尚未完工的生产物，包括正在各个生产工序加工的产品和已加工完毕但尚未检验或已检验但未办理入库手续的产品。

（三）半成品

半成品是指经过一定生产过程并已检验合格交付半成品仓库保管，但尚未制造完工成为产成品，仍需进一步加工的中间产品。

（四）产成品

产成品是指工业企业已经完成全部生产过程并已验收入库，可以按照合同规定的条件送交订货单位，或者可以作为商品对外销售的产品。企业接受来料加工制造的代制品和为外单位加工修理的代修品，制造和修理完工验收入库后，应视同企业的产成品。

（五）商品

商品是指商品流通企业外购或委托加工完成验收入库用于销售的各种商品。

（六）包装物

包装物是指在生产流通过程中，为包装本企业的产品或商品，并随同它们一起出售、出借或出租给购货方的各种包装容器。

（七）低值易耗品

低值易耗品是指不能作为固定资产核算的各种用具物品，如工具、管理用具玻璃器皿、劳动保护用品以及在经营过程中周转使用的容器等。其特点是单位价值较低、使用期限相对于固定资产较短，在使用过程中保持其原有实物形态基本不变。包装物和低值易耗品构成了周转材料。周转材料是指企业能够多次使用，不符合固定资产定义，逐渐转移其价值但仍保持原有形态，不确认为固定资产的材料。

（八）委托代销商品

委托代销商品是指企业委托其他单位代销的商品。

二、存货的确认条件

存货同时满足下列条件才能予以确认：

（一）与该存货相关的经济利益很可能流入企业

企业在确认存货时，应判断与该项存货相关的经济利益是否很可能流入企业。在企业实际业务中，主要通过判断与该项存货所有权相关的风险和报酬是否转移到了企业来确定，通常情况下，取得存货的所有权是与存货相关的经济利益很可能流入企业的一个重要标志，但有些情况下还需要结合该项存货所有权的归属情况进行分析确定。

（二）该存货的成本能够可靠地计量

企业要确认一项存货，必须能够对其成本进行可靠的计量。存货的成本能够可靠地计量须以取得确凿、可靠的证据为依据，并且具有可验证性。如果存货成本不能可靠地计量，则不能确认为存货。比如，企业承诺的订货合同，由于尚未实际发生，因此不能确认为购买企业的存货。

三、存货初始成本的确定

存货成本包括采购成本、加工成本和其他成本。

（一）存货的采购成本

存货的采购成本，包括购买价款、相关税费、运输费、装卸费、保险费以及其他可归属于存货采购成本的费用。

其中，存货的购买价款是指企业购入的材料或商品的发票账单上列明的价款，但不包括按照规定可以抵扣的增值税税额。

存货的相关税费是指企业购买存货发生的进口关税、消费税、资源税和不能抵扣的增值税进项税额以及相应的教育费附加等应计入存货采购成本的税费。

其他可归属于存货采购成本的费用是指采购成本中除上述各项以外的可归属于存货采购的费用，如在存货采购过程中发生的仓储费、包装费、运输途中的合理损耗、入库前的挑选整理费用等。运输途中的合理损耗是指商品在运输过程中，因商品性质、自然条件及技术设备等因素，所发生的自然的或不可避免的损耗。例如，汽车在运输煤炭、化肥等过程中的自然散落以及易挥发产品在运输过程中的自然挥发。

商品流通企业在采购商品过程中发生的运输费、装卸费、保险费以及其他可归属于存货采购成本的费用等进货费用，应当计入存货采购成本，也可以先进行归集，期末根据所购商品的存销情况进行分摊。对于已售出商品的进货费用，计入当期损益；对于未售出商品的进货费用，计入期末存货成本。企业采购商品的进货费用金额较小的，可以在实际发生时直接计入当期损益。

（二）存货的加工成本

存货的加工成本是指在存货的加工过程中发生的追加费用，包括直接人工以及按照一定方法分配的制造费用。

直接人工是指企业在生产产品和提供劳务过程中发生的直接从事产品生产和劳务提供

人员的职工薪酬。

制造费用是指企业为生产产品和提供劳务而发生的各项间接费用。

（三）存货的其他成本

存货的其他成本是指除采购成本、加工成本以外的，使存货达到目前场所和状态所发生的其他支出。企业设计产品发生的设计费通常应计入当期损益，但是为了特定客户设计产品所发生的、可直接确定的设计费用应计入存货的成本。

存货的来源不同，其成本的构成内容也不同。原材料、商品、低值易耗品等通过购买而取得的存货的成本由采购成本构成；产成品、在产品、半成品等自制或需委托外单位加工完成的存货的成本由采购成本、加工成本以及使存货达到目前场所和状态所发生的其他支出构成。实务中具体按以下原则确定：

（1）外购的存货，其成本包括：买价、运杂费（包括运输费、装卸费、保险费、包装费、仓储费等）、运输途中的合理损耗、入库前的整理费用（包括挑选整理过程中发生的工费支出和必要损耗，并扣除回收的下脚料价值）以及按规定应计入成本的税费和其他费用。

（2）自制的存货，包括自制原材料、自制包装物、自制低值易耗品、自制半成品及库存商品等，其成本包括直接材料、直接人工和制造费用等的各项实际支出。

（3）委托外单位加工完成的存货，包括加工后的原材料、包装物、低值易耗品、半成品、产成品等，其成本包括实际耗用的原材料或者半成品、加工费、装卸费、保险费、委托加工的往返运输费等费用以及按规定应计入成本的税费。

（4）投资者投入的存货，应当按照投资合同或者协议约定的价值确定，但合同或者协议约定价值不公允的除外。

需要注意的是，下列费用不应计入存货成本，而应在其发生时计入当期损益：

（1）非正常消耗的直接材料、直接人工和制造费用，应在发生时计入当期损益，不应计入存货成本。如由于自然灾害而发生的直接材料、直接人工和制造费用，由于这些费用的发生无助于使存货达到目前场所和状态，不应计入存货成本，而应确认为当期损益。

（2）仓储费用是指企业在存货采购入库后发生的储存费用，应在发生时计入当期损益。但是，在生产过程中为了达到下一个生产阶段所必需的仓储费用应计入存货成本。如某种酒类产品生产企业为了使生产的酒达到规定的产品质量标准而必须发生的仓储费用，应计入酒的成本，而不应计入当期损益。

（3）不归属于使存货达到目前场所和状态的其他支出，应在发生时计入当期损益，不得计入存货成本。

任务二 取得、发出存货业务核算

知识目标

1.了解材料入库与采购付款时间不一致的几种情况；

2.理解并区分不同计价方法下核算存货设置的账户；

3.掌握实际成本法下存货取得、发出的账务处理；

4.掌握计划成本法下存货取得、发出的账务处理。

技能目标

1.熟悉企业存货采购付款的业务流程；

2.能识别并填制存货采购付款业务中涉及的原始凭证；

3.根据审核无误的原始凭证填制记账凭证并登记相关账簿。

知识准备

存货入账价值的确定是否准确、科学、合理，直接影响到存货的核算，从而影响企业经营损益等的计算是否准确。因此，存货入账价值的确定是存货核算的一项重要内容。企业存货取得的来源不同，其入账价值的构成内容和确定方法也有所不同。我们从采购材料的角度出发，重点进行外购材料的核算。

一、实际成本法计价取得存货的核算

存货按实际成本计价是指每种材料的采购、收发和结存，不论总分类核算还是明细分类核算，都按实际成本计价。按实际成本法核算，日常反映不出材料成本是节约还是超支，从而不能反映和考核物资采购业务的成本控制情况。因此，实际成本法一般适用于规模较小、存货品种简单、采购业务不多的企业。

企业外购的存货通常包括外购的原材料、包装物、低值易耗品以及商业企业外购的商品等。

原材料是指企业在生产过程中经过加工改变其形态或性质并构成产品主要实体的各种原料、主要材料和外购半成品，以及不构成产品实体但有助于产品形成的辅助材料。原材料具体包括原料及主要材料、辅助材料、外购半成品、修理用备件、包装材料、燃料等。

原材料的日常收发及结存可采用实际成本核算，也可以采用计划成本核算。

（一）外购原材料的核算

原材料采用实际成本核算时，使用的会计科目有"原材料""在途物资""应付账款"等。

"原材料"科目用于核算库存各种材料的收发与结存情况。本科目借方登记入库材料的实际成本，贷方登记发出材料的实际成本，期末余额在借方，反映企业库存材料的实际成本。

"在途物资"科目用于企业采用实际成本进行材料、商品等物资的日常核算，以及价款已付但尚未验收入库的各种物资的采购成本的核算，本科目应当按照供应单位和物资品种进行明细核算。"在途物资"科目的借方登记企业购入的在途物资的实际成本，贷方登记验收入库的在途物资的实际成本，期末余额在借方，反映企业在途物资的采购成本。

"应付账款"科目用于核算企业因购买材料、商品和接受劳务等经营活动应支付的款项。"应付账款"科目的贷方登记企业因采购材料、商品和接受劳务等尚未支付的款项，借方登记支付的应付账款，期末余额一般在贷方，反映企业尚未支付的应付账款。

（1）货款已经支付或开出、承兑商业汇票，同时材料已验收入库。

【例4-1】2018年9月2日，滨海公司购入乳胶漆一批，增值税专用发票上注明的材料价款为600 000元、增值税税额为96 000元，另外，对方代垫保险费1 000元，全部款项已用转账支票付讫，材料已验收入库。滨海公司应编制如下会计分录：

　　借：原材料——乳胶漆　　　　　　　　　　　　　　　601 000
　　　　应交税费——应交增值税（进项税额）　　　　　　96 000
　　　　贷：银行存款　　　　　　　　　　　　　　　　　　　　697 000

本例属于发票账单与材料同时到达企业的采购业务，材料已经验收入库，所以通过"原材料"科目核算。同时，销货方代垫的保险费应计入原材料的成本。

（2）货款已经支付或开出、承兑商业汇票，材料尚未到达或尚未验收入库。

【例4-2】2018年9月10日，滨海公司采用汇兑结算方式购入硝漆一批，发票及账单已收到，增值税专用发票上注明的价款为20 000元、增值税税额为3 200元，支付保险费2 000元，材料尚未到达。滨海公司应编制如下会计分录：

　　借：在途物资——硝漆　　　　　　　　　　　　　　　22 000
　　　　应交税费——应交增值税（进项税额）　　　　　　3 200
　　　　贷：银行存款　　　　　　　　　　　　　　　　　　　　25 200

本例属于发票账单已到达，但材料尚未到达或尚未验收入库的采购业务，应通过"在途物资"科目核算。待材料验收入库后，再根据收料单，由"在途物资"科目转入"原材料"科目核算。同时，企业负担的保险费应计入采购材料的成本。

【例4-3】沿用【例4-2】的资料，上述购入的硝漆已收到，并验收入库。滨海公司应编制如下会计分录：

　　借：原材料——硝漆　　　　　　　　　　　　　　　　22 000
　　　　贷：在途物资——硝漆　　　　　　　　　　　　　　　　22 000

（3）货款尚未支付，发票账单尚未收到，材料已验收入库。

在这种情况下，发票账单尚未收到，无法确定实际成本，如果业务发生在月底之前，则不需要进行账务处理，待月底时仍未收到发票账单，应按照暂估价值入账，但在下月初应做相反的会计分录予以冲回，收到发票账单后再按实际金额记账。即对材料已经到达并验收入库，但发票账单等结算凭证未到，货款尚未支付的采购业务，应于月末按材料的暂估价值，借记"原材料"科目，贷记"应付账款——暂估应付账款"科目。下月初做相反的会计分录予以冲回。下月发票账单到达后，借记"原材料""应交税费——应交增值税（进项税额）"科目，贷记"银行存款"或"应付账款"等科目。

【例4-4】滨海公司购入聚氨酯漆一批，材料已经验收入库，月末发票账单尚未收到也无法确定其实际成本，暂估价值为40 000元。滨海公司应编制如下会计分录：

　　借：原材料——聚氨酯漆　　　　　　　　　　　　　　40 000
　　　　贷：应付账款——暂估应付账款　　　　　　　　　　　　40 000

【例4-5】沿用【例4-4】的资料，上述购入的聚氨酯漆于次月收到发票账单，增值税专用发票上注明的材料价款为41 000元、增值税税额为6 560元，对方代垫包装费2 000元，已用银行存款付讫。滨海公司应编制如下会计分录：

①将上月暂估材料价值予以冲回：

借：应付账款——暂估应付账款   40 000

    贷：原材料——聚氨酯漆   40 000

②根据发票账单和入库单：

借：原材料——聚氨酯漆   43 000

    应交税费——应交增值税（进项税额）   6 560

    贷：银行存款   49 560

（4）货款已经预付，材料尚未验收入库，发票账单尚未收到。

（二）委托加工物资的核算

委托加工物资，是指企业委托外单位加工的各种材料、商品等物资。委托加工物资的成本包括加工中实际耗用材料物资的成本、支付给受托方的加工费、应负担的运输费、装卸费以及按规定应计入成本的税金等。

为了反映和监督委托加工物资的增减变动及结存情况，企业应当设置"委托加工物资"科目，借方登记委托加工物资的实际成本，贷方登记加工完成验收入库的物资的实际成本和剩余物资的实际成本，期末余额在借方，反映企业尚未完工的委托加工物资的实际成本等。委托加工物资也可以采用计划成本或售价进行核算。

委托加工物资在会计处理上主要包括拨付加工物资、支付加工费和税金、收回加工物资和剩余物资等几个环节。

【例4-6】滨海公司委托万华公司加工一批材料，原材料成本为20 000元。发生加工费6 000元（不含增值税），并取得增值税专用发票，发票上注明增值税税额为960元；发生应由滨海公司承担的运输费1 000元，增值税专用发票上注明的增值税税额为100元。材料加工完成并验收入库，加工费、运输费、增值税税额均已通过银行存款支付，假设不考虑其他税费。滨海公司应编制如下会计分录：

（1）发出委托加工材料时：

借：委托加工物资   20 000

    贷：原材料   20 000

（2）支付运输费及税金时：

借：委托加工物资   1 000

    应交税费——应交增值税（进项税额）   100

    贷：银行存款   1 100

（3）支付加工费及税金时：

借：委托加工物资   6 000

    应交税费——应交增值税（进项税额）   960

    贷：银行存款   6 960

（4）材料加工完成验收入库时：

借：原材料   27 000

    贷：委托加工物资   27 000

需要注意的是，企业委托外单位加工的物资如属于应税消费品的，委托方负担的消费税应由受托方代收代缴。委托方收回委托加工物资用于直接销售的，其在委托加工环节负担的消费税，记入"委托加工物资"科目；委托方收回委托加工物资用于继续生产应税消费品的，其在委托加工环节负担的消费税，记入"应交税费——应交消费税"科目。

（三）取得包装物的核算

包装物是指为了包装本企业的商品而储备的各种包装容器，如桶、箱、瓶、坛、袋等，其主要作用是盛装、装潢产品或商品。

为了反映和监督包装物的增减变动及价值损耗、结存等情况，企业应当设置"周转材料——包装物"科目，借方登记包装物的增加，贷方登记包装物的减少，期末余额在借方，通常反映企业期末结存包装物的金额。

企业购入、自制、委托外单位加工完成验收入库的包装物的核算，与原材料的核算基本相似，应于收到包装物并验收入库时，借记"周转材料——包装物"科目，取得增值税专用发票的，根据发票上注明的增值税税额，借记"应交税费——应交增值税（进项税额）"科目，贷记"银行存款""委托加工物资"等科目。

（四）取得低值易耗品的核算

作为存货核算和管理的低值易耗品，一般划分为一般工具、专用工具、替换设备、管理用具、劳动保护用品和其他用具等。

为了反映和监督低值易耗品的增减变动及其价值损耗、结存等情况，企业应当设置"周转材料——低值易耗品"科目，借方登记低值易耗品的增加，贷方登记低值易耗品的减少，期末余额在借方，通常反映企业期末结存低值易耗品的金额。

企业购入、自制、委托外单位加工完成验收入库的低值易耗品的核算，与原材料的核算基本相似，应于收到低值易耗品并验收入库时，借记"周转材料——低值易耗品"科目，取得增值税专用发票的，根据发票上注明的增值税税额，借记"应交税费——应交增值税（进项税额）"科目，贷记"银行存款""委托加工物资"等科目。

二、实际成本法计价发出存货的核算

（一）发出存货的计量方法

企业根据各类存货的实物流转方式、企业管理的要求、存货的性质等实际情况，合理地确定发出存货的计算方法，以及当期发出存货的实际成本。对于性质和用途相同的存货，应当采用相同的成本计算方法确定发出存货的成本。在实际成本法核算方式下，企业可以采用的存货成本的计价方法包括个别计价法、先进先出法、月末一次加权平均法和移动加权平均法等。

1.个别计价法

个别计价法，亦称个别认定法、具体辨认法、分批实际法，这种方法假设存货具体项目的实际流转与成本流转相一致，按照各种存货，逐一辨认各批发出存货和期末存货所属的购进批别或生产批别，分别按其购入或生产时所确定的单位成本计算各批发出存货和期末存货成本。在这种方法下，把每一种存货的实际成本作为计算发出存货成本和期末存货成本的基础。

个别计价法下成本计算准确，符合实际情况，但在存货收发频繁的情况下，分辨其发出成本的工作量较大。因此，这种方法适用于一般不能替代使用的存货、为特定项目专门购入或制造的存货以及提供的劳务，如珠宝、名画等贵重物品。

【例4-7】云轩古玩公司2018年5月一批翡翠的收入、发出及购进单位成本见表4-1。

表4-1   翡翠购销明细账   金额单位：元

2018年 月	日	摘要	收入 数量	单价	金额	发出 数量	单价	金额	结存 数量	单价	金额
5	1	期初余额							150	100	15 000
	5	购入	100	120	12 000				250		
	11	销售				200			50		
	16	购入	200	140	28 000				250		
	20	销售				100			150		
	23	购入	100	150	15 000				250		
	27	销售				100			150		
	31	本期合计	400	—	55 000	400	—		150		

假设经过具体辨认，本期发出存货的单位成本如下：5月11日发出的200件存货中，100件系期初结存存货，单位成本为100元，100件为5日购入存货，单位成本为120元；5月20日发出的100件存货系16日购入，单位成本为140元；5月27日发出的100件存货中，50件为期初结存，单位成本为100元，50件为23日购入，单位成本为150元。按照个别认定法，云轩古玩公司5月份翡翠收入、发出与结存情况见表4-2。

表4-2   翡翠购销明细账（个别认定法）   金额单位：元

2018年 月	日	摘要	收入 数量	单价	金额	发出 数量	单价	金额	结存 数量	单价	金额
5	1	期初余额							150	100	15 000
	5	购入	100	120	12 000				150 100	100 120	15 000 12 000
	11	销售				100 100	100 120	10 000 12 000	50	100	5 000
	16	购入	200	140	28 000				50 200	100 140	5 000 28 000
	20	销售				100	140	14 000	50 100	100 140	5 000 14 000
	23	购入	100	150	15 000				50 100 100	100 140 150	5 000 14 000 15 000
	27	销售				50 50	100 150	5 000 7 500	100 50	140 150	14 000 7 500
	31	本期合计	400	—	55 000	400	—	48 500	100 50	14 150	14 000 7 500

从表4-2中可知，云轩古玩公司本期发出存货成本及期末结转存货成本如下：

本期发出翡翠成本=100×100+100×120+100×140+50×100+50×150=48 500（元）

期末结存翡翠成本=期初结存存货成本+本期购入存货成本-本期发出存货成本

=150×100+100×120+200×140+100×150-48 500=21 500（元）

2.先进先出法

先进先出法是指以先购入的存货应先发出（销售或耗用）这样一种存货实物流动假设为前提，对发出存货进行计价的方法。采用这种方法，先购入的存货成本在后购入存货成本之前转出，据此确定发出存货和期末存货的成本。具体方法是：收入存货时，逐笔登记收入存货的数量、单价和金额；发出存货时，按照先进先出的原则逐笔登记存货的发出成本和结存金额。

先进先出法可以随时结转存货发出成本，但较烦琐。如果存货收发业务较多且存货单价不稳定时，工作量较大。在物价持续上涨时，期末存货成本接近于市价，而发出存货成本偏低，会高估企业当期利润和库存存货价值；反之，会低估企业存货价值和当期利润。

【例4-8】泰龙医药公司阿司匹林本期收入、发出和结存情况见表4-3。从该表可以看出存货成本的计价顺序，如11日发出的200件存货，按先进先出法的流转顺序，应先发出期初库存存货，即150×10=1 500（元），然后再发出5日购入的50件，即50×12=600（元），其他以此类推。从表中看出，使用先进先出法得出的发出存货成本和期末存货成本分别为4 800元和2 200元。

表4-3　　　　　　　　　阿司匹林购销明细账（先进先出法）　　　　　　金额单位：元

2018年		摘要	收入			发出			结存		
月	日		数量	单价	金额	数量	单价	金额	数量	单价	金额
5	1	期初余额							150	10	1 500
	5	购入	100	12	1 200				150 100	10 12	1 500 1 200
	11	销售				150 50	10 12	1 500 600	50	12	600
	16	购入	200	14	2 800				50 200	12 14	600 2 800
	20	销售				50 50	12 14	600 700	150	14	2 100
	23	购入	100	15	1 500				150 100	14 15	2 100 1 500
	27	销售				100	14	1 400	50 100	14 15	700 1 500
	31	本期合计	400	—	5 500	400	—	4 800	50 100	14 15	700 1 500

泰龙医药公司日常账面记录显示，阿司匹林期初结存存货为150×10=1 500（元），本期购入存货三批，按先后顺序分别为：100×12=1 200（元）、200×14=2 800（元）、100×15=1 500（元）。假设经过盘点，发现期末库存150件，则本期发出存货为400件，发出存货

成本为：

发出存货=150×10+50×12+50×12+50×14+100×14=4 800（元）

期末存货成本为：

期末存货成本=50×14+100×15=2 200（元）

3.月末一次加权平均法

月末一次加权平均法是指以本月全部进货数量加上月初存货数量作为权数，去除本月全部进货成本加上月初存货成本，计算出存货的加权平均单位成本，以此为基础计算本月发出存货的成本和月末存货成本的一种方法。计算公式如下：

$$存货单位成本 = \left[月初库存存货成本 + \sum \left(本月各批进货的实际单位成本 × 本月各批进货的数量 \right) \right] ÷ \left(月初库存存货的数量 + 本月各批进货数量之和 \right)$$

$$本月发出存货的成本 = 本月发出存货的数量 × 存货单位成本$$

$$本月月末库存存货成本 = 本月月末库存存货的数量 × 存货单位成本$$

或：

$$本月月末库存存货成本 = 月初库存存货的实际成本 + 本月收入存货的实际成本 - 本月发出存货的成本$$

采用月末一次加权平均法只在月末一次计算加权平均单价，比较简单，有利于简化成本计算工作，但由于平时无法从账上提供发出和结存存货的单价及金额，因此不利于存货成本的日常管理与控制。

【例4-9】沿用【例4-8】的资料，假设泰龙医药公司采用月末一次加权平均法计算存货成本，根据表4-3，则5月份阿司匹林的平均单位成本为：

$$5月份阿司匹林单位成本 = \left(月初结存存货成本 + 本月购入存货成本 \right) ÷ \left(月初存货结存数量 + 本月购入存货数量 \right)$$

$$= （150×10+100×12+200×14+100×15）÷（150+100+200+100）$$

$$≈12.727（元）$$

5月份阿司匹林的发出存货成本=400×12.727=5 090.8（元）

5月份阿司匹林的月末结存成本=7 000-5 090.8=1 909.2（元）

4.移动加权平均法

移动加权平均法是指每次进货的成本加上原有库存存货的成本的合计额，除以每次进货数量加上原有库存存货的数量的合计数，据以计算加权平均单位成本，作为在下一次进货前计算各次发出存货成本依据的一种方法。计算公式如下：

$$存货单位成本 = \left(原有库存存货的实际成本 + 本次进货的实际成本 \right) ÷ \left(原有库存存货数量 + 本次进货数量 \right)$$

$$本次发出存货的成本 = 本次发出存货数量 × 本次发货前存货的单位成本$$

$$本月月末库存存货成本 = 本月月末库存存货的数量 × 本月月末存货单位成本$$

【例4-10】沿用【例4-8】的资料，假设泰龙医药公司采用移动加权平均法核算企业存货成本，阿司匹林本期收入、发出和结存情况见表4-4。

从表4-4中看出，阿司匹林的平均成本从期初的10元变为期中的10.8元、13.36元，再变成期末的14.016元。各平均成本计算如下：

5月5日购入阿司匹林的单位成本=（150×10+100×12）÷（150+100）=10.8（元）

表4-4　　　　　　　　　　阿司匹林购销明细账（移动加权平均法）　　　　　　金额单位：元

2018年		摘要	收入			发出			结存		
月	日		数量	单价	金额	数量	单价	金额	数量	单价	金额
5	1	期初余额							150	10	1 500
	5	购入	100	12	1 200				250	10.8	2 700
	11	销售				200	10.8	2 160	50	10.8	540
	16	购入	200	14	2 800				250	13.36	3 340
	20	销售				100	13.36	1 336	150	13.36	2 004
	23	购入	100	15	1 500				250	14.016	3 504
	27	销售				100	14.016	1 401.6	150	14.016	2 102.4
	31	本期合计	400	—	5 500	400	—	4 897.6	150	14.016	2 102.4

5月16日购入阿司匹林后的单位成本=（50×10.8+200×14）÷（50+200）=13.36（元）

5月23日购入阿司匹林后的单位成本=（150×13.36+100×15）÷（150+100）=14.016（元）

采用加权平均成本法得出的本期发出存货成本和期末结存存货成本分别为4 897.6元和2 102.4元。

（二）发出存货的会计处理

企业各生产单位及有关部门的材料具有种类多、收发业务频繁等特点。为了简化核算以在月末根据"领料单"或"限额领料单"中有关领料单位、部门等加以归类，编制"发料汇总表"，据以编制记账凭证，应遵循"谁领料就记谁的账"的原则登记账簿。发出材料实际成本的确定，可以由企业从上述的个别计价法、先进先出法、月末一次加权平均法、移动加权平均法等方法中选择。计价方法一经确定，不得随意变更。如需变更，应在财务报表附注中予以说明。

1.原材料发出的核算

原材料发出的核算通过图4-2所示原则进行账务处理。

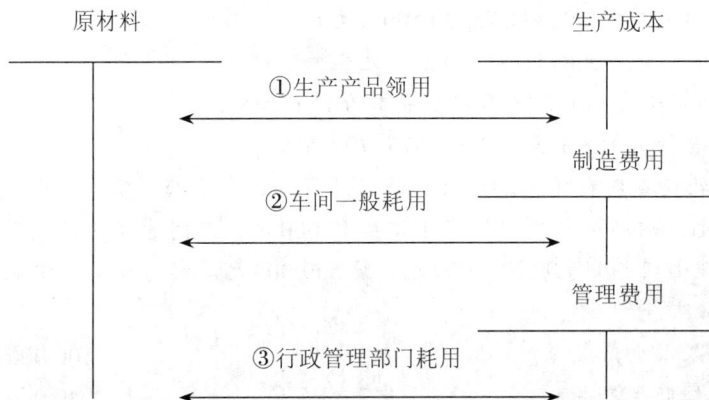

微课：实际成本法下原材料发出的核算

图4-2　原材料发出的核算

【例4-11】滨海公司2018年3月1日结存乳胶漆3 000千克，每千克实际成本为10元；

3月5日和3月20日分别购入该材料9 000千克和6 000千克，每千克实际成本分别为11元和12元；3月10日和3月25日分别发出该材料10 500千克和6 000千克，按先进先出法核算时，发出和结存材料的成本见表4-5。

表4-5　　　　　　　　　　　　　乳胶漆购销明细账（先进先出法）　　　　　　　　　金额单位：元

| 2018年 | | 摘要 | 收入 | | | 发出 | | | 结存 | | |
月	日		数量	单位	金额	数量	单位	金额	数量	单位	金额
3	1	期初结存							3 000	10	30 000
	5	购入	9 000	11	99 000				3 000	10	30 000
									9 000	11	99 000
	10	发出				3 000	10	30 000	1 500	11	16 500
						7 500	11	82 500			
	20	购入	6 000	12	72 000				1 500	11	16 500
									6 000	12	72 000
	25	发出				1 500	11	16 500	1 500	12	18 000
						4 500	12	54 000			
	31	合计	15 000		171 000	16 500		183 000	1 500	12	18 000

【例4-12】沿用【例4-11】的资料，假设滨海公司采用月末一次加权平均法计算乳胶漆的成本如下：

乳胶漆单位成本=（30 000+171 000）÷（3 000+15 000）=11.17（元）

本月发出存货的成本=16 500×11.17=184 305（元）

月末库存存货的成本=30 000+171 000-184 305=16 695（元）

【例4-13】沿用【例4-11】的资料，采用移动加权平均法计算乳胶漆的成本如下：

第一批收货后的单位成本=（30 000+99 000）÷（3 000+9 000）=10.75（元）

第一批发货的乳胶漆成本=10 500×10.75=112 875（元）

当时结存的乳胶漆成本=1 500×10.75=16 125（元）

第二批收货后的单位成本=（16 125+72 000）÷（1 500+6 000）=11.75（元）

第二批发货的乳胶漆成本=6 000×11.75=70 500（元）

当时结存的乳胶漆成本=1 500×11.75=17 625（元）

乳胶漆月末结存1 500千克，月末库存存货成本为17 625元；

本月发出存货成本合计为183 375元（112 875+70 500）。

【例4-14】根据"乳胶漆发料凭证汇总表"的记录得知，滨海公司7月份基本生产车间领用乳胶漆500 000元，辅助生产车间领用乳胶漆40 000元，车间管理部门领用乳胶漆5 000元，企业行政管理部门领用乳胶漆4 000元，计549 000元。滨海公司应编制如下会计分录：

借：生产成本——基本生产成本　　　　　　　　　　　　　　500 000

　　　　　　——辅助生产成本　　　　　　　　　　　　　　 40 000

　　制造费用　　　　　　　　　　　　　　　　　　　　　　　5 000

　　管理费用　　　　　　　　　　　　　　　　　　　　　　　4 000

　　　　贷：原材料——乳胶漆　　　　　　　　　　　　　　　　　　　　　　　549 000

2.包装物发出的核算

包装物一般有以下用途：

（1）生产过程中用于包装产品作为产品组成部分的包装物；

（2）随同商品出售而不单独计价的包装物；

（3）随同产品出售单独计价的包装物；

（4）出租或出借给购买单位使用的包装物。

对于生产领用包装物，根据领用包装物的实际成本，借记"生产成本"科目，贷记"周转材料——包装物"科目。随同商品出售而不单独计价的包装物和出借给购买单位的包装物，应于包装物发出时，按其实际成本计入销售费用。随同商品出售而单独计价的包装物，一方面应反映其销售收入，计入其他业务收入；另一方面应反映其实际成本，计入其他业务成本。多次使用的包装物应当根据使用次数分次进行摊销。

（1）生产领用包装物

生产领用包装物，根据领用包装物的实际成本，借记"生产成本"科目，贷记"周转材料——包装物"科目。

【例4-15】滨海公司对包装物采用实际成本核算，2018年1月，生产产品领用包装物的实际成本为100 000元。滨海公司应编制如下会计分录：

　　　　借：生产成本　　　　　　　　　　　　　　　　　　　　　　　100 000

　　　　　　贷：周转材料——包装物　　　　　　　　　　　　　　　　　　　100 000

（2）随同商品出售的包装物

随同商品出售而不单独计价的包装物和出借给购买单位的包装物，应于包装物发出时，按其实际成本计入销售费用。

【例4-16】滨海公司2018年2月销售商品领用不单独计价包装物的实际成本为50 000元。滨海公司应编制如下会计分录：

　　　　借：销售费用　　　　　　　　　　　　　　　　　　　　　　　50 000

　　　　　　贷：周转材料——包装物　　　　　　　　　　　　　　　　　　　50 000

随同商品出售而单独计价的包装物，参照产品销售收入的核算原则进行核算。

【例4-17】滨海公司2018年5月销售商品领用单独计价包装物的实际成本为80 000元，开出的增值税专用发票上注明的包装物价款为100 000元、增值税税额为16 000元，款项已存入银行。滨海公司应编制如下会计分录：

①出售单独计价包装物：

　　　　借：银行存款　　　　　　　　　　　　　　　　　　　　　　　116 000

　　　　　　贷：其他业务收入　　　　　　　　　　　　　　　　　　　　　100 000

　　　　　　　　应交税费——应交增值税（销项税额）　　　　　　　　　　　16 000

②结转所售单独计价包装物的成本：

　　　　借：其他业务成本　　　　　　　　　　　　　　　　　　　　　80 000

　　　　　　贷：周转材料——包装物　　　　　　　　　　　　　　　　　　　80 000

3.低值易耗品发出的核算

低值易耗品在领用时，按照使用次数分次计入成本费用。金额较小的，可在领用时一次计入成本费用，以简化核算，但为了加强实物管理，应当在备查簿中进行登记。

采用分次摊销法摊销低值易耗品，低值易耗品在领用时摊销其账面价值的单次平均摊销额。分次摊销法适用于可供多次反复使用的低值易耗品。在采用分次摊销法的情况下，需要单独设置"周转材料——低值易耗品（在用）""周转材料——低值易耗品（在库）""周转材料——低值易耗品（摊销）"明细科目。

【例4-18】滨海公司的基本生产车间领用专用工具一批，实际成本为100 000元，不符合固定资产定义，采用分次摊销法进行摊销。该专用工具的估计使用次数为2次。滨海公司应编制如下会计分录：

（1）领用专用工具：

借：周转材料——低值易耗品（在用）　　　　　　　　　　　100 000
　　贷：周转材料——低值易耗品（在库）　　　　　　　　　　　　　100 000

（2）第一次领用时摊销其价值的一半：

借：制造费用　　　　　　　　　　　　　　　　　　　　　　50 000
　　贷：周转材料——低值易耗品（摊销）　　　　　　　　　　　　　50 000

（3）第二次领用摊销其价值的一半：

借：制造费用　　　　　　　　　　　　　　　　　　　　　　50 000
　　贷：周转材料——低值易耗品（摊销）　　　　　　　　　　　　　50 000

同时：

借：周转材料——低值易耗品（摊销）　　　　　　　　　　　100 000
　　贷：周转材料——低值易耗品（在用）　　　　　　　　　　　　　100 000

三、计划成本法计价取得存货的核算

存货按计划成本计价是指企业首先设定计划价格，而后企业日常收发存货均采用计划价格来进行核算的方法。对于材料收发业务较多并且计划成本资料较为健全、准确的企业，一般采用计划成本进行存货收发的核算。存货采用计划成本计价的企业，存货的收入、发出均采用计划成本进行日常核算，月末计算发出存货和结存存货应分摊的成本差异。

（一）原材料核算应设置的会计科目

原材料采用计划成本核算时，对于材料的收发及结存，无论是总分类核算还是明细分类核算，均按照计划成本计价。使用的会计科目有"原材料""材料采购""材料成本差异"等。材料实际成本与计划成本的差异，通过"材料成本差异"科目核算。月末，计算本月发出材料应负担的成本差异并进行分摊，根据领用材料的用途计入相关资产的成本或者当期损益，从而将发出材料的计划成本调整为实际成本。

"原材料"科目用于核算库存各种材料的收发与结存情况。本科目借方登记入库材料的计划成本，贷方登记发出材料的计划成本，期末余额在借方，反映企业库存材料的计划成本。

"材料采购"科目借方登记采购材料的实际成本，贷方登记入库材料的计划成本。借方金额大于贷方金额表示超支，差额从"材料采购"科目贷方转入"材料成本差异"科目的借方；贷方金额大于借方金额表示节约，差额从"材料采购"科目借方转入"材料成本

差异"科目贷方；期末借方余额，反映企业在途材料的采购成本。

"材料成本差异"科目反映企业已入库各种材料的实际成本与计划成本的差额，借方登记超支差异及发出材料应负担的节约差异，贷方登记节约差异及发出材料应负担的超支差异。期末如为借方余额，反映企业库存材料的实际成本大于计划成本的差异，即超支差异；如为贷方余额，反映企业库存材料的实际成本小于计划成本的差异，即节约差异。

（二）购入原材料的账务处理

（1）购入原材料，货款已经支付，同时材料验收入库。

【例4-19】2018年6月10日，滨海公司购入乳胶漆一批，增值税专用发票上记载的货款为3 000 000元、增值税税额480 000元，发票账单已收到，计划成本为3 200 000元，已验收入库，全部款项以银行存款支付。滨海公司应编制如下会计分录：

① 采购材料时：

借：材料采购——乳胶漆 　　　　　　　　　　　　　　　3 000 000
　　应交税费——应交增值税（进项税额）　　　　　　　　　480 000
　　贷：银行存款 　　　　　　　　　　　　　　　　　　　　　3 480 000

在计划成本法下，购入的材料无论是否验收入库，都要先通过"材料采购"科目进行核算，以反映企业所购材料的实际成本，从而与"原材料"科目相比较，计算确定材料成本差异。

② 材料验收入库时：

借：原材料——乳胶漆 　　　　　　　　　　　　　　　　3 200 000
　　贷：材料采购——乳胶漆 　　　　　　　　　　　　　　　3 000 000
　　　　材料成本差异——乳胶漆 　　　　　　　　　　　　　　200 000

上述入库材料的实际成本为3 000 000元，入库材料的成本差异为节约200 000元（3 200 000-300 000）。

（2）购入原材料，货款已经支付，材料尚未验收入库。

【例4-20】滨海公司采用汇兑结算方式购入硝漆一批，增值税专用发票上记载的货款为200 000元、增值税税额32 000元，发票账单已收到，计划成本为180 000元，材料尚未入库，款项已用银行存款支付。滨海公司应编制如下会计分录：

借：材料采购——硝漆 　　　　　　　　　　　　　　　　200 000
　　应交税费——应交增值税（进项税额）　　　　　　　　　 32 000
　　贷：银行存款 　　　　　　　　　　　　　　　　　　　　　232 000

（3）购入原材料，款项未付，发票账单未到，材料已验收入库。

在这种情况下，对于尚未收到发票账单的收料凭证，月末应按计划成本暂估入账，借记"原材料"等科目，贷记"应付账款——暂估应付账款"科目，下月初做相反分录予以冲回，借记"应付账款——暂估应付账款"科目，贷记"原材料"等科目。

【例4-21】滨海公司2018年5月28日购入聚酯漆一批，材料已验收入库，发票账单未到，月末应按照计划成本600 000元估价入账。滨海公司应编制如下会计分录：

借：原材料——聚酯漆 　　　　　　　　　　　　　　　　600 000

　　　　贷：应付账款——暂估应付账款　　　　　　　　　　　　　　600 000

　　下月初做相反的会计分录予以冲回：

　　　　借：应付账款——暂估应付账款　　　　　　　　　　　　　　600 000

　　　　　　贷：原材料——聚酯漆　　　　　　　　　　　　　　　　　　600 000

　　【例4-22】沿用【例4-21】的资料，假设该批聚酯漆的发票账单于2018年6月5日到达滨海公司，增值税专用发票上注明的材料价款为610 000元、增值税税额为97 600元。滨海公司应编制如下会计分录：

　　　　借：材料采购——聚酯漆　　　　　　　　　　　　　　　　　610 000

　　　　　　应交税费——应交增值税（进项税额）　　　　　　　　　　97 600

　　　　　　　　贷：银行存款　　　　　　　　　　　　　　　　　　　　707 600

　　　　借：原材料——聚酯漆　　　　　　　　　　　　　　　　　　600 000

　　　　　　材料成本差异——聚酯漆　　　　　　　　　　　　　　　　10 000

　　　　　　　　贷：材料采购——聚酯漆　　　　　　　　　　　　　　　610 000

（三）发出原材料的账务处理

　　月末，企业根据领料单等编制"发料凭证汇总表"结转发出材料的计划成本，应根据所发出材料的用途，按计划成本分别记入"生产成本""制造费用""销售费用""管理费用"等科目，同时结转材料成本差异。

　　【例4-23】根据"发料凭证汇总表"的记录得知，滨海公司某月乳胶漆的消耗（计划成本）为：基本生产车间领用2 000 000元，辅助生产车间领用600 000元，车间管理部门领用250 000元，企业行政管理部门领用50 000元。滨海公司应编制如下会计分录：

　　　　借：生产成本——基本生产成本　　　　　　　　　　　　　2 000 000

　　　　　　　　　　——辅助生产成本　　　　　　　　　　　　　　600 000

　　　　　　制造费用　　　　　　　　　　　　　　　　　　　　　250 000

　　　　　　管理费用　　　　　　　　　　　　　　　　　　　　　 50 000

　　　　　　　　贷：原材料——乳胶漆　　　　　　　　　　　　　　2 900 000

　　根据企业会计准则的规定，企业日常采用计划成本核算的，月末时，发出的材料成本应由计划成本调整为实际成本，通过"材料成本差异"科目进行结转，按照所发出材料的用途，分别记入"生产成本""制造费用""销售费用""管理费用"等科目。发出材料应负担的成本差异应按期（月）分摊，不得在季末或年末一次计算。计算公式如下：

$$本期材料成本差异率=\left(\begin{matrix}期初结存材料\\的成本差异\end{matrix}+\begin{matrix}本期验收入库\\材料的成本差异\end{matrix}\right)÷\left(\begin{matrix}期初结存材料\\的计划成本\end{matrix}+\begin{matrix}本期验收入库\\材料的计划成本\end{matrix}\right)×100\%$$

$$发出材料应负担的成本差异=发出材料的计划成本×本期材料成本差异率$$

　　如果企业的材料成本差异率在各期之间是比较均衡的，也可以采用期初材料成本差异率分摊本期的材料成本差异。年度终了，应对材料成本差异率进行核实调整。计算公式如下：

$$期初材料成本差异率=期初结存材料的成本差异÷期初结存材料的计划成本×100\%$$

$$发出材料应负担的成本差异=发出材料的计划成本×期初材料成本差异率$$

　　【例4-24】沿用【例4-23】的资料，滨海公司2018年7月初结存乳胶漆的计划成本为1 000 000元，材料成本差异为超支30 740元；当月入库乳胶漆的计划成本为3 200 000

元，材料成本差异为节约200 000元，则：

材料成本差异率＝（30 740−200 000）÷（1 000 000＋3 200 000）×100%

＝−4.03%

结转发出材料的成本差异，滨海公司应编制如下会计分录：

微课：计划成本法下原材料发出的核算

借：材料成本差异——乳胶漆　　　　　　　　　116 870

　　贷：生产成本——基本生产成本　　　　　　　　　　80 600

　　　　　　　　——辅助生产成本　　　　　　　　　　24 180

　　　制造费用　　　　　　　　　　　　　　　　　　10 075

　　　管理费用　　　　　　　　　　　　　　　　　　　2 015

本例中，基本生产成本应分摊的成本差异节约额为80 600元（2 000 000×4.03%），辅助生产成本应分摊的成本差异节约额为24 180元（600 000×4.03%），制造费用应分摊的成本差异节约额为10 075元（250 000×4.03%），管理费用应分摊的成本差异节约额为2 015元（50 000×4.03%）。

四、库存商品的核算

库存商品，是指企业完成全部生产过程并验收入库、符合标准规格和技术条件，可以按照合同规定的条件送交订货单位，或者可以作为商品对外销售的产品以及外购或者委托加工完成验收入库用于销售的各种商品。

库存商品包括库存产成品、外购商品、存放在门市部准备出售的商品、发出展览的商品、寄存在外的商品、接受来料加工制造的代制品和为外单位加工修理的待修品等。已完成销售手续但购买单位在月末尚未提取的商品，不应作为企业的库存商品，而应作为代管商品，单独设置"代管商品"备查簿进行登记。

为了反映和监督库存商品的增减变动及结存情况，企业应当设置"库存商品"科目，借方登记验收入库的库存商品成本，贷方登记发出的库存商品成本，期末余额在借方，反映各种库存商品的实际成本。

库存商品在会计处理上主要包括商品验收入库、发出库存商品等几个环节。

对于库存商品采用实际成本核算的企业，当产品生产完工并验收入库时，按其实际成本，借记"库存商品"科目，贷记"生产成本——基本生产成本"科目。企业销售商品、确认收入结转销售成本，应借记"主营业务成本"等科目，贷记"库存商品"科目。

【例4-25】滨海公司2018年10月31日"商品入库汇总表"的数据显示当月验收入库产成品X产品1 000件，实际单位成本500元，共计500 000元，验收入库Y产品2 000件，实际单位成本200元，共计400 000元；根据月末汇总的发出商品资料，当月销售X产品900件、Y产品1 800件。滨海公司应编制如下会计分录：

（1）根据"商品入库汇总表"：

借：库存商品——X产品　　　　　　　　　　　500 000

　　　　　　——Y产品　　　　　　　　　　　400 000

　　贷：生产成本——基本生产成本——X产品　　　　　　　500 000

　　　　　　　　——基本生产成本——Y产品　　　　　　　400 000

（2）根据汇总的发出商品资料，实现销售时：

借：主营业务成本 810 000
　　贷：库存商品——X产品 450 000
　　　　　　　——Y产品 360 000

　　商品流通企业购入的商品可以采用进价或售价核算。采用售价核算的，商品售价和进价的差额，可通过"商品进销差价"科目核算。月末，应分摊已销售商品的进销差价，将已经销售商品的销售成本调整为实际成本。

本学习任务小结

1.原材料按实际成本核算任务小结见表4-6。

表4-6　　　　　　　　　　　　　原材料按实际成本核算任务小结

业务内容		会计处理
付款与收料同时		借：原材料 　　应交税费——应交增值税（进项税额） 　　贷：银行存款/应付票据等
先付款后收料	付款时	借：在途物资 　　应交税费——应交增值税（进项税额） 　　贷：银行存款/应付票据等
	材料运达并验收合格入库	借：原材料 　　贷：在途物资
后付款先收料	月底之前收到结算凭证的	借：原材料 　　应交税费——应交增值税（进项税额） 　　贷：银行存款/应付票据等
	月底仍未收到结算凭证的	（1）应按材料合同或计划价暂估入账： 借：原材料 　　贷：应付账款——暂估应付账款 （2）下月初，做相反分录予以冲销： 借：应付账款——暂估应付账款 　　贷：原材料 （3）结算凭证到达，办理付款手续后： 借：原材料 　　应交税费——应交增值税（进项税额） 　　贷：银行存款/应付票据等
先付款后收料（未收到发票）		按合同规定预付货款： 借：预付账款 　　贷：银行存款
领用原材料		借：生产成本（车间生产产品耗用） 　　制造费用（车间一般消耗） 　　管理费用（企业管理部门耗用） 　　销售费用（销售过程中耗用） 　　贷：原材料

2.原材料按计划成本核算任务小结见表4-7。

表4-7　　　　　　　　　　　　原材料按计划成本核算任务小结

业务内容		会计处理
付款与收料同时		借：材料采购 　　应交税费——应交增值税（进项税额） 　　贷：银行存款/应付票据等 借：原材料 　　材料成本差异（或贷方） 　　贷：材料采购
先付款后收料	付款时	借：材料采购 　　应交税费——应交增值税（进项税额） 　　贷：银行存款/应付票据等
	材料运达并验收合格入库	借：原材料 　　材料成本差异（或贷方） 　　贷：材料采购
后付款先收料	月底之前收到结算凭证的	借：材料采购 　　应交税费——应交增值税（进项税额） 　　贷：银行存款/应付票据等 借：原材料 　　材料成本差异（或贷方） 　　贷：材料采购
	月底仍未收到结算凭证的	（1）应按材料合同或计划价暂估入账： 借：原材料 　　贷：应付账款——暂估应付账款 （2）下月初，做相反分录予以冲销： 借：应付账款——暂估应付账款 　　贷：原材料 （3）结算凭证到达，办理付款手续后： 账务处理与"付款与收料同时"相同
先付款后收料（未收到发票）		按合同规定预付货款： 借：预付账款 　　贷：银行存款
领用原材料		（1）按计划成本结转： 借：生产成本（车间生产产品耗用） 　　制造费用（车间一般消耗） 　　管理费用（企业管理部门耗用） 　　销售费用（销售过程中耗用） 　　贷：原材料 （2）同时结转材料成本差异： 本期材料成本差异率=（期初结存材料的成本差异+本期验收入库材料的成本差异）÷（期初结存材料的计划成本+本期验收入库材料的计划成本）×100% 发出材料应负担的成本差异=发出材料的计划成本×本期材料成本差异率

3.委托加工物资和库存商品核算任务小结见表4-8。

表4-8　　　　　　　　　　　　委托加工物资和库存商品核算任务小结

业务内容	会计处理
委托加工物资的核算	（1）发出委托加工材料时： 借：委托加工物资 　　贷：原材料 （2）支付运输费及税金时： 借：委托加工物资 　　应交税费——应交增值税（进项税额） 　　贷：银行存款 （3）支付加工费及税金时： 借：委托加工物资 　　应交税费——应交增值税（进项税额） 　　贷：银行存款 （4）材料加工完成验收入库时： 借：原材料 　　贷：委托加工物资
库存商品的核算	（1）根据"商品入库汇总表"等资料： 借：库存商品 　　贷：生产成本——基本生产成本 （2）根据汇总实现销售发出产品资料： 借：主营业务成本 　　贷：库存商品

任务三　存货取得过程中付款业务的核算

知识目标

1.了解采购付款结算常用的几种结算方式；

2.掌握应付账款业务核算的账务处理；

3.掌握应付票据业务核算的账务处理；

4.掌握预付账款业务核算的账务处理。

技能目标

1.能识别并填制存货采购付款业务中涉及的原始凭证；

2.根据审核无误的原始凭证填制记账凭证并登记相关账簿。

知识准备

一、应付账款业务

（一）应付账款概述

应付账款是指企业因购买材料、商品或接受劳务供应等经营活动而应付给供应单位的款项。应付账款一般应在与所购买物资所有权相关的主要风险和报酬已经转移，或者所购买的劳务已经接受时确认。实务中，为了使所购入物资的金额、品种、数量和质量等与合同规定的条款相符，避免因验收时发现所购物资的数量或质量存在问题而对入账的物资或应付账款金额进行改动，在物资和发票账单同时到达企业的情况下，一般在所购物资验收入库后，根据发票账单登记入账，确认应付账款。在所购物资已经验收入库，但发票账单未能同时到达的情况下，企业应付物资供应单位的债务已经成立，在会计期末，为了反映企业的负债情况，需要将所购物资和相关的应付账款暂估入账，待下月初做相反的分录，将上月暂估入账的应付账款予以冲销。

企业通过"应付账款"科目核算应付账款的发生、偿还、转销等情况。该科目贷方登记企业购买材料、商品和接受劳务供应等而发生的应付账款，借方登记偿还的应付账款，或开出商业汇票抵付应付账款的款项，或冲销无法支付的应付账款。余额一般在贷方，反映企业尚未支付的应付账款余额。本科目应按照债权人设置明细科目进行明细核算。

（二）应付账款的发生与偿还

企业购入材料、商品或接受劳务供应等所产生的应付账款，应按应付金额入账。购入材料、商品等验收入库，但货款尚未支付，根据有关凭证，借记"材料采购""在途物资"等科目，按照可抵扣的增值税进项税额，借记"应交税费——应交增值税（进项税额）"科目，按应付的款项，贷记"应付账款"科目。企业接受供应单位提供劳务而发生的应付未付款项，根据供应单位的发票账单，借记"生产成本""管理费用"等科目，贷记"应付账款"科目。

企业偿还应付账款或开出商业汇票抵付应付账款时，借记"应付账款"科目，贷记"银行存款""应付票据"等科目。

应付账款附有现金折扣的，应按扣除现金折扣前的应付账款总额入账。

现金折扣是指债权人为鼓励债务人在规定的期限内付款而向债务人提供的债务扣除。

现金折扣一般用"折扣率/付款期限"表示，例如"2/10，1/20，N/30"表示：销货方允许客户最长的付款期限是30天，如果客户在10天内付款，销货方可按商品售价给予客户2%的折扣；如果客户在11天至20天内付款，销货方可按商品售价给予客户1%的折扣；如果客户在21天至30天内付款，将不能享受现金折扣。

现金折扣发生在企业因购买材料、商品而支付款项之前，企业支付应付账款前现金折扣是否发生以及发生多少要视付款情况而定，企业在确认应付账款金额时不能确定现金折扣金额。因此，企业采购材料、商品涉及现金折扣的，应当按照扣除现金折扣前的金额确定应付账款金额，应在实际发生时冲减当期财务费用。

在计算现金折扣时，还应注意销售方式是按不包含增值税的价款提供现金折扣的，还是按包含增值税的价款提供现金折扣的，两种情况下购买方享有的折扣金额不同。例如，销售价格为1 000元的商品，增值税税额为160元，如果不包含增值税，按2%折扣率计算，购买方享有的现金折扣金额为20元；如果销售双方约定计算现金折扣时一并考虑增值税税额，则购买方享受的现金折扣金额为23.2元。

【例4-26】滨海公司为增值税一般纳税人。2018年6月1日，滨海公司从大宇公司购入一批材料，增值税专用发票上注明：货款100 000元、增值税税额16 000元，对方代垫运杂费1 000元，增值税税额100元，材料已运到并验收入库（该企业材料按实际成本计价核算），款项尚未支付。6月5日，滨海公司以银行存款支付购入材料相关款项117 100元。滨海公司应编制如下会计分录：

（1）确认应付账款时：

借：原材料　　　　　　　　　　　　　　　　　　　　　　　101 000

　　应交税费——应交增值税（进项税额）　　　　　　　　　　16 100

　　　贷：应付账款——大宇公司　　　　　　　　　　　　　　　117 100

（2）偿还应付账款时：

借：应付账款——大宇公司　　　　　　　　　　　　　　　　117 100

　　　贷：银行存款　　　　　　　　　　　　　　　　　　　　　117 100

【例4-27】滨海公司于2018年7月2日从海达电器公司购入一批家电产品并已验收入库。增值税专用发票上列明：该批家电的价款为1 000 000元、增值税税额为160 000元。按照购货协议的规定，滨海公司如在15天内付清货款，将获得1%的现金折扣（假定计算现金折扣时需考虑增值税税额）。2018年7月12日，滨海公司按照扣除现金折扣后的金额以银行存款付清所欠海达电器公司货款，滨海公司应编制如下会计分录：

（1）7月2日确认应付账款时：

借：库存商品　　　　　　　　　　　　　　　　　　　　　1 000 000

　　应交税费——应交增值税（进项税额）　　　　　　　　　160 000

　　　贷：应付账款——海达电器公司　　　　　　　　　　　1 160 000

（2）7月12日付清货款时：

借：应付账款——海达电器公司　　　　　　　　　　　　　1 160 000

　　　贷：银行存款　　　　　　　　　　　　　　　　　　　1 148 400

　　　　财务费用　　　　　　　　　　　　　　　　　　　　　11 600

在实务中，企业外购电力、燃气等动力，一般通过"应付账款"科目核算，即在每月付款时先暂做暂付款处理，按照增值税专用发票上注明的价款和可抵扣的增值税进项税额，借记"应付账款""应交税费——应交增值税（进项税额）"科目，贷记"银行存款"等科目；月末根据外购动力的用途，借记"生产成本"、"制造费用"和"管理费用"等科目，贷记"应付账款"科目。

【例4-28】2018年6月2日，滨海公司收到银行转来的江干电力公司开具的增值税专用发票，发票上注明的电费为48 000元、增值税税额4 800元。月末，根据供电部门通知，滨海公司本月应支付电费48 000元。经计算，生产车间电费35 000元，企业行政管理部门电费13 000元，款项尚未支付。滨海公司应编制如下会计分录：

（1）支付外购电费时：

借：应付账款——江干电力公司　　　　　　　　　　　　　　48 000

　　应交税费——应交增值税（进项税额）　　　　　　　　　　4 800

　　　贷：银行存款　　　　　　　　　　　　　　　　　　　　52 800

（2）月末分配外购电费时：

借：制造费用　　　　　　　　　　　　　　　　　　　　　　35 000

　　管理费用　　　　　　　　　　　　　　　　　　　　　　13 000

  贷：应付账款——江干电力公司   48 000

（三）应付账款转销

  应付账款一般在较短期限内支付，但有时由于债权人单位撤销或其他原因而使应付账款无法偿还。企业应将确实无法支付的应付账款予以转销，按其账面价值计入营业外收入，借记"应付账款"科目，贷记"营业外收入"科目。

  【例 4-29】2018 年 12 月 31 日，滨海公司确定一笔应付海达公司的账款 4 000 元为无法支付的款项，应予转销。滨海公司应编制如下会计分录：

  借：应付账款——海达公司   4 000

   贷：营业外收入   4 000

二、应付票据业务

（一）应付票据概述

  应付票据是指企业购买材料、商品和接受劳务供应等而开出、承兑的商业汇票。

  商业票据的付款期限最长不得超过 6 个月。定日付款的汇票付款期限自出票日起计算，并在汇票上记载具体到期日；出票后定期付款的汇票付款期限自出票日起按月计算，并在汇票上记载；见票后定期付款的汇票付款期限自承兑或拒绝承兑日起按月计算，并在汇票上记载。商业汇票的提示付款期限是自汇票到期日起 10 日。根据承兑人不同，商业汇票分为商业承兑汇票和银行承兑汇票。

  商业承兑汇票是指付款人签发并承兑，或由收款人签发交由付款人承兑的汇票。商业承兑汇票的付款人收到开户银行的付款通知，应在当日通知银行付款。付款人在接到通知日的次日起 3 日内（遇法定休假日顺延）未通知银行付款的，视同付款人承诺付款。银行将于付款人接到通知日的次日起第四日（遇法定休假日顺延）将票款划给持票人。付款人提前收到由其承兑的商业汇票，应通知银行于汇票到期日付款。银行在办理划款时，付款人存款账户不足支付的，银行应填制付款人未付票款通知书，连同商业承兑汇票邮寄持票人开户银行转交持票人。

  银行承兑汇票是指由在承兑银行开立存款账户的存款人签发，由承兑银行承兑的票据。企业申请使用银行承兑汇票，应向其承兑银行按票面金额的万分之五缴纳手续费。银行承兑汇票的出票人应于汇票到期前将票款足额缴存其开户银行，承兑银行应在汇票到期日或到期后的见票当日支付票款。银行承兑汇票的出票人于汇票到期前未足额缴存票款时，承兑银行凭票向持票人无条件付款，对出票人尚未支付的汇票金额按每天万分之五计收利息。

  企业应通过"应付票据"科目核算应付票据的发生、偿还等情况。该科目贷方登记开出、承兑汇票的面值，借方登记支付票据的金额，余额在贷方，反映企业尚未到期的商业汇票的金额。

  企业应当设置"应付票据备查簿"，逐笔登记商业汇票的种类、号数、出票日、票面金额、交易合同号和收款人姓名或单位名称及付款日期等资料。商业汇票到期结清票款时，上述内容应在备查簿中予以注销。

  由于商业汇票的付款期限不超过 6 个月，因此，企业应将应付票据作为流动负债管理和核算。同时，由于应付票据的偿还时间较短，在会计实务中，一般均按开出、承兑的应付票据面值入账。

（二）应付票据的账务处理

企业因购买材料、商品和接受劳务供应等而开出、承兑的商业汇票，应当按其票面金额作为应付票据的入账金额，借记"材料采购"、"原材料"、"库存商品"、"应付账款"及"应交税费——应交增值税（进项税额）"等科目，贷记"应付票据"科目。

企业开出银行承兑汇票而支付银行的承兑手续费，应计入当期财务费用，借记"财务费用"科目，贷记"银行存款""库存现金"科目。

【例4-30】2018年2月6日，滨海公司从美华公司购入原材料一批，增值税专用发票上注明的材料价款为50 000元、增值税税额为8 000元，材料已验收入库，原材料采用计划成本核算。滨海公司开出并承兑一张面值为58 000元、期限5个月的不带息银行承兑汇票，用以支付材料款，并缴纳银行承兑手续费29元。7月6日，银行承兑汇票到期，滨海公司通知其开户银行以银行存款支付票款。滨海公司应编制如下会计分录：

（1）开出银行承兑汇票购入材料时：

借：材料采购	50 000	
应交税费——应交增值税（进项税额）	8 000	
贷：应付票据——美华公司		58 000

（2）支付银行承兑汇票手续费时：

借：财务费用	29	
贷：银行存款		29

（3）票据到期，支付银行承兑汇票票款时：

借：应付票据——美华公司	58 000	
贷：银行存款		58 000

（三）应付票据转销

应付商业承兑汇票到期，如企业无力支付票款，应将应付票据按账面余额转作应付账款，借记"应付票据"科目，贷记"应付账款"科目。应付银行承兑汇票到期，如企业无力支付票款，应将应付票据的账面余额转作短期借款，借记"应付票据"科目，贷记"短期借款"科目。

【例4-31】沿用【例4-30】的资料，假设上述银行承兑汇票到期时滨海公司无力支付票款。滨海公司应编制如下会计分录：

借：应付票据——美华公司	58 000	
贷：短期借款		58 000

假设上述应付票据为商业承兑汇票，该汇票到期时滨海公司无力支付票款。滨海公司应编制如下会计分录：

借：应付票据——美华公司	58 000	
贷：应付账款——美华公司		58 000

三、预付账款业务

预付账款是指企业按照合同规定预付的款项。为了反映和监督预付账款的增减变动及结存情况，企业应设置"预付账款"科目。"预付账款"科目的借方登记预付的款项及补付的款项，贷方登记收到所购物资时根据有关发票账单记入"原材料"等科目的金额及回收多付款项的金额。期末余额在借方，反映企业实际预付的款项；期末余额在贷方，则反映企业应付或应补付的款项。预付款项不多的企业，可以不设置"预付账款"科目，而将预付的款项通过"应付账款"科目核算。

企业根据购货合同的规定向供应单位预付款项时，借记"预付账款"科目，贷记"银行存款"科目；企业收到所购物资，按应计入购入物资成本的金额，借记"材料采购"或"原材料"、"库存商品"科目，按相应的增值税进项税额，借记"应交税费——应交增值税（进项税额）"科目，贷记"预付账款"科目；当预付价款小于采购货物所需支付的款项时，应补付不足部分，借记"预付账款"科目，贷记"银行存款"科目；当预付价款大于采购货物所需支付的款项时，对收回的多余款项，应借记"银行存款"科目，贷记"预付账款"科目。

【例4-32】滨海公司向大宇公司采购材料5 000千克，每千克单价10元，所需支付的款项总额50 000元。按照合同规定向大宇公司预付货款的50%，验收货物后补付其余款项，滨海公司应编制如下会计分录：

（1）预付50%的货款时：

借：预付账款——大宇公司　　　　　　　　　　　　　　　　25 000
　　贷：银行存款　　　　　　　　　　　　　　　　　　　　　　　25 000

（2）收到大宇公司发来的5 000千克材料，验收无误，增值税专用发票记载的货款为50 000元、增值税税额为8 000元。滨海公司以银行存款补付所欠33 000元款项，滨海公司应编制如下会计分录：

借：原材料　　　　　　　　　　　　　　　　　　　　　　　50 000
　　应交税费——应交增值税（进项税额）　　　　　　　　　　　8 000
　　贷：预付账款——大宇公司　　　　　　　　　　　　　　　　58 000

借：预付账款——大宇公司　　　　　　　　　　　　　　　　33000
　　贷：银行存款　　　　　　　　　　　　　　　　　　　　　　33 000

本学习任务小结

1.应付账款业务核算任务小结见表4-9。

表4-9　　　　　　　　　　　应付账款业务核算任务小结

业务内容	会计处理
确认应付账款	借：原材料等 　　应交税费——应交增值税（进项税额） 　　贷：应付账款
偿还应付账款	借：应付账款 　　贷：银行存款
转销应付账款	借：应付账款 　　贷：营业外收入

2.应付票据业务核算任务小结见表4-10。

表4-10 应付票据业务核算任务小结

业务内容		会计处理
商业承兑汇票	开出商业承兑汇票	借：原材料等 　　应交税费——应交增值税（进项税额） 　贷：应付票据
	票据到期支付票款	借：应付票据 　贷：银行存款
	票据到期无力支付票款	借：应付票据 　贷：应付账款
银行承兑汇票	开出银行承兑汇票	借：原材料等 　　应交税费——应交增值税（进项税额） 　贷：应付票据
	支付承兑手续费	借：财务费用 　贷：银行存款
	票据到期支付票款	借：应付票据 　贷：银行存款
	票据到期无力支付票款	借：应付票据 　贷：短期借款

3.预付账款业务核算任务小结见表4-11。

表4-11 预付账款业务核算任务小结

业务内容	会计处理
预付货款	借：预付账款 　贷：银行存款
收到货物，验收入库	借：原材料等 　　应交税费——应交增值税（进项税额） 　贷：预付账款
补付货款	借：预付账款 　贷：银行存款
收回多余货款	借：银行存款 　贷：预付账款

本情境综合习题

一、单项选择题

1.下列各项不属于存货范围的是（　　　）。

A.委托外单位加工的材料

B.已付货款正在运输途中的外购材料

C.委托代销的商品

D.已开出发票售出但购货方尚未运走的商品

2.材料采购途中的合理损耗应（　　　）。

　　A.由供应单位赔偿　　　　　　　　B.计入材料采购成本

　　C.由保险公司赔偿　　　　　　　　D.计入管理费用

3.原材料按计划成本核算时，在途材料在（　　　）账户余额中反映。

　　A.原材料　　　　　　　　　　　　B.材料采购

　　C.在途物资　　　　　　　　　　　D.生产成本

4.某企业为增值税一般纳税人，购入甲材料5 000吨，收到的增值税专用发票上标明：售价每吨1 200元，增值税税额960 000元。另发生运输费用60 000元，增值税税率10%，装卸费20 000元，途中保险费18 000元。原材料运抵企业后，验收入库材料4 996吨，运输途中发生的合理损耗为4吨。该原材料的入账价值为（　　　）元。

　　A.6 078 000　　　　B.6 091 400　　　　C.6 093 800　　　　D.6 098 000

5.某企业（一般纳税人）购进原材料一批，材料已验收入库，月末发票账单尚未收到，也无法确定其实际成本，暂估价值为100万元。假定不考虑其他因素，则下列关于该业务的说法中，正确的是（　　　）。

　　A.发票账单未到，无法确定其实际成本，不应该将材料确认为企业的存货

　　B.原材料应该按照成本100万元暂估入账

　　C.企业应该确认应付账款116万元

　　D.企业应该在实际收到发票账单时再进行入账

6.企业发生赊购商品业务，下列各项中不影响应付账款入账金额的是（　　　）。

　　A.商品价款　　　　　　　　　　　B.增值税进项税额

　　C.现金折扣　　　　　　　　　　　D.销货方代垫运杂费

7.在有商业折扣的情况下，企业购入存货的入账价格是指（　　　）。

　　A.扣除商业折扣但包括现金折扣的金额

　　B.扣除现金折扣但包括商业折扣的金额

　　C.扣除现金折扣和商业折扣的金额

　　D.不扣除现金折扣和商业折扣的金额

8.某企业赊购材料，商品价目单中的报价为1 000元，商业折扣为10%，付款条件为"2/10，N/30"，企业在折扣期内付款，该材料的买价为（　　　）元。

　　A.1 000　　　　　B.980　　　　　C.900　　　　　D.882

9.下列各项支出中，一般纳税企业不计入存货成本的是（　　　）。

　　A.购入存货时支付的增值税进项税额　　B.入库前的挑选整理费

　　C.购买存货发生的运杂费　　　　　　　D.购买存货发生的进口关税

10.随同商品出售，单独计价的包装物的收入应当计入（　　　）。

　　A.主营业务收入　　　　　　　　　B.其他业务收入

　　C.营业外收入　　　　　　　　　　D.其他业务成本

11.出租包装物，其价值的摊销应记入的账户是（　　　）。

A.营业外支出   B.管理费用

C.其他业务成本   D.销售费用

12.有些应付账款由于债权单位撤销或其他原因，使企业无法支付这笔应付款项，这笔无法支付的应付款项应作为（　　）处理。

A.其他业务收入   B.营业外收入

C.资本公积   D.冲减管理费用

13.在"应付票据"账户中核算的票据是指（　　）。

A.商业汇票   B.银行本票   C.银行汇票   D.支票

14.下列各项与存货相关的支出中，不应计入存货成本的是（　　）。

A.材料采购过程中发生的运输途中合理损耗

B.材料入库前发生的挑选整理费

C.在生产过程中为达到下一生产阶段所必需的仓储费

D.非正常消耗的直接材料

15.乙工业企业为增值税一般纳税人，销售商品适用的增值税税率为16%。本月购进原材料200千克，货款为6 000元，取得的增值税专用发票上注明的增值税税额为960元；发生的保险费为350元，入库前的挑选整理费用为130元。验收入库时发现数量短缺10%，经核查属于运输途中的合理损耗。乙工业企业该批原材料实际单位成本每千克（　　）元。

A.32.4   B.33.33   C.35.28   D.36

二、多项选择题

1.存货按实际成本核算时下列属于存货发出的计价方法有（　　）。

A.先进先出法   B.加权平均法

C.个别计价法   D.移动加权平均法

2.下列各项属于存货的有（　　）。

A.委托代销的存货   B.在产品

C."材料采购"账户借方余额   D.机器设备

3.下列各项不应计入外购存货采购成本的有（　　）。

A.入库前的挑选整理费用   B.运输途中的合理损耗

C.采购人员的差旅费   D.进口关税

4.影响存货入账价值的主要因素有（　　）。

A.购货价格   B.运杂费   C.进口关税   D.期间费用

5.下列各项中，关于周转材料会计处理表述正确的有（　　）。

A.多次使用的包装物应根据使用次数分次进行摊销

B.低值易耗品金额较小的可在领用时一次计入成本费用

C.随同商品销售出借的包装物的摊销额应计入销售费用

D.随同商品出售单独计价的包装物取得的收入应计入其他业务收入

6."材料成本差异"账户贷方反映的内容有（　　）。

A.入库材料的超支差异   B.入库材料的节约差异

C.发出材料应负担的超支差异   D.发出材料应负担的节约差异

7.存货的确认是以法定产权的取得为标志的。具体来说，下列各项属于企业存货范围的有（　　）。

  A.已经购入但尚未验收入库的存货 B.未购入但存放在本企业的货物

  C.已出售但尚未运离本企业的存货 D.已经购入并验收入库的存货

8.企业在生产经营过程中，购置商品、材料物资及接受劳务供应而发生的流动负债有（　　）。

  A.应付账款   B.应付票据   C.预收账款   D.短期借款

9.关于企业预收账款的核算，下列说法中不正确的有（　　）。

  A.预收账款属于企业的资产

  B.预收账款形成的负债不是以货币清偿，而是以货物清偿

  C."预收账款"科目借方核算预收款项的增加数额

  D.预收货款业务不多的企业，可以不单独设置"预收账款"科目，所发生的预收货款，可通过"应收账款"科目核算

10.下列各项应作为销售费用处理的有（　　）。

  A.随同商品出售不单独计价的包装物的成本

  B.出租包装物的摊销价值

  C.随同商品出售，单独计价的包装物的成本

  D.出借包装物的摊销价值

11.下列各项应计入存货成本的有（　　）。

  A.由受托方代扣代缴的委托加工直接用于对外销售的商品负担的消费税

  B.由受托方代扣代缴的委托加工继续用于生产应纳消费税的商品负担的消费税

  C.进口原材料缴纳的进口关税

  D.一般纳税人进口原材料缴纳的增值税

12.2月1日某企业购入原材料一批，开出一张面值为117 000元、期限为3个月的不带息的商业承兑汇票。5月1日该企业无力支付票款时，下列会计处理不正确的有（　　）。

  A.借：应付票据   117 000

     贷：短期借款   117 000

  B.借：应付票据   117 000

     贷：其他应付款   117 000

  C.借：应付票据   117 000

     贷：应付账款   117 000

  D.借：应付票据   117 000

     贷：预付账款   117 000

13.下列有关存货的说法中，正确的有（　　）。

  A.企业为包装产品而储备的包装物作为存货核算

  B.存货包括各类材料、在产品、半成品、低值易耗品、委托代销商品等

  C.存货的采购成本包括为购买存货而发生的运输费、装卸费和保险费

  D.存货采购过程中发生的合理损耗计入当期费用

14. 某公司属于增值税一般纳税人，赊购一批原材料，其中影响应付账款入账价值的有（   ）。

  A. 现金折扣   B. 原材料的价款

  C. 原材料的进项税额   D. 销售方代垫的运杂费

15. 下列各项关于应付账款的说法中正确的有（   ）。

  A. 企业预付账款业务不多时，可以不设置"预付账款"科目，直接通过"应付账款"科目核算企业的预付账款

  B. 在所购货物已经验收入库，但发票账单尚未到达，待月末暂估入账时应该贷记"应付账款"科目

  C. 企业在购入资产时形成的应付账款账面价值是已经扣除了商业折扣和现金折扣后的金额

  D. 确实无法支付的应付账款，直接转入"营业外收入"科目

三、判断题

1. 企业在确定附有现金折扣条件的应付账款时，应按照扣除现金折扣后的应付款总额入账。（   ）

2. 根据承兑人不同，"应付票据"科目核算的内容包括银行汇票和商业汇票。（   ）

3. 展出或委托代销的商品，均不属于企业的存货。（   ）

4. 购入材料，在运输途中发生的合理损耗不需要单独进行账务处理。（   ）

5. 采购材料在运输途中发生的一切损耗，均应计入购进材料的采购成本。（   ）

6. 一般纳税企业购进生产用原材料时，支付的外地运费应全部计入购进材料的采购成本。（   ）

7. 出借或出租包装物的摊销价值应作为"销售费用"处理。（   ）

8. 随同商品出售，不单独计价包装物的成本直接计入产品成本。（   ）

9. 企业采购材料，在折扣期内取得的现金折扣应冲减材料的采购成本。（   ）

10. 投资者投入存货的成本，合同或协议约定价值不公允的，要按照投资合同或协议约定的价值确定。（   ）

11. 生产领用包装物，应根据领用包装物的实际成本或计划成本，借记"管理费用"科目，贷记"周转材料——包装物""材料成本差异"等科目。（   ）

12. 企业商业承兑汇票到期无力支付应转入营业外支出。（   ）

13. 原材料采用计划成本法核算的，购入的材料无论是否验收入库，均需先通过"材料采购"科目进行核算。（   ）

14. 商品流通企业在采购商品过程中发生的运杂费等进货费用，应当计入存货采购成本。进货费用数额较小的，也可以在发生时直接计入当期费用。（   ）

15. 增值税小规模纳税人购进货物支付的增值税直接计入有关货物的成本。（   ）

本情境账务处理案例

案例一

和风公司为增值税一般纳税人，材料按实际成本核算。该公司2018年7月份发生经济业务如下：

（1）1日，向丽晶公司采购圆钢一批，材料买价共计为30 000元，增值税税额为4 800元，款项34 800元用银行本票存款支付，材料已验收入库。

（2）1日，将上月末已验收入库但尚未付款的暂估入账的镀锌钢板用红字冲回，金额为70 000元。

（3）5日，向腾达公司购入不锈钢板，买价共计100 000元，增值税税额16 000元，腾达公司代垫运费1 500元，增值税专用发票上注明增值税税额150元。和风公司签发并承兑一张票面金额为117 650元、2个月到期的商业汇票结算材料款项。该材料已验收入库。

（4）8日，按照合同规定，向美华公司预付购料款80 000元，已开出转账支票支付。

（5）9日，上月已付款的在途圆钢已验收入库，其实际成本为50 000元。

（6）12日，向和达公司采购铝板1 000千克，买价为120 000元，增值税税额为19 200元；和达公司已代垫运费2 000元，增值税专用发票上注明增值税税额为200元。款项共141 400元，已通过托收承付结算方式支付，材料尚未收到。

（7）20日，向和达公司购买的铝板运达，验收入库950千克，短缺50千克，系和达公司少发货所致，和达公司已同意退款，但款项尚未收到。

（8）25日，用预付货款方式向美华公司采购的镀锌钢板已验收入库，增值税专用发票上列明：材料价款70 000元、增值税税额11 200元，已开出一张转账支票补付货款1 200元。

（9）31日，根据圆钢发料凭证汇总表，本月基本生产车间生产产品领用425 000元，车间一般性消耗领用80 500元，厂部管理部门领用87 600元，销售部门领用52 800元。

（10）31日，向丽晶公司购买不锈钢板，材料已验收入库，结算单据仍未到达，按暂估价60 000元入账。

要求：根据以上经济业务编制会计分录。

案例二

立达数码有限公司主要生产手机，为增值税一般纳税人，材料按计划成本核算。该公司2018年7月初"原材料"账户余额135 000元，"材料成本差异"账户借方余额11 961.4元。7月份发生如下经济业务：

（1）4日，向腾飞公司采购蓝牙芯片，买价110 000元，增值税为17 600元，运费1 600元，增值税税额160元，款项共计129 360元，已用银行存款支付。材料已验收入库，计划成本为110 000元。

（2）12日，向美达公司购入备用电池，买价150 000元，增值税税额24 000元，美达公司代垫运费2 000元，增值税税额200元。立达数码签发并承兑一张票面金额为176 200元、1个月到期的商业承兑汇票结算材料款项。该批材料已验收入库，计划成本为160 000元。

（3）15日，向泰禾公司采购晶体管4 000千克，买价150 000元，增值税为24 000元，泰禾公司已代垫运费 2 400 元，增值税税额 240 元。款项共计 176 640 元，已用银行存款支付，材料尚未收到。

（4）25 日，向泰禾公司购买的晶体管已运到，实际验收入库 3 930 千克，短缺 70 千克，属定额内合理损耗。

（5）28 日，向泰禾公司购买晶体管，买价 100 000 元，增值税 16 000 元，泰禾公司代垫运费 1 800 元，增值税税额 180 元。款项共计 117 980 元，已用银行汇票存款支付，材料尚未收到。

（6）28 日，向美达公司采购备用电池，发票等结算凭证尚未收到。材料已验收入库，计划成本为 60 000 元。

（7）31 日，根据发料凭证汇总表，本月领用材料的计划成本为 538 000 元，其中：生产产品领用 396 000 元，车间管理部门领用 45 000 元，厂部管理部门领用 67 000 元，销售部门领用 30 000 元。

要求：

（1）根据以上经济业务编制有关会计分录。

（2）计算 7 月份的材料成本差异率，并分摊差异。

案例三

惠美公司为增值税一般纳税人，2018 年 7 月 1 日结存乳胶漆 1 000 千克，单位成本 50 元。7 月份乳胶漆收发业务如下：

（1）5 日，购入乳胶漆 5 000 千克，价款 235 600 元，增值税税额 37 696 元，运费 2 100 元，增值税税额 210 元。乳胶漆验收入库时实收 4 950 千克，短缺的 50 千克属于定额内合理损耗。

（2）8 日，生产领用乳胶漆 1 800 千克。

（3）12 日，购入乳胶漆 4 000 千克，价款 194 000 元，增值税税额 31 040 元，材料已验收入库。

（4）15 日，生产领用乳胶漆 3 500 千克。

（5）20 日，购入乳胶漆 2 500 千克，单价 46.5 元，价款 116 250 元，增值税税额 18 600 元，支付运费 2 560 元，增值税税额 256 元，乳胶漆已验收入库。

（6）25 日，生产领用乳胶漆 6 000 千克。

要求：

（1）计算各批购入乳胶漆的实际总成本和单位成本。

（2）分别按先进先出法、月末一次加权平均法计算 7 月份乳胶漆发出的实际成本和月末结存成本。

案例四

江山股份有限公司为增值税一般纳税人，包装物采用实际成本计价核算。该公司 2018 年 6 月份发生如下经济业务：

（1）2 日，向万隆公司购入包装物一批，买价 40 000 元，增值税税额 6 400 元，款项 46 400 元已通过银行存款支付，包装物已验收入库。

（2）9 日，向南阳公司购进包装物一批，买价 50 000 元，增值税税额 8 000 元，款项 58 000 元已用银行存款支付，包装物尚未运到。

（3）11日，基本生产车间生产产品领用包装物一批，实际成本8 500元。

（4）12日，销售部门为销售产品领用包装物一批，实际成本2 300元，该批包装物随同产品出售而不单独计价。

（5）15日，销售部门为销售产品领用包装物一批，实际成本4 000元，该批包装物随同产品出售，单独计价5 000元，增值税税额800元，款项5 800元已收存银行。

（6）18日，借给华美公司包装物20个，每个实际成本400元，出借期限为一个月，押金8 500元已收存银行。该包装物成本按一次摊销法摊销。

（7）租给东达股份包装物100个，每个实际成本30元，出租期限为一个月，租金每个10元。押金3 500元和租金1 000元已收存银行。该包装物采用一次摊销法摊销。

（8）上月租给东达股份的包装物到期收回，原出租80个，现收回75个，原收取押金2 800元，现扣除租金800元和应缴纳的增值税128元，同时，没收押金175元，其中增值税28元。退回剩余的押金。

要求：根据以上经济业务编制会计分录。

案例五

红河集团为增值税一般纳税人，委托昆仑卷烟厂将烟叶加工成烟丝，烟丝属于应税消费品。该企业材料采用实际成本核算。有关经济业务如下：

（1）向昆仑卷烟厂发出烟叶，该批烟叶实际成本为120 000元。

（2）用银行存款支付昆仑卷烟厂加工费、运杂费、税金等共计30 400元，其中，加工费15 000元，增值税税额2 400元，消费税13 000元。

（3）烟丝加工完毕，验收入库。

要求：

（1）假设红河集团将该批委托加工物资收回后继续生产卷烟，编制以上业务会计分录；

（2）假设红河集团将该批委托加工物资收回后直接对外销售，编制以上业务会计分录。

案例六

华能公司为增值税一般纳税人，适用的增值税税率为16%，原材料采用实际成本法核算。2018年发生交易或事项如下：

（1）5月5日，从昆达公司购入一批原材料，增值税专用发票上注明材料价款100 000元、增值税税额16 000元，公司开出并提供给昆达公司一张面值为116 000元、3个月到期的商业承兑汇票。材料已经验收入库。

（2）6月10日，从嘉禾公司购入一批材料，增值税专用发票上注明材料价款200 000元、增值税税额32 000元。材料验收入库，款项尚未支付。嘉禾公司给出的现金折扣条件是"2/10，1/20，N/30"，合同约定在计算现金折扣时不考虑增值税税额。

（3）6月19日，公司用银行存款转账支付给嘉禾公司采购材料款。

（4）7月12日，从昆达公司购入一批原材料，增值税专用发票上注明材料价款300 000元、增值税税额48 000元，公司开出并提供给昆达公司一张面值为348 000元、4个月到期的银行承兑汇票。材料尚未验收入库。

（5）8月5日，商业承兑汇票到期，企业银行账户中没有足够资金支付该笔款项。

（6）11月12日，银行承兑汇票到期，企业如期支付该笔款项。

要求：根据以上业务编制会计分录。

生产经营活动业务核算

开篇案例

常州星宇车灯股份有限公司（简称星宇车灯）是一家研制、生产、销售汽车车灯的A股上市公司，为国内外知名汽车厂商提供配套产品。

在连续多年高速发展的背景下，星宇车灯内部自身管理的缺陷日益严重；上市之后，公司管理和公告要求更严格。为了优化并固化企业管理流程，提高工作效率，降低运营成本，加快企业发展，推进企业现代化建设目标的实现，星宇车灯管理层决定进行企业信息化管理平台建设，实现信息化管理手段的全面运用。

第一，建立以生产预测计划为核心的计划管控体系。通过建立以生产预测计划为核心的计划管控体系以保证生产供应。以月计划为大纲，锁定本周计划加未来三周预测的动计划，周计划分解到车间作业计划，指导班组与各工序每日的生产作业。星宇车灯建立了典型的汽配行业三级计划体系，通过N+3的计划方式运作。以计划1月、预测2月的方式根据市场配件销售情况预测和考虑一定的安全库存后生成多极计划体系。为适应主机厂需求波动性较大、变动频繁的特点，星宇车灯一方面通过寄售管理实时掌握客户代管库存的消耗情况，另一方面采取N+3的滚动计划管理，既保证及时交付，又最大限度地保证生产的稳定均衡。2013年同时上线VMI和供应商协同平台，实现供应商采购和库存的管理，全面打通供应链上的需求与供应。

第二，建立以车间工票流转为核心的现场管理机制和人力绩效管理。车间二维条码工票作为车间在制品的身份证，通过生产订单和车间工票管理流转，记录每一道工序的工人加工情况、质量及设备加工等信息，工票全程跟踪车间在制品，能随时了解车间在制品的工序情况及质量状况，同时形成质量跟踪链条。

第三，建立以工序流转为核心的成本核算体系。成本核算到工序车间，全面采集生产过程中的数据，精细核算出每种产品、每张订单的准确成本，为企业的全面质量管理、索赔以及生产过程管理等多个方面提供准确而具有说服力的决策依据。

星宇车灯CIO朱志强表示，"通过与用友公司的信息化项目合作，我们重新梳理了公司业务流程，对各个岗位下达业务关联信息化的明确任务，提高了数据准确性与效率，同时为整体业务拓展打下了良好基础"。

资料来源：佚名. 用友U8+实现星宇车灯条码技术智能管理［EB/OL］.［2013-10-30］. http://www.techweb.com.cn/news/2013-10-30/1348184.shtml.

工作情境描述

1.主要经济业务及其流程

生产经营活动业务核算就是对生产费用进行分类核算，将生产经营过程中发生的各项费用按经济用途归类反映的过程。其主要经济业务主要包括：生产经营过程中职工薪酬、应交税费、费用及支出业务等的核算。

2.业务涉及的主要会计岗位及其职责

（1）职工薪酬核算的岗位职责。

①人力资源部、行政部门、车间核算员及其他会计岗位整理人事变动信息，进行分类登记，并将该信息转交财务部门汇总。

②财务部门根据人事变动信息编制"职工薪酬表"，计算应付职工薪酬，并计算确定企业应代扣代缴的各项社保费用和个人所得税。

③经审核无误的"职工薪酬表"，送交人力资源部审核，确认无误后，会计人员按期填写付款审批单，经财务经理审批后，交出纳人员发放职工薪酬。

④财务部门根据"职工薪酬表"及出纳送来的付款凭据，进行职工薪酬支付的账务处理。

⑤月末，根据当月的"职工薪酬表"编制职工薪酬各项的分配表，按相关规定计算提取福利费、工会经费、职工教育经费等。

（2）应交税费核算的岗位职责。

①税务会计负责各项税金的计算与申报及各项涉税统计报表的填报。

②负责公司各种发票的领取、使用和保管工作。

③负责税务资料的装订保管工作。

（3）成本费用核算的岗位职责。

①负责公司各项目的成本会计核算、预算控制、财务分析等工作。

②完成材料、人工、制造费用的归集、核算，及时提供成本信息。

③进行成本分析，对异常情况进行判断和处理。

④编制月度和季度成本计划、费用月报和年报。

任务一 生产经营过程中职工薪酬业务核算

知识目标

1.了解职工薪酬包含的内容；
2.掌握货币性职工薪酬的核算；
3.掌握非货币性职工薪酬的核算。

技能目标

1.能识别并填制职工薪酬业务中涉及的原始凭证；

2.根据审核无误的原始凭证填制记账凭证并登记相关账簿。

知识准备

一、职工薪酬的内容

职工薪酬，是指企业为获得职工提供的服务或解除劳动关系而给予的各种形式的报酬或补偿。职工薪酬包括短期薪酬、离职后福利、辞退福利和其他长期职工福利。企业提供给职工配偶、子女或其他被赡养人的福利等，也属于职工薪酬。这里所称的"职工"主要包括以下三类人员：（1）与企业订立劳动合同的所有人员，含全职、兼职人员和临时职工；（2）未与企业订立劳动合同，但由企业正式任命的企业治理层和管理层人员，如董事会成员、监事会成员等；（3）在企业的计划和控制下，虽未与企业订立劳动合同或未由企业正式任命，但向企业所提供服务与职工所提供服务类似的人员，包括通过企业与劳务中介公司签订用工合同而向企业提供服务的人员。

职工薪酬主要包括以下内容：

（一）短期薪酬

短期薪酬，是指企业在职工提供相关服务的年度报告期间结束后12个月内需要全部予以支付的职工薪酬，因解除与职工的劳务关系给予的补偿除外。短期薪酬具体包括：

1.职工工资、奖金、津贴和补贴

职工工资、奖金、津贴和补贴，是指构成工资总额的计时工资、计件工资、支付给职工的超额劳动报酬和增收节支的劳动报酬、为补偿职工特殊或额外的劳动消耗和因其他特殊原因支付给职工的津贴，以及为保证职工工资水平不受物价影响支付给职工的物价补贴等。其中，企业按照短期奖金计划向职工发放的奖金属于短期薪酬，按照长期奖金计划向职工发放的奖金属于其他长期职工福利。

2.职工福利费

职工福利费，是指企业向职工提供的生活困难补助、丧葬补助费、抚恤费、职工异地安家费、防暑降温费等职工福利支出。

3.社会保险费

社会保险费，是指企业按照国家规定的基准和比例计算，向社会保险经办机构缴纳的养老保险费、医疗保险费、失业保险费、工伤保险费及生育保险费。

4.住房公积金

住房公积金，是指企业按照国家规定的基准和比例计算，向住房公积金管理机构缴存的住房公积金。

5.工会经费和职工教育经费

工会经费和职工教育经费，是指企业为了改善职工文化生活、为职工学习先进技术和提高文化水平及业务素质，用于开展工会活动和职工教育及职工技能培训等的相关支出。

6.短期带薪缺勤

短期带薪缺勤，是指职工虽然缺勤但企业仍向其支付报酬的安排，包括年休假、病

假、婚假、产假、丧假、探亲假等。长期带薪缺勤属于其他长期职工福利。

7.短期利润分享计划

短期利润分享计划，是指因职工提供服务而与职工达成的基于利润或其他经营成果提供薪酬的协议。长期利润分享计划属于其他长期职工福利。

8.非货币性福利

非货币性福利，是指企业以非货币性资产支付给职工的薪酬，主要包括企业以自产产品发放给职工作为福利、将企业拥有的资产无偿提供给职工使用、为职工无偿提供医疗保健服务等。

9.其他短期薪酬

其他短期薪酬，是指除上述薪酬以外的其他为获得职工提供的服务而给予的短期薪酬。

（二）离职后福利

离职后福利，是指企业为了获得职工提供的服务而在职工退休或与企业解除劳动关系后，提供的各种形式的报酬和福利，短期薪酬和辞退福利除外。企业应当将离职后福利计划分类为设定提存计划和设定受益计划。离职后福利计划，是指企业与职工就离职后福利达成的协议，或者企业为了向职工提供离职后福利制定的规章或办法等。其中，设定提存计划，是指向独立的基金缴存固定费用后，企业不再承担进一步支付义务的离职后福利计划；设定受益计划，是指除设定提存计划以外的离职后福利计划。

（三）辞退福利

辞退福利，是指企业在职工劳动合同到期之前解除与职工的劳动关系，或者为鼓励职工自愿接受裁减而给予职工的补偿。

（四）其他长期职工福利

其他长期职工福利，是指除短期薪酬、离职后福利、辞退福利之外的所有的职工薪酬，包括长期带薪缺勤、长期残疾福利、长期利润分享计划等。

二、应付职工薪酬的科目设置

企业应当设置"应付职工薪酬"科目，核算应付职工薪酬的计提、结算、使用等情况。该科目的贷方登记已分配计入有关成本费用项目的职工薪酬的数额，借方登记实际发放的职工薪酬的数额，包括扣还的款项等；该科目期末贷方余额，反映企业应付未付的职工薪酬。

"应付职工薪酬"科目应当按照"工资、奖金、津贴和补贴"、"职工福利费"、"非货币性福利"、"社会保险费"、"住房公积金"、"工会经费和职工教育经费"、"短期带薪缺勤"、"利润分享计划"、"设定提存计划"、"设定受益计划义务"及"辞退福利"等职工薪酬项目设置明细账进行明细核算。

三、短期薪酬的核算

企业应当在职工为其提供服务的会计期间，将实际发生的短期薪酬确认为负债，并计入当期损益，其他会计准则要求或允许计入资产成本的除外。

（一）货币性职工薪酬的核算

1.工资、奖金、津贴和补贴的核算

对于职工工资、奖金、津贴和补贴等货币性职工薪酬，企业应当在职工为其提供服务的会计期间，将实际发生的职工工资、奖金、津贴和补贴等，根据职工提供服务的受益对象，按应确认的职工薪酬，借记"生产成本""制造费用""劳务成本"等科目，贷记"应付职工薪酬——工资、奖金、津贴和补贴"科目。

【例5-1】滨海公司2018年5月应付职工薪酬总额462 000元，"工资费用分配汇总表"中列示的产品生产人员工资为320 000元、车间管理人员工资为70 000元、企业行政管理人员工资为60 400元、销售人员工资为11 600元。滨海公司应编制如下会计分录：

借：生产成本——基本生产成本	320 000
制造费用	70 000
管理费用	60 400
销售费用	11 600
贷：应付职工薪酬——工资、奖金、津贴和补贴	462 000

实务中，企业一般在每月发放工资时，根据"工资费用分配汇总表"中的"实发金额"栏的合计数，通过开户银行支付给职工，或从开户银行提取现金，然后再向职工发放。

企业按照有关规定向职工支付工资、奖金、津贴和补贴等，借记"应付职工薪酬——工资、奖金、津贴和补贴"科目，贷记"银行存款""库存现金"等科目；企业从应付职工薪酬中扣还的各项款项（代垫的家属药费、个人所得税等），借记"应付职工薪酬"科目，贷记"银行存款"、"库存现金"、"其他应收款"或"应交税费——应交个人所得税"等科目。

【例5-2】沿用【例5-1】的资料，滨海公司根据"工资结算汇总表"结算本月应付职工薪酬总额462 000元，企业代扣个人所得税40 000元，代扣职工房租2 000元，实发工资420 000元。滨海公司应编制如下会计分录：

（1）发放工资：

借：应付职工薪酬——工资、奖金、津贴和补贴	420 000
贷：银行存款	420 000

（2）代扣款项：

借：应付职工薪酬——工资、奖金、津贴和补贴	42 000
贷：其他应付款——职工房租	2 000
应交税费——应交个人所得税	40 000

本例中，企业从应付职工薪酬中代扣职工房租2 000元，应当借记"应付职工薪酬"科目，贷记"其他应付款"科目。

（3）支付房租、上缴个人所得税：

借：其他应付款——职工房租	2 000
应交税费——应交个人所得税	40 000
贷：银行存款	42 000

2.职工福利费的核算

对于职工福利费，企业应当在实际发生时根据实际发生额计入当期损益或相关资产成本，借记"生产成本"、"制造费用"、"管理费用"和"销售费用"等科目，贷记"应付职工薪酬——职工福利费"科目。

微课：货币性职工薪酬的核算

【例5-3】滨海公司下设一职工食堂，每月根据在岗职工数量及岗位分布情况、相关历史数据等计算需要补贴食堂的金额，从而确定企业每期职工食堂需要承担的福利费金额。2018年11月，企业在岗职工共计100人，其中管理部门20人，生产车间80人，企业的历史数据表明，每个职工每月需补贴食堂120元。滨海公司应编制如下会计分录：

滨海公司应当提取的职工福利费=120×100=12 000（元）

借：生产成本　　　　　　　　　　　　　　　　　　　9 600

　　管理费用　　　　　　　　　　　　　　　　　　　2 400

　　　贷：应付职工薪酬——职工福利费　　　　　　　　　　　12 000

【例5-4】沿用【例5-3】的资料，2018年11月，滨海公司支付12 000元补贴给食堂。滨海公司应编制如下会计分录：

借：应付职工薪酬——职工福利费　　　　　　　　　12 000

　　　贷：银行存款　　　　　　　　　　　　　　　　　　　12 000

3.国家规定计提标准的职工薪酬的核算

对于国家规定了计提基数和计提比例的医疗保险费、工伤保险费、生育保险费等社会保险费和住房公积金，以及按规定提取的工会经费和职工教育经费，企业应当在职工为其提供服务的会计期间，根据规定的计提基数和计提比例计算确定相应的职工薪酬金额，并确认相关负债，按照受益对象计入当期损益或相关资产成本，借记"生产成本"、"制造费用"、"管理费用"及"销售费用"等科目，贷记"应付职工薪酬"科目。

【例5-5】沿用【例5-1】的资料，2018年5月份，滨海公司根据相关规定，分别按照职工工资总额的2%和1.5%的计提标准，确认应付工会经费和职工教育经费，根据国家规定的计提标准，按工资总额的14%向社会保险经办机构缴存职工基本医疗保险。滨海公司应编制如下会计分录：

借：生产成本——基本生产成本　　　　　　　　　　56 000

　　制造费用　　　　　　　　　　　　　　　　　　12 250

　　管理费用　　　　　　　　　　　　　　　　　　10 570

　　销售费用　　　　　　　　　　　　　　　　　　 2 030

　　　贷：应付职工薪酬——工会经费和职工教育经费（工会经费）　　 9 240

　　　　　　　　　　　——工会经费和职工教育经费（职工教育经费）　 6 930

　　　　　　　　　——社会保险费（基本医疗保险）　　　　　64 680

4.短期带薪缺勤的核算

对于职工带薪缺勤，企业应当根据其性质及职工享有的权利，分为累积带薪缺勤和非累积带薪缺勤两类。企业应当对累积带薪缺勤和非累积带薪缺勤分别进行会计处理。如果带薪缺勤属于长期带薪缺勤的，企业应当将其作为其他长期职工福利处理。

（1）累积带薪缺勤，是指带薪权利可以结转下期的带薪缺勤，本期尚未用完的带薪缺勤权利可以在未来期间使用。企业应当在职工提供了服务而增加了其未来享有的带薪缺勤权利时，确认与累积带薪缺勤相关的职工薪酬，并以累积未行使权利而增加的预期支付金额计量。确认累积带薪缺勤时，借记"管理费用"等科目，贷记"应付职工薪酬——带薪缺勤（短期带薪缺勤——累积带薪缺勤）"科目。

【例5-6】滨海公司共有2 000名职工，从2018年1月1日起，该企业实行累积带薪缺勤制度。该制度规定，每位职工每年可享受5个工作日带薪年休假，未使用的年休假只能向后结转一个日历年度，超过1年未使用的权利作废，在职工离开企业时也无权获得现金支付。职工休年假时，首先使用当年可享受的权利，再从上年结转的带薪年休假中扣除。

2018年12月31日，滨海公司预计2019年有1 900位职工将享受不超过5天的带薪年休假，剩余100位职工每人将平均享受6天半年休假，假设这100位职工全部为总部各部门经理，该企业平均每位职工每个工作日工资为300元，不考虑其他相关因素。2018年12月31日，滨海公司应编制如下会计分录：

借：管理费用　　　　　　　　　　　　　　　　　　　　　　　　　　45 000
　　贷：应付职工薪酬——带薪缺勤（短期带薪缺勤——累积带薪缺勤）　　45 000

滨海公司在2018年12月31日应当预计由于职工累积未使用的带薪年休假权利而导致的预期支付的金额，即年休假工资金额为45 000元（100×1.5×300）。

（2）非累积带薪缺勤，是指带薪权利不能结转下期的带薪缺勤，本期尚未使用完的带薪缺勤权利将予以取消，并且职工离开企业时也无权获得现金支付。我国企业职工休婚假、产假、丧假、探亲假、病假期间的工资通常属于非累积带薪缺勤。由于职工提供服务本身不能增加其能够享受的福利金额，企业在职工未缺勤时不应当计提相关费用和负债，为此，企业应当在职工实际发生缺勤的会计期间确认与非累积带薪缺勤相关的职工薪酬。

企业确认职工享有的非累积带薪缺勤权利相关的薪酬，视同职工出勤确认的当期损益或相关资产成本。通常情况下，与非累积带薪缺勤相关的职工薪酬已经包括在企业每期向职工发放的工资等薪酬中，因此，不必额外做相应的账务处理。

（二）非货币性职工薪酬的核算

企业以其自产产品作为非货币性福利发放给职工的，应当根据受益对象，按照该产品的公允价值计入相关资产成本或当期损益，同时确认应付职工薪酬，借记"生产成本"、"制造费用"、"管理费用"及"销售费用"等科目，贷记"应付职工薪酬——非货币性福利"科目。

【例5-7】飞扬公司为家电生产企业，是增值税一般纳税人，适用的增值税税率为16%。飞扬公司共有职工200名，其中170名为直接参加生产的职工，30名为总部管理人员。2018年12月，飞扬公司以其生产的每台成本为900元的电暖器作为春节福利发放给公司职工。该型号的电暖器市场售价为每台1 000元。飞扬公司应编制如下会计分录：

应确认的应付职工薪酬=200×1 000+200×1 000×16%=232 000（元）

应记入"生产成本"科目的金额=170×1 000+170×1 000×16%=197 200（元）

应记入"管理费用"科目的金额=30×1 000+30×1 000×16%=34 800（元）

借：生产成本　　　　　　　　　　　　　　　　　　　　　　　　　　197 200

借：管理费用　　　　　　　　　　　　　　　　　　　　　　　　34 800

　　贷：应付职工薪酬——非货币性福利　　　　　　　　　　　　　　232 000

企业以自产产品作为职工薪酬发放给职工时，应确认主营业务收入，借记"应付职工薪酬——非货币性福利"科目，贷记"主营业务收入"科目，同时结转相关成本，涉及增值税销项税额的，还应进行相应的会计处理。

【例5-8】沿用【例5-7】的资料，飞扬公司向职工发放电暖器作为福利，同时要根据相关税收规定，视同销售计算增值税销项税额。飞扬公司应编制如下会计分录：

微课：非货币性职工薪酬的核算

飞扬公司应确认的主营业务收入=200×1 000=200 000（元）

飞扬公司应确认的增值税销项税额=200×1 000×16%=32 000（元）

飞扬公司应结转的销售成本=200×900=180 000（元）

借：应付职工薪酬——非货币性福利　　　　　　　　　　　　　　232 000

　　贷：主营业务收入　　　　　　　　　　　　　　　　　　　　　200 000

　　　　应交税费——应交增值税（销项税额）　　　　　　　　　　　32 000

借：主营业务成本　　　　　　　　　　　　　　　　　　　　　　180 000

　　贷：库存商品——电暖器　　　　　　　　　　　　　　　　　　　180 000

将企业拥有的房屋等资产无偿提供给职工使用的，应当根据受益对象，将该住房每期应计提的折旧计入相关资产成本或当期损益，同时确认应付职工薪酬，借记"生产成本"、"制造费用"、"管理费用"及"销售费用"等科目，贷记"应付职工薪酬——非货币性福利"科目，并且同时借记"应付职工薪酬——非货币性福利"科目，贷记"累计折旧"科目。租赁住房等资产供职工无偿使用的，应当根据受益对象，将每期应付的租金计入相关资产成本或当期损益，并确认应付职工薪酬，借记"生产成本"、"制造费用"、"管理费用"及"销售费用"等科目，贷记"应付职工薪酬——非货币性福利"科目。难以确定受益对象的非货币性福利，直接计入当期损益和应付职工薪酬。

【例5-9】滨海公司为总部各部门经理级别以上职工提供汽车免费使用，同时为副总裁级别以上高级管理人员每人租赁一套住房。滨海公司总部共有部门经理级别以上职工20名，每人提供一辆现代汽车免费使用，假设每辆现代汽车每月计提折旧1 000元；该公司共有副总裁级别以上高级管理人员5名，公司为其每人租赁一套面积为200平方米、带有家具和电器的公寓，月租金为每套8 000元。滨海公司应编制如下会计分录：

应确认的应付职工薪酬=20×1 000+5×8 000=60 000（元）

提供企业拥有的汽车供职工使用的非货币性福利=20×1 000=20 000（元）

租赁住房供职工使用的非货币性福利=5×8 000=40 000（元）

借：管理费用　　　　　　　　　　　　　　　　　　　　　　　　60 000

　　贷：应付职工薪酬——非货币性福利　　　　　　　　　　　　　　60 000

借：应付职工薪酬——非货币性福利　　　　　　　　　　　　　　20 000

　　贷：累计折旧　　　　　　　　　　　　　　　　　　　　　　　20 000

每月支付副总裁级别以上高级管理人员住房租金时，滨海公司应编制如下会计分录：

借：应付职工薪酬——非货币性福利　　　　　　　　　　　　　　40 000

　　贷：银行存款　　　　　　　　　　　　　　　　　　　　　　　40 000

四、设定提存计划的核算

对于设定提存计划，企业应当根据在资产负债表日为换取职工在会计期间提供的服务而应向单独主体缴存的提存金，确认为应付职工薪酬负债，并计入当期损益或相关资产成本，借记"生产成本"、"制造费用"、"管理费用"和"销售费用"等科目，贷记"应付职工薪酬——设定提存计划"科目。

【例5-10】腾飞股份2018年5月应付职工薪酬总额为462 000元，"工资费用分配汇总表"中列示的产品生产人员工资为320 000元，车间管理人员工资为70 000元，企业行政管理人员工资为60 400元，销售人员工资为11 600元。腾飞股份根据所在地政府规定，按照职工工资总额的12%计提基本养老保险，缴存当地社会保险经办机构。腾飞股份应编制如下会计分录：

借：生产成本——基本生产成本（320 000×12%）　　　　　　　　　38 400
　　制造费用（70 000×12%）　　　　　　　　　　　　　　　　　　8 400
　　管理费用（60 400×12%）　　　　　　　　　　　　　　　　　　7 248
　　销售费用（11 600×12%）　　　　　　　　　　　　　　　　　　1 392
　　贷：应付职工薪酬——设定提存计划（基本养老保险费）（462 000×12%）55 440

本学习任务小结

职工薪酬的核算任务小结见表5-1。

表5-1　　　　　　　　　　　　　职工薪酬的核算任务小结

业务内容		会计处理
货币性职工薪酬	分配职工薪酬	借：生产成本（应付车间生产工人的职工薪酬） 　　制造费用（应付车间管理人员的职工薪酬） 　　管理费用（应付管理部门人员的职工薪酬） 　　销售费用（应付销售人员的职工薪酬） 　　在建工程（应付在建工程人员的职工薪酬） 　　研发支出（应付研发人员的职工薪酬）等 　　贷：应付职工薪酬——工资、奖金、津贴和补贴 　　　　　　　　　　　——职工福利费 　　　　　　　　　　　——社会保险费 　　　　　　　　　　　——住房公积金 　　　　　　　　　　　——工会经费 　　　　　　　　　　　——职工教育经费等
	支付职工薪酬	借：应付职工薪酬 　　贷：银行存款/库存现金
	扣还（付）各种款项	借：应付职工薪酬——工资、奖金、津贴和补贴 　　贷：其他应收款（扣代垫款项） 　　　　其他应付款（扣代付的款项） 　　　　应交税费——应交个人所得税

续表

业务内容		会计处理
非货币性职工薪酬	将自产产品发放给职工的	借：生产成本 　　制造费用 　　管理费用 　　销售费用 　　在建工程 　　研发支出等 　　贷：应付职工薪酬——非货币性福利 借：应付职工薪酬——非货币性福利 　　贷：主营业务收入 　　　　应交税费——应交增值税（销项税额） 借：主营业务成本 　　贷：库存商品
	将拥有的资产无偿提供给职工使用的	借：生产成本 　　制造费用 　　管理费用 　　销售费用 　　在建工程 　　研发支出等 　　贷：应付职工薪酬——非货币性福利 借：应付职工薪酬——非货币性福利 　　贷：累计折旧
	将租赁资产提供给职工无偿使用的	借：生产成本 　　制造费用 　　管理费用 　　销售费用 　　在建工程 　　研发支出等 　　贷：应付职工薪酬——非货币性福利 借：应付职工薪酬——非货币性福利 　　贷：其他应付款 借：其他应付款 　　贷：银行存款、库存现金等

任务二　生产经营过程中应交税费业务核算

知识目标

1.了解企业应缴纳的各项税费；

2.掌握增值税的核算；

3.掌握消费税的核算；

4.了解其他税种的核算。

技能目标

1.能识别并填制应交税费业务中涉及的原始凭证；

2.根据审核无误的原始凭证填制记账凭证并登记相关账簿。

知识准备

一、应交税费概述

企业根据税法规定应缴纳的各种税费包括：增值税、消费税、城市维护建设税、资源税、企业所得税、土地增值税、房产税、车船税、城镇土地使用税、教育费附加、矿产资源补偿费、印花税、耕地占用税、契税等。

企业应通过"应交税费"科目，总括反映各种税费的应交、缴纳等情况。该科目贷方登记应缴纳的各种税费等，借方登记实际缴纳的税费；期末余额一般在贷方，反映企业尚未缴纳的税费，期末余额如在借方，反映企业多交或尚未抵扣的税费。本科目按应交的税费项目设置明细科目进行明细核算。

企业代扣代交的个人所得税等，也通过"应交税费"科目核算，而企业缴纳的印花税、耕地占用税等不需要预计应交数的税金，不通过"应交税费"科目核算。

二、应交增值税

（一）增值税概述

增值税是以商品（含应税劳务、应税行为）在流转过程中产生的增值额作为计税依据而征收的一种流转税。按照我国增值税法的规定，在中华人民共和国境内销售货物或者加工、修理修配劳务，销售服务、无形资产、不动产以及进口货物的企业、单位和个人，为增值税的纳税人。其中，"服务"是指提供交通运输服务、建筑服务、邮政服务、电信服务、金融服务、现代服务、生活服务。

根据纳税人的经营规模及会计核算的健全程度，增值税纳税人分为一般纳税人和小规模纳税人。增值税一般纳税人计算增值税的方法一般采用一般计税方法，小规模纳税人计算增值税的方法一般采用简易计税方法。一般纳税人销售服务、无形资产或者不动产，符合规定的，也可以采用简易计税方法。

一般纳税人是指年应税销售额超过财政部、国家税务总局规定标准的增值税纳税人。小规模纳税人是指年销售额未超过规定标准，并且会计核算不健全，不能提供准确税务资料的增值税纳税人。

（二）增值税计税方法与采用的税率

1.增值税一般计税方法

增值税一般计税方法，是指按当期销售额和适用的税率计算出销项税额，然后以该销项税额对当期购进项目支付的税款（即进项税额）进行抵扣，从而间接算出当期的应纳税额。应纳税额的计算公式如下：

$$当期应纳增值税税额=当期销项税额-当期进项税额$$

公式中的"当期销项税额"是指纳税人当期销售货物、加工修理修配劳务、服务、无形资产和不动产时按照销售额和增值税税率计算并收取的增值税税额。其中，销售额是指纳税人销售货物、加工修理修配劳务、服务、无形资产和不动产向购买方收取的全部价款和价外费用，但不包括收取的销项税额。当期销项税额的计算公式如下：

$$当期销项税额=当期销售额×增值税税率$$

公式中"当期进项税额"是指纳税人购进货物、加工修理修配劳务、应税服务、无形资产或者不动产，支付或者负担的增值税税额。下列进项税额准予从销项税额中抵扣：

（1）从销售方取得的增值税专用发票（含税控机动车销售统一发票，下同）上注明的增值税税额；

（2）从海关取得的海关进口增值税专用缴款书上注明的增值税税额；

（3）购进农产品，除取得增值税专用发票或者海关进口增值税专用缴款书外，如用于生产税率为10%的产品，按照农产品收购发票或者销售发票上注明的农产品买价和10%的扣除率计算的进项税额；如果用于生产税率为16%的产品，按照农产品收购发票或者销售发票上注明的农产品买价和12%的扣除率计算的进项税额；

（4）从境外单位或者个人购进服务、无形资产或者不动产，自税务机关或者扣缴义务人取得的解缴税款的完税凭证上注明的增值税税额；

（5）一般纳税人支付的道路、桥、闸通行费，凭取得的通行费发票上注明的收费金额和规定的计算方法计算的可抵扣的增值税进项税。

当期销项税额小于当期进项税额不足抵扣时，其不足部分可以结转至下期继续抵扣。

2.一般纳税人采用的税率

一般纳税人采用的税率分为16%、10%、6%和零税率。

一般纳税人销售或者进口货物、加工修理修配劳务、提供有形动产租赁服务的，税率为16%。

一般纳税人销售或者进口粮食、食用植物油、自来水、暖气、冷气、热水、煤气、石油液化气、天然气、沼气、居民用煤炭制品、图书、报纸、杂志、饲料、化肥、农药、农机、农膜以及国务院及其有关部门规定的其他货物的，税率为10%。

一般纳税人提供交通运输、邮政、基础电信、建筑、不动产租赁服务，销售不动产，转让土地使用权的，税率为10%。

其他应税行为，税率为6%。

一般纳税人出口货物，税率为零。但是，国务院另有规定的除外。境内单位和个人发生的跨境应税行为税率为零，具体范围由财政部和国家税务总局另行规定。

3.增值税的简易计税方法

增值税的简易计税方法是按照销售额与征收率相乘计算应纳税额，不得抵扣进项税额。应纳税额的计算公式如下：

$$应纳税额=销售额×征收率$$

公式中的"销售额"不包括应纳税额，如果纳税人采用销售额和应纳税额合并定价的

方法，应按公式"销售额=含税销售额÷（1+征收率）"还原为不含税销售额后再计算。

采用简易计税方法的增值税征收率为3%，财政部和国家税务总局另有规定的除外。

（三）一般纳税人增值税业务的账务处理

1.会计科目设置

根据《中华人民共和国增值税暂行条例》和《关于全面推开营业税改征增值税试点的通知》（财税〔2016〕36号）等有关规定，为了核算企业应交增值税的发生、抵扣、缴纳、退税及转出等情况，增值税一般纳税人应在"应交税费"科目下设置"应交增值税"、"未交增值税"、"预交增值税"、"待抵扣进项税额"、"待认证进项税额"、"待转销项税额"、"增值税留抵税额"、"简易计税"、"转让金融商品应交增值税"及"代扣代交增值税"等明细科目。

（1）"应交增值税"明细科目，核算一般纳税人进项税额、销项税额抵减、已交税金、转出未交增值税、减免税款、出口抵减内销产品应纳税额、销项税额、出口退税、进项税额转出、转出多交增值税等情况。该明细账设置以下专栏：

①"进项税额"专栏，记录一般纳税人购进货物、加工修理修配劳务、服务、无形资产或不动产而支付或负担的、准予从当期销项税额中抵扣的增值税额；

②"销项税额抵减"专栏，记录一般纳税人按照现行增值税制度规定因扣减销售额而减少的销项税额；

③"已交税金"专栏，记录一般纳税人当月已缴纳的应交增值税额；

④"转出未交增值税"和"转出多交增值税额"专栏，分别记录一般纳税人月度终了转出当月应交未交和多交的增值税额；

⑤"减免税款"专栏，记录一般纳税人按现行增值税制度规定准予减免的增值税额；

⑥"出口抵减内销产品应纳税额"专栏，记录实行"免、抵、退"办法的一般纳税人按规定计算的出口货物的进项税额抵减内销产品的应纳税额；

⑦"销项税额"专栏，记录一般纳税人销售货物、加工修理修配劳务、服务、无形资产或不动产应收取的增值税额；

⑧"出口退税"专栏，记录一般纳税人出口货物、加工修理修配劳务、服务、无形资产按规定退回的增值税额；

⑨"进项税额转出"专栏，记录一般纳税人购进货物、加工修理修配劳务、服务、无形资产或不动产等发生非正常损失以及其他原因而不应从销项税额中抵扣、按规定转出的进项税额。

（2）"未交增值税"明细科目，核算一般纳税人月度终了从"应交增值税"或"预交增值税"明细科目转入当月应交未交、多交或者预交的增值税额，以及当月缴纳以前期间未交的增值税额。

（3）"预交增值税"明细科目，核算一般纳税人转让不动产、提供不动产经营租赁服务、提供建筑服务、采用预收款方式销售自行开发的房地产项目等，以及其他按现行增值税制度规定应预缴的增值税额。

（4）"待抵扣进项税额"明细科目，核算一般纳税人已取得增值税扣税凭证并经税务机关认证，按照现行增值税制度规定准予以后期间从销项税额中抵扣的进项税额。

（5）"待认证进项税额"明细科目，核算一般纳税人由于未经税务机关认证而不得从当期销项税额中抵扣的进项税额。其包括：一般纳税人已取得增值税扣税凭证、按现行增值税制度规定准予从销项税额中抵扣，但尚未经税务机关认证的进项税额；一般纳税人已申请稽核但尚未取得稽核相符结果的海关缴款书进项税额。

（6）"待转销项税额"明细科目，核算一般纳税人销售货物、加工修理修配劳务、服务、无形资产或不动产，已确认相关收入（或者利得）但尚未发生增值税纳税义务而需于以后期间确认为销项税额的增值税额。

（7）"增值税留抵税额"明细科目，核算兼有销售服务、无形资产或者不动产的原增值税一般纳税人，截止到纳入营改增试点之日前的增值税期末留抵税额按照现行增值税制度规定不得从销售服务、无形资产或不动产的销项税额中抵扣的增值税留抵税额。

（8）"简易计税"明细科目，核算一般纳税人采用简易计税方法发生的增值税计提、扣减、预缴、缴纳等业务。

（9）"转让金融商品应交增值税"明细科目，核算增值税纳税人转让金融商品发生的增值税额。

（10）"代扣代交增值税"明细科目，核算纳税人购进在境内未设经营机构的境外单位或个人在境内的应税行为代扣代缴的增值税。

2. 销售货物、提供应税劳务、发生应税行为

一般纳税人从国内购进货物、加工修理修配劳务、服务、无形资产或者不动产，根据增值税专用发票上记载的应计入采购成本或应计入加工、修理修配等物资成本的金额，借记"固定资产"、"无形资产"、"材料采购"、"在途物资"、"原材料"、"库存商品"或"生产成本"、"管理费用"、"制造费用"等科目，按当月已认证的可抵扣的增值税税额，借记"应交税费——应交增值税（进项税额）"科目，按当月未认证的可抵扣增值税税额，借记"应交税费——待认证进项税额"，按照应付或实际支付的总额，贷记"应付账款"、"应付票据"或"银行存款"等科目。购入货物发生的退货，如原增值税专用发票已做认证，应根据税务机关开具的红字增值税专用发票做相反的会计分录；如增值税专用发票未做认证，应将发票退回并做相反的会计分录。

企业购进农产品，除取得增值税专用发票或者海关进口增值税专用缴款书外，如用于生产税率为10%的产品，按照农产品收购发票或者销售发票上注明的农产品买价和10%的扣除率计算的进项税额，如用于生产税率为16%的产品，按照农产品收购发票或者销售发票上注明的农产品买价和12%的扣除率计算的进项税额，借记"应交税费——应交增值税（进项税额）"科目，按农产品买价扣除进项税额后的差额，借记"材料采购"、"在途物资"、"原材料"或"库存商品"等科目，按应付或者实际支付的价款，贷记"应付账款"、"应付票据"或"银行存款"等科目。

【例5-11】滨海公司是增值税一般纳税人，增值税税率为16%，该企业采用计划成本对原材料进行核算，销售商品价格为不含增值税的公允价格。2018年8月份发生如下交易或事项：

（1）2日，购入原材料一批，增值税专用发票上注明货款120 000元、增值税税额19 200元，货物尚未到达，货款和税款已用银行存款支付。货物已由顺达公司承运，运输公司开具的增值税专用发票上注明运费5 000元、增值税税额500元，滨海公司已用银行存款支付了该笔款项。滨海公司应编制如下会计分录：

借：材料采购　　　　　　　　　　　　　　　　　　　　　125 000

　　应交税费——应交增值税（进项税额）　　　　　　　　　19 700

　　贷：银行存款　　　　　　　　　　　　　　　　　　　　　　144 700

（2）12 日，购入不需要安装设备一台，价款及运输保险等费用合计 180 000 元，增值税专用发票上注明的增值税税额为 28 800 元，款项尚未支付。滨海公司应编制如下会计分录：

借：固定资产　　　　　　　　　　　　　　　　　　　　　　180 000

　　应交税费——应交增值税（进项税额）　　　　　　　　　28 800

　　贷：应付账款　　　　　　　　　　　　　　　　　　　　　　208 800

根据增值税暂行条例，企业购进固定资产所支付的增值税税额 28 800 元允许在购置当期全部一次性扣除。

（3）22 日，购入农产品一批，农产品收购发票上注明价款 200 000 元，规定的扣除率为 12%，货物尚未到达，货款已用银行账款支付。滨海公司应编制如下会计分录：

进项税额＝购买价款×扣除率＝200 000×12%＝24 000（元）

借：材料采购　　　　　　　　　　　　　　　　　　　　　　176 000

　　应交税费——应交增值税（进项税额）　　　　　　　　　24 000

　　贷：银行存款　　　　　　　　　　　　　　　　　　　　　　200 000

（4）26 日，生产车间委托外单位修理机器设备，对方开来的增值税专用发票上注明修理费用 20 000 元、增值税税额 3 200 元，款项已用银行存款支付。滨海公司应编制如下会计分录：

借：管理费用　　　　　　　　　　　　　　　　　　　　　　20 000

　　应交税费——应交增值税（进项税额）　　　　　　　　　3 200

　　贷：银行存款　　　　　　　　　　　　　　　　　　　　　　23 200

3.进项税额转出

企业已单独确认进项税额的购进货物、加工修理修配劳务、服务、无形资产或者不动产事后改变用途（如用于简易计税方法计税项目、免征增值税税额、非增值税应税项目等），或者发生非常损失，原已计入进项税额、待抵扣进项税额或者待认证进项税额，但按照现行增值税制度规定不得从销项税额中抵扣的，其进项税额应通过"应交税费——应交增值税（进项税额转出）"科目转入有关科目。根据现行增值税制度规定，"非常损失"是指因管理不善造成货物被盗、丢失、霉烂变质，以及因违反法律法规造成货物或者不动产依法没收、销毁、拆除的情形。购进货物改变用途通常是指购进的货物在没有经过任何加工的情况下，对内改变用途的行为，如企业在建工程项目领用原材料等。

发生需要将进项税额转出的经济业务时，借记"待处理财产损溢"、"在建工程"、"固定资产"、"无形资产"或"应付职工薪酬"等科目，贷记"应交税费——应交增值税（进项税额转出）"、"应交税费——待抵扣进项税额"或者"应交税费——待认证进项税额"科目。属于转作待处理财产损失的进项税额，应与遭受非正常损失的购进货物、在产品或库存商品的成本一并处理。

【例 5-12】滨海公司 2018 年 8 月份发生如下经济业务：

（1）10 日，因意外火灾毁损一批库存材料，有关增值税专用发票上注明的材料成本为 10 000 元、增值税税额为 1 600 元。滨海公司应编制如下会计分录：

借：待处理财产损溢——待处理流动资产损溢　　　　　　　　11 600

　　贷：原材料　　　　　　　　　　　　　　　　　　　　　　　　10 000

　　　　应交税费——应交增值税（进项税额转出）　　　　　　　　1 600

（2）16 日，滨海公司所属的职工医院维修领用原材料 5 000 元，购入该批原材料时支付的增值税税额为 800 元。滨海公司应编制如下会计分录：

借：应付职工薪酬——职工福利　　　　　　　　　　　　　　5 800

　　贷：原材料　　　　　　　　　　　　　　　　　　　　　　　　5 000

　　　　应交税费——应交增值税（进项税额转出）　　　　　　　　800

一般纳税人购进货物、加工修理修配劳务、服务、无形资产或者不动产，用于简易计税方法计税项目、免征增值税项目、计提福利或个人消费等，即使取得的增值税专用发票上已注明增值税进项税额，该税额按照现行增值税制度规定也不得从销项税额中抵扣。取得增值税专用发票时，应将待认证的目前不可抵扣的增值税进项税额，借记"应交税费——待认证进项税额"科目，贷记"银行存款""应付账款"等科目。经税务机关认证为不可抵扣的增值税进项税额时，借记"应交税费——应交增值税（进项税额）"科目，贷记"应交税费——待认证进项税额"科目；同时，将增值税进项税额转出，借记相关成本费用或资产科目，贷记"应交税费——应交增值税（进项税额转出）"科目。

【例 5-13】2018 年 10 月 20 日，滨海公司外购一批移动硬盘作为职工福利发放。取得的增值税专用发票上注明价款为 200 000 元、增值税税额为 32 000 元，全部款项已通过银行存款支付，增值税专用发票尚未经税务机关认证。滨海公司应编制如下会计分录：

（1）购入移动硬盘时：

借：库存商品　　　　　　　　　　　　　　　　　　　　　　200 000

　　应交税费——待认证进项税额　　　　　　　　　　　　　　32 000

　　贷：银行存款　　　　　　　　　　　　　　　　　　　　　　232 000

（2）经税务机关认证不可抵扣增值税销项税额时：

借：应交税费——应交增值税（进项税额）　　　　　　　　　32 000

　　贷：应交税费——待认证进项税额　　　　　　　　　　　　　　32 000

同时：

借：库存商品　　　　　　　　　　　　　　　　　　　　　　32 000

　　贷：应交税费——应交增值税（进项税额转出）　　　　　　　　32 000

（3）将移动硬盘发放给职工时：

借：应付职工薪酬——非货币性福利　　　　　　　　　　　　232 000

　　贷：库存商品　　　　　　　　　　　　　　　　　　　　　　232 000

4.销售物资或者提供应税劳务

企业销售货物、加工修理修配劳务、服务、无形资产或不动产，应当按应收或已收的金额，借记"应收账款""应收票据""银行存款"等科目，按现行增值税制度规定计算的销项税额或采用简易计税方法计算的应纳增值税税额，贷记"应交税费——应交增值税（销项税额）"科目，按照实现的营业收入，贷记"主营业务收入""其他业务收入"等科目。

企业销售货物发生销售退回，应根据税务机关开具的红字增值税专用发票，做相反的会计分录。按照国家统一的会计制度确认收入或利得的时点早于按照现行增值税制度确认增值税纳税义务发生时点的，应将相关销项税额记入"应交税费——待转销项税额"科目，待实际发生纳税义务时再转入"应交税费——应交增值税（销项税额）"或"应交税费——简易计税"科目。按照增值税制度确认增值税纳税义务发生时点早于按照国家统一的会计制度确认收入或利得的时点的，应将应纳增值税税额借记"应收账款"科目，贷记"应交税费——应交增值税（销项税额）"或"应交税费——简易计税"科目，按照国家统一会计制度确认收入或利得时，应按扣除增值税销项税额后的金额确认收入或利得。

【例5-14】滨海公司2018年8月份发生如下经济业务：

（1）16日，销售产品一批，价款500 000元，按规定应收取增值税税额80 000元，提货单和增值税专用发票已交给买方，款项尚未收到。滨海公司应编制如下会计分录：

借：应收账款	580 000	
贷：主营业务收入		500 000
应交税费——应交增值税（销项税额）		80 000

（2）20日，企业为外单位代加工电脑桌400个，每个收取加工费100元，适用的增值税税率为16%，加工完成，款项已收到并存入银行。滨海公司应编制如下会计分录：

借：银行存款	46 400	
贷：主营业务收入		40 000
应交税费——应交增值税（销项税额）		6 400

5.视同销售行为

企业的有些交易和事项从会计角度看不属于销售行为，不能确认销售收入，但是按照现行增值税制度的规定，应视同对外销售处理，计算应交增值税。视同销售需要缴纳增值税的事项包括企业将资产或委托加工的货物用于非应税项目、集体福利或个人消费，将自产、委托加工或购买的货物作为投资、分配给股东或投资者、无偿赠送他人等。在这些情况下，企业应当根据视同销售的具体业务，借记"在建工程""长期股权投资""营业外支出"等科目，贷记"应交税费——应交增值税（销项税额）"或"应交税费——简易计税"科目。

【例5-15】2018年8月25日，滨海公司将自己生产的产品对外捐赠。该批产品的成本为300 000元，开具的增值税专用发票上注明的价格为380 000元、增值税税额为60 800元。同日，滨海公司将一批自产产品对天马公司进行投资，该批商品的成本为800 000元，根据投资协议，该批商品不含税价值为1 000 000元且符合公允价值的定义，开具的增值税专用发票上注明的增值税税额为160 000元。滨海公司应编制如下会计分录：

（1）企业将自产产品对外捐赠时：

借：营业外支出	360 800	
贷：库存商品		300 000
应交税费——应交增值税（销项税额）		60 800

（2）企业将自产的产品对外投资时：

借：长期股权投资——天马公司	1 160 000	
贷：主营业务收入		1 000 000

　　　　贷：应交税费——应交增值税（销项税额）　　　　　　　　　　　　　160 000
　　借：主营业务成本　　　　　　　　　　　　　　　　　　　800 000
　　　　贷：库存商品　　　　　　　　　　　　　　　　　　　　　　　　　800 000

　　6.缴纳增值税

　　企业缴纳的增值税，借记"应交税费——应交增值税（已交税金）"科目，贷记"银行存款"科目。"应交税费——应交增值税"科目的贷方余额表示企业应缴纳的增值税。

　　【例5-16】2018年8月份，滨海公司当月发生销项税额合计142 800元，增值税进项税额转出合计2 550元，增值税进项税额合计80 950元。滨海公司8月份应交增值税税额计算如下：

　　　　应交增值税税额=142 800+2 550-80 950=64 400（元）

　　　　用银行存款缴纳增值税，滨海公司应编制如下会计分录：

　　借：应交税费——应交增值税（已交税金）　　　　　　　　　64 400
　　　　贷：银行存款　　　　　　　　　　　　　　　　　　　　　　　　　64 400

　　需要注意的是，企业购入材料不能取得增值税专用发票的，发生的增值税应计入材料采购成本，借记"材料采购""在途物资""原材料"等科目，贷记"银行存款"等科目。

　　月度终了，企业应当将当月应交未交或多交的增值税税额自"应交增值税"明细科目转入"未交增值税"明细科目。对于当月应交未交的增值税，借记"应交税费——应交增值税（转出未交增值税）"科目，贷记"应交税费——未交增值税"科目；对于当月多交的增值税，借记"应交税费——未交增值税"科目，贷记"应交税费——应交增值税（转出多交增值税）"科目。

　　企业缴纳以前期间未交的增值税，借记"应交税费——未交增值税"科目，贷记"银行存款"科目。

　　【例5-17】2018年11月30日，滨海公司将尚未缴纳的增值税税额12 850元进行转账。12月份，滨海公司用银行存款缴纳11月份未交的增值税税款12 850元。滨海公司应编制如下会计分录：

　　（1）11月30日，结转未交增值税税额时：

　　借：应交税费——应交增值税（转出未交增值税）　　　　　　12 850
　　　　贷：应交税费——未交增值税　　　　　　　　　　　　　　　　　12 850

　　（2）12月份缴纳11月份未交的增值税税款时：

　　借：应交税费——未交增值税　　　　　　　　　　　　　　　12 850
　　　　贷：银行存款　　　　　　　　　　　　　　　　　　　　　　　　　12 850

　　（四）小规模纳税人的账务处理

　　小规模纳税人核算增值税采用简易计税方法，即购进货物、应税劳务或者应税行为，取得增值税专用发票上注明的增值税，一律不予抵扣，直接计入资产或成本费用。小规模纳税人销售货物、应税劳务或者应税行为时，按照不含税的销售额和规定的增值税征收率计算应缴纳的增值税（即应纳税额），但不得开具增值税专用发票。

　　如果小规模纳税人采用销售额和应纳税额合并定价的方法并向客户结算款项，销售货物、应税劳务或者应税行为后，应进行价税分离，确定不含税的销售额，不含税的销售额计算公式如下：

$$不含税销售额＝含税销售额÷（1＋征收率）$$
$$应纳税额＝不含税销售额×征收率$$

小规模纳税人进行账务处理时，只需在"应交税费"科目下设置"应交增值税"明细科目，该明细科目不再设置增值税专栏。"应交税费——应交增值税"科目贷方登记应缴纳的增值税，贷方登记已缴纳的增值税；期末若为贷方余额，反映小规模纳税人尚未缴纳的增值税，期末若为借方余额，反映小规模纳税人多缴纳的增值税。

小规模纳税人购进货物、服务、无形资产或不动产，按照应付或实际支付的全部款项（包括支付的增值税税额），借记"材料采购"、"在途物资"、"原材料"或"库存商品"等科目，贷记"银行存款"、"应付票据"或"应付账款"等科目；小规模纳税人销售货物、服务、无形资产或不动产，应按全部价款（包括应交的增值税），借记"银行存款""应收账款"等科目，按不含税的销售额，贷记"主营业务收入"等科目，按应交增值税税额，贷记"应交税费——应交增值税"科目。

【例5-18】海达公司为增值税小规模纳税人，其所适用的增值税征收率为3%，原材料按实际成本核算。该企业2018年6月发生如下经济业务：购入原材料一批，取得的专用发票中注明货款30 000元、增值税税额4 800元，款项以银行存款支付。材料验收入库。销售产品一批，所开出的普通发票中注明货款（含税）为51 500元，款项已存入银行。用银行存款缴纳增值税1 500元。海达公司应编制如下会计分录：

（1）购入材料：

借：原材料 　　　　　　　　　　　　　　　　　　　　　34 800
　　贷：银行存款 　　　　　　　　　　　　　　　　　　　　　34 800

（2）销售产品：

不含税销售额＝含税销售额÷（1＋征收率）＝51 500÷（1＋3%）＝50 000（元）

应纳增值税＝不含税销售额×征收率＝50 000×3%＝1 500（元）

借：银行存款 　　　　　　　　　　　　　　　　　　　　51 500
　　贷：主营业务收入 　　　　　　　　　　　　　　　　　　　50 000
　　　　应交税额——应交增值税 　　　　　　　　　　　　　　 1 500

（3）缴纳增值税：

借：应交税费——应交增值税 　　　　　　　　　　　　　　 1 500
　　贷：银行存款 　　　　　　　　　　　　　　　　　　　　　 1 500

（五）差额征税的账务处理

根据财政部和国家税务总局营改增试点政策的规定，对于企业发生的金融商品转让、经纪代理服务、融资租赁和融资性售后回租业务、一般纳税人提供客运场站服务、试点纳税人提供旅游服务、选择简易计税方法提供建筑服务等，无法通过抵扣机制避免重复征税的，应采用差额征税方式计算应交增值税。

1.企业按规定相关成本费用允许扣减销售额的账务处理

按照现行增值税制度规定，企业发生相关成本费用允许扣减销售额的，发生成本费用时，应按应付或实际支付的金额，借记"主营业务成本""工程施工"等科目，贷记"应付账款""应付票据""银行存款"等科目。待取得合规的增值税扣税凭证且纳税义务发生时，按照允许抵扣的税额，借记"应交税费——应交增值税（销项税额抵减）"或"应交税费——简易计税"科目，贷记"主营业务成本""工程施工"科目。小规模纳税人应借记"应交税费——应交增值税"科目，贷记"主营业务成本""工程施工"科目。

【例5-19】畅行旅行社为增值税一般纳税人，应交增值税采用差额征税方式核算。2018年8月份，该旅行社为恒顺公司提供职工境内旅游服务，向恒顺公司收取含税价款424 000元，其中增值税税额24 000元，全部款项已通过银行收入入账。畅行旅行社以银行存款支付其他接团旅游企业的旅游费用和其他单位住宿费等相关费用共计318 000元，其中允许扣减销售额而减少的销项税额18 000元。畅行旅行社应编制如下会计分录：

（1）支付其他接团旅行企业旅游费，并取得增值税扣税凭证抵减增值税税额时：

借：主营业务成本　　　　　　　　　　　　　　　　　　　300 000
　　应交税费——应交增值税（销项税额抵减）　　　　　　 18 000
　　　贷：银行存款　　　　　　　　　　　　　　　　　　　　　　318 000

（2）确认旅游服务收入时：

借：银行存款　　　　　　　　　　　　　　　　　　　　　424 000
　　　贷：主营业务收入　　　　　　　　　　　　　　　　　　　　400 000
　　　　　应交税费——应交增值税（销项税额）　　　　　　　　　 24 000

2.企业转让金融商品按规定以盈亏相抵后的余额作为销售额

按照现行增值税制度规定，企业实际转让金融商品，月末，如果产生转让收益，则按应纳税额，借记"投资收益"等科目，贷记"应交税费——转让金融商品应交增值税"科目；如果产生转让损失，则按可结转下月抵扣税额，借记"应交税费——转让金融商品应交增值税"科目，贷记"投资收益"等科目。缴纳增值税时，借记"应交税费——转让金融商品应交增值税"科目，贷记"银行存款"科目。年末，"应交税费——转让金融商品应交增值税"科目若为借方余额，则借记"投资收益"等科目，贷记"应交税费——转让金融商品应交增值税"科目。

（六）增值税税控系统专用设备和技术维护费用抵减增值税税额的账务处理

按照现行增值税制度规定，企业初次购买增值税税控系统专用设备支付的费用以及缴纳的技术维护费允许在增值税应纳税额中全额抵减。增值税税控系统专用设备包括增值税防伪税控系统设备（如金税卡、IC卡、读卡器或金税盘和报税盘）、货物运输业增值税专用发票税控系统设备（如税控盘和报税盘）、机动车销售统一发票税控系统和公路、内河货物运输业发票税控系统设备（如税控盘和传输盘）。

企业初次购入增值税税控系统专用设备，按实际支付或应付的金额，借记"固定资产"科目，贷记"银行存款""应付账款"等科目。按规定抵减的增值税应纳税额，借记"应交税费——应交增值税（减免税款）"科目，贷记"管理费用"等科目。小规模纳税人应借记"应交税费——应交增值税"科目，贷记"管理费用"等科目。

【例5-20】泰森公司为增值税一般纳税人，初次购买增值税税控系统专用设备，并将其作为固定资产核算。取得增值税专用发票上注明的价款为40 000元、增值税税额为6 400元，价款和税款均以银行存款支付。泰森公司应编制如下会计分录：

（1）购入设备，支付价税款时：

借：固定资产　　　　　　　　　　　　　　　　　　　　　 46 400
　　　贷：银行存款　　　　　　　　　　　　　　　　　　　　　　 46 400

（2）按规定抵减增值税应纳税额时：

借：应交税费——应交增值税（减免税款）　　　　　　　　　　　　　6 400

　　贷：管理费用　　　　　　　　　　　　　　　　　　　　　　　　　6 400

小微企业在取得销售收入时，应当按照现行增值税制度的规定计算应交增值税，并确认为应交税费，在达到增值税制度规定的免征增值税条件时，将有关应交增值税转入当期损益。

三、应交消费税

（一）消费税概述

消费税是指在我国境内生产、委托加工和进口应税消费品的单位和个人，按其流转额缴纳的一种税。消费税有从价定率、从量定额、从价定率和从量定额合计税（简称复合计税）三种征税方法。采用从价定率方法征收的消费税，以不含增值税的销售额为税基，按照税法规定的税率计算。企业的销售收入包含增值税的，应将其换算为不含增值税的销售额。采取从量定额计征的消费税，根据税法确定的企业应税消费品的数量和单位应税消费品应缴纳的消费税计算确定。采用复合计税计征的消费税，由以不含增值税的销售额为税基，按照税法规定的税率计算的消费税及按税法确定的企业应税消费品的数量和单位应税消费品应缴纳的消费税计算的消费税合计确定。

（二）应交消费税的账务处理

企业应在"应交税费"科目下设置"应交消费税"明细科目，核算应交消费税的发生、缴纳情况。该科目贷方登记应缴纳的消费税，借方登记已缴纳的消费税；期末贷方余额反映企业尚未缴纳的消费税，借方余额反映企业多缴纳的消费税。

1.销售应税消费品

企业销售应税消费品应缴纳的消费税，应借记"税金及附加"科目，贷记"应交税费——应交消费税"科目。

【例 5-21】美达日化销售所生产的化妆品，价款 2 000 000 元（不含增值税），适用的消费税税率为 15%。假设不考虑其他相关税费，美达日化应编制如下会计分录：

应交消费税税额=2 000 000×15%=300 000（元）

借：税金及附加　　　　　　　　　　　　　　　　　　　　　　　　　300 000

　　贷：应交税费——应交消费税　　　　　　　　　　　　　　　　　　300 000

2.自产自用应税消费品

纳税人自产自用的应税消费品，用于连续生产应税消费品的，不纳税；用于其他方面的，于移送使用时纳税。企业将生产的应税消费品用于在建工程等非生产机构的，按规定应缴纳的消费税，借记"在建工程"等科目，贷记"应交税费——应交消费税"科目。

【例 5-22】腾飞公司在建厂房工程领用自产柴油，成本为 50 000 元，应纳消费税6 000 元。腾飞公司应编制如下会计分录：

借：在建工程　　　　　　　　　　　　　　　　　　　　　　　　　　56 000

　　贷：库存商品　　　　　　　　　　　　　　　　　　　　　　　　　50 000

　　　　应交税费——应交消费税　　　　　　　　　　　　　　　　　　 6 000

【例 5-23】科达股份下设的职工食堂享受企业提供的补贴，本月领用自产产品一批，该产品的账面价值为 40 000 元，市场价格为 60 000 元（不含增值税），适用的消费税税率为 10%，增值税专用发票上注明增值税税额为 9 600 元。科达股份的有关会计分录如下：

借：应付职工薪酬——职工福利费　　　　　　　　　　　　69 600
　　　贷：主营业务收入　　　　　　　　　　　　　　　　　　60 000
　　　　　应交税费——应交增值税（销项税额）　　　　　　　 9 600
借：税金及附加　　　　　　　　　　　　　　　　　　　　 6 000
　　　贷：应交税费——应交消费税　　　　　　　　　　　　　 6 000
借：主营业务成本　　　　　　　　　　　　　　　　　　　40 000
　　　贷：库存商品　　　　　　　　　　　　　　　　　　　　40 000

3.委托加工应税消费品

企业如有应交消费税的委托加工物资，一般应由受托方代收代缴税款。委托加工物资收回后直接用于销售的，应将受托方代收代缴的消费税计入委托加工物资的成本，借记"委托加工物资"等科目，贷记"应付账款""银行存款"等科目；委托加工物资收回后用于连续生产的，按规定准予抵扣消费税的，应按已由受托方代收代缴的消费税，借记"应交税费——应交消费税"科目，贷记"应付账款""银行存款"等科目。

【例 5-24】滨海公司委托大宇公司代为加工一批应交消费税的材料（非金银首饰）。滨海公司的材料成本为 1 000 000 元，加工费为 200 000 元，增值税税额 32 000 元，由大宇公司代收代缴的消费税为 80 000 元。材料已经加工完成，由滨海公司收回并验收入库，加工费尚未支付。滨海公司采用实际成本法进行原材料的核算。

（1）如果滨海公司收回的委托加工物资用于继续生产应税消费品，滨海公司应编制如下会计分录：

借：委托加工物资　　　　　　　　　　　　　　　　　 1 000 000
　　　贷：原材料　　　　　　　　　　　　　　　　　　　　 1 000 000
借：委托加工物资　　　　　　　　　　　　　　　　　　 200 000
　　　应交税费——应交增值税（进项税额）　　　　　　　　 32 000
　　　　　　　　——应交消费税　　　　　　　　　　　　　 80 000
　　　贷：应付账款　　　　　　　　　　　　　　　　　　　　 312 000
借：原材料　　　　　　　　　　　　　　　　　　　　 1 200 000
　　　贷：委托加工物资　　　　　　　　　　　　　　　　　 1 200 000

（2）如果滨海公司收回的委托加工物资直接用于对外销售，滨海公司应编制如下会计分录：

借：委托加工物资　　　　　　　　　　　　　　　　　 1 000 000
　　　贷：原材料　　　　　　　　　　　　　　　　　　　　 1 000 000
借：委托加工物资　　　　　　　　　　　　　　　　　　 280 000
　　　应交税费——应交增值税（进项税额）　　　　　　　　 32 000
　　　贷：应付账款　　　　　　　　　　　　　　　　　　　　 312 000
借：原材料　　　　　　　　　　　　　　　　　　　　 1 280 000
　　　贷：委托加工物资　　　　　　　　　　　　　　　　　 1 280 000

4.进口应税消费品

企业进口应税物资在进口环节缴纳的消费税，计入该项物资的成本，借记"材料采购""固定资产"等科目，贷记"银行存款"等科目。

【例5-25】泰隆集团从国外进口一批需要缴纳消费税的商品，商品价值2 000 000元，增值税税额为320 000元，进口环节需缴纳的消费税为400 000元，采购的商品已经验收入库，货款尚未支付，税款已经用银行存款支付。泰隆集团应编制如下会计分录：

借：库存商品 2 400 000
　　应交税费——应交增值税（进项税额） 320 000
　　贷：应付账款 2 000 000
　　　　银行存款 720 000

四、其他应交税费

其他应交税费是指除上述应交税费以外的其他各种应上交国家的税费，包括应交资源税、应交城市维护建设税、应交土地增值税、应交企业所得税、应交房产税、应交城镇土地使用税、应交车船税、应交教育费附加、应交个人所得税等。企业应当在"应交税费"科目下设置明细科目进行核算，贷方登记应缴纳的有关税费，借方登记已缴纳的有关税费，期末贷方余额反映尚未缴纳的有关税费。

（一）应交资源税

资源税是对在我国境内开采应税矿产品和生产盐的单位和个人，就其应税数量征收的一种税。资源税按照应税产品的课税数量和规定的单位税额计算。开采或生产应税产品对外销售的，以销售数量为课税数量；开采或生产应税产品自用的，以自用数量为课税数量。对外销售应税产品应缴纳的资源税应记入"税金及附加"科目，借记"税金及附加"科目，贷记"应交税费——应交资源税"科目；自产自用应税产品缴纳的资源税应记入"生产成本""制造费用"等科目，借记"生产成本""制造费用"等科目，贷记"应交税费——应交资源税"科目。

【例5-26】滨海公司对外销售某种资源税应税矿产品2 000吨，将自产的资源税应税矿产品500吨用于企业的产品生产，每吨应交资源税5元。滨海公司应编制如下会计分录：

（1）对外销售应税矿产品应交的资源税：

企业对外销售应税矿产品应交的资源税=2 000×5=10 000（元）

借：税金及附加 10 000
　　贷：应交税费——应交资源税 10 000

（2）自产自用应税矿产品应交的资源税：

企业自产自用应税矿产品应交的资源税=500×5=2 500（元）

借：生产成本 2 500
　　贷：应交税费——应交资源税 2 500

（3）缴纳资源税：

借：应交税费——应交资源税 12 500
　　贷：银行存款 12 500

（二）应交城市维护建设税

城市维护建设税是我国为了加强城市的维护建设，扩大和稳定城市维护建设资金的来源，对有经营收入的单位和个人征收的一个税种。其纳税人为缴纳增值税、消费税的单位和个人，以纳税人实际缴纳的增值税、消费税税额为计税依据，并分别与两项税金同时缴纳。税率因纳税人所在地不同从 1%～7% 不等。公式为：

$$应纳税额=（应交增值税+应交消费税）×适用税率$$

企业按规定计算出应缴纳的城市维护建设税，借记"税金及附加"科目，贷记"应交税费——应交城市维护建设税"科目。企业缴纳城市维护建设税时，借记"应交税费——应交城市维护建设税"科目，贷记"银行存款"科目。

【例 5-27】滨海公司本期实际应上交增值税 400 000 元、消费税 241 000 元。该公司适用的城市维护建设税税率为 7%。滨海公司应编制如下会计分录：

（1）计算应交的城市维护建设税：

应交的城市维护建设税=（400 000+241 000）×7%=44 870（元）

借：税金及附加 　　　　　　　　　　　　　　　　　　　　　　　　44 870

　　贷：应交税费——应交城市维护建设税 　　　　　　　　　　　　　　　44 870

（2）用银行存款上交城市维护建设税时：

借：应交税费——应交城市维护建设税 　　　　　　　　　　　　　　　44 870

　　贷：银行存款 　　　　　　　　　　　　　　　　　　　　　　　　　44 870

（三）应交教育费附加

教育费附加是为了发展教育事业而向企业征收的附加费用。企业按规定计算出应交的教育费附加，借记"税金及附加"科目，贷记"应交税费——应交教育费附加"科目。

【例 5-28】滨海公司按税法规定计算 2018 年第四季度应缴纳教育费附加 300 000 元，款项已经用银行存款支付。滨海公司应编制如下会计分录：

（1）计算应交的教育费附加：

借：税金及附加 　　　　　　　　　　　　　　　　　　　　　　　　300 000

　　贷：应交税费——应交教育费附加 　　　　　　　　　　　　　　　　300 000

（2）用银行存款上交教育费附加：

借：应交税费——应交教育费附加 　　　　　　　　　　　　　　　　　300 000

　　贷：银行存款 　　　　　　　　　　　　　　　　　　　　　　　　　300 000

（四）应交土地增值税

土地增值税是对转让国有土地使用权、地上建筑物及其附着物（以下简称转让房地产）并取得增值性收入的单位和个人征收的一种税。

土地增值税按照转让房地产所取得的增值额和规定的税率计算征收。转让房地产的增值额是转让收入减去税法规定扣除项目金额后的余额，其中，转让收入包括货币收入、实物收入和其他收入；扣除项目主要包括取得土地使用权所支付的金额、房地产开发成本及费用、与转让房地产有关的税金、旧房及建筑物的评估价格、财政部确定的其他扣除项目等。土地增值税采用四级超率累进税率，其中最低税率为 30%，最高税率为 60%。

根据企业对房地产的核算方法不同，计算征收企业应交土地增值税的账务处理也有所区别：企业转让的土地使用权连同地上建筑物及其附着物一并在"固定资产"科目核算的，转让时按应交的土地增值税，借记"固定资产清理"科目，贷记"应交税费——应交土地增值税"科目；土地使用权在"无形资产"科目核算的，按实际收到的金额，借记"银行存款""累计摊销""无形资产减值准备"科目，按应交的土地增值税，贷记"应交税费——应交土地增值税"科目,同时冲销土地使用权的账面价值,贷记"无形资产"科目,按其差额,借记"营业外支出"科目或贷记"营业外收入"科目;房地产开发经营企业销售房地产应缴纳的土地增值税,借记"税金及附加"科目,贷记"应交税费——应交土地增值税"科目。企业缴纳土地增值税时,借记"应交税费——应交土地增值税"科目,贷记"银行存款"科目。

【例5-29】滨海公司对外转让一栋厂房,根据税法规定计算的应交土地增值税为27 000元。滨海公司应编制如下会计分录:

(1) 计算应缴纳的土地增值税:

借:固定资产清理 27 000
　　贷:应交税费——应交土地增值税 27 000

(2) 用银行存款缴纳土地增值税税额:

借:应交税费——应交土地增值税 27 000
　　贷:银行存款 27 000

(五) 应交房产税、城镇土地使用税、车船税

房产税是国家对在城市、县城、建制镇和工矿区征收的由产权所有人缴纳的一种税。房产税依照房产原值一次性扣除10%～30%后的余值计算缴纳。没有房产原值作为依据的,由房产所在地税务机关参考同类房产核定;房产出租的,以房产租金收入为房产税的计税依据。

城镇土地使用税是以城市、县城、建制镇和工矿区范围内使用土地的单位和个人为纳税人,以其实际占用的土地面积和规定税额计算征收的一种税。

车船税由拥有并且使用车船的单位和个人按照适用税额计算缴纳。

企业应交的应交房产税、城镇土地使用税、车船税记入"税金及附加"科目,借记"税金及附加"科目,贷记"应交税费——应交房产税(或城镇土地使用税、车船税)"科目。

【例5-30】滨海公司按税法规定本期应纳房产税160 000元,车船税38 000元,城镇土地使用税45 000元。滨海公司应编制如下会计分录:

(1) 计算应缴纳的上述税金:

借:税金及附加 243 000
　　贷:应交税费——应交房产税 160 000
　　　　　　　　——应交城镇土地使用税 45 000
　　　　　　　　——应交车船税 38 000

(2) 用银行存款缴纳上述税金:

借:应交税费——应交房产税 160 000
　　　　　　——应交城镇土地使用税 45 000
　　　　　　——应交车船税 38 000
　　贷:银行存款 243 000

(六) 应交个人所得税

企业职工按规定应缴纳的个人所得税通常由单位代扣代缴。企业按规定计算的代扣代缴的职工个人所得税,借记"应付职工薪酬"科目,贷记"应交税费——应交个人所得

税"科目；企业缴纳个人所得税时，借记"应交税费——应交个人所得税"科目，贷记"银行存款"等科目。

【例5-31】滨海公司本月应付职工薪酬总额为200 000元，代扣职工个人所得税共计2 000元，实发工资198 000元。滨海公司应编制如下会计分录：

（1）代扣个人所得税：

借：应付职工薪酬——工资   2 000
    贷：应交税费——应交个人所得税   2 000

（2）缴纳个人所得税：

借：应交税费——应交个人所得税   2 000
    贷：银行存款   2 000

本学习任务小结

应交税费的核算任务小结见表5-2。

表5-2   应交税费的核算任务小结

业务内容		会计处理
一般纳税人应交增值税	购进货物、应税劳务或者应税行为、无形资产或不动产	借：原材料/固定资产/库存商品等 应交税费——应交增值税（进项税额） 贷：银行存款等
	进项税额转出	借：待处理财产损溢/在建工程/应付职工薪酬等 贷：应交税费——应交增值税（进项税额转出） 原材料等

	销售物资或提供应税劳务	借：银行存款等
		    贷：主营业务收入等
		        应交税费——应交增值税（销项税额）

	视同销售	借：在建工程/长期股权投资/营业外支出等
		    贷：主营业务收入/库存商品等
		        应交税费——应交增值税（销项税额）

	缴纳增值税	缴纳当月应交增值税税额：
		借：应交税费——应交增值税（已交税金）
		    贷：银行存款
		缴纳以前月份未交增值税税额：
		借：应交税费——未交增值税
		    贷：银行存款

	月末结转多交、未交增值税税额	月末结转未交增值税税额：
		借：应交税费——应交增值税（转出未交增值税）
		    贷：应交税费——未交增值税
		月末结转多交增值税税额：
		借：应交税费——未交增值税
		    贷：应交税费——应交增值税（转出多交增值税）

续表

业务内容		会计处理
小规模纳税人 增值税核算	购进货物、服务、无形资产 或不动产	借：材料采购、库存商品等 　　贷：银行存款等
	销售货物、服务、无形资产 或不动产	借：银行存款等 　　贷：主营业收入 　　　　应交税费——应交增值税
差额征税的 账务处理		（1）发生相关成本费用允许扣减销售额时： 借：主营业务成本 　　应交税费——应交增值税（销项税额抵减） 　　贷：银行存款 （2）确认收入时： 借：银行存款 　　贷：主营业务收入 　　　　应交税费——应交增值税（销项税额）
应交消费税	销售应税消费品	借：税金及附加 　　贷：应交税费——应交消费税
	自产自用应税消费品	借：在建工程等 　　贷：应交税费——应交消费税
	委托加工应税消费品	收回物资用于 继续生产应税 消费品：借：委托加工物资 　　　　贷：原材料 借：委托加工物资 　　应交税费——应交消费税 　　贷：应付账款等 借：原材料 　　贷：委托加工物资
		收回物资直接 对外销售：借：委托加工物资 　　　　贷：原材料 借：委托加工物资（加工费+消费税） 　　贷：应付账款等 借：原材料 　　贷：委托加工物资

任务三　生产经营过程中费用、支出业务核算

知识目标

1.理解期间费用的含义及构成；

2. 理解营业外收支的含义及构成；

3. 掌握期间费用的核算；

4. 掌握营业外收支的核算。

技能目标

1. 能正确区分各项期间费用，根据原始凭证熟练进行相关业务的账务处理；

2. 能根据原始凭证进行常见营业外收支业务的账务处理。

知识准备

一、其他应付款

其他应付款是指除企业应付票据、应付账款、预收账款、应付职工薪酬、应交税费、应付股利等以外的其他各项应付、暂收的款项，如应付经营租赁固定资产租金、租入包装物租金、存入保证金等。企业应通过"其他应付款"科目核算其他应付款的增减变动及结存情况。该科目贷方登记发生的各种应付、暂收款项，借方登记偿还或转销的各种应付、暂收款项；该科目期末贷方余额，反映企业应付未付的其他应付款项。本科目按照其他应付款的项目和对方单位或个人设置明细科目进行明细核算。

企业发生其他各种应付、暂收款项时，借记"管理费用"等科目，贷记"其他应付款"科目；支付或退回其他各种应付、暂收款项时，借记"其他应付款"科目，贷记"银行存款"等科目。

【例 5-32】滨海公司从 2018 年 1 月 1 日起，以经营租赁方式租入管理用办公设备一批，每月租金 5 000 元，按季支付。3 月 31 日，滨海公司以银行存款支付应付租金。滨海公司应编制如下会计分录：

（1）1 月 31 日计提应付经营租赁方式租入固定资产租金：

借：管理费用　　　　　　　　　　　　　　　　　　　　　5 000

　　贷：其他应付款　　　　　　　　　　　　　　　　　　　　　　5 000

2 月底计提应付经营租赁方式租入固定资产租金的会计处理同上。

（2）3 月 31 日支付租金：

借：其他应付款　　　　　　　　　　　　　　　　　　　　 10 000

　　管理费用　　　　　　　　　　　　　　　　　　　　　 5 000

　　贷：银行存款　　　　　　　　　　　　　　　　　　　　　 15 000

二、期间费用

（一）期间费用概述

期间费用是指企业日常活动中发生的不能计入特定核算对象的成本，而应计入发生当期损益的费用。期间费用是企业日常活动中所发生的经济利益的流出。之所以不计入特定的成本核算对象，主要是因为期间费用是企业为组织和管理整个经营活动所发生的费用，与可以确定特定成本核算对象的材料采购、产成品生产等没有直接关系，因而期间费用不计入有关核算对象的成本，而是直接计入当期损益。

期间费用包含以下两种情况：一是企业发生的支出不产生经济利益，或者即使产生经济利益但不符合或者不再符合资产确认条件的，应当在发生时确认为费用，计入当期损益；二是企业发生的交易或者事项导致其承担了一项负债，而又不确认为一项资产的，应当在发生时确认为费用，计入当期损益。

（二）期间费用的账务处理

期间费用包括销售费用、管理费用和财务费用。

1.销售费用的账务处理

销售费用是指企业在销售商品、自制半成品和提供劳务等过程中发生的各项费用，包括保险费、包装费、展览费、广告费、商品维修费、预计产品质量保证损失、运输费、装卸费等，以及为销售本企业商品而专设的销售机构（含销售网点、售后服务网点等）的职工薪酬、业务费、折旧费等经营费用。企业发生的与专设销售机构相关的固定资产修理费用等后续支出也属于销售费用。

销售费用是与企业销售商品活动有关的费用，但不包括销售商品本身的成本和劳务成本。销售的商品的成本属于"主营业务成本"，提供劳务的成本属于"劳务成本"。

企业应通过"销售费用"科目核算销售费用的发生和结转情况。该科目借方登记企业所发生的各项销售费用，贷方登记期末转入"本年利润"科目的销售费用，结转后该科目应无余额。该科目应按销售费用的费用项目进行明细核算。

【例5-33】滨海公司2018年3月1日为宣传新产品发生广告费80 000元，用银行存款支付。滨海公司应编制如下会计分录：

借：销售费用——广告费   80 000
    贷：银行存款   80 000

【例5-34】滨海公司销售部2018年8月份共发生费用220 000元，其中：销售人员薪酬100 000元，销售部专用办公设备折旧费50 000元，业务费70 000元（用银行存款支付）。滨海公司应编制如下会计分录：

借：销售费用（销售人员薪酬、销售部专用办公设备折旧费、业务费） 220 000
    贷：应付职工薪酬   100 000
        累计折旧   50 000
        银行存款   70 000

【例5-35】滨海公司2018年1月12日销售一批产品，销售过程中发生运输费5 000元、装卸费2 000元，均用银行存款支付。滨海公司应编制如下会计分录：

借：销售费用——运输费   5 000
        ——装卸费   2 000
    贷：银行存款   7 000

【例5-36】滨海公司2018年3月1日用银行存款支付产品保险费5 000元。滨海公司应编制如下会计分录：

借：销售费用——保险费   5 000
    贷：银行存款   5 000

【例5-37】滨海公司2018年3月31日计算出本月应付给为销售本企业商品而专设的销售机构的职工工资总额为50 000元。滨海公司应编制如下会计分录：

借：销售费用——工资　　　　　　　　　　　　　　　　　　　50 000

　　贷：应付职工薪酬　　　　　　　　　　　　　　　　　　　　　　50 000

【例5-38】滨海公司2018年3月31日按专设销售机构的职工工资总额提取当月职工福利费7 000元。滨海公司应编制如下会计分录：

借：销售费用——职工福利费　　　　　　　　　　　　　　　　　7 000

　　贷：应付职工薪酬　　　　　　　　　　　　　　　　　　　　　　7 000

【例5-39】滨海公司2018年3月31日计算出当月专设销售机构使用的房屋应提取的折旧为7 800元，滨海公司应编制如下会计分录：

借：销售费用——折旧费　　　　　　　　　　　　　　　　　　　7 800

　　贷：累计折旧　　　　　　　　　　　　　　　　　　　　　　　　7 800

【例5-40】滨海公司2018年3月31日将本月发生的"销售费用"56 000元结转到"本年利润"科目。滨海公司应编制如下会计分录：

借：本年利润　　　　　　　　　　　　　　　　　　　　　　　56 000

　　贷：销售费用　　　　　　　　　　　　　　　　　　　　　　　56 000

2.管理费用的账务处理

管理费用是指企业为组织和管理生产经营发生的各种费用，包括企业在筹建期间内发生的开办费、行政管理部门在企业的经营管理中发生的应由企业统一负担的公司经费（包括行政管理部门职工工资及福利费、物料消耗、低值易耗品摊销、办公费和差旅费等）、行政管理部门负担的工会经费、董事会会费（包括董事会成员津贴、会议费和差旅费等）、聘请中介机构费、咨询费（含顾问费）、诉讼费、业务招待费、技术转让费、研究费用、排污费等。企业生产车间（部门）和行政管理部门发生的固定资产修理费等后续支出，也作为管理费用核算。

企业应设置"管理费用"科目核算管理费用的发生和结转情况。该科目借方登记企业发生的各项管理费用，贷方登记期末转入"本年利润"科目的管理费用，结转后该科目应无余额。该科目按管理费用的费用项目进行明细核算。商品流通企业管理费用不多的，可不设本科目，相关核算内容可并入"销售费用"科目核算。

【例5-41】滨海公司2018年7月22日为拓展产品销售市场发生业务招待费50 000元，用银行存款支付。滨海公司应编制如下会计分录：

借：管理费用——业务招待费　　　　　　　　　　　　　　　　50 000

　　贷：银行存款　　　　　　　　　　　　　　　　　　　　　　　50 000

【例5-42】滨海公司2018年4月5日就一项产品的设计方案向有关专家进行咨询，以现金支付咨询费30 000元。滨海公司应编制如下会计分录：

借：管理费用——咨询费　　　　　　　　　　　　　　　　　　30 000

　　贷：库存现金　　　　　　　　　　　　　　　　　　　　　　　30 000

【例5-43】滨海公司行政部2018年9月份共发生费用224 000元，其中：行政人员薪酬150 000元，行政部专用办公设备折旧费45 000元，报销行政人员差旅费21 000元（假定报销人员均未预借差旅费），其他办公、水电费8 000元（已用银行存款支付）。滨海公司应编制如下会计分录：

借：管理费用　　　　　　　　　　　　　　　　　　　　　　224 000

贷：应付职工薪酬	150 000
累计折旧	45 000
库存现金	21 000
银行存款	8 000

【例5-44】滨海公司2018年12月31日将"管理费用"科目余额65 000元转入"本年利润"科目。滨海公司应编制如下会计分录：

借：本年利润 65 000

　　贷：管理费用 65 000

3.财务费用的账务处理

财务费用是指企业为了筹集生产经营资金而发生的筹资费用，包括利息支出（减利息收入）、汇兑损益及相关的手续费、企业发生的现金折扣等。

企业应通过"财务费用"科目核算财务费用的发生和结转情况。该科目借方登记企业发生的各项财务费用，贷方登记转入"本年利润"科目的财务费用，结转后该科目应无余额。该科目应按财务费用的费用项目进行明细核算。

【例5-45】滨海公司2018年4月30日用银行存款支付本月应负担的短期借款利息24 000元。滨海公司应编制如下会计分录：

借：财务费用——利息支出 24 000

　　贷：银行存款 24 000

【例5-46】滨海公司2018年6月2日用银行存款支付银行手续费400元。滨海公司应编制如下会计分录：

借：财务费用——手续费 400

　　贷：银行存款 400

【例5-47】2018年8月7日，滨海公司在购买材料的业务中，根据对方规定的现金折扣条件提前付款，获得对方给予的现金折扣4 000元。滨海公司应编制如下会计分录：

借：应付账款 4 000

　　贷：财务费用 4 000

【例5-48】滨海公司2018年11月1日向银行借入生产经营用短期借款360 000元，期限6个月，年利率5%，该借款本金到期后一次归还，利息分月预提，按季支付。滨海公司应编制如下会计分录：

每月末，计提当月应计利息：

360 000×5%÷12=1 500（元）

借：财务费用——利息支出 1 500

　　贷：应付利息 1 500

【例5-49】滨海公司2018年11月30日将"财务费用"科目余额89 000元结转到"本年利润"科目。滨海公司应编制如下会计分录：

借：本年利润 89 000

　　贷：财务费用 89 000

三、营业外收支

（一）营业外收入

1.营业外收入核算的内容

营业外收入是指企业确认的与其日常活动无直接关系的各项利得。营业外收入并不是企业经营资金耗费所产生的，实际上是经济利益的净流入，不需要与有关的费用进行配比。营业外收入主要包括非流动资产处置利得、政府补助、盘盈利得、捐赠利得、非货币性资产交换利得、债务重组利得等。

（1）非流动资产处置利得包括固定资产处置利得和无形资产出售利得。固定资产处置利得，是指企业出售固定资产所取得价款或报废固定资产的材料价值和变价收入等，扣除被处置固定资产的账面价值、清理费用、与处置相关的税费后的净收益；无形资产出售利得，是指企业出售无形资产所取得价款，扣除被出售无形资产的账面价值、与出售相关的税费后的净收益。

（2）政府补助，是指企业从政府无偿取得货币性资产或非货币性资产形成的利得，不包括政府作为所有者对企业的投入资本。

（3）盘盈利得，是指企业对于现金清查盘点中盘盈的现金，报经批准后计入营业外收入的金额。

（4）捐赠利得，是指企业接受捐赠产生的利得。

2.营业外收入的账务处理

企业应通过"营业外收入"科目核算营业外收入的取得及结转情况。该科目可按营业外收入项目进行明细核算。

（1）处置非流动资产利得

企业确认处置非流动资产利得时，借记"固定资产清理""无形资产"等科目，贷记"营业外收入"科目。

【例5-50】滨海公司将固定资产报废清理的净收益8 000元转作营业外收入。滨海公司应编制如下会计分录：

借：固定资产清理　　　　　　　　　　　　　　　　　　　　　8 000
　　贷：营业外收入——非流动资产处置利得　　　　　　　　　　　　8 000

（2）盘盈利得、捐赠利得

企业确认的盘盈利得、捐赠利得计入营业外收入，借记"库存现金""待处理财产损溢"等科目，贷记"营业外收入"科目。

【例5-51】滨海公司在现金清查中盘盈200元，按管理权限报经批准后转入营业外收入，滨海公司应编制如下会计分录：

（1）现金盘盈时：

借：库存现金　　　　　　　　　　　　　　　　　　　　　　　200
　　贷：待处理财产损溢——待处理流动资产损溢　　　　　　　　　　200

（2）批准转入营业外收入时：

借：待处理财产损溢——待处理流动资产损溢　　　　　　　　　　200
　　贷：营业外收入　　　　　　　　　　　　　　　　　　　　　　200

期末，应将"营业外收入"科目余额转入"本年利润"科目，借记"营业外收入"科目，贷记"本年利润"科目，结转后，"营业外收入"科目应无余额。

【例5-52】滨海公司本期营业外收入总额为200 000元，期末结转至本年利润。滨海公司应编制如下会计分录：

借：营业外收入   200 000

    贷：本年利润   200 000

（二）营业外支出

1.营业外支出的核算内容

营业外支出是指企业发生的与其日常活动无直接关系的各项损失，主要包括非流动资产处置损失、公益性捐赠支出、盘亏损失、非常损失、罚款支出、非货币性资产交换损失、债务重组损失等。

（1）非流动资产处置损失包括固定资产处置损失和无形资产出售损失。固定资产处置损失，是指企业出售固定资产取得价款或报废固定资产的材料价值和变价收入等，抵补处置固定资产的账面价值、清理费用、与处置相关的税费后的净损失；无形资产出售损失，是指企业出售无形资产取得价款，抵补出售无形资产的账面价值、与出售相关的税费后的净损失。

（2）公益性捐赠支出，是指企业对外进行公益性捐赠发生的支出。

（3）盘亏损失，主要指对于财产清产盘点中盘亏的资产，查明原因并报经批准计入营业外支出的损失。

（4）非常损失，是指企业对于因客观因素（如自然灾害等）造成的损失，扣除保险公司赔偿后应计入营业外支出的净损失。

（5）罚款支出，是指企业支付的行政罚款、税务罚款，以及其他违反法律规定、合同协议等而支付的罚款、违约金、赔偿金等支出。

2.营业外支出的账务处理

企业应通过"营业外支出"科目核算营业外支出的发生及结转情况。该科目可按营业外支出项目进行明细核算。

企业确认处置非流动资产损失时，借记"营业外支出"科目，贷记"固定资产清理""无形资产"等科目。

【例5-53】2018年1月1日，滨海公司报废一项非专利技术，该非专利技术取得时成本为1 000 000元，报废时已累计摊销500 000元，未计提减值准备，假设不考虑其他因素，滨海公司应编制如下会计分录：

借：累计摊销   500 000

    营业外支出——处置非流动资产损失   500 000

    贷：无形资产   1 000 000

企业确认盘亏、罚款支出时，借记"营业外支出"科目，贷记"待处理财产损溢""银行存款"等科目。

【例5-54】滨海公司发生原材料意外灾害损失270 000元，经批准全部转作营业外支出，不考虑相关税费。滨海公司应编制如下会计分录：

（1）发生原材料意外灾害损失时：

借：待处理财产损溢——待处理流动资产损溢   270 000

|　贷：原材料 | 270 000 |

（2）批准处理时：

|　借：营业外支出 | 270 000 |
|　　贷：待处理财产损溢——待处理流动资产损溢 | 270 000 |

【例 5-55】滨海公司用银行存款支付税款滞纳金30 000元，滨海公司应编制如下会计分录：

|　借：营业外支出 | 30 000 |
|　　贷：银行存款 | 30 000 |

期末，应将"营业外支出"科目余额转入"本年利润"科目，借记"本年利润"科目，贷记"营业外支出"科目，结转后，"营业外支出"科目应无余额。

【例 5-56】滨海公司本期营业外支出总额为800 000元，期末结转至本年利润。滨海公司应编制如下会计分录：

|　借：本年利润 | 800 000 |
|　　贷：营业外支出 | 800 000 |

本学习任务小结

1.期间费用的核算任务小结见表5-3。

表 5-3　　　　　　　　　　　期间费用的核算任务小结

业务内容	会计处理
销售费用	销售过程中发生的运杂费、广告费等： 借：销售费用 　贷：银行存款等
	专设销售机构发生的工资、福利费、折旧费等： 借：销售费用 　贷：银行存款 　　应付职工薪酬 　　累计折旧
	期末转入"本年利润"： 借：本年利润 　贷：销售费用
管理费用	发生的各项管理费用： 借：管理费用 　贷：库存现金 　　应付职工薪酬 　　累计折旧 　　累计摊销 　　应交税费等
	期末转入"本年利润"： 借：本年利润 　贷：管理费用

续表

业务内容	会计处理
财务费用	发生的各项财务费用： 借：财务费用 　　贷：银行存款 　　　　应付利息
	期末转入"本年利润"： 借：本年利润 　　贷：财务费用

2.营业外收支的核算任务小结见表5-4。

表5-4　　　　　　　　　　　　　营业外收支的核算任务小结

业务内容	会计处理
营业外收入	发生营业外收入： 借：固定资产清理 　　待处理财产损溢 　　银行存款/库存现金 　　贷：营业外收入
	期末转入"本年利润"： 借：营业外收入 　　贷：本年利润
营业外支出	发生营业外支出： 借：营业外支出 　　贷：银行存款/库存现金 　　　　待处理财产损溢等
	期末转入"本年利润"： 借：本年利润 　　贷：营业外支出

本情境综合习题

一、单项选择题

1.下列各项属于管理费用的是（　　　）。

　　A.消费税　　　　　B.教育费附加　　　　C.印花税　　　　　　D.广告费

2.专设销售机构发生的办公费用，应记入的会计科目是（　　　）。

　　A.营业外支出　　　B.管理费用　　　　　C.销售费用　　　　　D.财务费用

3.下列各项费用中，应计入财务费用的是（　　　）。

　　A.支付银行承兑手续费　　　　　　　　　B.筹建期间的长期借款利息

　　C.支付的购买债券的手续费　　　　　　D.固定资产交付使用前的借款利息

4.下列各项中，不计入产品成本的费用是（　　　）。

　　A.直接材料费用　　　　　　　　　　　B.辅助车间管理人员工资

　　C.车间厂房折旧费　　　　　　　　　　D.厂部办公楼折旧费

5.工业企业的期间费用包括（　　　）。

　　A.直接材料费和直接人工费　　　　　　B.原材料费用、人工费用和制造费用

　　C.财务费用和管理费用　　　　　　　　D.财务费用、管理费用和销售费用

6.企业发生的业务招待费，应记入的科目是（　　　）。

　　A.管理费用　　　　B.销售费用　　　　C.利润分配　　　　D.营业外支出

7.企业不符合资本化条件的研究与开发费用应当记入的科目是（　　　）。

　　A.制造费用　　　　B.管理费用　　　　C.营业外支出　　　D.销售费用

8.下列各项不通过"应交税费"账户进行核算的是（　　　）。

　　A.资源税　　　　　B.印花税　　　　　C.增值税　　　　　D.消费税

9.下列各项不属于营业外支出的是（　　　）。

　　A.罚款支出　　　　　　　　　　　　　B.接受捐赠

　　C.非常损失　　　　　　　　　　　　　D.处理固定资产净损失

10.下列各项属于营业外收入的是（　　　）。

　　A.劳务收入　　　　　　　　　　　　　B.固定资产盘盈

　　C.罚款收入　　　　　　　　　　　　　D.处理固定资产净收益

11.甲企业结算本月管理部门人员的应付职工工资共500 000元，代扣该部门职工个人所得税30 000元，实发工资470 000元，下列各项会计处理不正确的是（　　　）。

　　A.借：管理费用　　　　　　　　　　　　　　　　　500 000

　　　　　贷：应付职工薪酬　　　　　　　　　　　　　　　　　500 000

　　B.借：应付职工薪酬　　　　　　　　　　　　　　　　30 000

　　　　　贷：应交税费——应交个人所得税　　　　　　　　　　30 000

　　C.借：其他应收款　　　　　　　　　　　　　　　　　30 000

　　　　　贷：应交税费——应交个人所得税　　　　　　　　　　30 000

　　D.借：应付职工薪酬　　　　　　　　　　　　　　　　470 000

　　　　　贷：银行存款　　　　　　　　　　　　　　　　　　470 000

12.甲公司为增值税一般纳税人，适用的增值税税率为16%。年末将20台本企业自产的冰箱作为福利发给本企业职工，该冰箱的成本为每台1 000元，市场售价为2 000元/台（不含增值税）。下列说法正确的是（　　　）。

　　A.实际发放时，计入应付职工薪酬的金额为40 000元

　　B.实际发放时，计入应交税费——应交增值税（销项税额）的金额为3 200元

　　C.将自产产品作为福利发放给员工不视同销售，但需要确认收入结转成本

　　D.将自产产品作为福利发放给员工视同销售，并且要确认收入结转成本

13.下列日常经营活动涉及的税金中，记入"税金及附加"科目的是（　　　）。

　　A.增值税、车船税　　　　　　　　　　B.城市维护建设税、教育费附加

　　C.消费税、增值税　　　　　　　　　　D.印花税、消费税

14.甲企业为增值税一般纳税人，2018年6月购入农产品一批，农产品收购发票上注明的买价为200 000元，规定的扣除率为10%，货物收到并验收入库，价款已用银行存款支付，则下列说法中不正确的是（   ）。

    A."原材料"科目入账金额为180 000元

    B.应交增值税（进项税额）为20 000元

    C."原材料"科目入账金额为200 000元

    D.增值税不应计入农产品成本，可以抵扣销项税额

15.乙公司2018年度实际应交增值税300万元、消费税90万元、企业所得税120万元、房产税10万元、车船税8万元，该公司所在地区适用的城市维护建设税税率为7%，教育费附加为3%，则乙公司2018年度应该记入"税金及附加"科目的金额为（   ）万元。

    A.200   B.129   C.205   D.213

二、多项选择题

1.下列人员工资应记入"管理费用"账户的有（   ）。

    A.车间管理人员   B.企业管理人员   C.离退休人员   D.销售部门人员

2.下列各项在"应交税费——应交增值税"账户贷方登记的有（   ）。

    A.进项税额   B.销项税额   C.进项税额转出   D.已交税金

3.工资总额的组成内容包括（   ）。

    A.奖金   B.津贴和补贴   C.生活困难补助   D.加班加点工资

4.2018年9月份，甲公司（一般纳税人，适用的增值税税率为16%）发生如下事项：①10日，库存材料因管理不善发生意外火灾损失，有关增值税专用发票注明的材料成本为20 000元，增值税税额为3 200元。②18日，领用一批外购原材料用于集体福利，该批原材料的成本为60 000元，购入时支付的增值税进项税额为9 600元。下列说法正确的有（   ）。

    A.管理不善造成的材料毁损，进项税额应留待继续抵扣

    B.转入"待处理财产损溢"科目的金额为23 200元

    C.借记应付职工薪酬69 600元

    D.应记入"应交税费——应交增值税（进项税额转出）"科目的金额为13 600元

5.下列各项中，应通过"应付职工薪酬"科目核算的有（   ）。

    A.提取的工会经费   B.计提的职工住房公积金

    C.计提的职工医疗保险费   D.确认的职工短期带薪缺勤

6.下列各项与企业应交城市维护建设税税额有关的有（   ）。

    A.增值税   B.消费税   C.企业所在地区   D.房产税

7.下列发生的支出，不应计入销售费用的有（   ）。

    A.广告费   B.机器设备折旧费

    C.印花税费   D.银行承兑汇票手续费

8.下列各项不应计入产品成本的有（   ）。

    A.厂部机器设备修理费用   B.企业行政管理部门办公楼折旧费用

    C.专卖店固定资产折旧费   D.生产工人工资

9.下列各项属于应计入产品成本的费用有（   ）。

A.材料费用　　　　B.制造费用　　　　C.燃料和动力　　　　D.直接人工

10.下列各项属于销售费用的有（　　　）。

A.广告费　　　　　　　　　　B.委托代销手续费

C.展览费　　　　　　　　　　D.专设销售机构的办公费

11.下列各项应列为营业外支出的有（　　　）。

A.公益性捐赠支出　　　　　　B.资产减值损失

C.违约罚金支出　　　　　　　D.固定资产盘亏净损失

12.下列各项不应列为营业外收入的有（　　　）。

A.固定资产处置净收益　　　　B.没收包装物加收的押金

C.处理有价证券收益　　　　　D.出租包装物租金

13.下列各项不通过"应交税费"科目核算的有（　　　）。

A.消费税　　　　B.增值税　　　　C.印花税　　　　D.耕地占用税

14.企业购进货物发生的下列相关税金中，应计入货物取得成本的有（　　　）。

A.签订购买合同缴纳的印花税　　B.小规模纳税人外购材料缴纳的增值税

C.进口商品支付的关税　　　　　D.一般纳税人购进生产设备支付的增值税

15.下列各项中，生产部门人员的职工薪酬可能涉及的科目有（　　　）。

A.生产成本　　　B.制造费用　　　C.管理费用　　　D.劳务成本

三、判断题

1.企业发生的所有借款利息都作为财务费用处理。　　　　　　　　　　（　　）

2.制造费用与管理费用不同，本期发生的管理费用直接影响本期损益，而本期发生的制造费用不一定影响本期的损益。　　　　　　　　　　　　　　　　　（　　）

3.销售费用属于期间费用，直接计入当期损益。　　　　　　　　　　（　　）

4.商品流通企业在进货过程中发生的运费数额较小的可计入销售费用。　（　　）

5.企业为组织生产经营活动而发生的一切管理活动的费用，包括车间管理费用和企业管理费用，都应作为期间费用处理。　　　　　　　　　　　　　　　（　　）

6.对于一般纳税人，企业实际缴纳当月的增值税，应通过"应交税费——应交增值税（已交税金）"科目核算。　　　　　　　　　　　　　　　　　　　　（　　）

7.费用的发生最终会导致企业资源或所有者权益的减少。　　　　　　（　　）

8."应付职工薪酬——应付福利费"是一个期间费用项目。　　　　　　（　　）

9.小规模纳税人企业购进货物和接受应税劳务时支付的增值税，记入"应交税费——应交增值税（进项税额）"科目核算。　　　　　　　　　　　　　　　（　　）

10.小规模纳税企业缴纳增值税时，不通过"应交税费"账户核算。　　（　　）

11.企业支付给职工的非货币性福利，也属于"应付职工薪酬"核算的范围。（　　）

12.企业经营租入固定资产应付的租金，应该通过"其他应付款"科目核算。（　　）

13.企业代扣代缴的个人所得税，需要通过"应交税费"科目进行核算，而企业缴纳的印花税、耕地占用税等不需要预计应交数的税金，不通过"应交税费"科目进行核算。　　　　　　　　　　　　　　　　　　　　　　　　　　　　　　（　　）

14.企业将租赁的房屋无偿提供给职工使用的，每期应付的租金应作为应付职工薪酬计入相关资产成本或者当期损益。　　　　　　　　　　　　　　　　　（　　）

15. 企业将生产的应税消费品用于在建工程等非生产项目时，按规定应缴纳的消费税记入"税金及附加"科目核算。 （　　）

本情境账务处理案例

案例一

和风有限责任公司（以下简称和风公司）为一家饮料生产企业，属于增值税一般纳税人，增值税税率为16%。该公司原材料按实际成本核算。该公司2018年7月份发生经济业务如下：

（1）购入生产用食品添加剂一批，增值税专用发票上注明货款80 000元、增值税税额12 800元，货款签发转账支票支付，材料已经验收入库。

（2）购入免税农产品一批，以银行存款支付价款300 000元，该批产品已经入库。

（3）从小规模纳税企业购入食用香精一批，货款530 000元，签发并承兑商业汇票交付对方，材料入库。

（4）以银行存款购入设备一台，增值税专用发票上注明设备价款1 000 000元、增值税税额160 000元。

（5）销售一批产品并开具增值税专用发票，产品总价款50 000 000元，货款尚未收到，增值税税率16%。

（6）销售应交增值税产品给小规模纳税企业，共收价税款116 000元，存入银行。

（7）将自产产品一批用于集体福利，其生产成本8 000元，售价10 000元，增值税税率16%。

（8）由于管理不善，毁损库存材料一批，该批材料购入时成本10 000元，增值税税额1 600元，经批准该批材料损失计入营业外支出。

（9）以银行存款缴纳当月应交增值税税额。

要求：

（1）根据上述业务计算和风公司7月份应交增值税税额。

（2）根据上述经济业务编制会计分录。

案例二

顺达贸易公司为增值税一般纳税人，适用的增值税税率为16%。2018年6月发生与职工薪酬有关的交易或事项如下：

（1）对行政管理部门使用的设备进行日常维修，应付企业内部维修人员工资2.4万元。

（2）对以经营租赁方式租入的生产线进行改良，应付企业内部改良工程人员工资6万元。

（3）为公司总部下属25位部门经理每人配备汽车一辆免费使用，每辆汽车每月折旧0.08万元。

（4）将50台自产的Ｖ型厨房清洁器作为福利分配给本公司行政管理人员。该厨房清洁器每台生产成本为1.5万元，市场售价为2万元（不含增值税）。

（5）月末，分配职工工资150万元，其中，生产工人工资90万元，在建工程人员工资

15万元，车间管理人员工资15万元，企业行政管理人员工资20万元，专设销售机构人员工资10万元。

（6）月末，按工资总额的10%计提住房公积金，按照职工工资总额的12%计提基本养老保险，按照职工工资总额的2%计提医疗保险。

（7）用银行存款发放工资，其中代扣职工个人所得税15万元、职工个人承担的住房公积金15万元、养老保险18万元、医疗保险3万元。

（8）以银行存款缴纳职工医疗保险费、养老保险、住房公积金、个人所得税。

要求：根据以上经济业务编制会计分录。

案例三

惠美公司坐落于主城区内，属于增值税一般纳税人，2018年9月发生下列经济业务：

（1）以银行存款支付广告费15 000元。

（2）支付短期借款利息12 000元，其中，以前已预提8 000元。

（3）销售产品一批，增值税发票注明售价10 000元、增值税税额1 600元。商品已发出，款项已收回。另以现金支付送货运费50元（由销售方负担）。

（4）签发转账支票一张支付办公费1 300元，其中，管理部门600元，销售部门400元，生产车间300元。

（5）从仓库领用随同货物销售不单独计价包装箱30个，每个20元。

（6）以银行存款支付业务招待费2 000元。

（7）销售员张超出差归来，报销差旅费1 700元，余款300元交回现金。

（8）购买原材料一批，价款600 000元，增值税税率16%。签发一张面值696 000元、期限3个月的银行承兑汇票向银行申请承兑，支付348元的承兑手续费。原材料已入库。

（9）计提本月固定资产折旧8 000元，其中，管理部门1 500元，生产车间6 000元，销售部门500元。

（10）收到银行存款利息入账通知单，通知单上列示利息收入600元。

（11）用银行存款支付环保部门罚款支出500 000元。

（12）销售一批应税消费品，增值税专用发票上注明产品价款100 000元、增值税税额16 000元，消费税税率10%。产品已经发出，款项尚未收到。

（13）用银行存款购买印花税票100元。

（14）公司当月应交增值税268 000元，应交消费税15 000元，计算本月应交城市维护建设税及教育费附加。

要求：根据以上经济业务编制会计分录。

销售与收款业务核算

开篇案例

2005 年 1 月 31 日，中国证监会公布了衡阳市金荔科技股份有限公司（金荔科技）连续两年做假账虚增利润 1.55 亿元的消息。

根据湖南证监局的调查结果，从 2003 年开始金荔科技主业接近停顿，主营业务收入几乎为零。在金荔科技 2004 年 4 月公布的 2003 年年报中，金荔科技 2003 年主营业务收入 1.84 亿元，其中在广东省实现 1.32 亿元，在安徽省内实现 5 219.47 万元。

根据 2003 年年报资料，该笔主营业务收入是由于金荔科技并购安徽阜阳汇鑫发展有限公司 51% 股权而被计算在内的。可事实上该次并购是一次假并购，2004 年 8 月 31 日金荔科技发布公告宣布由于该笔投资款没有到位，并购失败。

同样，金荔科技 2004 年第三季度公开报表显示主营业务收入为 9 757.39 万元，而根据湖南证监局的调查结果显示金荔科技 2004 年 1—10 月份虚增收入约 1.10 亿元，也就是说该公司主营业务基本已经停顿，几乎所有的主营业务收入都是"数字游戏"。

此前，也有部分迹象表明该公司存有疑点。金荔科技有着上亿元银行贷款逾期。2003 年 12 月和 2004 年 3 月先后为武汉巨力等公司提供违规担保，合计为 1.08 亿元，占金荔科技 2003 年净资产的 39%，直到 2005 年 1 月 11 日才予以披露。2005 年 1 月 19 日，该公司董事长和部分董事还被上交所公开批评。

资料来源：匡志勇，方玉书. 连续两年做假账被查 荔科技虚增利润 1.55 亿元［EB/OL］.［2005-02-01］. http：//finance.sina.com.cn/stock/s/200 50 201/022 81 336 745.shtml.

工作情境描述

1. 主要经济业务及其流程

销售与收款业务活动主要涉及销售商品、提供劳务、让渡资产使用权的各项业务和过程。销售与收款业务过程从客户提出订货要求开始，将商品或劳务转化为应收款项，并最终收回货币资金而结束。其主要内容包括：收入的确认、销售商品、提供劳务等经济业务的核算以及应收款项的管理等内容。

销售与收款业务流程包括：接受顾客订单、信用管理部门进行信用批准；仓库部门按批准的销售单供货；装运部门按销售单装运货物；财务部门开具发票及账单；办理和记录现金及银行存款收入；确认商品销售收入及成本并登记销售业务相关账簿。

销售业务流程图如图6-1所示。

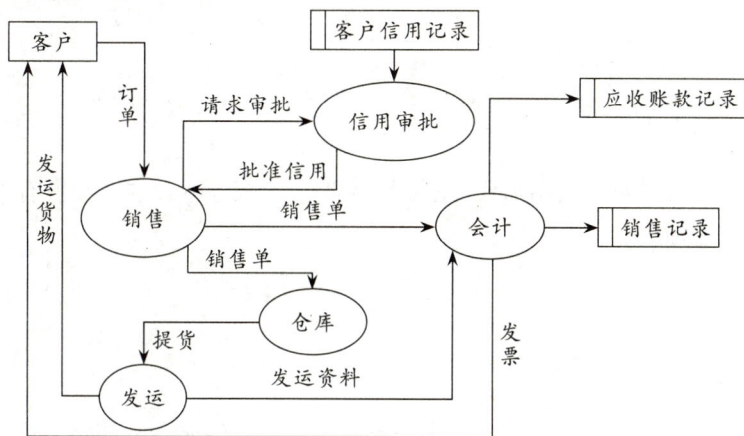

图6-1　销售业务流程图

2. 业务涉及的主要会计岗位及其职责

财务部门应设置销售会计岗位，主要负责销售发票的开具、销售业务的记录、款项结算及监督管理货款回收。具体岗位职责包括：

（1）根据销售实现原则和配比原则，确认销售收入、销售成本；

（2）及时核对产品销售数量，正确计算销售收入及税金；

（3）分析销售价格波动对销售收入的影响；

（4）编制下发企业产品销售价格表，负责发票、收款数据的申购、领用、保管和归档；

（5）协助销售部进行合同评审工作；

（6）负责主营业务收入、主营业务成本、销售费用等账户的登记；

（7）负责企业往来款项的核算和管理。

任务一　销售商品收入业务核算

知识目标

1. 掌握收入的定义及收入的确认条件；

2.划分取得收入的经济业务种类；

3.熟悉销售预收款经济业务处理流程；

4.熟悉与销售商品业务有关的会计账户设置；

5.能够对与商品销售有关的经济业务进行会计核算。

技能目标

1.判断销售经济业务发生是否满足收入确认条件；

2.选择正确的销售经济业务类别；

3.明确并履行销售与收款业务相关岗位职责；

4.收集与整理原始凭证，完成销售业务会计核算；

5.登记与销售有关的账簿记录。

知识准备

一、收入的定义

收入是指企业日常活动中形成的、会导致所有者权益增加的、与所有者投入资本无关的经济利益的总流入。

二、收入的特征

收入的特征主要表现在以下方面：

1.收入来源于企业的日常活动

日常活动是指企业为完成其经营目标所从事的经常性活动以及与之相关的活动。

2.收入表现为企业资产的增加或负债的减少

收入通常表现为企业资产的增加，比如，在取得收入的同时，银行存款或应收账款也增加；收入又表现为企业负债的减少，比如，以预收款方式销售商品，在确认收入的同时，预收款项也随之减少。

3.收入会导致企业所有者权益增加

由于收入能够使企业资产增加或负债减少，或两者兼而有之，根据会计等式"资产=负债+所有者权益"，企业取得收入必然导致所有者权益增加。此外，收入仅指本企业经济利益的总流入，不包括为第三方或客户代收的款项。

4.收入不包括因所有者投入资本而形成的经济利益的流入

收入只包括企业通过自身经营活动而形成的经济利益的流入。按企业从事日常活动的性质不同，收入分为销售商品收入、提供劳务收入和让渡资产使用权收入。收入按企业经营业务的主次不同，分为主营业务收入和其他业务收入。主营业务收入是指企业为完成其经营目标所从事的经营性活动所实现的收入。其他业务收入是指企业为完成其经营目标所从事的与经常性活动相关的活动实现的收入。

【提示】收入的确认是指收入应于何时入账并列示于利润表中。

三、销售商品收入的确认①

商品包括企业为销售而生产的产品，以及为转售而购进的商品，如工业企业生产的产品、商业企业购进的商品等。企业销售的其他存货，如原材料、周转材料等，也视同企业的商品。

销售商品收入应同时满足下列条件时才能予以确认：

（一）企业已将商品所有权上的主要风险和报酬转移给购货方

企业已将商品所有权上的主要风险和报酬转移给购货方，是指与商品所有权有关的主要风险和报酬同时转移。与商品所有权有关的风险，是指商品可能发生减值或毁损等形成的损失；与商品所有权有关的报酬，是指商品增值或通过使用商品等形成的经济利益。企业已将商品所有权上的主要风险和报酬转移给购货方，构成确认商品销售收入的重要条件。

判断企业是否已将商品所有权上的主要风险和报酬转移给购货方，应当关注交易的实质，并结合所有权凭证的转移进行判断。如果与商品所有权有关的任何损失均不需要销货方承担，与商品所有权有关的任何经济利益也不归销货方所有，就意味着已将商品所有权上的主要风险和报酬转移给了购货方。

（1）通常情况下，转移商品所有权凭证并交付实物后，商品所有权上的主要风险和报酬随之转移，如大多数零售商品、预收款销售商品、订货销售商品、托收承付方式销售商品、分期收款发出商品等，如果同时满足收入确认的其他条件，即可确认收入。

（2）某些情况下，转移商品所有权凭证或者交付实物后，商品所有权上的主要风险和报酬随之转移，企业只保留了次要风险和报酬，如交款提货方式销售商品、视同买断方式委托代销商品等。在这种情形下，应当视同商品所有权上的主要风险和报酬已经转移给购货方，如果同时满足收入确认的其他条件，即可确认收入。

（3）某些情况下，转移商品所有权凭证或者交付实物时，商品所有权上的主要风险和报酬并未随之转移，不应该确认收入。

①企业销售的商品在质量、品种、规格等方面不符合合同或协议要求，又未根据正常的保证条款予以弥补的，因而仍旧对所售商品负有责任。

②企业销售商品的收入是否能够取得，取决于购买方是否已将商品销售出去，如采用支付手续费方式委托代销商品、售后回购等。

③企业尚未完成售出商品的安装或检验工作，且安装或检验工作是销售合同或协议的重要组成部分。

④销售合同或者协议规定了购买方由于特定原因有权退货的条款，且企业又不能确定退货的可能性。

（二）企业既没有保留通常与所有权相联系的继续管理权，也没有对已售出的商品实施有效控制

在通常情况下，企业售出商品后不再保留与商品所有权相联系的继续管理权，也不再对售出商品实施有效控制，商品所有权上的主要风险和报酬已经转移给购货方，通常应在发出商品时确认收入。如果企业在商品销售后保留了与商品所有权相联系的继续管理权，

---

① 虽然国家于2017年修订了《企业会计准则第14号——收入》和《企业会计准则第15号——建造合同》，但是，考虑到修订后的准则自2020年1月1日在境内上市企业执行，本情境中仍以现行准则为依据。

或能够继续对其实施有效控制，说明商品所有权上的主要风险和报酬没有转移，销售交易不能成立，不能确认收入，如售后租回。

（三）相关的经济利益很可能流入企业

在销售商品的交易中，与交易相关的经济利益主要表现为销售商品的价款。相关的经济利益很可能流入企业，是指销售商品价款收回的可能性大于不能收回的可能性，即销售商品价款收回的可能性超过50%。企业在销售商品时，如估计销售价款收回的可能性不大，即使收入确认的其他条件均已满足，也不能确认收入。

企业在确认销售商品价款收回的可能性时，应当结合以前和买方交往的直接经验、政府有关政策、其他方面取得的信息等因素进行分析。企业销售的商品符合合同或协议要求，已将发票账单交付买方、买方承诺付款，通常表明相关的经济利益很可能流入企业。如果企业判断销售商品收入满足确认条件而予以确认，同时确认了一笔应收债权，以后由于购货方资金周转困难无法收回该债权时，不应调整原会计处理，而应对该债权计提坏账准备、确认坏账损失。如果企业根据以前与买方交往的直接经验判断买方信誉较差，或销售时得知买方在另一项交易中发生了巨额亏损，资金周转十分困难，或在出口商品时不能肯定进口企业所在国政府是否允许将款项汇出等，就可能会出现与销售商品相关的经济利益不能流入企业的情况，不应确认收入。

（四）收入的金额能够可靠地计量

收入的金额能够可靠地计量，是指收入的金额能够合理地估计。收入金额能否合理地估计是确认收入的基本前提，如果收入的金额不能够合理估计，就无法确认收入。企业在销售商品时，商品销售价格通常已经确定。但是，由于销售商品过程中某些不确定因素的影响，也有可能存在商品销售价格发生变动的情况，在这种情况下，新的商品销售价格未确定前通常不应确认销售商品收入。

企业从购货方已收或者应收的合同协议价款不公允的，应按照公允的交易价格确定收入金额，不公允的价款不应确定为收入金额。

（五）相关的已经发生或将发生的成本能够可靠地计量

根据收入和费用配比原则，与同一项销售有关的收入和费用应在同一会计期间予以确认，即企业应在确认收入的同时或同一会计期间结转相关成本。

相关的已发生或将发生的成本能够可靠地计量，是指与销售商品相关的已发生或将发生的成本能够合理地估计。通常情况下，与销售商品相关的已发生或将发生的成本能够合理地估计，如库存商品的成本、商品运输费用等。如果库存商品是本企业生产的，其生产成本能够可靠计量；如果是外购的，购买成本能够可靠计量。有时，与销售商品相关的已发生或将发生的成本不能够合理地估计，此时企业不应确认收入，如果已经收到价款，应将已收到的价款确认为负债。

四、一般销售商品收入的处理

在进行商品销售的会计处理时，首先要考虑销售商品收入是否符合收入确认条件。如果符合收入准则所规定的五项确认条件，企业应确认收入并结转相关销售成本。

企业判断销售商品收入满足确认条件的，应当提供确凿的证据。通常情况下，销售商品采用托收承付方式的，在办妥托收手续时确认收入；交款提货销售商品的，在开出发票账单、收到货款时确认收入。交款提货销售商品是指购货方已根据企业开出的发票账单支付货款并取得提货单的销售方式。在这种方式下，购货方支付货款取得提货单，企业尚未交付商品，销货方保留的是商品所有权上的次要风险和报酬，商品所有权上的主要风险和报酬已经转移给了购货方，通常应在开出发票账单、收到货款时确认收入。

企业销售商品满足收入确认条件时，应当按照已收或应收合同或协议价款确定销售商品收入金额。通常情况下，购货方已收或应收的合同或协议价款即为其公允价值，应当以此确定销售收入的金额。企业销售商品所实现的收入通过"主营业务收入"科目核算，结转的相关销售成本通过"主营业务成本"科目核算。

【例6-1】滨海公司采用托收承付结算方式销售一批商品，开出的增值税专用发票上注明商品售价为800 000元、增值税税额为128 000元；商品已经发出，并已向银行办妥托收手续；该批商品的成本为520 000元。滨海公司应编制如下会计分录：

（1）借：应收账款　　　　　　　　　　　　　　　　　　　928 000

　　　　贷：主营业务收入　　　　　　　　　　　　　　　　　　800 000

　　　　　　应交税费——应交增值税（销项税额）　　　　　　128 000

（2）借：主营业务成本　　　　　　　　　　　　　　　　　　520 000

　　　　贷：库存商品　　　　　　　　　　　　　　　　　　　　520 000

【例6-2】滨海公司向天华公司销售一批商品，开出的增值税专用发票上注明商品价款为300 000元、增值税税额为48 000元；滨海公司已收到天华公司支付的货款348 000元，并将提货单送交天华公司；该批商品的成本为250 000元。滨海公司应编制如下会计分录：

（1）借：银行存款　　　　　　　　　　　　　　　　　　　348 000

　　　　贷：主营业务收入　　　　　　　　　　　　　　　　　　300 000

　　　　　　应交税费——应交增值税（销项税额）　　　　　　48 000

（2）借：主营业务成本　　　　　　　　　　　　　　　　　　250 000

　　　　贷：库存商品　　　　　　　　　　　　　　　　　　　　250 000

五、商品已经发出但不符合销售商品收入确认条件的处理

如果企业售出商品不符合销售商品收入确认的五项条件，不应确认收入。为了单独反映已经发出但尚未确认销售收入的商品成本，企业应增设"发出商品"科目。"发出商品"科目核算一般销售方式下已经发出但尚未确认收入的商品成本。

尽管发出的商品不符合收入确认条件，但如果销售该商品的纳税义务已经发生，比如已经开出增值税专用发票，则应确认应交的增值税销项税额，借记"应收账款"等科目，贷记"应交税费——应交增值税（销项税额）"科目。如果纳税义务没有发生，则不需要进行上述处理。

【例6-3】滨海公司于2018年8月12日采用托收承付结算方式向天海公司销售一批商品，开出的增值税专用发票上注明的商品价款为100 000元、增值税税额为16 000元；该批商品成本为50 000元。滨海公司在销售该批商品时已得知天海公司资金流转发生暂时困难，但为了减少存货积压，同时为了维持与天海公司长期以来建立的业务关系，滨海公司

仍将商品发出，并办妥托收手续。假设滨海公司销售该批商品的纳税义务已经发生。滨海公司应编制如下会计分录：

发出商品时：

借：发出商品   50 000

    贷：库存商品   50 000

同时，因滨海公司销售该批商品的纳税义务已经发生，应确认应交的增值税销项税额：

借：应收账款   16 000

    贷：应交税费——应交增值税（销项税额）   16 000

如果销售该批商品的纳税义务尚未发生，则不需要进行此项会计处理，待纳税义务发生时再做应交增值税处理。

假设2018年11月滨海公司得知天海公司经营情况好转，天海公司承诺近期付款，滨海公司应在天海公司做出付款承诺时确认收入，滨海公司应编制如下会计分录：

借：应收账款   100 000

    贷：主营业务收入   100 000

同时结转成本：

借：主营业务成本   50 000

    贷：发出商品   50 000

假设滨海公司于2018年12月15日收到天海公司支付的货款，滨海公司应编制如下会计分录：

借：银行存款   116 000

    贷：应收账款   116 000

六、商业折扣、现金折扣和销售折让的处理

企业销售商品收入的金额通常按照从购货方已收或应收的合同或协议价款确定。在确定销售商品收入的金额时，应区分商业折扣、现金折扣和销售折让采用不同的账务处理方法。总体来讲，确定销售商品收入的金额时，不应考虑预计可能发生的现金折扣、销售折让，即应按总价确认收入，但应是扣除商业折扣后的净额。

（一）商业折扣

商业折扣是指企业为促进商品销售而给予的价格扣除。例如，企业为鼓励客户多买商品，可能规定购买11件以上商品给予客户10%的折扣，或者每买10件送1件等。此外，企业为了尽快出售一些残次、陈旧、冷背的商品，也可能降价销售。

商业折扣在销售时即已发生，并不构成最终成交价格的一部分。企业销售商品涉及商业折扣的，应按照扣除商业折扣以后的金额确定销售商品收入金额，即按照实际成交价格确认收入。

【例6-4】滨海公司为增值税一般纳税人，2018年5月22日销售A产品10 000件，商品价目表上显示每件商品20元（不含增值税），由于是成批销售，滨海公司给予买方10%的商业折扣，该批产品的成本是每件11元。滨海公司采用托收承付方式结算，开出增值税专用发票，并办妥托收手续。滨海公司应做如下会计分录：

（1）借：应收账款　　　　　　　　　　　　　　　　　　　　　　208 800

　　　　贷：主营业务收入　　　　　　　　　　　　　　　　　　　　180 000

　　　　　　应交税费——应交增值税（销项税额）　　　　　　　　28 800

（2）借：主营业务成本　　　　　　　　　　　　　　　　　　　　110 000

　　　　贷：库存商品　　　　　　　　　　　　　　　　　　　　　110 000

（二）现金折扣

现金折扣是指债权人为鼓励债务人在规定的期限内付款而向债务人提供的债务扣除。现金折扣发生在企业销售商品之后，企业销售商品后现金折扣是否发生以及发生多少要视买方的付款情况而定，企业在确认销售商品收入时不能确定现金折扣金额。因此，企业销售商品涉及现金折扣的，应当按照扣除现金折扣前的金额确定销售商品收入金额。现金折扣实际上是销货企业为了尽快回笼资金而发生的理财费用，应在实际发生时计入当期财务费用。

微课：特殊销售行为下商品销售收入的核算

企业在计算现金折扣时，还应注意销售方式是按不含增值税的价款提供现金折扣，还是按含增值税的价款提供现金折扣，两种情况下购买方享有的现金折扣金额不同。

【例6-5】滨海公司为增值税一般纳税人，2018年5月2日销售A商品1 000件，滨海公司开出的增值税专用发票上注明商品价款为180 000元、增值税税额为28 800元。该批产品的成本为140 000元。销售合同中规定现金折扣条件为2/10，1/20，N/30。A商品于5月2日发出，符合销售实现条件。购货方5月8日付款。假设计算现金折扣时考虑增值税税额。滨海公司应编制如下会计分录：

（1）5月2日销售实现时：

借：应收账款　　　　　　　　　　　　　　　　　　　　　　　　208 800

　　贷：主营业务收入　　　　　　　　　　　　　　　　　　　　　180 000

　　　　应交税费——应交增值税（销项税额）　　　　　　　　　　28 800

（2）借：主营业务成本　　　　　　　　　　　　　　　　　　　　140 000

　　　　贷：库存商品　　　　　　　　　　　　　　　　　　　　　140 000

（3）5月8日收到货款时：

购货方享有的现金折扣金额=208 800×2%=4 176（元）

借：银行存款　　　　　　　　　　　　　　　　　　　　　　　　204 624

　　财务费用　　　　　　　　　　　　　　　　　　　　　　　　4 176

　　贷：应收账款　　　　　　　　　　　　　　　　　　　　　　　208 800

本例中，如果购货方于5月18日付款，则享受的现金折扣为2 088元（208 800×1%），收到货款时，滨海公司应编制如下会计分录：

借：银行存款　　　　　　　　　　　　　　　　　　　　　　　　206 712

　　财务费用　　　　　　　　　　　　　　　　　　　　　　　　2 088

　　贷：应收账款　　　　　　　　　　　　　　　　　　　　　　　208 800

如果购货方于5月28日付款，则应按全额付款。收到货款时，滨海公司应编制如下会计分录：

借：银行存款　　　　　　　　　　　　　　　　　　　　　　　　208 800

　　贷：应收账款　　　　　　　　　　　　　　　　　　　　　　　208 800

（三）销售折让

销售折让是指企业因售出商品质量不符合要求等原因而在售价上给予的减让。企业将商品售出后，如果买方发现商品在质量、规格等方面不符合要求，可能要求销货方在价格上给予一定的减让。

销售折让如果发生在确认销售收入之前，则应在确认销售收入时直接按扣除销售折让后的金额确认；已经确认销售收入的售出商品发生销售折让，且不属于资产负债表日后事项的，应在发生时冲减当期销售收入，如按规定允许扣减增值税税额的，还应冲减已确认的应交增值税销项税额。

【例6-6】滨海公司销售一批商品给天华公司，开出的增值税专用发票上注明的商品价款为100 000元、增值税税额为16 000元。该批商品的成本为70 000元。货物到达天华公司后发现商品质量不符合合同要求，天华公司要求在价格上给予5%的折让。滨海公司同意并办妥了相关手续，并向税务机关索取销售折让证明单，开具红字增值税专用发票。假设滨海企业此前已经确认该批商品的销售收入，销售款项当时尚未收到。滨海公司应编制如下会计分录：

（1）销售实现时：

借：应收账款 116 000
　　贷：主营业务收入 100 000
　　　　应交税费——应交增值税（销项税额） 16 000
借：主营业务成本 70 000
　　贷：库存商品 70 000

（2）发生销售折让时：

借：主营业务收入（100 000×5%） 5 000
　　应交税费——应交增值税（销项税额） 800
　　贷：应收账款 5 800

（3）实际收到款项时：

借：银行存款 110 200
　　贷：应收账款 110 200

本例中，假设发生折让前，因该项销售在货款回收上存在不确定性，滨海公司尚未确认该批商品的销售收入，纳税业务也未发生；发生折让后2个月，天华公司承诺近期付款。滨海公司应编制如下会计分录：

（1）发出商品时：

借：发出商品 70 000
　　贷：库存商品 70 000

（2）天华公司承诺付款，滨海公司确认销售收入时：

借：应收账款 110 200
　　贷：主营业务收入 95 000
　　　　应交税费——应交增值税（销项税额） 15 200
借：主营业务成本 70 000
　　贷：发出商品 70 000

（3）实际收到款项时：

借：银行存款　　　　　　　　　　　　　　　　　　　　110 200

　　贷：应收账款　　　　　　　　　　　　　　　　　　　　　　110 200

七、销售退回的处理

企业销售商品有发生销售退回的可能。企业售出商品发生销售退回，应当分别不同情况进行会计处理：尚未确认销售收入的售出商品发生销售退回的，应当冲减"发出商品"科目，同时增加"库存商品"科目；已确认销售收入的售出商品发生销售退回的，除属于资产负债表日后事项外，一般应在发生时冲减当期销售商品收入，同时冲减当期销售商品成本，如按规定允许扣减增值税税额的，应同时冲减已确认的应交增值税销项税额。如该项销售退回已发生现金折扣，应同时调整相关财务费用的金额。

【例6-7】滨海公司于2018年8月2日销售给天华公司A商品1 000件，每件售价350元，增值税专用发票上注明商品售价为350 000元、增值税税额为56 000元；该批商品的成本为每件180元。A商品于8月2日发出，滨海公司在商品发出时已经确认商品销售收入，商品价款尚未收到。2018年8月20日，天华公司发现该批商品有100件不符合合同要求，将这100件商品退回。滨海公司同意该项退货，并按规定向天华公司开具了红字增值税专用发票。退回的商品验收入库。滨海公司于9月3日收到天华公司支付的货款。滨海公司应编制如下会计分录：

（1）销售实现时：

借：应收账款　　　　　　　　　　　　　　　　　　　　406 000

　　贷：主营业务收入　　　　　　　　　　　　　　　　　　　350 000

　　　　应交税费——应交增值税（销项税额）　　　　　　　　 56 000

借：主营业务成本　　　　　　　　　　　　　　　　　　180 000

　　贷：库存商品　　　　　　　　　　　　　　　　　　　　　180 000

（2）销售退回时：

借：主营业务收入　　　　　　　　　　　　　　　　　　 35 000

　　应交税费——应交增值税（销项税额）　　　　　　　　 5 600

　　贷：应收账款　　　　　　　　　　　　　　　　　　　　　 40 600

借：库存商品　　　　　　　　　　　　　　　　　　　　 18 000

　　贷：主营业务成本　　　　　　　　　　　　　　　　　　　 18 000

（3）收到货款时：

借：银行存款　　　　　　　　　　　　　　　　　　　　365 400

　　贷：应收账款　　　　　　　　　　　　　　　　　　　　　365 400

【例6-8】滨海公司于2018年9月10日收到天华公司因质量问题退回的商品10件。每件商品成本为200元。该批商品系滨海公司于2018年8月2日出售给天华公司，当时发出商品数量是100件，滨海公司尚未确认商品销售收入，纳税义务尚未发生。滨海公司同意天华公司的退货。滨海公司应编制如下的会计分录：

（1）发出商品时：

借：发出商品　　　　　　　　　　　　　　　　　　　　200 000

贷：库存商品   200 000

（2）在收到天华企业退货时：

借：库存商品   2 000

贷：发出商品   2 000

【例6-9】滨海公司于2018年7月20日向天华公司销售一批商品，开出的增值税专用发票上注明的商品售价为50 000元、增值税税额为8 000元。该批商品成本为26 000元。为及早收回货款，滨海公司给予天华公司的现金折扣条件为2/10，1/20，N/30。天华公司在2018年7月28日支付货款。2018年8月2日，该批商品因质量问题被天华公司退回，滨海公司同意该批退货，开出了红字增值税专用发票，并于当日支付有关退货款。假设计算现金折扣时不考虑增值税税额。滨海公司应编制如下会计分录：

（1）2018年7月20日销售实现时：

借：应收账款   58 000

贷：主营业务收入   50 000

应交税费——应交增值税（销项税额）   8 000

借：主营业务成本   26 000

贷：库存商品   26 000

（2）2018年7月28日，收到货款时：

借：银行存款   57 000

财务费用（50 000×2%）   1 000

贷：应收账款   58 000

（3）2018年8月2日发生销售退回时：

借：主营业务收入   50 000

应交税费——应交增值税（销项税额）   8 000

贷：银行存款   57 000

财务费用   1 000

借：库存商品   26 000

贷：主营业务成本   26 000

八、采用预收账款方式销售商品

在采用预收账款销售方式下，销售方直到收到最后一笔货款时才将商品交付购货方，表明商品所有权上的主要风险和报酬只有在收到最后一笔款项时才转移给购货方，销售方通常应在发出商品时确认收入，在此之前预收的货款应确认为预收账款。

【例6-10】滨海公司与天华公司签订销售协议，采用预收账款方式向天华公司销售一批商品，该批商品的成本为750 000元。协议约定，该批商品销售价格为900 000元、增值税税额为144 000元；天华公司应在协议签订时预付销售价格60%的款项，剩余款项于两个月后支付。滨海公司应编制如下会计分录：

（1）收到60%货款时：

借：银行存款   540 000

贷：预收账款   540 000

（2）收到剩余货款，滨海公司交付商品并开具增值税专用发票时：

借：预收账款　　　　　　　　　　　　　　　　　540 000

　　银行存款　　　　　　　　　　　　　　　　　504 000

　　　贷：主营业务收入　　　　　　　　　　　　　　　　　　900 000

　　　　　应交税费——应交增值税（销项税额）　　　　　　　144 000

借：主营业务成本　　　　　　　　　　　　　　　750 000

　　　贷：库存商品　　　　　　　　　　　　　　　　　　　　750 000

九、委托代销商品的处理

委托代销商品分为支付手续费方式代销商品和视同买断方式代销商品，两种情况下确认收入的要求不同。

（一）支付手续费方式代销商品

支付手续费方式代销商品，是指委托方和受托方签订合同或协议，委托方根据代销商品金额或数量向受托方支付手续费的销售方式。

采用支付手续费的委托代销方式下，委托方在发出商品时，商品所有权上的主要风险和报酬并没有转移给受托方，委托方在发出商品时通常不应确认销售商品收入，而应在收到受托方开出的代销清单时确认商品销售收入，同时将应支付的代销手续费计入销售费用；受托方在代销商品销售后，按合同或协议约定的方式计算确定代销手续费，确认劳务收入。

【例6-11】 2018年5月4日，滨海公司委托联华公司销售商品200件，商品已经发出，每件成本为50元。合同约定联华公司应按每件100元对外销售，滨海公司按售价的10%向联华公司支付手续费。2018年5月20日，联华公司对外实际销售数量为100件，开出的增值税专用发票上注明的销售价款为10 000元、增值税税额1 600元，款项已收到。滨海公司收到联华公司开具的代销清单后，向联华公司开具一张相同金额的增值税专用发票。滨海公司采用实际成本法核算，假设滨海公司发出商品时的纳税义务尚未发生。滨海公司应编制如下会计分录：

（1）发出商品时：

借：发出商品　　　　　　　　　　　　　　　　　10 000

　　　贷：库存商品　　　　　　　　　　　　　　　　　　　　10 000

（2）收到代销清单时：

借：应收账款　　　　　　　　　　　　　　　　　11 600

　　　贷：主营业务收入　　　　　　　　　　　　　　　　　　10 000

　　　　　应交税费——应交增值税（销项税额）　　　　　　　　1 600

借：主营业务成本　　　　　　　　　　　　　　　　5 000

　　　贷：发出商品　　　　　　　　　　　　　　　　　　　　　5 000

借：销售费用　　　　　　　　　　　　　　　　　　1 000

　　　贷：应收账款　　　　　　　　　　　　　　　　　　　　　1 000

（3）收到联华公司支付的货款时：

借：银行存款　　　　　　　　　　　　　　　　　10 600

　　　　贷：应收账款　　　　　　　　　　　　　　　　　　　　　　　　　　10 600

（二）视同买断方式代销商品

　　视同买断方式代销商品，是指委托方和受托方签订合同或协议，委托方按合同或协议收取代销的货款，实际销售价格由受托方自行决定，实际销售价格与合同或协议价格之间的差额归受托方所有的销售方式。如果委托方和受托方之间的协议明确标明，受托方在取得代销商品后，无论是否能够卖出、是否获利均与委托方无关，那么委托方和受托方之间的代销商品交易与委托方直接销售商品给受托方没有实质性区别，在符合销售商品收入确认条件下，委托方应在交付商品时确认相关销售商品收入。如果委托方与受托方之间的协议明确标明，将来委托方没有将商品售出时可以将商品退还给委托方，或受托方因代销商品出现亏损时，可以要求委托方补偿，那么委托方在交付商品时不确认收入，受托方也不做购进商品处理，受托方将商品销售后，按实际销售价格确认销售收入，并向委托方开具代销清单。委托方在收到代销清单时，确认商品销售收入。

　　【例6-12】 2018年8月20日，滨海公司委托华联公司代销商品1 000件，协议价为每件1 000元，增值税税率为16%，实际成本为每件800元。代销协议标明，将来华联公司没有将商品售出时可以将商品退还给滨海公司，滨海公司收到华联公司开来的代销清单时开具增值税专用发票。华联公司按每件1 200元的价格销售，增值税税率为16%。9月2日，滨海公司收到华联公司交来的代销清单，代销清单列明已销售代销商品的60%。滨海公司应编制如下会计分录：

　　（1）发出商品时：

　　　借：发出商品　　　　　　　　　　　　　　　　　　　　　　　800 000

　　　　　贷：库存商品　　　　　　　　　　　　　　　　　　　　　　　　　800 000

　　（2）收到代销清单时：

　　　借：应收账款　　　　　　　　　　　　　　　　　　　　　　　696 000

　　　　　贷：主营业务收入　　　　　　　　　　　　　　　　　　　　　　　600 000

　　　　　　应交税费——应交增值税（销项税额）　　　　　　　　　　　　96 000

　　　借：主营业务成本　　　　　　　　　　　　　　　　　　　　　480 000

　　　　　贷：发出商品　　　　　　　　　　　　　　　　　　　　　　　　　480 000

　　（3）收到联华公司支付的货款时：

　　　借：银行存款　　　　　　　　　　　　　　　　　　　　　　　696 000

　　　　　贷：应收账款　　　　　　　　　　　　　　　　　　　　　　　　　696 000

　　【例6-13】 2018年9月10日，滨海公司委托永辉公司代销商品200件，协议价为每件100元，增值税税率为16%，实际成本为每件60元。代销协议标明，永辉公司不能将没有代销出去的商品退还给滨海公司。滨海将该批商品交付永辉公司时开具增值税专用发票，税金为3 200元。永辉公司按每件120元的价格销售，滨海公司收到永辉公司的代销清单，并将销售价款存入银行。滨海公司应编制如下会计分录：

　　（1）发出商品时：

　　　借：应收账款　　　　　　　　　　　　　　　　　　　　　　　23 200

　　　　　贷：主营业务收入　　　　　　　　　　　　　　　　　　　　　　　20 000

　　　　　　应交税费——应交增值税（销项税额）　　　　　　　　　　　　3 200

借：主营业务成本　　　　　　　　　　　　　　　　　　　　12 000
　　贷：库存商品　　　　　　　　　　　　　　　　　　　　　　　12 000
（2）收到永辉公司支付的货款时：
借：银行存款　　　　　　　　　　　　　　　　　　　　　　23 200
　　贷：应收账款　　　　　　　　　　　　　　　　　　　　　　　23 200

十、销售材料等存货的处理

企业在日常活动中还可能发生对外销售不需用的原材料、随同产品对外销售单独计价的包装物等业务。企业销售原材料、包装物等存货也视同商品销售，其收入确认和计量原则参照商品销售收入的确认原则。企业销售原材料、包装物等存货实现的收入作为其他业务收入处理，结转的相关成本作为其他业务成本处理。

企业销售原材料、包装物等存货实现的收入以及结转的相关成本通过"其他业务收入""其他业务成本"科目核算。

"其他业务收入"科目核算企业除主营业务活动以外的其他经营活动实现的收入，包括销售材料、包装物以及出租固定资产、出租无形资产等实现的收入。"其他业务成本"科目核算除主营业务活动以外的其他经营活动所产生的成本，包括销售材料、包装物的成本以及出租固定资产的折旧、出租无形资产的摊销额。

【例6-14】滨海公司销售一批不需用原材料，开出增值税专用发票上注明的售价为20 000元、增值税税额为3 200元，款项已由银行收妥。该批原材料的成本为18 000元。滨海公司应编制如下会计分录：
借：银行存款　　　　　　　　　　　　　　　　　　　　　　23 200
　　贷：其他业务收入　　　　　　　　　　　　　　　　　　　　20 000
　　　　应交税费——应交增值税（销项税额）　　　　　　　　　　3 200
借：其他业务成本　　　　　　　　　　　　　　　　　　　　18 000
　　贷：原材料　　　　　　　　　　　　　　　　　　　　　　　18 000

本学习任务小结

商品销售收入的核算任务小结见表6-1。

表6-1　　　　　　　　　　　商品销售收入的核算任务小结

业务内容	会计处理
一般销售商品	借：银行存款等账户 　　贷：主营业务收入 　　　　应交税费——应交增值税（销项税额） 借：主营业务成本 　　贷：库存商品
商业折扣销售商品	借：银行存款等账户 　　贷：主营业务收入（扣除折扣后实际成交价格） 　　　　应交税费——应交增值税（销项税额） 借：主营业务成本 　　贷：库存商品

业务内容		会计处理
现金折扣销售商品		销售商品时： 借：应收账款等账户 　　贷：主营业务收入 　　　　应交税费——应交增值税（销项税额） 借：主营业务成本 　　贷：库存商品 折扣期内收到款项时： 借：银行存款 　　财务费用（给予买方的现金折扣） 　　贷：应收账款 超过折扣期收到款项时： 借：银行存款 　　贷：应收账款
销售退回		借：主营业务收入 　　应交税费——应交增值税（销项税额） 　　贷：银行存款等账户 借：库存商品 　　贷：主营业务成本
预收账款销售商品		预收账款时： 借：银行存款 　　贷：预收账款 实际销售时： 借：预收账款 　　贷：主营业务收入 　　　　应交税费——应交增值税（销项税额） 借：主营业务成本 　　贷：库存商品 多退少补时： 借：预收账款 　　贷：银行存款 或：借：银行存款 　　　贷：预收账款
委托代销商品	收取手续费方式	发出商品时： 借：发出商品 　　贷：库存商品

业务内容		会计处理
委托代销商品	收取手续费方式	收到代销清单时： 借：应收账款等账户 　　贷：主营业务收入 　　　　应交税费——应交增值税（销项税额） 核算代销手续费： 借：销售费用 　　贷：应收账款 收到款项时： 借：银行存款 　　贷：应收账款
	视同买断方式	发出商品时： 借：发出商品 　　贷：库存商品 收到代销清单时： 借：应收账款等账户 　　贷：主营业务收入 　　　　应交税费——应交增值税（销项税额） 收到款项时： 借：银行存款 　　贷：应收账款
不满足收入确认条件的商品销售		发出商品时： 借：发出商品 　　贷：库存商品 如果增值税纳税义务已经发生： 借：应收账款 　　贷：应交税费——应交增值税（销项税额）
销售材料等存货		借：银行存款等账户 　　贷：其他业务收入 　　　　应交税费——应交增值税（销项税额） 借：其他业务成本 　　贷：原材料等

任务二　提供劳务收入业务核算

知识目标

1.掌握劳务收入的确认原则和确认方法；

2.能够对提供劳务有关的经济业务进行会计核算。

技能目标

1.判断劳务收入是否符合收入确认条件；
2.判断劳务收入核算采用的核算方法；
3.收集、整理原始凭证，完成提供劳务收入的会计核算；
4.履行其他业务收入核算相关岗位职责。

知识准备

企业提供劳务的种类有很多，如旅游、运输、饮食、广告、咨询、代理、培训、安装等，有的劳务一次就能完成，且一般为现金交易，如饮食、理发、照相等；有的劳务需要花费一段较长的时间才能完成，如安装、旅游、培训、远洋运输等。企业提供劳务收入的确认原则因劳务完成时间的不同而不同。

一、在同一会计期间内开始并完成的劳务

对于一次就能完成的劳务，或在同一会计期间内开始并完成的劳务，应在提供劳务交易完成时确认收入，确认的金额通常为接受劳务方已收或应收的合同或协议价款，确认原则参照商品销售收入的确认原则。

企业对外提供劳务，如属于企业的主营业务，所实现的收入应作为主营业务收入处理，结转的相关成本应作为主营业务成本处理；如属于主营业务以外的其他经营活动，所实现的收入应作为其他业务收入处理，结转的相关成本应作为其他业务成本处理。企业对外提供劳务发生的支出一般通过"劳务成本"科目予以归集，待确认为费用时，从"劳务成本"科目转入"主营业务成本"或"其他业务成本"科目。

对于一次就能完成的劳务，企业应在提供劳务完成时确认收入及相关成本。对于持续一段时间但在同一会计期间内开始并完成的劳务，企业应在为提供劳务发生相关支出时确认劳务成本，劳务完成时再确认劳务收入，并结转相关劳务成本。

【例6-15】滨海公司于2018年5月10日接受一项设备安装任务，该安装任务可一次完成。合同总价款为9 000元，实际发生安装成本5 000元。假设安装业务属于滨海公司的主营业务，增值税税率为10%。在安装完成时，滨海公司应编制如下会计分录：

借：应收账款（或银行存款等）　　　　　　　　　　　　　　　　9 900
　　贷：主营业务收入　　　　　　　　　　　　　　　　　　　　　　9 000
　　　　应交税费——应交增值税（销项税额）　　　　　　　　　　　900
借：主营业务成本　　　　　　　　　　　　　　　　　　　　　　5 000
　　贷：银行存款等　　　　　　　　　　　　　　　　　　　　　　　5 000

若上述安装任务需花费一段时间（不超过本会计期间）才能完成，则应在提供劳务发生有关支出时：

借：劳务成本
　　贷：银行存款等

每笔归集劳务成本的金额根据实际发生时的支出分别确定，发生的实际成本总额为

5 000 元。

待安装完成确认所提供劳务的收入并结转该项劳务的总成本时：

借：应收账款（或银行存款等）　　　　　　　　　　9 900

　　贷：主营业务收入　　　　　　　　　　　　　　　　　9 000

　　　　应交税费——应交增值税（销项税额）　　　　　　900

借：主营业务成本　　　　　　　　　　　　　　　　　5 000

　　贷：劳务成本　　　　　　　　　　　　　　　　　　　　5 000

二、劳务的开始和完成属于不同的会计期间

（一）提供劳务交易结果能够可靠估计

如劳务的开始和完成属于不同的会计期间，且企业在资产负债表日提供劳务交易结果能够可靠估计的，应采用完工百分比法确认提供劳务收入。

1.判断提供劳务交易结果能够可靠估计

同时满足下列条件的，为提供劳务交易的结果能够可靠估计：

（1）收入的金额能够可靠地计量

收入的金额能够可靠地计量，是指提供劳务收入的总额能够合理估计。通常情况下，企业应当按照从接受劳务方已收或应收的合同或协议价款确定提供劳务收入总额。随着劳务的不断提供，可能会根据实际情况增加或减少已收或应收的合同或协议价款，此时，企业应及时调整提供劳务收入总额。

（2）相关的经济利益很可能流入企业

相关的经济利益很可能流入企业，是指提供劳务收入总额收回的可能性大于不能收回的可能性。企业在确定提供劳务收入总额能否收回时，应当结合接受劳务方的信誉、以前的经验以及双方就结算方式和期限达成的合同或协议条款等因素，综合进行判断。通常情况下，企业提供的劳务符合合同或协议要求，接受劳务方承诺付款，就表明提供劳务收入总额收回的可能性大于不能收回的可能性。如果企业判断提供劳务收入总额不是很可能流入企业，应当提供确凿证据。

（3）交易的完工进度能够可靠地确定

交易的完工进度能够合理地确定，企业可以根据所提供劳务的特点，选用下列方法确定提供劳务交易的完工进度：

①已完工作的测量，这是一种比较专业的测量方法，由专业测量师对已经提供的劳务进行测量，并按一定方法计算确定劳务交易的完工程度。

②已经提供的劳务占应提供劳务总额的比例，这种方法主要以劳务量为标准确定提供劳务交易的完工程度。

③已经发生的成本占估计总成本的比例，这种方法主要以成本为标准确定提供劳务交易的完工程度。只有反映已提供劳务的成本才能包括在已经发生的成本中，只有反映已提供或将提供劳务的成本才能包括在估计总成本中。

在企业实务中，如果特定时期内提供劳务交易的数量不能确定，则该期间的收入应当采用直线法确认，除非有证据证明采用其他方法能更好地反映完工进度。

（4）交易中已发生或将发生的成本能够可靠地计量

交易中已发生或将发生的成本能够可靠地计量，是指交易中已经发生和将要发生的成本能够合理地估计。企业应当建立完善的内部成本核算制度和有效的内部财务预算及报告制度，准确地提供每期发生的成本，并对完成剩余劳务将要发生的成本做出科学、合理的估计。同时，随着劳务的不断提供或外部情况的不断变化，应随时对将要发生的成本进行修订。

通常，企业在与之交易的他方就以下方面达成协议的，则表明能够对交易的结果作出可靠的估计：①关于一方提供劳务和另一方获得劳务的强制执行权；②进行交易的对价；③结算方式和条件。

2.完工百分比法的具体应用

完工百分比法，是指按照提供劳务交易的完工进度确认收入和费用的方法。在这种方法下，确认的提供劳务收入金额能够提供各个会计期间关于提供劳务交易及其业绩的有用信息。

企业应当在资产负债表日按照提供劳务收入总额乘以完工进度扣除以前会计期间累计已确认提供劳务收入后的金额，确认当期提供劳务收入。同时，按照提供劳务估计总成本乘以完工进度扣除以前会计期间累计已确认劳务成本后的金额，结转当期劳务成本。用公式表示如下：

$$\text{本期确认的提供劳务收入} = \text{提供劳务收入总额} \times \text{本期末劳务的完工进度} - \text{以前会计期间累计已确认提供劳务收入}$$

$$\text{本期确认的提供劳务成本} = \text{提供劳务估计成本总额} \times \text{本期末劳务的完工进度} - \text{以前会计期间累计已确认提供劳务成本}$$

企业采用完工百分比法确认提供劳务收入时，应按计算确定的提供劳务收入金额，借记"应收账款""银行存款"等科目，贷记"主营业务收入"科目。结转提供劳务成本时，借记"主营业务成本"科目，贷记"劳务成本"科目。

【例6-16】滨海公司于2018年12月1日接受安冉公司一项设备安装任务，安装期为3个月，合同总收入为600 000元，至年底已预收安装费400 000元，实际发生安装费用为250 000元，假定均为安装人员薪酬，估计还会发生安装费150 000元。滨海公司按实际发生的成本占估计总成本的比例确定劳务的完工进度。假设不考虑相关税费。滨海公司应编制如下会计分录：

本期劳务完工的进度=实际发生的成本占估计总成本的比例

=250 000÷（250 000+150 000）×100%=62.5%

2018年12月31日确认的劳务收入=600 000×62.5%-0=375 000（元）

2018年12月31日结转的劳务成本=（250 000+150 000）×62.5%-0=250 000（元）

（1）实际发生劳务成本：

借：劳务成本——设备安装   250 000

    贷：应付职工薪酬   250 000

（2）预收劳务费：

借：银行存款   400 000

    贷：预收账款——安冉公司   400 000

（3）2018年12月31日确认劳务收入并结转劳务成本：

借：预收账款   375 000

 贷：主营业务收入   375 000

借：主营业务成本——设备安装   250 000

 贷：劳务成本——设备安装   250 000

（二）提供劳务交易结果不能可靠估计

如劳务的开始和完成分属不同的会计期间，且企业在资产负债表日提供劳务交易的结果不能可靠估计的，即不能同时满足上述四个条件的，不能采用完工百分比法确认提供劳务收入。此时，企业应当正确预计已发生的劳务成本能否得到补偿，分别以下情况处理：

1.已经发生的劳务成本预计全部能够得到补偿

已经发生的劳务成本预计全部能够得到补偿的，应按已收或预计能够收回的金额确认提供劳务收入，并结转已经发生的劳务成本。

2.已经发生的劳务成本预计部分能够得到补偿

已经发生的劳务成本预计部分能够得到补偿的，应按能够得到部分补偿的劳务成本金额确认提供劳务收入，并结转已经发生的劳务成本。

【例6-17】滨海公司于2017年12月20日接受天华公司委托，为其培训一批学员，培训期为6个月，2018年1月1日开学。协议约定，天华公司应向滨海公司支付的培训费总额为60 000元，分三次等额支付，第一次在开学时预付，第二次在2018年3月1日支付，第三次在培训结束时支付。

2018年1月1日，天华公司预付第一次培训费。至2018年2月28日，滨海公司发生培训成本30 000元，均为培训人员薪酬。2018年3月1日，滨海公司得知天华公司经营发生困难，后两次培训费能否收回难以确定。假设不考虑相关税费，滨海公司应编制如下会计分录：

（1）2018年1月1日，收到天华公司预付的培训费时：

借：银行存款   20 000

 贷：预收账款   20 000

（2）发生培训成本30 000元时：

借：劳务成本   30 000

 贷：应付职工薪酬   30 000

（3）2018年2月28日确认提供劳务收入并结转劳务成本时：

借：预收账款   20 000

 贷：主营业务收入   20 000

借：主营业务成本   30 000

 贷：劳务成本   30 000

本例中，滨海公司发生的劳务成本30 000元预计只能部分得到补偿，即只能按预收款项得到补偿，应按预收账款20 000元确认劳务收入，并将已经发生的劳务成本30 000元结转入当期损益。

3.已经发生的劳务成本预计全部不能得到补偿

已经发生的劳务成本预计全部不能得到补偿的，应将已经发生的劳务成本计入当期损益（主营业务成本或其他业务成本），不能确认提供劳务收入。

本学习任务小结

劳务收入的核算任务小结见表6-2。

表6-2　　　　　　　　　　　　　　劳务收入的核算任务小结

业务内容		会计处理
劳务结果能可靠估计	劳务在同一会计期间内开始并完成	发生劳务成本时： 借：劳务成本 　　贷：银行存款等 劳务完成时： 借：银行存款等 　　贷：主营业务收入 　　　　应交税费——应交增值税（销项税额） 借：主营业务成本 　　贷：劳务成本
	劳务的开始和完成属于不同的会计期间	发生劳务成本时： 借：劳务成本 　　贷：银行存款等 收到款项时： 借：银行存款 　　贷：预收账款 年底根据劳务完工百分比确认收入时： 借：预收账款等 　　贷：主营业务收入（合同总收入×完工百分比） 　　　　应交税费——应交增值税（销项税额） 借：主营业务成本（劳务总成本×完工百分比） 　　贷：劳务成本
劳务结果不能可靠估计	已经发生的劳务成本预计全部能够得到补偿	借：应收账款、预收账款等 　　贷：主营业务收入（实际发生的劳务成本金额） 　　　　应交税费——应交增值税（销项税额） 借：主营业务成本 　　贷：劳务成本
	已经发生的劳务成本预计部分能够得到补偿	借：应收账款、预收账款等 　　贷：主营业务收入（预计能够得到补偿的金额） 　　　　应交税费——应交增值税（销项税额） 借：主营业务成本 　　贷：劳务成本

续表

业务内容		会计处理
劳务结果不能可靠估计	已经发生的劳务成本预计全部不能得到补偿	不确认收入： 借：主营业务成本 　　贷：劳务成本

任务三　让渡资产使用权收入业务核算

知识目标

1.熟悉让渡资产使用权收入的确认和计量原则；
2.能够对让渡资产使用权有关的经济业务进行会计核算。

技能目标

1.收集、整理原始资料，完成让渡资产使用权收入的会计核算；
2.分辨企业发生的经济业务是否属于让渡资产使用权；
3.登记与其他业务收入有关的凭证账簿；
4.履行其他业务收入核算相关岗位职责。

知识准备

让渡资产使用权收入主要是指让渡无形资产等资产使用权的使用费收入，企业对外出租固定资产取得的租金、进行债权投资收取的利息、进行股权投资取得的现金股利等也构成让渡资产使用权收入。

一、让渡资产使用权收入的确认和计量

让渡资产使用权的使用费收入同时满足下列条件的，才能确认收入：

（一）相关经济利益很可能流入企业

企业在确定让渡资产使用权的使用费收入金额是否很可能收回时，应当根据对方企业的信誉和生产经营情况、双方就结算方式和期限等达成的合同或协议条款等因素综合进行判断。如果企业估计使用费收入金额收回的可能性不大，就不应确认收入。

（二）收入的金额能够可靠地计量

当让渡资产使用权的使用费收入金额能够可靠估计时，企业才能确认收入。让渡资产使用权的使用费收入金额应按照有关合同或协议约定的收费时间和方法计算确定。如果合同或协议规定一次性收取使用费，且不提供后续服务的，应当视同销售该项资产一次性确认收入；提供后续服务的，应在合同或协议规定的有效期限内分期确认收入。如果合同或协议规定分期收取使用费的，应当按合同或协议规定的收款时间和金额或规定的收费方法计算确定的金额分期确认收入。

二、让渡资产使用权收入的账务处理

企业让渡资产使用权的使用费收入一般通过"其他业务收入"科目核算，让渡资产计提的摊销额等，一般通过"其他业务成本"科目核算。

企业确认让渡资产使用权的使用费收入时，按确定的收入金额，借记"银行存款""应收账款"等科目，贷记"其他业务收入"科目。企业对所让渡资产计提摊销以及所发生的与让渡资产使用权有关的支出等，借记"其他业务成本"科目，贷记"累计摊销"等科目。

【例6-18】滨海公司向天华公司转让某软件的使用权，一次性收取使用费50 000元，增值税税额为3 000元，不提供后续服务，款项已经收到并存入银行。假设不考虑相关税费，确认使用费收入时，滨海公司应编制如下会计分录：

借：银行存款 53 000
　　贷：其他业务收入 50 000
　　　　应交税费——应交增值税（销项税额） 3 000

【例6-19】滨海公司于2018年1月1日向利华公司转让某专利权的使用权，协议约定转让期为5年，每年年末收取使用费200 000元，增值税税额为12 000元。2018年该专利权计提的摊销额为120 000元，每月计提金额为10 000元。假设不考虑其他因素和相关税费。滨海公司应编制如下会计分录：

（1）2018年年末确认使用费收入时：

借：银行存款 212 000
　　贷：其他业务收入 200 000
　　　　应交税费——应交增值税（销项税额） 12 000

（2）2018年每月计提专利权摊销额时：

借：其他业务成本 10 000
　　贷：累计摊销 10 000

【例6-20】滨海公司向天华公司转让某商品的商标使用权，合同约定天华公司每年年末按年销售额的10%支付使用费，使用期限为10年。第一年，天华公司实现销售收入1 200 000元；第二年，天华公司实现销售收入1 800 000元。假设滨海公司均于每年年末收取使用费，增值税税率为6%，滨海公司应编制如下会计分录：

（1）第一年年末确认使用费收入时：

应确认的使用费收入=1 200 000×10%=120 000（元）

借：银行存款 127 200
　　贷：其他业务收入 120 000
　　　　应交税费——应交增值税（销项税额） 7 200

（2）第二年年末确认使用费收入时：

应确认的使用费收入=1 800 000×10%=180 000（元）

借：银行存款 190 800
　　贷：其他业务收入 180 000
　　　　应交税费——应交增值税（销项税额） 10 800

本学习任务小结

让渡资产使用权收入的核算任务小结见表6-3。

表6-3　　　　　　　　　　让渡资产使用权收入的核算任务小结

业务内容	会计处理
一次性收取让渡资产使用权收入，不提供后续服务的	收取款项时： 借：银行存款等 　　贷：其他业务收入 　　　　应交税费——应交增值税（销项税额） 借：其他业务成本 　　贷：累计摊销
一次性收取让渡资产使用权收入，提供后续服务的	收取款项时： 借：银行存款 　　贷：预收账款 分期确认收入时： 借：预收账款 　　贷：其他业务收入 　　　　应交税费——应交增值税（销项税额） 借：其他业务成本 　　贷：累计摊销等

任务四　往来款项业务核算

知识目标

1.掌握应收票据核算范围；

2.熟悉商业汇票的种类；

3.熟悉应收票据经济业务处理流程；

4.掌握应收票据会计核算方法；

5.掌握应收账款核算方法。

技能目标

1.判断票据种类及实际应用；

2.判断不同的票据种类对企业的影响；

3.明确并履行往来业务相关岗位职责；

4.收集与整理原始凭证，完成往来款项业务会计核算；

5.登记与往来款项有关的账簿记录；

6.管理往来款项。

知识准备

除了现款销售以外，在商品销售过程中会存在销货方将商品售出后，尚未收到款项的情况，这样就形成了企业债权。在商品销售过程中产生的债权主要是应收票据和应收账款。

微课：应收款项的核算

一、应收票据

应收票据是指企业因销售商品、提供劳务等而收到的商业汇票。商业汇票是一种由出票人签发的、委托付款人在指定日期无条件支付确定金额给收款人或持票人的票据。

为了反映和监督应收票据的取得和票款回收等情况，企业应当设置"应收票据"科目，借方登记取得的应收票据的面值，贷方登记到期回收票款或到期前向银行贴现的应收票据的票面余额。"应收票据"科目可按照开出、承兑商业汇票的单位进行明细核算，并设置"应收票据备查簿"，逐笔登记商业汇票的种类、号数、出票日、票面金额、交易合同号、付款人、承兑人、背书人的姓名或单位名称、到期日、背书转让日、贴现日、贴现率、贴现净额，以及收款日和收款金额、退票情况等资料。商业汇票到期结清票款或退票后，在备查簿中应予以注销。

应收票据取得的原因不同，其账务处理也有所区别。因债务人抵偿前欠货款而取得的应收票据，借记"应收票据"科目，贷记"应收账款"科目；因企业销售商品、提供劳务等而收到的商业汇票，借记"应收票据"科目，贷记"主营业务收入""应交税费——应交增值税（销项税额）"等科目。商业汇票到期收回款项时，应按实际收到的金额，借记"银行存款"科目，贷记"应收票据"科目。

【例6-21】滨海公司于2018年9月1日向天华公司销售一批商品，增值税专用发票上注明的价款为1 500 000元、增值税税额为240 000元，款项尚未收到，已办妥托收手续。滨海公司应编制如下会计分录：

借：应收账款　　　　　　　　　　　　　　　　　　　　　1 740 000

　　贷：主营业务收入　　　　　　　　　　　　　　　　　　　　　1 500 000

　　　　应交税费——应交增值税（销项税额）　　　　　　　　　　　240 000

2018年9月15日，滨海公司收到天华公司寄来的一张3个月期的银行承兑汇票，面值为1 740 000元，抵付商品价款和增值税税款。滨海公司应编制如下会计分录：

借：应收票据　　　　　　　　　　　　　　　　　　　　　1 740 000

　　贷：应收账款　　　　　　　　　　　　　　　　　　　　　　　1 740 000

2018年12月15日，滨海公司上述应收票据到期，收回票款1 740 000元存入银行。滨海公司应编制如下会计分录：

借：银行存款　　　　　　　　　　　　　　　　　　　　　1 740 000

　　贷：应收票据　　　　　　　　　　　　　　　　　　　　　　　1 740 000

【例6-22】2018年7月10日，滨海公司向天华公司销售商品一批，增值税专用发票上注明的售价为400 000元、增值税税额为64 000元。滨海公司收到天华公司开出的不带息商业承兑汇票一张，票面金额为 464 000 元，期限为 2 个月。该批商品已经发出，该批商品的成本为 340 000 元，滨海公司应编制如下会计分录：

借：应收票据　　　　　　　　　　　　　　　　464 000
　　贷：主营业务收入　　　　　　　　　　　　　　　　　400 000
　　　　应交税费——应交增值税（销项税额）　　　　　　 64 000
借：主营业务成本　　　　　　　　　　　　　　340 000
　　贷：库存商品　　　　　　　　　　　　　　　　　　　340 000

2018 年 9 月 10 日，票据到期，天华公司的开户银行发现天华公司的银行账户存款不足以支付该笔票款，滨海公司未能收回该笔票款。滨海公司应编制如下会计分录：

借：应收账款　　　　　　　　　　　　　　　　464 000
　　贷：应收票据　　　　　　　　　　　　　　　　　　　464 000

在实务中，企业可以将持有的商业汇票背书转让。

背书是指在票据背面或者粘单上记载有关事项并签章的票据行为。票据背书转让的，背书人应当承担票据责任。通常情况下，企业将持有的商业汇票背书转让以取得所需货物时，按应计入取得物资成本的金额，借记"材料采购"或"原材料"、"库存商品"等科目，按照增值税专用发票上注明的可抵扣的增值税税额，借记"应交税费——应交增值税（进项税额）"科目，按商业汇票的票面金额，贷记"应付票据"科目，如有差额，借记或贷记"银行存款"等科目。

【例 6-23】2018 年 5 月 14 日，滨海公司将持有的一张面值为 1 740 000 元的银行承兑汇票转让，以取得生产经营所需的原材料，增值税专用发票上注明该批材料的价款为 1 500 000 元，增值税税额为 240 000 元。滨海公司应编制如下会计分录：

借：原材料　　　　　　　　　　　　　　　　1 500 000
　　应交税费——应交增值税（进项税额）　　　 240 000
　　贷：应收票据　　　　　　　　　　　　　　　　　　1 740 000

二、应收账款

应收账款是指企业因销售商品、提供劳务等经营活动，应向购货单位或接受劳务单位收取的款项，主要包括企业销售商品或提供劳务等应向有关债务人收取的价款及代购货单位垫付的包装费、运杂费等。

为了反映和监督应收账款的增减变动及结存情况，企业应设置"应收账款"科目，不单独设置"预收账款"科目的企业，预收的款项也在"应收账款"科目核算。"应收账款"科目的借方登记应收账款的增加，贷方登记应收账款的回收以及确认的坏账损失，期末余额一般在借方，反映企业尚未收回的应收账款；如果期末余额在贷方，一般反映企业预收的账款。

【提示】企业在销售商品过程中产生的运杂费、包装费等费用，如果由销货企业承担，则应通过销售费用核算；如果由购货单位承担，销货企业在发出商品时代购货单位垫付，则应通过应收账款核算。

【例 6-24】滨海公司采用托收承付结算方式向天华公司销售商品一批，增值税专用发票上注明的价款为 300 000 元、增值税税额为 48 000 元，以银行存款垫付运杂费 5 000 元，已办妥托收手续。滨海公司应编制如下会计分录：

　　借：应收账款　　　　　　　　　　　　　　　　　　　　　353 000

　　　　贷：主营业务收入　　　　　　　　　　　　　　　　　　　　300 000

　　　　　　应交税费——应交增值税（销项税额）　　　　　　　　　48 000

　　　　　　银行存款　　　　　　　　　　　　　　　　　　　　　　5 000

企业代购货单位垫付的包装物、运费也应计入应收账款。

滨海公司实际收到款项时，应编制如下会计分录：

　　借：银行存款　　　　　　　　　　　　　　　　　　　　　353 000

　　　　贷：应收账款　　　　　　　　　　　　　　　　　　　　　353 000

假设上述运杂费5 000元由滨海公司承担，则滨海公司应编制如下会计分录：

　　借：应收账款　　　　　　　　　　　　　　　　　　　　　348 000

　　　　贷：主营业务收入　　　　　　　　　　　　　　　　　　　　300 000

　　　　　　应交税费——应交增值税（销项税额）　　　　　　　　　48 000

　　借：销售费用　　　　　　　　　　　　　　　　　　　　　　5 000

　　　　贷：银行存款　　　　　　　　　　　　　　　　　　　　　　5 000

滨海公司实际收到款项时，应编制如下会计分录：

　　借：银行存款　　　　　　　　　　　　　　　　　　　　　348 000

　　　　贷：应收账款　　　　　　　　　　　　　　　　　　　　　348 000

本学习任务小结

　　应收票据的核算任务小结见表6-4。

表6-4　　　　　　　　　　　　应收票据的核算任务小结

业务内容		会计处理
取得应收票据		借：应收票据 　　贷：主营业务收入 　　　　应交税费——应交增值税（销项税额）
应收票据到期	到期收回票据款	借：银行存款 　　贷：应收票据
	到期，付款人无力支付票据款	借：应收账款 　　贷：应收票据
转让应收票据		借：材料采购/原材料/库存商品 　　　应交税费——应交增值税（进项税额） 　　贷：应收票据 如有差额，借记或贷记"银行存款"等账户

本情境综合习题

一、单项选择题

1.滨海公司2018年3月1日与客户签订了一项工程劳务合同，合同期一年，合同总收入 200 000 元，预计合同总成本 170 000 元，至 2018 年年底，实际发生成本 136 000 元。滨海公司按实际发生成本占预计总成本的百分比确定劳务完成程度。据此计算，滨海公司 2018 年度应确认的劳务收入为（　　　）元。

    A.200 000　　　　　　B.170 000　　　　　　C.160 000　　　　　　D.136 000

2.按照企业会计准则的规定，销货企业所发生的现金折扣应（　　　）。

    A.增加财务费用　　　　　　　　　　B.冲减财务费用

    C.增加销售成本　　　　　　　　　　D.冲减销售成本

3.某企业采用现金折扣方式销售商品一批，售价 50 000 元，增值税税率 16%，付款条件是 2/10，1/20，N/30，购货单位第 35 天付款可享受的现金折扣为（　　　）元。

    A.200　　　　　　B.100　　　　　　C.0　　　　　　D.300

4.按照企业会计制度的规定，销货企业发生的销售折让应（　　　）。

    A.冲减"主营业务收入"　　　　　　B.增加"财务费用"

    C.记入"销售折让"科目　　　　　　D.增加"主营业务成本"

5.企业销售商品时代垫的运杂费应记入（　　　）科目。

    A.应收账款　　　　B.预付账款　　　　C.其他应收款　　　　D.应付账款

6.2018 年 6 月 1 日滨海公司对外提供一项为期 8 个月的劳务，合同总收入 485 万元，预计发生总成本 380 万元。2018 年年末无法可靠地估计劳务结果。2018 年发生的劳务成本为 300 万元，预计已发生的劳务成本能得到补偿的金额为 170 万元，则 A 公司 2018 年该项业务应确认的收入金额为（　　　）万元。

    A.170　　　　　　B.300　　　　　　C.380　　　　　　D.485

7.下列各项中，可采用完工百分比法确认收入的是（　　　）。

    A.预收货款销售商品　　　　　　　　B.分期收款销售商品

    C.劳务交易的结果能够可靠估计的　　D.劳务交易的结果不能够可靠估计的

8.某企业于 2018 年 9 月接受一项产品安装任务，安装期 6 个月，合同总收入 10 万元，2017 年度预收款项 4 万元，余款在安装完成时收回。当年实际发生成本 3 万元，预计还将发生成本 2 万元。假定该企业按实际发生成本占预计总成本的百分比确定劳务完成程度，则该企业 2018 年度确认的成本为（　　　）万元。

    A.2　　　　　　B.3　　　　　　C.5　　　　　　D.0

9.某工业企业销售产品，每件 130 元，若客户购买达到 100 件及以上的，可得到 30 元/件的商业折扣。某客户 2018 年 12 月 10 日购买该企业产品 200 件，按规定现金折扣条件为"2/10，1/20，N/30"。适用的增值税税率为 16%。假定计算现金折扣时不考虑增值税。该企业于 12 月 26 日收到该笔款项时，应给予客户的现金折扣为（　　　）元。

    A.0　　　　　　B.200　　　　　　C.220　　　　　　D.232

10.下列各项属于工业企业主营业务收入的是（　　　）。

    A.产品销售收入　　　　　　　　　　B.原材料销售收入

    C.包装物出租收入　　　　　　　　　D.利息收入

11.下列各项不包括在应收账款中的是（　　　）。

    A.购货的预付定金

    B.销货应收款

C.票据到期时付款人无力偿还的应收票据面值

D.未能如期收到的销售应收款

12.销售产品一批，价目表标明售价（不含税）20 000元，商业折扣条件为10%，现金折扣条件为"5／10，3／20，N／30"。客户于第15天付款，增值税税率为16%。应收账款入账金额为（　　）元。

A.21 060　　　　　　B.23 200　　　　　　C.20 428　　　　　　D.18 000

13.企业对于已经发出但尚未确认销售收入的商品的成本，应借记的会计科目是（　　）。

A.在途物资　　　　B.主营业务成本　　　　C.发出商品　　　　D.库存商品

14.2018年5月1日，A公司采用预收款方式销售甲商品，预收货款20万元，总价50万元，并约定于7月1日交付剩余款项并发出商品。下列说法正确的是（　　）。

A.A公司应于5月1日确认收入50万元　　B.A公司应于5月1日确认收入20万元

C.A公司应于7月1日确认收入50万元　　D.5月1日确认成本20万元

15.2018年6月20日，甲公司销售一批商品，增值税专用发票上注明售价300 000元、增值税税额48 000元。该批商品成本为200 000元，货到后买方发现商品质量不合格，要求在价格上给予6%的折让。甲公司已经同意了对方折让的请求，并开具了增值税红字发票。2018年7月10日甲公司实际收到了货款。针对该业务甲公司的下列处理中不正确的是（　　）。

A.销售实现时，确认销售收入300 000元

B.发生销售折让时，冲减主营业务收入18 000元

C.发生销售折让时，冲减主营业务成本12 000元

D.甲公司实际收到的款项为334 080元

二、多项选择题

1.按照收入的性质分类，收入可分为（　　）。

A.提供劳务收入　　　　　　　　　　B.让渡资产使用权收入

C.销售商品收入　　　　　　　　　　D.营业外收入

2.按我国企业会计准则的规定，下列各项不应确认为收入的有（　　）。

A.销售商品收取的增值税

B.出售飞机票时代收的保险费

C.旅行社代客户购买景点门票收取的款项

D.销售商品代垫的运杂费

3.收入的特征表现为（　　）。

A.收入从企业的日常经营活动中产生　　B.收入可能表现为资产的增加

C.收入导致所有者权益的增加　　　　　D.收入从偶发的交易或事项中产生

4.企业跨期提供劳务的，期末可以按照完工百分比法确认收入的条件包括（　　）。

A.相关的经济利益很可能流入企业　　　B.劳务的完工进度能够可靠地确定

C.劳务总成本能够可靠地计量　　　　　D.劳务总收入能够可靠地计量

5.下列各项中，工业企业应计入其他业务收入的有（　　）。

A.出租包装物收入　　　　　　　　　　B.销售商品取得的收入

C.出售无形资产所取得的收入　　　　　　　D.销售材料取得的收入

6.下列各项中，应计入其他业务成本的有（　　　）。

A.随同商品出售不单独计价的包装物成本

B.随同商品出售单独计价的包装物成本

C.领用的用于出借的新包装物的成本

D.对外销售的原材料成本

7.关于商业折扣的处理，下列表述不正确的有（　　　）。

A.销售企业应当将实际发生的商业折扣计入销售费用

B.销售企业应当按照扣除商业折扣后的金额确定销售商品收入金额

C.购买企业应按扣除商业折扣后的含税价款计入应付账款

D.购买企业应当将享受的商业折扣冲减财务费用

8.能够使主营业务收入减少的项目有（　　　）。

A.商业折扣　　　　B.现金折扣　　　　C.销售退回　　　　D.销售折让

9.按现行制度可以作为应收账款入账金额的项目有（　　　）。

A.销项税额　　　　　　　　　　B.商业折扣

C.现金折扣　　　　　　　　　　D.代购货单位垫付的运杂费

10.我国的应收票据包括（　　　）。

A.银行本票　　　B.银行汇票　　　C.商业承兑汇票　　　D.银行承兑汇票

11.甲公司与丁公司签订委托代销协议，丁公司按照协议价的5%收取手续费，并直接从代销款中扣除。协议价款600万元，实际成本460万元。20日发出商品，25日，收到代销清单，已售出50%的商品，甲公司向丁公司开具增值税专用发票同时将扣除手续费的代销商品款存入银行。下列各项正确的有（　　　）。

A.20日发出商品，确认主营业务收入600万元

B.25日销售费用增加15万元

C.25日银行存款增加333万元

D.20日发出商品，确认应收账款460万元

12.2018年12月30日，甲公司销售给丁公司的商品被退回，退回商品部分的价款为20万元，增值税税额3.2万元，成本12万元，该批商品是2018年11月赊销给丁公司的，售价200万元，增值税税额32万元，已确认收入，款项尚未收到，甲公司向丁公司开具增值税红字专用发票，并收到丁公司的商业承兑汇票，期限为5个月，用于抵偿其他款项。下列说法正确的有（　　　）。

A.库存商品增加12万元　　　　　　B.应收票据增加208.8万元

C.冲减销售商品收入20万元　　　　D.应收账款减少190.6万元

13.下列各项关于现金折扣、商业折扣、销售折让的会计处理的表述中，不正确的有（　　　）。

A.现金折扣在实际发生时计入财务费用

B.现金折扣在确认销售收入时计入财务费用

C.已确认收入的售出商品发生销售折让的，通常应在发生时冲减当期销售商品收入

D.商业折扣在确认销售收入时计入销售费用

14.下列各项应计入工业企业其他业务收入的有（　　　）。

　　A.随同商品出售且单独计价的包装物取得的收入

　　B.经营性租赁固定资产的租金收入

　　C.出售投资性房地产取得的收入

　　D.股权投资取得的现金收入

15.下列会计处理中恰当的有（　　　）。

　　A.预收款销售方式下，销售方直到收到最后一笔款项才将商品交付购货方，表明商品所有权上的主要风险和报酬只有在收到最后一笔款项时才转移给购货方

　　B.预收款销售方式下，在发出商品之前预收的货款应确认为预收账款

　　C."预收账款"的借方余额表示"应收账款"，期末列示于资产负债表中的"应收票据及应收账款"项目

　　D.采用预收款方式销售商品，销售方通常应在发出商品时确认收入

三、判断题

1.企业在销售商品时，如果估计价款收回的可能性不大，即使收入确认的其他条件均已满足，也不应确认收入实现。　　　　　　　　　　　　　　　　　　　（　　）

2.在资产负债表日不能可靠地估计所提供劳务的交易结果时，已经发生的劳务成本预计能够得到补偿的，应按已发生的劳务成本金额确认劳务收入。　　　　　　（　　）

3.按现行会计制度的规定，企业发生的现金折扣应冲减主营业务收入。　（　　）

4.在对销售收入进行计量时应不考虑预计可能发生的现金折扣和销售折让，现金折扣和销售折让实际发生时才能考虑。　　　　　　　　　　　　　　　　　（　　）

5.在采用交款提货销售方式时，如货款已收，发票和提货单已交购货方，无论商品是否发出，都作为收入的实现。　　　　　　　　　　　　　　　　　　　　（　　）

6.不符合商品销售收入确认条件但商品已经发出的情况下，企业不需进行账务处理，只需在备查账簿中进行登记。　　　　　　　　　　　　　　　　　　　　（　　）

7.收入既包括本企业经济利益的流入，也包括为第三方代收的款项。　（　　）

8.企业在资产负债日提供劳务交易的结果能够可靠估计的，应当采用完工百分比法确定提供劳务的收入。　　　　　　　　　　　　　　　　　　　　　　　（　　）

9.收入能够导致企业所有者权益增加，但导致所有者权益增加的不一定都是收入。

　　　　　　　　　　　　　　　　　　　　　　　　　　　　　　　　　（　　）

10.对于附有销售退回条件的商品销售，如果不能合理确定退货的可能性，应在售出商品的退货期期满时确认收入。　　　　　　　　　　　　　　　　　　　（　　）

11.采用预收货款方式销售产品的情况下，应当在收到货款时确认收入实现。（　　）

12.到期不能收回的带息应收票据，转入"应收账款"账户核算后，期末不再计提利息，其所包含的利息，在有关备查簿中进行登记。　　　　　　　　　　　　　（　　）

13.企业将持有的应收票据背书转让用以购买所需物资时，应将"应收票据"账户的余额转入"应付票据"账户。　　　　　　　　　　　　　　　　　　　　　（　　）

14.企业在销售商品的过程中，代购货单位垫付的包装费、运杂费不得计入应收账款，而应计入其他应收款。　　　　　　　　　　　　　　　　　　　　　　　（　　）

15.实际发生的现金折扣，应直接冲减发生当期的销售收入。　　　　　（　　）

本情境账务处理案例

案例一

滨海制造有限责任公司（以下简称滨海公司）为增值税一般纳税人，销售商品适用的增值税税率为16%，销售单价除标明为含税价格外，均为不含增值税价格。滨海公司2018年12月发生如下经济业务：

（1）12月1日，与天华公司签订合同采用预收款方式销售其生产的机器设备一台，协议约定销售价格为150万元。当日收到天华公司付款100万元。12月20日，发出货物，该产品每台成本为80万元，根据合同价格开具增值税专业发票。当日收到天华公司补付的款项存入银行。

（2）12月5日，滨海公司向康达公司销售其生产的机器设备两台，销售价格为每台200万元，并开具增值税专用发票。为及早收回货款，双方合同约定的现金折扣条件为：5/15，N/30（合同约定计算现金折扣时不考虑增值税）。滨海公司销售的该产品的单位成本为120万元，康达公司已于12月15日付款。

（3）12月10日，向华贸公司销售其生产的小型工具一批，以托收承付结算方式进行结算。该批商品的成本为220万元，增值税专用发票上注明售价为340万元。滨海公司于当日发出商品并已办妥托收手续后，得知华贸公司资金周转发生严重困难，很可能难以支付货款。

（4）12月20日，与天顺公司签订协议，委托其代销其生产的机器设备20台。根据代销协议，天顺公司按代销商品实际售价的10%收取手续费。该批商品的协议价为每台18万元，实际成本为每台8万元。产品已运往天顺公司。12月31日，滨海公司收到天顺公司开来的代销清单，列明已售出委托代销的机器设备2台，款项尚未收到，滨海公司收到天顺公司开来的代销清单时开具了增值税专用发票。

（5）12月25日，销售材料一批，价款20 000元，增值税税额3 200元，材料已发出，款项收到并存入银行。该批材料的账面价值为16 000元。

（6）12月31日，收到康达公司退回的12月5日所购的一台机器设备。经查实，该机器设备存在严重质量问题，滨海公司同意了康达公司的退货要求。当日，收到康达公司交来的税务机关开具的进货退回证明单，并开具了增值税红字专用发票。退货款项于当日支付给康达公司。

要求：根据上述资料分别编制各项业务的会计分录（答案中金额单位用万元表示）。

案例二

2018年11月20日，西子制造有限责任公司（以下简称西子公司）与华谊商场签订合同，向该商场销售一部电梯。商品已经发出，开出的增值税专用发票上注明的电梯销售价格为300万元、增值税税额为48万元，货款已经收到，西子公司该部电梯的成本为260万元。同时与华谊商场签订安装协议，安装合同总收入为10万元（不含增值税，增值税税率为10%），预计安装总成本为6万元，电梯安装工程预计2019年3月完工。至2018年12月31日电梯安装过程中已发生安装费3万元，发生的安装费均为安装人员薪酬，预计还要发生成本3万元，款项尚未收到。

2019年发生安装费3万元，其中2万元为安装人员薪酬，1万元为安装业务领用原材料金额。3月5日安装业务完工，收到华谊商场支付的安装款11万元（含增值税税额）存入银行，并开具增值税专用发票。

西子公司按实际发生的成本占估计总成本的比例确认劳务的完工进度。假定不考虑除增值税以外其他相关税费的影响。

要求：编制西子公司上述业务相关的会计分录（答案中的金额单位用万元表示）。

案例三

洪辉服务有限责任公司2018年度发生部分经济业务如下：

（1）10月25日，接受一项设备安装任务，安装期4个月，安装总收入为100 000元。2018年年底已收到对方交来的安装款60 000元，实际发生安装费45 000元，已通过银行转账支付，估计还要发生安装费25 000元。经专业测量师测定，安装任务已完成50%。

（2）11月2日，接受一项安装任务，合同总收入20 000元，发生成本16 000元，月底安装完工。安装款已收到，并开具增值税专用发票，增值税税率为10%。

（3）11月15日，接受华联商贸公司的一项咨询服务工作，双方签订的合同注明，咨询期为3个月，从2018年12月1日开始至2019年3月1日止，咨询费总额10 000元，在咨询开始和结束时分两次平均支付，每次支付5 000元。2018年12月18日华联商贸公司在支付过第一期预付款后，发生自然灾害，资金周转发生困难，第二期咨询费能否收回没有把握。洪辉服务有限责任公司进行前期准备已发生调查成本2 000元，已通过银行转账支付。

要求：编制洪辉服务有限责任公司上述业务相关的会计分录。

案例四

滨海制造有限责任公司（以下简称滨海公司）为增值税一般纳税人，销售商品适用的增值税税率为16%，销售单价除标明为含税价格外，均为不含增值税价格。

2018年8月3日，销售一批商品给万科公司，增值税专用发票上注明商品价款为80 000元、增值税税额为12 800元，商品已经发出。该批产品成本为60 000元。万科公司交来一张期限为6个月、面值为92 800元的无息银行承兑汇票。8月3日，该票据到期，滨海公司收到银行转来的入账通知，收到万科公司的票据款。

2018年9月10日，销售一批商品给博创公司，增值税专用发票上注明商品价款为50 000元、增值税税额为8 000元，商品已经发出，该批产品成本为30 000元。博创公司交来一张期限为4个月、面值为58 500元的不带息商业承兑汇票。2019年1月10日，该票据到期，由于承兑人银行账户余额不足支付，银行将票据退回博创公司。

2018年10月13日，从万达公司购入原材料一批，增值税专用发票上注明材料价款为100 000元、增值税税额为16 000元，材料已经验收入库。滨海公司将其持有的万科公司开具的面值为92 800元的银行承兑汇票交给万达公司抵作货款，并于当日用银行存款补付了剩余款项。

要求：根据上述资料编制滨海公司有关业务的会计分录。

学习情境七

对外投资业务核算

开篇案例

　　北京天客隆集团有限公司是国内最早以连锁方式经营超市的连锁专业集团公司之一，始建于1995年，注册资金9 000万元，该公司目前在北京市拥有30多家连锁超市。公司在2015年与黄山公司签订资产置换协议，以一栋房屋与黄山公司股权进行置换。该协议于2015年3月30日经临时股东大会和公司董事会批准，涉及的股权及资产的所有权变更手续于2015年4月1日办理完成。2016年1月15日，黄山公司资本公积增加100万元。

　　2015年1月16日，天客隆公司购入大商公司股票作为交易性金融资产。2016年4月10日，大商公司宣告分派现金股利，每10股派息2元。5月10日，天客隆公司收到分派的现金股利。2016年3月15日，公司将所持有的大商公司股票全部售出。

　　天客隆公司在2015年取得黄山公司股权时应如何计价，黄山公司所有者权益变动以及实现的净利润是否对天客隆公司产生影响？2015年购入大商公司股票时该如何计价？大商公司分派现金股利、大商公司股价波动对天客隆公司投资的影响是什么？本情境将介绍企业常见的投资活动及会计处理方法。

　　资料来源：佚名．公司简介［EB/OL］．［2018-06-10］．https://mip.kanzhun.com/gongsi_m/4f61275cf848730bd32d8cb3cc569c17/.

工作情境描述

1.主要经济业务及其流程

对外投资就是企业在其本身经营的主营业务以外，以现金、实物、无形资产方式，或者购买股票、债券等有价证券方式向境内外的其他单位进行投资，以期在未来获得投资收益的经济行为。在企业的经营过程中，投资活动对筹资成本进行补偿和为企业创造利润具有举足轻重的作用。根据企业投资的目的和时间的不同，将投资业务划分为金融资产投资和长期股权投资。其中，金融资产又可分为以公允价值计量且其变动计入当期损益的金融资产、以公允价值计量且其变动计入其他综合收益的金融资产、以摊余成本计量的金融资产等。

企业应当建立投资业务的岗位职责，明确相关部门的岗位职责、权限，任何企业不得由同一部门或个人办理投资业务的全过程，确保办理投资业务的不相容岗位相互分离、相互制约和相互监督。

投资业务具体流程如图7-1所示。

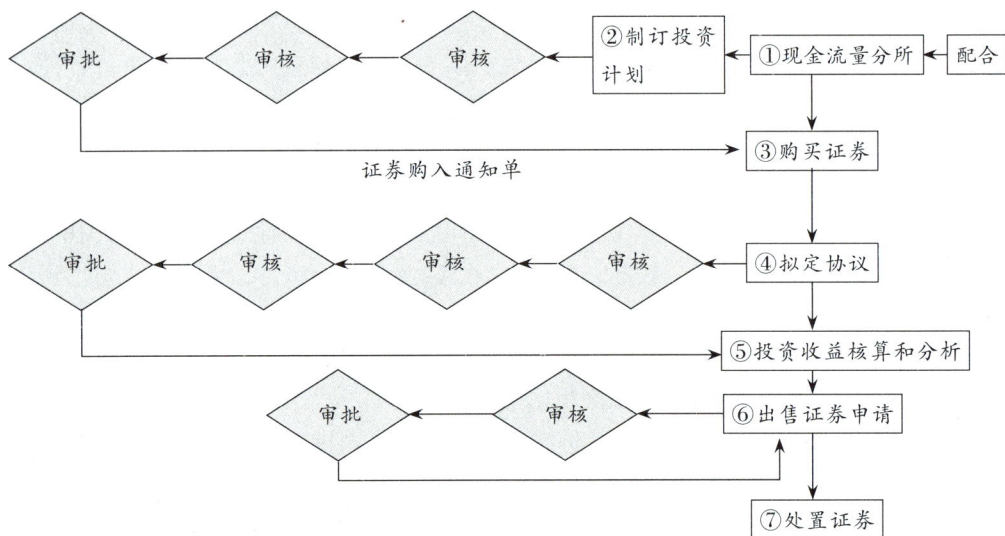

图7-1　投资业务流程图

2.业务涉及的主要会计岗位及其职责

投资业务包括现金流量分析、制订投资计划、证券购入的办理、协议签订、投资后的管理和处置证券。投资业务涉及的主要会计岗位包括：会计主管岗位、投资岗位、资金核算岗位等。

（1）会计主管岗位。会计主管岗位负责拟定公司各项投资管理制度，参与公司各项投资项目的可行性分析和论证，进行投资监管，控制企业的证券投资活动，对投资项目进行财务预测、风险分析与控制，拟定公司各项证券管理制度。

（2）投资岗位。投资岗位负责进行公司投资规划，通过对经济、政治形势的分析，评估投资机会，负责投资环境分析、预测金融市场走势、把握整体投资方向、管理投资项目、监控和分析项目的经营管理、及时提出改进建议并配合部门经理做好相关培训和指导工作。

（3）资金核算岗位。资金核算岗位按照公司经理、会计主管的安排，负责筹措、调度企业的各项资金，拟定资金管理和核算办法，负责企业各项投资的账务处理和明细分类核算。

任务一　以公允价值计量且其变动计入当期损益的金融资产业务核算

知识目标

1.了解金融资产的内容；

2.理解以公允价值计量且其变动计入当期损益的金融资产的确认原则；

3.掌握以公允价值计量且其变动计入当期损益的金融资产初始计量核算；

4.掌握以公允价值计量且其变动计入当期损益的金融资产持有期间收取的现金股利或利息的核算；

5.掌握以公允价值计量且其变动计入当期损益的金融资产的期末计量；

6.掌握以公允价值计量且其变动计入当期损益的金融资产处置的核算。

技能目标

1.学会分辨金融资产属于哪类会计核算科目；

2.能够对以公允价值计量且其变动计入当期损益的金融资产相关业务进行正确的会计核算；

3.能够正确登记以公允价值计量且其变动计入当期损益的金融资产的相关账簿。

知识准备

一、金融资产概述

1.金融资产的概念

企业的金融资产是指企业持有的现金、其他方的权益工具以及符合下列条件之一的资产：

（1）从其他方收取现金或者其他金融资产的合同权利；

（2）在潜在有利条件下，与其他方交换金融资产或者金融负债的合同权利；

（3）将来须用或者可用企业自身权益工具进行结算的非衍生工具合同，且企业根据该合同将收到可变数量的自身权益工具；

（4）将来须用或者可用企业自身权益工具进行结算的衍生工具合同，但以固定数量的自身权益工具交换固定金额的现金或其他金融资产的衍生工具合同除外。

金融资产主要包括库存现金、银行存款、应收账款、应收票据、应收利息、应收股利、其他应收款、贷款、垫款、债权投资、股权投资、基金等。

2.金融资产分类

企业应当根据其管理金融资产的业务模式和金融资产的合同现金流量特征，对金融资产进行合理的分类。金融资产一般划分为以下三类：①以

微课：以公允价值计量且其变动计入当期损益的金融资产的核算

公允价值计量且其变动计入当期损益的金融资产；②以公允价值计量且其变动计入其他综合收益的金融资产；③以摊余成本计量的金融资产。企业对金融资产的分类一经确定，不得随意变更。

二、以公允价值计量且其变动计入当期损益的金融资产的会计处理

（一）以公允价值计量且其变动计入当期损益的金融资产应设置的会计科目

为了反映和监督以公允价值计量且其变动计入当期损益的金融资产的取得、收取现金股利或利息、出售等情况，企业应当设置"交易性金融资产"、"公允价值变动损益"和"投资收益"等科目进行核算。

"交易性金融资产"科目核算企业为了交易目的所持有的债券投资、股票投资、基金投资等以公允价值计量且其变动计入当期损益的金融资产的公允价值。企业持有的直接指定为以公允价值计量且其变动计入当期损益的金融资产也在"交易性金融资产"科目核算。"交易性金融资产"科目的借方登记以公允价值计量且其变动计入当期损益的金融资产的取得成本、资产负债表日其公允价值高于账面价值的差额等；贷方登记资产负债表日其公允价值低于账面余额的差额，以及企业以公允价值计量且其变动计入当期损益的金融资产结转的成本和公允价值变动。企业应当按照以公允价值计量且其变动计入当期损益的金融资产的类别和品种分别设置"成本""公允价值变动"等明细科目进行核算。

"公允价值变动损益"科目核算企业以公允价值计量且其变动计入当期损益的金融资产等的公允价值变动形成的应计入当期损益的利得或损失。"公允价值变动损益"科目的借方登记资产负债表日企业持有的以公允价值计量且其变动计入当期损益的金融资产等的公允价值低于账面余额的差额；贷方登记资产负债表日企业持有的以公允价值计量且其变动计入当期损益的金融资产等的公允价值高于账面余额的差额。

"投资收益"科目核算企业持有以公允价值计量且其变动计入当期损益的金融资产等期间内取得的投资收益以及出售以公允价值计量且其变动计入当期损益的金融资产等实现的投资收益或投资损失。"投资收益"科目借方登记企业出售以公允价值计量且其变动计入当期损益的金融资产等发生的投资损失，贷方登记企业持有以公允价值计量且其变动计入当期损益的金融资产等期间内取得的投资收益以及出售以公允价值计量且其变动计入当期损益的金融资产等实现的投资收益。

（二）以公允价值计量且其变动计入当期损益的金融资产的初始计量

以公允价值计量且其变动计入当期损益的金融资产，应当按照该金融资产取得时的公允价值作为其初始入账金额。公允价值是指在公平交易中，熟悉情况的交易双方自愿进行资产交换或者债务清偿的金额。金融资产的公允价值应当以市场交易价格为基础加以确定。

企业取得以公允价值计量且其变动计入当期损益的金融资产所支付价款中包含了已宣告但尚未发放的现金股利或已到付息期但尚未领取的债券利息的，应单独确认为应收款项，而不应当构成以公允价值计量且其变动计入当期损益的金融资产的初始入账金额。

企业取得以公允价值计量且其变动计入当期损益的金融资产所发生的相关交易费用应当在发生时计入当期损益，作为投资收益进行会计处理，发生交易费用取得

增值税专用发票的，进项税额经认证后可从当月销项税额中扣除。交易费用是指直接归属于购买、发行或处置金融工具的增量费用。增量费用是指企业没有发生购买、发行或者处置相关金融工具的情形就不会发生的费用，包括支付给代理机构、咨询机构、券商、证券交易所、政府有关部门等的手续费、佣金、相关税费及其他必要支出，不包括债权溢价、折价、融资费用、内部管理成本和持有成本等与交易不直接相关的费用。

企业取得以公允价值计量且其变动计入当期损益的金融资产，应当按照该金融资产取得时的公允价值，借记"交易性金融资产——成本"科目，按照发生的交易费用，借记"投资收益"科目，发生交易费用取得增值税专用发票的，按其注明的增值税进项税额，借记"应交税费——应交增值税（进项税额）"科目，按照实际支付的金额，贷记"其他货币资金"等科目。

【例 7-1】2018 年 3 月 10 日，滨海公司从上海证券交易所购入天马上市公司股票 1 000 000 股，将其划分为以公允价值计量且其变动计入当期损益的金融资产。该笔股票投资在购买日的公允价值为 10 000 000 元，另支付相关交易费用 25 000 元，取得增值税专用发票上注明的增值税税额为 1 500 元。滨海公司应编制如下会计分录：

借：交易性金融资产——成本（天马上市公司）　　　　　　　10 000 000

　　投资收益　　　　　　　　　　　　　　　　　　　　　　　　25 000

　　应交税费——应交增值税（进项税额）　　　　　　　　　　　1 500

　　贷：其他货币资金　　　　　　　　　　　　　　　　　　　10 026 500

本例中，取得以公允价值计量且其变动计入当期损益的金融资产所发生的相关交易费用 25 000 元应当在发生时记入"投资收益"科目，不记入"交易性金融资产——成本"科目。

【例 7-2】沿用【例 7-1】的资料，假定 2018 年 3 月 10 日，滨海公司从上海证券交易所购入天马上市公司股票 1 000 000 股，将其划分为以公允价值计量且其变动计入当期损益的金融资产。该笔股票投资在购买日的公允价值为 10 600 000 元（其中包含已宣告但尚未发放的现金股利 600 000 元），另支付相关交易费用 25 000 元，取得增值税专用发票上注明的增值税税额为 1 500 元。滨海公司应编制如下会计分录：

借：交易性金融资产——成本（天马上市公司）　　　　　　　10 000 000

　　应收股利——天马公司股票　　　　　　　　　　　　　　　600 000

　　投资收益　　　　　　　　　　　　　　　　　　　　　　　　25 000

　　应交税费——应交增值税（进项税额）　　　　　　　　　　　1 500

　　贷：其他货币资金　　　　　　　　　　　　　　　　　　　10 626 500

本例中，取得以公允价值计量且其变动计入当期损益的金融资产所支付的价款 10 600 000 元（其中包含已宣告但尚未发放的现金股利 600 000 元），应当记入"应收股利"科目，而不将其中所包含的已宣告但尚未发放的现金股利 600 000 元记入"交易性金融资产——成本"科目。

（三）以公允价值计量且其变动计入当期损益的金融资产的后续计量

（1）企业持有以公允价值计量且其变动计入当期损益的金融资产期间，对于被投资单位宣告发放的现金股利或企业在资产负债表日按分期付息、一次还本债券投资的票面利率计算的利息收入，应当确认为应收项目，并计入投资收益。

　　企业在持有以公允价值计量且其变动计入当期损益的金融资产期间，取得被投资单位宣告发放的现金股利，或在资产负债表日按分期付息、一次还本债券投资的票面利率计算的利息收入，借记"应收股利"或"应收利息"科目，贷记"投资收益"科目。

　　企业只有在同时满足以下三个条件时，才能确认以公允价值计量且其变动计入当期损益的金融资产所取得的股利收入并计入当期损益：①企业收取股利的权利已经确立；②与股利相关的经济利益很可能流入企业；③股利的金额能够可靠计量。

　　【例7-3】沿用【例7-2】的资料，假定2018年5月2日，滨海公司收到天马公司向其发放的现金股利600 000元，并存入银行。假定不考虑相关税费。滨海公司应编制如下会计分录：

　　　　借：其他货币资金——存出投资款　　　　　　　　　　　　　600 000
　　　　　　贷：应收股利——天马公司股票　　　　　　　　　　　　　　　600 000

　　【例7-4】2018年1月1日，滨海公司购入联德公司发行的公司债券，该笔债券于2017年7月1日发行，面值为25 000 000元，票面利率为4%。上年债券利息于下年年初支付。滨海公司将其划分为以公允价值计量且其变动计入当期损益的金融资产，支付价款为26 500 000元（其中包含已宣告发放的债券利息500 000元），另支付交易费用300 000元，取得的增值税专用发票上注明的增值税税额为18 000元。2018年1月10日，滨海公司收到该笔债券利息500 000元，2019年年初，滨海公司收到债券利息1 000 000元。滨海公司应编制如下会计分录：

　　①2018年1月1日，购入联德公司的公司债券时：

　　　　借：交易性金融资产——成本（联德公司债券）　　　　　　26 000 000
　　　　　　应收利息　　　　　　　　　　　　　　　　　　　　　　　500 000
　　　　　　投资收益　　　　　　　　　　　　　　　　　　　　　　　300 000
　　　　　　应交税费——应交增值税（进项税额）　　　　　　　　　　18 000
　　　　　　贷：其他货币资金——存出投资款　　　　　　　　　　　26 818 000

　　②2018年1月10日，收到购买价款中包含已宣告发放的债券利息时：

　　　　借：其他货币资金——存出投资款　　　　　　　　　　　　　500 000
　　　　　　贷：应收利息　　　　　　　　　　　　　　　　　　　　　　500 000

　　③2018年12月31日，确认联德公司的债券利息收入时：

　　　　借：应收利息　　　　　　　　　　　　　　　　　　　　　1 000 000
　　　　　　贷：投资收益　　　　　　　　　　　　　　　　　　　　　1 000 000

　　④2019年年初，收到持有联德公司的公司债券利息时：

　　　　借：其他货币资金——存出投资款　　　　　　　　　　　　1 000 000
　　　　　　贷：应收利息　　　　　　　　　　　　　　　　　　　　　1 000 000

　　本例中，取得以公允价值计量且其变动计入当期损益的金融资产所支付的交易费用300 000元，应记入"投资收益"科目。取得以公允价值计量且其变动计入当期损益的金融资产所支付价款中包含的已到付息期但尚未领取的债券利息500 000元，应记入"应收利息"科目，而不将其记入"交易性金融资产——成本"科目。

　　（2）资产负债表日，以公允价值计量且其变动计入当期损益的金融资产应当按照公允价值计量，公允价值与账面余额之间的差额计入当期损益。

企业应当在资产负债表日按照以公允价值计量且其变动计入当期损益的金融资产公允价值高于其账面余额的差额，借记"交易性金融资产——公允价值变动"科目，贷记"公允价值变动损益"科目；公允价值低于其账面余额的差价做相反的会计分录。

【例7-5】沿用【例7-1】的资料，假定2018年6月30日，滨海公司持有天马上市公司股票的公允价值为10 800 000元。2018年12月31日，滨海公司持有天马上市公司股票的公允价值为9 800 000元。滨海公司应编制如下会计分录：

①2018年6月30日，确认天马上市公司股票的公允价值变动损益时：

借：交易性金融资产——公允价值变动（天马上市公司股票）　　　　800 000

　　贷：公允价值变动损益——天马上市公司股票　　　　　　　　　　　　800 000

②2018年12月31日，确认天马上市公司股票的公允价值变动损益时：

借：公允价值变动损益——天马上市公司股票　　　　　　　　　　1 000 000

　　贷：交易性金融资产——公允价值变动（天马上市公司股票）　　　　1 000 000

【例7-6】沿用【例7-4】的资料，假定2018年6月30日，滨海公司购买的该笔债券市价为26 300 000元；2018年12月31日，滨海公司购买的该笔债券市价为25 600 000元。滨海公司应编制如下会计分录：

①2018年6月30日，确认该笔债券的公允价值变动损益时：

借：交易性金融资产——公允价值变动（联德公司债券）　　　　　300 000

　　贷：公允价值变动损益 ——联德公司债券　　　　　　　　　　　　　300 000

②2018年12月31日，确认该笔债券的公允价值变动损益时：

借：公允价值变动损益——联德公司债券　　　　　　　　　　　　700 000

　　贷：交易性金融资产——公允价值变动（联德公司债券）　　　　　　700 000

本例中，2018年6月30日，联德公司债券的公允价值为26 300 000元，账面余额为26 000 000元，公允价值大于账面余额300 000元，应记入"公允价值变动损益"科目的贷方；2018年12月31日，联德公司债券的公允价值为25 600 000元，账面余额为26 300 000元，公允价值小于账面余额700 000元，应记入"公允价值变动损益"科目的借方。

（四）出售以公允价值计量且其变动计入当期损益的金融资产

企业出售以公允价值计量且其变动计入当期损益的金融资产时，应当将该金融资产出售时的公允价值与账面余额之间的差额作为投资损益进行会计处理，同时，将原计入公允价值变动损益的该金融资产的公允价值变动转出，由公允价值变动损益转为投资收益。

企业出售以公允价值计量且其变动计入当期损益的金融资产，应当按照实际收到的金额，借记"其他货币资金"等科目，按照该金融资产的账面余额，贷记"交易性金融资产——成本（公允价值变动）"科目，按照其差额，贷记或借记"投资收益"科目。同时，将原计入该金融资产的公允价值变动转出，借记或贷记"公允价值变动损益"科目，贷记或借记"投资收益"科目。

【例7-7】沿用【例7-1】和【例7-5】的资料，假定2019年1月15日，滨海公司出售了持有的全部天马上市公司股票，价款12 000 000元。滨海公司应编制如下会计分录：

借：其他货币资金——存出投资款 12 000 000
交易性金融资产——公允价值变动（天马上市公司股票） 200 000
贷：交易性金融资产——成本（天马上市公司） 10 000 000
投资收益 2 200 000

同时：

借：投资收益 200 000
贷：公允价值变动损益——天马上市公司股票 200 000

本例中，滨海公司出售持有天马上市公司全部股票的价款 12 000 000 元与账面价值（2018 年 12 月 31 日的公允价值 9 800 000 元）之间的差额 2 200 000 元应作为投资收益，记入"投资收益"的贷方。滨海公司出售以公允价值计量且其变动计入当期损益的金融资产时，还应将原已计入该金融资产的公允价值变动转出，即出售以公允价值计量且其变动计入当期损益的金融资产时，应按"交易性金融资产——公允价值变动（天马上市公司股票）"明细科目的贷方余额 200 000 元，借记"投资收益"科目，贷记"公允价值变动损益"科目。

（五）转让金融资产应交增值税的处理

转让金融资产按照卖出价扣除买入价（不需要扣除已宣告但尚未发放的现金股利和已到付息期但尚未领取的利息）后的余额作为销售额计算增值税，即转让金融资产按盈亏相抵后的余额为销售额。如果相抵后出现负差，可结转下一纳税期与下期转让金融资产销售额互抵，但年末时仍出现负差的，不得转入下一会计年度。

转让金融资产当月月末，如果产生转让收益，则按应纳税额，借记"投资收益"等科目，贷记"应交税费——转让金融产品应交增值税"科目；如果产生转让损失，则按可结转下月抵扣税额，借记"应交税费——转让金融产品应交增值税"科目，贷记"投资收益"等科目。

年末，如果"应交税费——转让金融产品应交增值税"科目有借方余额，说明本年度的金融资产转让损失无法弥补，且本年度的金融资产转让损失不可以转入下年度继续抵减转让金融资产的收益，因此，应借记"投资收益"等科目，贷记"应交税费——转让金融产品应交增值税"科目，将"应交税费——转让金融产品应交增值税"科目的借方余额转出。

【例 7-8】沿用【例 7-7】的资料，计算该项业务转让金融资产应交增值税。

转让金融资产应交增值税＝（12 000 000－10 000 000）÷（1+6%）×6%＝113 207.55（元）

滨海公司应编制如下会计分录：

借：投资收益 113 207.55
贷：应交税费——转让金融产品应交增值税 113 207.55

本学习任务小结

以公允价值计量且其变动计入当期损益的金融资产的核算任务小结见表 7-1。

表 7-1　　　　　以公允价值计量且其变动计入当期损益的金融资产的核算任务小结

业务内容	会计处理
取得以公允价值计量且其变动计入当期损益的金融资产的核算	借：交易性金融资产——成本（公允价值，包括已宣告但尚未发放的现金股利和已到付息期但尚未领取的利息） 　　投资收益（发生的交易费用） 　　应收利息（已到付息期但尚未领取的利息） 　　　贷：银行存款等
持有期间现金股利与利息的核算	借：应收股利/应收利息 　　　贷：投资收益
以公允价值计量且其变动计入当期损益的金融资产期末计价业务的核算	（1）公允价值上升的情况： 借：交易性金融资产——公允价值变动 　　　贷：公允价值变动损益 （2）公允价值下降的情况： 借：公允价值变动损益 　　　贷：交易性金融资产——公允价值变动
处置以公允价值计量且其变动计入当期损益的金融资产的核算	借：银行存款等 　　　贷：交易性金融资产 　　　　　投资收益（差额，也可能在借方） 同时： 借：公允价值变动损益 　　　贷：投资收益 或： 借：投资收益 　　　贷：公允价值变动损益 转让金融资产按照卖出价扣除买入价（不需要扣除已宣告但尚未发放的现金股利和已到付息期但尚未领取的利息）后的余额作为销售额计算增值税： 借：投资收益 　　　贷：应交税费——转让金融产品应交增值税

任务二　以摊余成本计量的金融资产业务核算

知识目标

　　1.掌握以摊余成本计量的金融资产的分类；
　　2.掌握以摊余成本计量的金融资产的账务处理方法。

技能目标

　　1.了解企业购入债券的种类；

2.能够理解债券溢价、折价发行的意义；

3.明确企业购入债券的意图，是否可以将其划分为以摊余成本计量的金融资产；

4.能够对以摊余成本计量的金融资产业务进行正确的核算；

5.能够正确登记以摊余成本计量的金融资产相关科目的账簿。

知识准备

一、以摊余成本计量的金融资产的内容

金融资产同时符合下列条件的，应当分类为以摊余成本计量的金融资产：

（1）企业管理该金融资产的业务模式是以收取合同现金流量为目标；

（2）该金融资产的合同条款规定，在特定日期产生的现金流量，仅为对本金和以未偿付本金金额为基础的利息的支付。

二、以摊余成本计量的金融资产的账务处理

（一）以摊余成本计量的金融资产核算应设置的会计科目

为了反映和监督以摊余成本计量的金融资产的取得、收取利息和出售等情况，企业应当设置"债权投资""银行存款""投资收益"等科目进行核算。

"债权投资"科目核算企业债权投资的摊余成本。"债权投资"科目的借方登记以摊余成本计量的金融资产的取得成本、一次还本付息债券投资在资产负债表日按照票面利率计算确定的应收未收利息等；贷方登记企业出售以摊余成本计量的金融资产时结转的成本等。企业可以按照以摊余成本计量的金融资产的类别和品种，分别设置"成本""利息调整""应计利息"等明细科目进行核算。

（二）以摊余成本计量的金融资产的初始计量

企业取得以摊余成本计量的金融资产应当按照公允价值计量，取得以摊余成本计量的金融资产所发生的交易费用计入以摊余成本计量的金融资产的初始确认金额。

企业取得以摊余成本计量的金融资产支付的价款中包含已到付息期但尚未领取的债券利息，应当单独确认为应收项目，不构成以摊余成本计量的金融资产的初始确认金额。

企业取得的以摊余成本计量的金融资产，应当按照该投资的面值，借记"债权投资——成本"科目，按照支付的价款中包含的已到付息期但尚未领取的利息，借记"应收利息"科目，按照实际支付的金额，贷记"其他货币资金""银行存款"等科目，按照其差额，借记或贷记"债权投资——利息调整"科目。

【例7-9】2015年1月1日，滨海公司从上海证券交易所购入万利达公司同日发行的5年期公司债券12 500份，债券面值总额为2 500 000元，票面年利率为4.72%，于年末计算本年度债券利息（即每年利息为118 000元），第二年年初收取上一年所产生的利息，本金在债券到期时一次性偿还。滨海公司支付价款2 500 000元（假设不考虑交易费用），并将其划分为以摊余成本计量的金融资产。该债券的实际利率为4.72%。滨海公司应编制如下会计分录：

借：债权投资——成本（万利达公司债券）   2 500 000

  贷：其他货币资金——存出投资款   2 500 000

（三）以摊余成本计量的金融资产的后续计量

企业在持有以摊余成本计量的金融资产的会计期间，所涉及的会计处理主要有两方面：一是在资产负债表日确认债券利息收入；二是在资产负债表日核算发生的减值损失。

微课：以摊余成本计量的金融资产的核算

持有的以摊余成本计量的金融资产为分期付息、一次还本债券投资的，企业应当在资产负债表日按照以摊余成本计量的金融资产的面值和票面利率计算确定的应收未收利息，借记"应收利息"科目，贷记"投资收益"科目。

以摊余成本计量的金融资产为一次还本付息债券投资的，企业应当在资产负债表日按照以摊余成本计量的金融资产的面值和票面利率计算确定的应收未收利息，借记"债权投资——应计利息"科目，贷记"投资收益"科目。

【例7-10】沿用【例7-9】的资料，根据约定，2015年12月31日，滨海公司计算第一年万利达公司债券投资的利息，2016年1月2日，收到万利达公司债券投资所产生的利息。滨海公司应编制如下会计分录：

（1）2015年12月31日，确认万利达公司债券利息收入时：

借：应收利息——万利达公司　　　　　　　　　　　　　　118 000
　　贷：投资收益——万利达公司债券　　　　　　　　　　　　　118 000

（2）2016年1月2日，收到万利达公司债券投资所产生的利息时：

借：其他货币资金——存出投资款　　　　　　　　　　　　　118 000
　　贷：应收利息——万利达公司　　　　　　　　　　　　　　　118 000

至2020年1月1日债券到期前，滨海公司的会计分录同上。

（四）以摊余成本计量的金融资产到期收回本金

以摊余成本计量的金融资产为分期付息、一次还本债券投资的，企业应当在债券投资到期时收回最后一期利息和本金，借记"其他货币资金"科目，贷记"应收利息""债权投资——成本"科目。

以摊余成本计量的金融资产为一次还本付息债券投资的，企业应当在债券投资到期时收回全部利息和本金，借记"其他货币资金"科目，贷记"债权投资——应计利息""债权投资——成本"科目。

【例7-11】沿用【例7-9】和【例7-10】的资料，2020年1月1日，滨海公司持有的万利达公司债券到期，滨海公司收回最后一期利息和全部本金，滨海公司应编制如下会计分录：

借：其他货币资金——存出投资款　　　　　　　　　　　　2 618 000
　　贷：应收利息——万利达公司　　　　　　　　　　　　　　　118 000
　　　　债权投资——成本（万利达公司）　　　　　　　　　　2 500 000

本学习任务小结

以摊余成本计量的金融资产的核算任务小结见表7-2。

表7-2   以摊余成本计量的金融资产的核算任务小结

业务内容		会计处理
取得以摊余成本计量的金融资产业务的核算	购入按面值发行的债券	借：债权投资——成本（面值） 　　应收利息（实际支付的款项中包含的已到付息期但尚未领取的利息） 　　贷：其他货币资金等
	购入溢价发行的债券	借：债权投资——成本（面值） 　　　　　　——利息调整 　　应收利息（实际支付的款项中包含的已到付息期但尚未领取的利息） 　　贷：银行存款等
	购入折价发行的债券	借：债权投资——成本（面值） 　　应收利息（实际支付的款项中包含的已到付息期但尚未领取的利息） 　　贷：银行存款等 　　　　债权投资——利息调整
以摊余成本计量的金融资产利息调整业务的核算	按面值购入的债券	借：应收利息（分期付息债券按票面利率计算的利息） 　　（或）债权投资——应计利息（到期时一次还付息债券按票面利率计算的利息） 　　贷：投资收益
	按溢价购入的债券	借：应收利息（分期付息债券按票面利率计算的利息） 　　（或）债权投资——应计利息（到期时一次还付息债券按票面利率计算的利息） 　　贷：投资收益（期初摊余成本乘以实际利率计算确定的利息收入） 　　　　债权投资——利息调整（差额）
	按折价购入的债券	借：应收利息（分期付息债券按票面利率计算的利息） 　　（或）债权投资——应计利息（到期时一次还付息债券按票面利率计算的利息） 　　债权投资——利息调整（差额） 　　贷：投资收益（期初摊余成本乘以实际利率计算确定的利息收入）
处置以摊余成本计量的金融资产		借：银行存款等 　　债权投资减值准备 　　贷：债权投资 　　　　投资收益（差额，也可能在借方）

任务三　以公允价值计量且其变动计入其他综合收益的金融资产业务核算

知识目标

1.掌握以公允价值计量且其变动计入其他综合收益的金融资产的分类原则；

2.掌握以公允价值计量且其变动计入其他综合收益的金融资产的账务处理方法。

技能目标

1.判断是否可以将企业购入的金融资产划分为以公允价值计量且其变动计入其他综合

收益的金融资产；

2.能够对以公允价值计量且其变动计入其他综合收益的金融资产业务进行正确的核算；

3.能够正确登记以公允价值计量且其变动计入其他综合收益的金融资产相关科目的账簿。

知识准备

一、以公允价值计量且其变动计入其他综合收益的金融资产的计量原则

企业初始确认金融资产，应当按照公允价值计量。对于以公允价值计量且其变动计入其他综合收益的金融资产，相关交易费用应当计入初始确认金额。公允价值通常为相关金融资产的交易价格。企业取得金融资产所支付的价款中包含已宣告但尚未发放的债券利息或现金股利，应当单独确认为应收项目进行处理。

以公允价值计量且其变动计入其他综合收益的金融资产所产生的利得或损失，除减值损失或利得和汇兑损益外，均应计入其他综合收益，且后续不得转入当期损益。当其终止确认时，之前计入其他综合收益的累计利得或损失应当从其他综合收益中转出，计入留存收益。

二、以公允价值计量且其变动计入其他综合收益的金融资产的账务处理

（一）以公允价值计量且其变动计入其他综合收益的金融资产核算应设置的会计科目

为了反映和监督以公允价值计量且其变动计入其他综合收益的金融资产的取得、收取现金股利或利息和出售等情况，企业应当设置"其他债权投资"、"其他权益工具投资"、"其他综合收益"和"投资收益"等科目进行核算。

"其他债权投资""其他权益工具投资"科目核算企业持有的以公允价值计量且其变动计入其他综合收益的金融资产的公允价值。"其他债权投资""其他权益工具投资"科目的借方登记以公允价值计量且其变动计入其他综合收益的金融资产的取得成本、资产负债表日其公允价值高于账面余额的差额、以公允价值计量且其变动计入其他综合收益的金融资产转回的减值损失等；贷方登记资产负债表日其公允价值低于账面余额的差额、以公允价值计量且其变动计入其他综合收益的金融资产的减值损失、出售以公允价值计量且其变动计入其他综合收益的金融资产时结转的成本和公允价值变动。企业应当按照以公允价值计量且其变动计入其他综合收益的金融资产的类别和种类分别设置"成本"、"利息调整"和"公允价值变动"等明细科目进行核算。

"其他综合收益"科目核算企业以公允价值计量且其变动计入其他综合收益的金融资产公允价值变动而形成的计入所有者权益的利得或损失等。"其他综合收益"科目的借方登记资产负债表日企业持有的以公允价值计量且其变动计入其他综合收益的金融资产的公允价值低于账面余额的差额等；贷方登记资产负债表日企业持有的以公允价值计量且其变动计入其他综合收益的金融资产的公允价值高于账面余额的差额等。

（二）以公允价值计量且其变动计入其他综合收益的金融资产的初始计量

企业取得的以公允价值计量且其变动计入其他综合收益的金融资产应当按照公允价值计量，取得以公允价值计量且其变动计入其他综合收益的金融资产所发生的交易费用应当计入以公允价值计量且其变动计入其他综合收益的金融资产的初始入账金额。

企业取得的以公允价值计量且其变动计入其他综合收益的金融资产支付的价款中包含的已宣告但尚未发放的现金股利或已到付息期但尚未领取的债券利息，应当单独确认为应收项目，不构成以公允价值计量且其变动计入其他综合收益的金融资产的初始入账金额。

（1）企业取得的以公允价值计量且其变动计入其他综合收益的金融资产为其他权益性投资的，应当按照该金融资产取得时的公允价值与交易费用之和，借记"其他权益工具投资——成本"科目，按照支付的价款中包含已宣告但尚未发放的现金股利，借记"应收股利"科目，按照实际支付的金额，贷记"其他货币资金——存出投资款"等科目。

（2）企业取得的以公允价值计量且其变动计入其他综合收益的金融资产为债券投资的，应当按照该金融资产取得时的公允价值与交易费用之和，借记"其他债权投资——成本"科目，按照支付的价款中包含的已到付息期但尚未领取的利息，借记"应收利息"科目，按实际支付的金额，贷记"其他货币资金——存出投资款"等科目；按照其差额，借记或贷记"其他债权投资——利息调整"科目。

【例7-12】 2018年1月20日，滨海公司从上海证券交易所购入华夏公司股票1 000 000股，并将其划分为以公允价值计量且其变动计入其他综合收益的金融资产。该笔股票投资在购买日的公允价值为10 000 000元，另支付相关交易费用金额25 000元。滨海公司应编制如下会计分录：

借：其他权益工具投资——成本（华夏公司）　　　　　10 025 000
　　贷：其他货币资金——存出投资款　　　　　　　　　　　　　10 025 000

本例中，取得以公允价值计量且其变动计入其他综合收益的金融资产所发生的相关交易费用25 000元应当计入以公允价值计量且其变动计入其他综合收益的金融资产的初始入账金额，而不是计入当期投资收益处理。

【例7-13】 2018年1月1日，滨海公司购入昌盛公司发行的公司债券，该笔债券于2017年7月1日发行，面值为25 000 000元，票面利率为4%。上年债券利息于下年年初支付。滨海公司将其划分为以公允价值计量且其变动计入其他综合收益的金融资产，支付价款26 000 000元（其中包含已到付息期但尚未领取的债券利息500 000元），另支付交易费用300 000元。2018年1月8日，滨海公司收到该笔债券利息500 000元。2019年年初，滨海公司又收回债券利息1 000 000元。滨海公司应编制如下会计分录：

（1）2018年1月1日，购入昌盛公司债券时：

借：其他债权投资——成本（昌盛公司债券）　　　　　25 000 000
　　　　　　　　　——利息调整（昌盛公司债券）　　　　　800 000
　　应收利息——昌盛公司　　　　　　　　　　　　　500 000
　　贷：其他货币资金——存出投资款　　　　　　　　　　　　　26 300 000

（2）2018年1月8日，收到购买价款中包含的已到付息期但尚未领取的债券利息时：

借：其他货币资金——存出投资款　　　　　　　　　500 000
　　贷：应收利息——昌盛公司　　　　　　　　　　　　　　　　500 000

（3）2018年12月31日，对昌盛公司债券确认利息收入时：

借：应收利息——昌盛公司　　　　　　　　　　　　　　　　1 000 000

　　贷：投资收益　　　　　　　　　　　　　　　　　　　　　　　1 000 000

（4）2019年年初，收到持有的昌盛公司债券利息时：

借：其他货币资金——存出投资款　　　　　　　　　　　　　1 000 000

　　贷：应收利息——昌盛公司　　　　　　　　　　　　　　　　1 000 000

本例中，取得以公允价值计量且其变动计入其他综合收益的金融资产所支付的价款中包含了已到付息期但尚未领取的债券利息500 000元，应当记入"应收利息"科目，而不记入"其他债权投资"科目；相关交易费用300 000元，应当记入"其他债权投资"科目。

（三）以公允价值计量且其变动计入其他综合收益的金融资产的后续计量

企业在持有以公允价值计量且其变动计入其他综合收益的金融资产的会计期间，所涉及的会计处理主要有三方面：一是在资产负债表日确认债券利息收入；二是在资产负债表日反映其公允价值变动；三是在资产负债表日核算以公允价值计量且其变动计入其他综合收益的金融资产发生的减值损失。

（1）企业在持有以公允价值计量且其变动计入其他综合收益的金融资产期间取得的现金股利或债券利息，应当作为投资收益进行会计处理。

①以公允价值计量且其变动计入其他综合收益的金融资产为分期付息、一次还本债券投资的，在资产负债表日，企业应当按照以公允价值计量且其变动计入其他综合收益的金融资产的面值和票面利率计算确定的应收未收利息，借记"应收利息"科目，按照以公允价值计量且其变动计入其他综合收益的金融资产的摊余成本和实际利率计算确定的利息收入，贷记"投资收益"科目，按照其差额，借记或贷记"其他债权投资——利息调整"科目。

②以公允价值计量且其变动计入其他综合收益的金融资产为一次还本付息债券投资的，在资产负债日，企业应当按照以公允价值计量且其变动计入其他综合收益的金融资产的面值和票面利率计算确定的应收未收利息，借记"其他债权投资——应计利息"科目，按照以公允价值计量且其变动计入其他综合收益的金融资产的摊余成本和实际利率计算确定的利息收入，贷记"投资收益"科目，按照其差额，借记或贷记"其他债权投资——利息调整"科目。

（2）在资产负债表日，以公允价值计量且其变动计入其他综合收益的金融资产应当按照公允价值计量，以公允价值计量且其变动计入其他综合收益的金融资产公允价值变动应当作为其他综合收益，计入所有者权益，不构成当期利润。

在资产负债表日，以公允价值计量且其变动计入其他综合收益的金融资产的公允价值高于其账面余额的差额，借记"其他权益工具投资——公允价值变动""其他债权投资——公允价值变动"科目，贷记"其他综合收益"科目；公允价值低于其账面余额的差额做相反的会计分录。

【例7-14】沿用【例7-13】的资料，假设2018年6月30日，滨海公司购买的昌盛公司债券的公允价值为27 800 000元；2018年12月31日，滨海公司购买的昌盛公司债券的公允价值为25 600 000元。不考虑其他因素，滨海公司应编制如下会计分录：

（1）2018年6月30日，确认昌盛公司债券的公允价值变动时：

借：其他债权投资——公允价值变动 2 000 000

　　贷：其他综合收益——其他债权投资公允价值变动 2 200 000

（2）2018年12月31日，确认昌盛公司债券的公允价值变动时：

借：其他综合收益——其他债权投资公允价值变动 2 200 000

　　贷：其他债权投资——公允价值变动 2 200 000

本例中，2018年6月30日，昌盛公司债券的公允价值为27 800 000元，账面余额为25 800 000元，公允价值大于账面余额2 000 000元，应记入"其他综合收益"科目的贷方；2018年12月31日，昌盛公司债券的公允价值变为25 600 000元，账面余额为27 800 000元，公允价值小于账面余额2 200 000元，应记入"其他综合收益"科目的借方。

（四）以公允价值计量且其变动计入其他综合收益的金融资产的出售

企业出售以公允价值计量且其变动计入其他综合收益的金融资产，应当将取得的价款与账面余额之间的差额作为投资损益进行会计处理，同时，将原计入该金融资产的公允价值变动转出，由其他综合收益转为投资收益。如果对以公允价值计量且其变动计入其他综合收益的金融资产，计提了减值准备，还应同时结转减值准备。

企业出售以公允价值计量且其变动计入其他综合收益的金融资产，应当按照实际收到的金额，借记"其他货币资金——存出投资款"等科目，按该以公允价值计量且其变动计入其他综合收益的金融资产的账面余额，贷记"其他债权投资"以及"成本、公允价值变动、利息调整、应计利息"等明细科目，"其他权益工具投资"以及"成本"、"公允价值变动"明细科目，按照其差额，贷记或借记"投资收益"科目。同时，按照应从所有者权益中转出的公允价值累计变动额，借记或贷记"其他综合收益"科目，贷记或借记"盈余公积""未分配利润"科目。

本学习任务小结

以公允价值计量且其变动计入其他综合收益的金融资产的核算任务小结见表7-3。

表7-3　　以公允价值计量且其变动计入其他综合收益的金融资产的核算任务小结

业务内容		会计处理
以公允价值计量且其变动计入其他综合收益的金融资产初始计量	其他权益工具投资	借：其他权益工具投资——成本（公允价值与交易费用之和） 　　应收股利（已宣告但尚未发放的现金股利） 　　贷：其他货币资金等
	债券投资	借：其他债权投资——成本（面值） 　　　　　　　　——利息调整（差额，也可能在贷方） 　　应收利息（已到付息期但尚未领取的利息） 　　贷：其他货币资金等
以公允价值计量且其变动计入其他综合收益的金融资产后续计量	股利的核算	借：应收股利 　　贷：投资收益
	利息的核算	借：应收利息（分期付息债券按票面利率计算的利息） 　　其他债权投资——应计利息（到期一次还本付息债券按票面利率计算的利息） 　　贷：投资收益（期初摊余成本乘以实际利率计算确定的利息收入） 　　　　其他债权投资——利息调整（差额，也可能在借方）

续表

业务内容		会计处理
以公允价值计量且其变动计入其他综合收益的金融资产后续计量	以公允价值计量且其变动计入其他综合收益的金融资产期末公允价值变动的核算	（1）公允价值上升： 借：其他债权投资或其他权益性工具投资——公允价值变动 　　贷：其他综合收益 （2）公允价值下降： 借：其他综合收益 　　贷：其他债权投资或其他权益性工具投资——公允价值变动
出售以公允价值计量且其变动计入其他综合收益的金融资产的核算		借：银行存款等 　　贷：其他债权投资或其他权益性工具投资（账面价值） 　　　　投资收益（差额，也可能在借方） 同时， 借：其他综合收益 　　贷：盈余公积 　　　　未分配利润 或： 借：盈余公积 　　未分配利润 　　贷：其他综合收益

任务四　长期股权投资业务核算

知识目标

1.了解长期股权投资的内容；
2.了解长期股权投资成本法和权益法的适用范围；
3.掌握长期股权投资成本法的业务核算；
4.掌握长期股权投资权益法的业务核算。

技能目标

1.能够划分长期股权投资成本法和权益法核算的范围；
2.能够对长期股权投资采用成本法进行核算；
3.能够理解采用权益法核算被投资企业的所有者权益变动对投资企业的影响；
4.能够对长期股权投资采用权益法进行核算；
5.能够正确登记长期股权投资有关账户的账簿记录。

知识准备

一、长期股权投资概述

（一）长期股权投资的定义

长期股权投资是指企业持有的对其子公司、合营企业及联营企业的权益性投资以及企业持有的对被投资单位不具有控制、共同控制或重大影响，且在活跃市场中没有报价、公允价值不能可靠计量的权益性投资。除此之外，其他权益性投资不作为长期股权投资进行核算，而应按照《企业会计准则第22号——金融工具确认和计量》的规定进行会计核算。

企业能够对被投资单位实施控制的，被投资单位为本企业的子公司。控制，是指投资方拥有对被投资方的权力，通过参与被投资方的相关活动而享有可变回报，并且有能力运用对被投资方的权力影响其回报金额。

企业与其他方对被投资单位实施共同控制的，被投资单位为本企业的合营企业。共同控制，是指按照相关约定对某项安排所共有的控制，并且该安排的相关活动必须经过分享控制权的参与方一致同意后才能决策。

企业能够对被投资单位施加重大影响的，被投资单位为本企业的联营企业。重大影响，是指投资企业对被投资单位的财务和经营政策有参与决策的权力，但并不能够控制或者与其他方一起共同控制这些政策的制定。在确定能否对被投资单位施加重大影响时，应当考虑投资企业和其他方持有的被投资单位当期可转换公司债券、当期可执行认股权证等潜在表决权因素。投资企业通常可以通过以下一种或几种情形来判断是否对被投资单位具有重大影响。

1.在被投资单位的董事会或类似权力机构中派有代表

这种情况下，由于在被投资单位的董事会或类似权力机构中派有代表，并享有相应的实质性的参与决策权，投资企业可以通过该代表参与被投资单位经营政策的制定，达到对被投资单位施加重大影响的目的。

2.参与被投资单位的政策制定过程

参与被投资单位的政策制定过程包括股利分配政策等的制定。这种情况下，因可以参与被投资单位的政策制定过程，在制定政策过程中可以为其自身利益提出建议和意见，从而可以对被投资单位施加重大影响。

3.与被投资单位之间发生重要交易

有关的交易因对被投资单位的日常经营具有重要性，进而一定程度上可以影响到被投资单位的生产经营决策。

4.向被投资单位派出管理人员

这种情况下，通过投资企业对被投资单位派出管理人员，管理人员有权力负责被投资单位的财务和经营活动，从而能够对被投资单位施加重大影响。

5.向被投资单位提供关键技术资料

因被投资单位的生产经营需要依赖投资企业的技术或技术资料，表明投资企业对被投资单位具有重大影响。

【提示】存在上述一种或多种情形并不意味着投资方一定对被投资方具有重大影响。

投资企业需要综合考虑所有事实和情况做出恰当的判断。

（二）长期股权投资的核算方法

长期股权投资的核算方法有两种：一是成本法；二是权益法。

1.成本法核算的长期股权投资的范围

企业能够对被投资单位实施控制的长期股权投资，即企业对子公司的长期股权投资应当采用成本法核算，投资企业为投资性主体且子公司不纳入其合并财务报表的除外。

对子公司的长期股权投资采用成本法核算，主要是为了避免在子公司实际发放现金股利或利润之前，母公司垫付资金发放现金股利或利润等情况。

2.权益法核算的长期股权投资的范围

企业对被投资单位具有共同控制或重大影响时，长期股权投资应当采用权益法核算。

（1）企业对被投资单位具有共同控制的长期股权投资，即企业对合营企业的长期股权投资。

（2）企业对被投资单位具有重大影响的长期股权投资，即企业对联营企业的长期股权投资。

投资企业对联营企业的权益性投资，其中一部分通过风险投资机构、共同基金、信托公司或包括投连险基金在内的类似主体间接持有的，无论以上主体是否对这部分投资具有重大影响，投资企业都可以按照《企业会计准则第22号——金融工具确认和计量》的有关规定，对间接持有的该部分投资选择以公允价值计量且其变动计入当期损益，并对其余部分采用权益法核算。

为了反映和监督企业长期股权投资的取得、持有和处置等情况，企业应当设置"长期股权投资""投资收益""其他综合收益"等科目。

"长期股权投资"科目核算企业持有的长期股权投资，借方登记长期股权投资取得时的初始投资成本以及采用权益法核算时按被投资单位实现的净损益、其他综合收益和其他权益变动等计算的应分享的份额，贷方登记处置长期股权投资的账面余额或采用权益法核算时被投资单位宣告分派现金股利或利润时企业按持股比例计算应享有的份额，以及按被投资单位发生的净亏损、其他综合收益和其他权益变动等计算的应分担的份额；期末借方余额，反映企业持有的长期股权投资的价值。

"长期股权投资"科目应当按照被投资单位进行明细核算。长期股权投资采用权益法的，应当分别"投资成本"、"损益调整"、"其他综合收益"和"其他权益变动"进行明细核算。

二、采用成本法核算长期股权投资的账务处理

（一）长期股权投资初始投资成本的确定

除企业合并形成的长期股权投资以外，以支付现金取得的长期股权投资，应当按照实际支付的购买价款作为初始投资成本。投资企业所发生的与取得长期股权投资直接相关的费用、税金及其他必要支出应计入长期股权投资的初始投资成本。

此外，投资企业取得长期股权投资，实际支付的价款或对价中包含的已宣告但尚未发放的现金股利或利润，作为应收项目处理，不构成长期股权投资的成本。

（二）长期股权投资的取得

投资企业取得长期股权投资时，应当按照初始投资成本计价。追加投资时，投资企业应当调整长期股权投资的成本。

除企业合并形成的长期股权投资以外，以支付现金、非现金资产等方式取得的长期股权投资，应当按照上述规定确定的长期股权投资初始投资成本，借记"长期股权投资"科目，贷记"银行存款"等科目。如果实际支付的价款中包含已宣告但尚未分派的现金股利或利润，借记"应收股利"科目，贷记"银行存款"科目。

【例7-15】滨海公司2018年1月20日购买长信股份有限公司发行的股票500 000股准备长期持有，从而拥有长信股份有限公司52%的股份，每股买入价为6元，另外购买该股票时发生有关税费50 000元，款项已由银行存款支付。滨海公司应编制如下会计分录：

初始投资成本=500 000×6+50 000=3 050 000（元）

借：长期股权投资——长信股份有限公司　　　　　3 050 000
　　贷：银行存款　　　　　　　　　　　　　　　　　　　3 050 000

（三）长期股权投资持有期间被投资单位宣告分派现金股利或利润

长期股权投资持有期间被投资单位宣告分派现金股利或利润，对采用成本法核算的，投资企业按应享有的份额确认为当期投资收益，借记"应收股利"科目，贷记"投资收益"科目。

【例7-16】滨海公司2018年5月15日以银行存款购买诚远公司的股票100 000股作为长期股权投资，每股买入价为10元，每股价格中包含0.2元的已宣告分派的现金股利，另支付相关税费7 000元，滨海公司应做如下会计处理：

（1）初始投资成本=100 000×10+7 000-100 000×0.2=987 000（元）

（2）编制购入股票的会计分录：

借：长期股权投资——诚远公司　　　　　　　　　987 000
　　应收股利——诚远公司　　　　　　　　　　　　20 000
　　贷：银行存款　　　　　　　　　　　　　　　　　　　1 007 000

（3）假设滨海公司2018年6月20日收到诚远公司分来的购买该股票时已宣告分派的股利20 000元，此时，应做如下会计分录：

借：银行存款　　　　　　　　　　　　　　　　　20 000
　　贷：应收股利——诚远公司　　　　　　　　　　　　　　20 000

【提示】取得长期股权投资时，如果实际支付的价款中包含已宣告但尚未分派的现金股利或利润，应借记"应收股利"科目，不记入"长期股权投资"科目。

【例7-17】沿用【例7-16】的资料，滨海公司于2018年6月20日收到诚远公司宣告发放现金股利的通知，应分得现金股利5 000元，滨海公司应编制如下会计分录：

借：应收股利——诚远公司　　　　　　　　　　　5 000
　　贷：投资收益　　　　　　　　　　　　　　　　　　　5 000

【提示】长期股权投资持有期间被投资单位宣告分派现金股利或利润时，投资企业应按享有的份额确认为当期投资收益，借记"应收股利"科目，贷记"投资收益"科目。

（四）长期股权投资的处置

处置长期股权投资时，按照实际取得的价款与长期股权投资账面价值的差额确认为投资损益，并应同时结转已计提的长期股权投资减值准备。

投资企业处置长期股权投资时，应当按照实际收到的金额，借记"银行存款"等科目，按照原已计提的减值准备，借记"长期股权投资减值准备"科目，按照该项长期股权投资的账面余额，贷记"长期股权投资"科目，按照尚未领取的现金股利或利润，贷记"应收股利"科目，按照其差额，贷记或借记"投资收益"科目。

【例7-18】滨海公司将其作为长期股权投资持有的远海公司15 000股股票以每股10元的价格卖出，支付相关税费1 000元，取得价款149 000元，款项已由银行收妥。该长期股权投资账面价值为140 000元，假设没有计提减值准备。滨海公司应编制如下会计分录：

（1）投资收益=149 000-140 000=9 000（元）

（2）编制出售股票时的会计分录：

借：银行存款　　　　　　　　　　　　　　　　　　　　　149 000

　　贷：长期股权投资——远海公司　　　　　　　　　　　　　　140 000

　　　投资收益　　　　　　　　　　　　　　　　　　　　　　9 000

三、采用权益法核算长期股权投资的账务处理

（一）长期股权投资的取得

投资企业取得的长期股权投资采用权益法核算，长期股权投资的初始投资成本大于投资时应享有的被投资单位可辨认净资产公允价值份额的，该部分差额是投资企业在取得投资过程中通过作价体现出的与所取得股权份额相对应的商誉价值，这种情况下，不要求调整长期股权投资的初始投资成本，借记"长期股权投资——投资成本"科目，贷记"银行存款"等科目。

长期股权投资的初始投资成本小于投资时应享有的被投资单位可辨认净资产公允价值份额的，该部分差额体现为双方在交易作价过程中转让方的让步，该部分经济利益流入应当计入取得长期股权投资当期的营业外收入，同时调整增加长期股权投资的成本，借记"长期股权投资——投资成本"科目，贷记"银行存款"等科目，按照其差额，贷记"营业外收入"科目。

【例7-19】滨海公司2017年1月1日购买东方公司发行的股票5 000 000股准备长期持有，占东方公司股份的30%。每股买入价为6元，另外，购买该股票时发生相关税费500 000元，款项已由银行存款支付。2016年12月31日，东方公司的所有者权益的账面价值（与其公允价值不存在差异）为1 000 000 000元。滨海公司应编制如下会计分录：

（1）初始投资成本=5 000 000×6+500 000=30 500 000（元）

（2）编制购入股票的会计分录：

借：长期股权投资——投资成本（东方公司）　　　　　　30 500 000

　　贷：银行存款　　　　　　　　　　　　　　　　　　　　30 500 000

本例中，长期股权投资的初始投资成本300 500 000元大于投资时应享有被投资

单位可辨认净资产公允价值份额300 000 000元（1 000 000 000×30%），其差额500 000元不调整增加长期股权投资的初始投资成本。但是，如果长期股权投资的初始投资成本小于投资时应享有的被投资单位可辨认净资产公允价值份额，应借记"长期股权投资——成本"科目，贷记"银行存款"等科目，按照其差额，贷记"营业外收入"科目。

（二）持有长期股权投资期间被投资单位实现利润或发生亏损和其他综合收益

投资企业在持有长期股权投资期间，应按照被投资单位实现的净利润（以取得投资时被投资单位可辨认净资产的公允价值的基础计算）中应享有的份额，借记"长期股权投资——损益调整"科目，贷记"投资收益"科目。被投资单位发生净损失做相反的会计分录，但以"长期股权投资"科目的账面价值减记至零为限。投资单位还需承担的投资损失，应以其他实质上构成对被投资单位净投资的"长期应收款"等的账面价值减记至零为限；除按照以上步骤已确认的损失外，按照投资合同或协议约定将承担的损失，确认为预计负债。除上述情况仍未确认的应分担被投资单位的损失，应当在备查簿中登记。发生亏损的被投资单位以后实现净利润的，应按与上述相反的顺序进行处理。

上述以"长期股权投资"科目的账面价值减记至零为限所指的"长期股权投资"科目是"长期股权投资——对××单位投资"这个明细科目，该明细科目通常又由"投资成本"、"损益调整"、"其他综合收益"和"其他权益变动"4个二级明细科目组成，账面价值减记至零即意味着"对××单位投资"的这4个二级明细科目余额合计为零。上述的"其他实质上构成对被投资单位净投资的'长期应收款'等"通常是指投资企业对被投资单位的长期债权，该债权没有明确的清收计划，且在可预见的未来期间不准备收回的，实质上构成对被投资单位的净投资。但是，该类长期权益不包括投资企业与被投资单位之间因销售商品、提供劳务等日常活动所产生的长期债权。

发生亏损的被投资单位以后实现净利润的，投资企业计算应享有的份额，如有未确认投资损失的，应先弥补未确认的投资损失，弥补投资损失后仍有余额的，借记"长期应收款"科目和"长期股权投资——损益调整"科目，贷记"投资收益"科目。

投资企业在对权益法下的长期股权投资确认投资收益和其他综合收益时，还需要注意以下两个方面：

一是被投资单位采用的会计政策及会计期间与投资企业不一致的，应当按照投资企业的会计政策及会计期间对被投资单位的财务报表进行调整，并据以确认投资收益和其他综合收益等。

二是投资企业计算确认应享有或应分担被投资单位的净损益时，与联营企业、合营企业之间发生的未实现内部交易损益按照应享有的比例计算归属于投资企业的部分，应当予以抵销，在此基础上确认投资收益。投资企业与被投资单位发生的未实现内部交易损失，按照《企业会计准则第8号——资产减值》等的有关规定属于资产减值损失的，应当全额确认。

被投资单位以后宣告分派现金股利或利润时，投资企业计算应分得的部分，借记"应收股利"科目，贷记"长期股权投资——损益调整"科目。

【例7-20】沿用【例7-19】的资料，2017年东方公司实现净利润10 000 000元。滨海公司按照持股比例确认投资收益3 000 000元。2018年5月15日，东方公司宣告发放现金股利，每10股派3元，滨海公司可分派到1 500 000元。2018年6月15日，滨海公司收到东方公司分派的现金股利。滨海公司应编制如下会计分录：

（1）确认东方公司实现的投资收益时：

借：长期股权投资——损益调整（东方公司）　　　　　　　　　3 000 000

　　贷：投资收益　　　　　　　　　　　　　　　　　　　　　　　　　3 000 000

（2）东方公司宣告发放现金股利时：

借：应收股利——东方公司　　　　　　　　　　　　　　　　　1 500 000

　　贷：长期股权投资——损益调整（东方公司）　　　　　　　　　　　1 500 000

（3）收到东方公司宣告发放的现金股利时：

借：银行存款　　　　　　　　　　　　　　　　　　　　　　　1 500 000

　　贷：应收股利——东方公司　　　　　　　　　　　　　　　　　　　1 500 000

收到被投资单位发放的股票股利，不进行账务处理，但应在备查簿中进行登记，在除权日注明增加的股数，以反映股份的变化情况。

投资企业在持有长期股权投资期间，应当按照应享有或应分担被投资单位实现其他综合收益的份额，借记"长期股权投资——其他综合收益"科目，贷记"其他综合收益"科目。这里所讲的"其他综合收益"是指企业根据其他会计准则规定未在当期损益中确认的各项利得或损失。

【例7-21】沿用【例7-19】的资料，2017年东方公司以公允价值计量且其变动计入其他综合收益的金融资产的公允价值增加了4 000 000元。滨海公司按照持股确认相应的其他综合收益为1 200 000元。滨海公司应编制如下会计分录：

借：长期股权投资——其他综合收益（东方公司）　　　　　　　1 200 000

　　贷：其他综合收益——东方公司　　　　　　　　　　　　　　　　　1 200 000

（三）持有长期股权投资期间被投资单位所有者权益的其他变动

投资企业对于被投资单位除净损益、其他综合收益和利润分配外所有者权益的其他变动，应当按照持股比例计算应享有的份额，借记或贷记"长期股权投资——其他权益变动"科目，贷记或借记"资本公积——其他资本公积"科目。

（四）长期股权投资的处置

投资企业处置长期股权投资时，按照实际取得的价款与长期股权投资账面价值的差额确认为投资收益，采用与被投资单位直接处置相关资产或负债相同的基础，按相应比例对原计入其他综合收益的部分进行会计处理，同时按照结转的长期股权投资的投资成本比例结转"资本公积——其他资本公积"科目中的相关金额。如果对长期股权投资计提了减值准备，还应当同时结转已计提的长期股权投资减值准备。

投资企业处置长期股权投资时，应按照实际收到的金额，借记"银行存款"等科目，按照原已计提的减值准备，借记"长期股权投资减值准备"科目，按照该长期股权投资的账面余额，贷记"长期股权投资"科目，按照尚未领取的现金股利或利润，贷记"应收股利"科目，按照其差额，贷记或借

微课：长期股权投资权益法的核算

记"投资收益"科目。

同时,应当采用与被投资单位直接处置相关资产或负债相同的基础,对相关的其他综合收益进行会计处理。按照上述原则可以转入当期损益的其他综合收益,应按结转的长期股权投资的投资成本比例结转原记入"其他综合收益"科目的金额,借记或贷记"其他综合收益"科目,贷记或借记"投资收益"科目。

同时,还应按照结转的长期股权投资的投资成本比例结转原记入"资本公积——其他资本公积"科目的金额,借记或贷记"资本公积——其他资本公积"科目,贷记或借记"投资收益"科目。

【例7-22】沿用【例7-19】、【例7-20】和【例7-21】的资料,2019年1月20日,滨海公司出售所持东方公司的股票5 000 000股,每股出售价为10元,款项已收回。滨海公司应编制如下会计分录:

```
借:银行存款                                          50 000 000
    贷:长期股权投资——投资成本(东方公司)                  30 500 000
              ——损益调整(东方公司)                     1 500 000
              ——其他综合收益(东方公司)                  1 200 000
        投资收益                                      16 800 000
同时:
借:其他综合收益——东方公司                             1 200 000
    贷:投资收益                                         1 200 000
```

本学习任务小结

长期股权投资的核算任务小结见表7-4。

表7-4 长期股权投资的核算任务小结

	业务内容	会计处理
成本法	取得长期股权投资	借:长期股权投资 　　应收股利(已宣告但尚未发放的现金股利) 贷:银行存款等
	被投资企业宣告分配现金股利	借:应收股利 贷:投资收益
	收到现金股利	借:银行存款 贷:应收股利
	处置长期股权投资	借:银行存款 　　长期股权投资减值准备 贷:长期股权投资 　　投资收益

业务内容		会计处理
权益法	取得长期股权投资	若初始投资成本大于被投资企业享有的可辨认净资产公允价值： 借：长期股权投资——投资成本 　　应收股利（已宣告但尚未发放的现金股利） 　　　贷：银行存款等 若初始投资成本小于被投资企业享有的可辨认净资产公允价值： 借：长期股权投资——投资成本 　　应收股利（已宣告但尚未发放的现金股利） 　　　贷：银行存款等 　　　　营业外收入
	按持股比例确认应享有被投资企业净损益	净损益按公允价值调整后，若被投资企业盈利： 借：长期股权投资——损益调整 　　　贷：投资收益 净损益按公允价值调整后，若被投资企业亏损： 借：投资收益 　　　贷：长期股权投资——损益调整
	按持股比例确认应享有被投资企业其他权益变动	若被投资企业增加其他综合收益： 借：长期股权投资——其他权益变动 　　　贷：其他综合收益 　　（减少做相反的分录） 若被投资企业增加除其他综合收益以外的其他权益： 借：长期股权投资——其他权益变动 　　　贷：资本公积——其他资本公积 　　（减少做相反的分录）
	被投资企业宣告分配现金股利	借：应收股利 　　　贷：长期股权投资——损益调整
	收到被投资企业分配的现金股利	借：银行存款 　　　贷：应收股利
	处置长期股权投资	借：银行存款 　　长期股权投资减值准备 　　　贷：长期股权投资——投资成本 　　　　　　　　　　——损益调整 　　　　　　　　　　——其他综合收益 　　　　投资收益 同时， 借：其他综合收益 　　资本公积 　　　贷：投资收益

本情境综合习题

一、单项选择题

1.A公司于2018年1月5日从证券市场上购入B公司发行在外的股票100万股作为以公允价值计量且其变动计入其他综合收益的金融资产，每股支付价款6元（含已宣告但尚未发放的现金股利0.5元），另支付相关费用12万元，不考虑其他因素，则A公司以公允价值计量且其变动计入其他综合收益的金融资产取得时的入账价值为（   ）万元。

    A.600　　　　　　　　B.612　　　　　　　　C.550　　　　　　　　D.562

2.企业实际支付的投资价款中包括的已到付息期而尚未领取的债券利息，应计入（   ）。

    A.投资成本　　　B.投资收益　　　C.投资溢价　　　D.应收利息

3.A有限责任公司2018年4月1日购入H公司30万股股票。将其划分为以公允价值计量且其变动计入当期损益的金融资产，每股价格5.8元。4月25日收到H公司分派的股票股利20万股。收到分派的股利后，A有限责任公司所持有的H公司股票每股成本为（   ）元。

    A.3.60　　　　　　　　B.3.48　　　　　　　　C.6.00　　　　　　　　D.5.80

4.A有限责任公司2018年12月31日"交易性金融资产——A股票"账面价值40 000元，市价36 000元，则该公司当年年末资产负债表应填列的金额为（   ）元。

    A.76 000　　　　　　　B.40 000　　　　　　　C.4 000　　　　　　　D.36 000

5.下列各项涉及交易费用会计处理的表述中，正确的是（   ）。

    A.企业合并发生的手续费计入长期股权投资的成本

    B.增发普通股支付的券商手续费直接计入当期损益

    C.购买以公允价值计量且其变动计入当期损益的金融资产发生的手续费直接计入当期损益

    D.购买以摊余成本计量的金融资产发生的手续费直接计入当期损益

6.下列各项中，不能作为长期股权投资核算的是（   ）。

    A.投资方能够对被投资单位实施控制的权益性投资

    B.投资方对被投资单位具有重大影响的权益性投资

    C.对合营企业投资

    D.投资方对被投资方不具有控制、共同控制或重大影响的权益性投资

7.投资企业的下列股权投资中，应当采用权益法进行后续计量的是（   ）。

    A.投资企业对子公司的股权投资

    B.投资企业对联营企业的股权投资

    C.投资企业持有的以赚取差价为目的的股权投资

    D.对被投资单位不具有控制、共同控制或重大影响的股权投资

8.企业采用成本法核算长期股权投资时，收到被投资单位分派的现金股利时，若为投资后产生的净利润分配的，应当（   ）。

    A.减少长期股权投资　　　　　　　　　B.冲减应收股利

C.增加实收资本　　　　　　　　　　D.计入投资收益

9.企业采用成本法核算长期股权投资时，股票持有期间被投资单位发放的现金股利，确认投资收益的时点是（　　　）。

A.实际收到现金股利时

B.被投资单位宣告发放现金股利的股权登记日

C.被投资单位发放现金股利的除息日

D.被投资单位宣告发放现金股利时

10.采用权益法核算长期股权投资时，被投资单位发生亏损投资企业按应分担的份额应当（　　　）。

A.减少长期股权投资账面价值　　　　B.冲减应收股息

C.冲减资本公积　　　　　　　　　　D.计入营业外支出

11.企业采用权益法核算长期股权投资时，对于被投资企业实现的以公允价值计量且其变动计入其他综合收益的金融资产公允价值变动，期末因该事项投资企业应按所拥有的表决权资本的比例计算应享有的份额，应将其计入（　　　）。

A.其他综合收益　　　　　　　　　　B.投资收益

C.其他业务收入　　　　　　　　　　D.营业外收入

二、多项选择题

1.股票投资若划分为以公允价值计量且其变动计入当期损益的金融资产，取得时的投资成本不包括（　　　）。

A.实际支付的买价

B.实际支付的价款中包含的已宣告但尚未发放的股票股利

C.实际支付的税金、手续费

D.实际支付的价款中包含的已宣告但尚未发放的现金股利

2.采用权益法时，能引起长期股权投资账面价值增减变动的事项有（　　　）。

A.收到现金股利

B.被投资企业以公允价值计量且其变动计入其他综合收益的金融资产形成的其他综合收益

C.被投资企业实现净利润

D.被投资企业发生净亏损

3.下列长期股权投资中，应该采用权益法核算的有（　　　）。

A.企业能够对被投资单位实施控制的长期股权投资

B.企业对被投资单位具有共同控制的长期股权投资

C.企业对联营企业的长期股权投资

D.企业对被投资单位具有重大影响的长期股权投资

4.采用权益法核算时，可能记入"长期股权投资"科目贷方发生额的有（　　　）。

A.被投资单位宣告现金股利　　　　　B.被投资单位收回长期股权投资

C.被投资单位发生亏损　　　　　　　D.被投资单位实现净利润

5.采用权益法核算时，和"投资收益"账户有关的因素包括（　　　）。

A.被投资单位实现净利润　　　　　　B.被投资单位发生亏损

C.被投资单位宣告分派股票股利 D.处置长期股权投资

6.与股票投资相比，债券投资具有的特征有（ ）。

A.收益比较固定 B.不能参与发行债券企业的利润分配

C.风险高 D.风险小

7.下列各项中，属于企业金融资产的有（ ）。

A.库存现金 B.债权投资 C.投资性房地产 D.股权投资

8.下列以公允价值计量且其变动计入其他综合收益的金融资产的表述中，正确的有（ ）。

A.应当按取得以公允价值计量且其变动计入其他综合收益的金融资产的公允价值和相关交易费用之和作为初始确认金额

B.以公允价值计量且其变动计入其他综合收益的金融资产持有期间取得的利息或现金股利，应当冲减资产成本

C.处置以公允价值计量且其变动计入其他综合收益的金融资产的净损益应计入公允价值变动损益

D.以公允价值计量且其变动计入其他综合收益的金融资产发生的减值损失计入当期损益

9.下列关于长期股权投资的处置的说法中，表述不正确的有（ ）。

A.企业处置长期股权投资时，应将出售价款与处置长期股权投资账面价值之间的差额计入营业外收入

B.企业处置长期股权投资时，应将出售价款与处置长期股权投资账面价值之间的差额计入投资收益

C.采用权益法核算时，原计入资本公积的金额，在处置时不应相应地予以结转

D.采用权益法核算时，原计入其他综合收益的金额，在处置时应相应地结转计入营业外收入

10.采用成本法核算长期股权投资，下列各项中会导致长期股权投资账面价值发生增减变动的有（ ）。

A.长期股权投资发生减值损失

B.持有长期股权投资期间被投资企业实现净利润

C.被投资企业宣告分派现金股利

D.处置其中一定比例的长期股权投资

11.下列各项中，关于被投资单位宣告发放现金股利或分配利润时，正确的会计处理有（ ）。

A.以公允价值计量且其变动计入当期损益的金融资产持有期间，被投资单位宣告发放现金股利或利润时确认投资收益

B.长期股权投资采用成本法核算时，被投资单位宣告发放现金股利或利润时确认投资收益

C.长期股权投资采用权益法核算时，被投资单位宣告发放现金股利或利润时确认投资收益

D.长期股权投资采用权益法核算时，被投资单位宣告发放现金股利或利润时冲减

其账面价值

12.下列各项中，有关以公允价值计量且其变动计入当期损益的金融资产的说法正确的有（　　　）。

  A.以公允价值计量且其变动计入当期损益的金融资产期末按照公允价值进行后续计量

  B.处置以公允价值计量且其变动计入当期损益的金融资产时，取得的价款计入其他业务收入

  C.持有期间，被投资单位宣告发放的现金股利计入投资收益

  D.如果持有期间公允价值下降幅度较大，需要计提减值准备，记入"交易性金融资产——减值准备"科目

三、判断题

1.以公允价值计量且其变动计入当期损益的金融资产在持有期间赚取的债券利息，应调减该金融资产的账面价值。（　　　）

2.无论是长期股权投资核算的成本法，还是权益法，均应在实际收到利润时确认投资收益。（　　　）

3.股票持有期限超过一年就应按长期股权投资的有关规定进行核算。（　　　）

4.企业取得金融资产时，支付的款项包括已宣告但尚未发放的现金股利应单独作为应收项目进行核算，不计入相关资产成本中。（　　　）

5.处置以公允价值计量且其变动计入当期损益的金融资产时，应将其持有期间确认的公允价值变动自"公允价值变动损益"科目转到"投资收益"科目，增加交易性金融资产的处置损益。（　　　）

6.以公允价值计量且其变动计入其他综合收益的金融资产和以公允价值计量且其变动计入当期损益的金融资产的相同点是都按公允价值进行后续计量，且公允价值变动计入当期损益。（　　　）

7.采用权益法时，投资前被投资单位实现的净利润应包括在投资成本中，不单独核算。（　　　）

8.无论以公允价值计量且其变动计入其他综合收益的金融资产为权益工具还是债务工具，期末均应按公允价值进行后续计量。（　　　）

9.采用权益法核算长期股权投资时，初始投资成本小于投资时应享有被投资单位可辨认净资产公允价值份额的差额，应记入"营业外收入"科目。（　　　）

10.企业的金融资产一经分类，不得变更。（　　　）

11.采用成本法核算的长期股权投资，在持有期间被投资单位宣告发放的现金股利，应按照享有的份额全部计入投资收益。（　　　）

12.取得以公允价值计量且其变动计入当期损益的金融资产时，支付价款中包含的已到付息期但尚未领取的债券利息或已宣告但尚未发放的现金股利，应记入"应收利息"科目核算。（　　　）

本情境账务处理案例

案例一

富强股份有限公司系上市公司，对外提供半年度财务报表。有关以公允价值计量且其变动计入当期损益的金融资产投资资料如下：

（1）2018年3月6日，富强公司以赚取差价为目的从二级市场购入华东电脑公司股票1 000万股，作为以公允价值计量且其变动计入当期损益的金融资产，取得时公允价值为每股8.6元，每股含已宣告但尚未发放的现金股利为0.6元，另支付交易费用5万元，全部价款以银行存款支付。

（2）2018年3月16日，收到购买价款中所含现金股利。

（3）2018年6月30日，该股票公允价值为每股7元。

（4）2018年7月1日，华东电脑公司宣告每股发放现金股利0.55元。

（5）2018年7月16日，收到现金股利。

（6）2018年12月31日，该股票公允价值为每股8.5元。

（7）2019年3月16日，将该股票其中的一半进行处置，每股售价9.8元，交易费用为3万元。

要求：编制有关以公允价值计量且其变动计入当期损益的金融资产的会计分录（答案中的金额单位以万元表示）。

案例二

荣通控股股份有限公司为上市金融公司，2015年1月1日，荣通控股公司按面值购入100万份保利公司公开发行的分次付息、一次还本债券，款项已用银行存款支付，该债券每份面值100元，票面年利率5%，每年年末支付利息，期限3年，荣通控股公司将该债券投资划分为以摊余成本计量的金融资产。保利公司按期支付利息。2018年1月1日，保利公司债券到期，荣通控股公司收回债券本金。假定不考虑所得税及其他相关税费。

要求：编制荣通控股公司该项债券投资业务的会计分录。

案例三

2015年2月1日，丹华科技有限公司自公开市场购入1 000万股数源科技股份公司股票，每股20元，实际支付价款20 000万元，另支付交易税费2万元。丹华科技有限公司将该股票投资划分为以公允价值计量且其变动计入其他综合收益的金融资产。2015年12月21日，数源科技股份公司股票收盘价为每股18元，2016年12月31日数源科技股份公司股票收盘价为每股22元。2017年2月，因丹华科技有限公司经营发展急需资金，遂将持有的数源科技股份公司1 000万股股票以每股24元的价格售出，交易过程中产生手续费2万元。扣除手续费后的剩余款项已存入银行。假定不考虑所得税及其他相关税费。

要求：对丹华科技有限公司的上述业务进行会计处理。

案例四

奥玛电器公司2017年5月1日—2019年1月10日发生下列与长期股权投资有关的经济业务：

（1）2017年5月1日，奥玛电器公司从证券市场上购入长生股份公司发行在外的40%

股份，并准备长期持有，从而对长生股份公司能够施加重大影响，实际支付款项 2 500 万元，另支付相关税费 10 万元。

（2）2017 年 12 月 31 日，长生股份公司实现净利润 570 万元。

（3）2017 年 12 月 31 日，长生股份公司其他综合收益增加了 200 万元。

（4）2018 年 3 月 10 日，长生股份公司宣告分派现金股利 100 万元。

（5）2018 年 3 月 25 日，奥玛电器公司收到现金股利。

（6）2018 年度长生股份公司实现净利润 600 万元，无其他所有者权益变动。

（7）2019 年 1 月 10 日，奥玛电器公司将持有的长生股份公司 10% 的股份对外转让，收到款项 820 万元存入银行。转让后持有长生股份公司 30% 的股份，对长生股份公司仍具有重大影响。

假定不考虑所得税等相关因素的影响。

要求：对奥玛电器公司上述投资业务进行会计处理。

案例五

2017 年 6 月 10 日，大康公司以 60 848 000 元的价款（包括相关税费）购入中欣公司普通股股票 24 000 000 股，取得对中欣公司的 55% 股权并作为长期股权投资。2017 年度，中欣公司实现净利润 800 000 000 元；2018 年 3 月 5 日，中欣公司宣告 2017 年度股利分配方案，每股分派现金股利 0.2 元；2018 年度，中欣公司发生亏损 5 000 000 元，当年未进行股利分配。2019 年 1 月 25 日，大康公司将所持有的中欣公司全部股份转让，转让价款 70 000 000 元存入银行。

要求：根据这些经济活动编制大康公司长期股权投资业务的会计分录。

资产清查和资产减值业务核算

开篇案例

根据宝钢股份年报，2008年宝钢股份实现净利润64.59亿元，每股收益0.37元，相比2007年下降49.2%。而由于铁矿石和钢铁价格暴跌，宝钢股份2008年累计计提资产减值损失达到了58.94亿元，占其利润总额的72.28%。仅在2008年四季度，累计存货减值就高达48亿元。这也导致2008年前三季度还盈利124.9亿元的宝钢股份，在四季度巨亏60.3亿元。

宝山钢铁股份有限公司是上海宝钢集团公司的控股子公司，创立于2000年2月3日，同年12月12日在上海证券交易所上市。宝钢股份是中国最大、现代化程度最高的钢铁联合企业，也是全球最具竞争力的钢铁企业之一。公司位于中国上海，一期工程始建于1978年12月23日，1985年9月15日建成投产；二期工程1991年6月投入正式生产；三期工程2000年年底全部建成。2000年2月3日，公司成为股份公司，同年12月12日在中国成功上市。

2003年至2007年，宝钢连续五年进入世界500强；2007年，宝钢第三次进入美国《财富》杂志评选的"全球最受尊敬的公司"榜单；2008年，公司荣获《董事会》杂志第四届（2007）中国上市公司董事会"金圆桌奖"董事会建设特别贡献奖、优秀董事会称号，中证报、天相投顾第十届（2007年度）上市公司金牛奖百强，上市公司金牛奖营业收入百强，上市公司金牛奖市值百强，中国上市公司投资者关系管理研究中心2007年度中国最佳投资者关系管理百强，最佳IR主页奖；世界金融实验室、《世界企业家》、《世界经理人》周刊"中国50家最受尊敬上市公司""2008年中国上市公司最佳董事会"等诸多奖项。

资料来源：佚名. 存货减值吞噬七成利润 宝钢59亿减值抗寒 [EB/OL]. [2009-04-04]. http://news.163.com/09/0404/02/56174MO70001124J.html.

工作情境描述

我国企业会计制度规定，企业应当定期或至少于每年年度终了，对各项资产进行全面清查，并根据谨慎性原则的要求，合理预计各项资产可能发生的减值或损失，对可能发生的各项资产减值损失计提减值准备。

1.主要经济业务及其流程

本情境的主要经济活动包括财产清查的内容与方法、财产清查结果的账务处理及资产的减值核算。

（1）清查前的准备工作。

①组织准备：成立清查领导小组，组织清查人员学习和确定财产清查的范围。

②业务准备：会计部门的账簿资料准备，物资保管部门的物资整理准备与清查人员的清查量具、表格准备。

（2）实施财产清查。根据财产清查的目的，采用相应的方法实施清查。

（3）清查人员做好清查记录，填制盘存单，列明各清查对象的实有数。

（4）根据盘存单及有关记录进行核对，填制各清查对象的清查结果报告表（实存账存对比表），并由相关人员签名盖章，作为清查结果处理的依据。

2.业务涉及的主要会计岗位及其职责

（1）财会部门应在财产清查前，将所有的经济业务登记入账，结出余额，并核对正确，做到账证相符、账账相符，为财产清查提供准确可靠的账存数据。

（2）财产物资保管部门和保管人员应根据截止清查日前的所有经济业务制作原始凭证，将其传递至相关部门，登记入账并结出余额。同时，对使用和保管的物资应按财产清查的要求，分类整理，排列整齐，并挂上标签，以便财产清查的顺利进行。

（3）出纳对银行存款、银行借款和往来结算款项，要取得对账单。

（4）清查人员准备好清查中需使用的各种度量衡工具，并对其进行检查校正，以减少误差。

（5）清查人员准备好清查中需使用的各种空白单据。

任务一 资产的清查业务核算

知识目标

1.理解财产清查的定义；

2.掌握现金清查的核算；

3.掌握银行存款清查的核算；

4.掌握存货清查的核算；

5.掌握固定资产清查的核算；

6.了解往来账款清查的核算。

技能目标

1.能够熟练填制资产实存账存对比表；

2.能够熟练编制银行存款余额调节表；

3.学会分析资产实存账存对比表等原始凭证，能够根据审核无误的原始凭证正确填制财产清查业务的记账凭证，并登记相关账簿。

知识准备

一、财产清查的定义和分类

（一）财产清查的定义

财产清查也叫财产检查，是通过对货币资金、实物资产和债权债务的盘点或核对，确定其实际结存数，并查明实际结存数与账面结存数是否一致相符的一种专门方法。财产清查不仅是会计核算的一种专门方法，也是财产管理的一项重要制度。

（二）财产清查的分类

1.按清查对象和范围分为全面清查和局部清查

全面清查是指对全部财产进行盘点和核对。局部清查是指根据需要对一部分财产进行的清查，其清查的主要对象是流动性较大的财产。

2.按清查时间分为定期清查和不定期清查

定期清查是指根据管理制度的规定或预先计划安排的时间，对财产所进行的清查。不定期清查是指根据实际需要对财产所进行的临时清查。

3.按清查的执行单位分为内部清查和外部清查

4.按清查项目分为实物资产清查、货币资产清查和往来款项清查

在实际工作中，会由于多方面的原因造成各项财产物资的账面结存数与实际结存数不符，为了掌握财产物资的实际情况，必须对各项财产物资进行定期或不定期的盘点与核对，确保账实相符。如果企业在财产清查中发现账实不符，应根据实存数调整账面记录，并查明原因，采取相应措施，改进财产物资的保管工作，保障企业财产物资的安全和完整。

二、财产清查的内容及账务处理

（一）现金的清查

为了保证现金的安全和完整，企业应当按规定对现金进行定期和不定期的清查，一般采用实地盘点法，对清查的结果应当编制现金盘点报告单。如果存在挪用现金、白条抵库的情况，应及时予以纠正；对于超限额留存的现金应及时送存银行。如果账实不符，发现有待查明原因的现金短缺或溢余，应先通过"待处理财产损溢——待处理流动资产损溢"科目核算。按管理权限经批准后，分别按以下情况处理；

1.现金短缺

属于应由责任人赔偿的现金短缺，应计入其他应收款，借记"其他应收款——应收现金短缺款（××个人）"或"库存现金"科目，贷记"待处理财产损溢——待处理流动资

产损溢"科目；属于无法查明原因的现金短缺，计入管理费用；属于应由保险公司赔偿的部分，借记"其他应收款——应收保险赔款"或"库存现金"科目，贷记"待处理财产损溢——待处理流动资产损溢"科目；属于无法查明原因的现金短缺，根据管理权限，经批准后，借记"管理费用——现金短缺"科目，贷记"待处理财产损溢——待处理流动资产损溢"科目。

2.现金溢余

属于应支付给有关人员或单位的现金溢余，计入其他应付款，借"待处理财产损溢——待处理流动资产损溢"科目，贷记"其他应付款——应付现金溢余款（××个人或单位）"科目；属于无法查明原因的现金溢余，经批准后，借记"待处理财产损溢——待处理流动资产损溢"科目，贷记"营业外收入——现金溢余"科目。

【例8-1】滨海公司在2018年5月10日的现金清查中，发现现金短缺320元，原因待查，滨海公司应编制如下会计分录：

借：待处理财产损溢——待处理流动资产损溢　　　　　　　　　　　　　320
　　贷：库存现金　　　　　　　　　　　　　　　　　　　　　　　　　　　　320

【例8-2】沿用【例8-1】的资料，在上述的现金短缺中，120元是出纳员李莉工作失职造成的，由其负责赔偿；剩余200元原因无法查明，经批准转作管理费用。滨海公司应编制如下会计分录：

借：其他应收款——应收现金短缺款（李莉）　　　　　　　　　　　　　120
　　管理费用——现金短缺　　　　　　　　　　　　　　　　　　　　　　　200
　　贷：待处理财产损溢——待处理流动资产损溢　　　　　　　　　　　　　320

【例8-3】滨海公司在2018年10月10日的现金清查中，发现现金溢余280元，原因待查，滨海公司应编制如下会计分录：

借：库存现金　　　　　　　　　　　　　　　　　　　　　　　　　　　280
　　贷：待处理财产损溢——待处理流动资产损溢　　　　　　　　　　　　　280

【例8-4】沿用【例8-3】的资料，上述溢余的现金，原因无法查明，经批准转作营业外收入。滨海公司应编制如下会计分录：

借：待处理财产损溢——待处理流动资产损溢　　　　　　　　　　　　　280
　　贷：营业外收入——现金溢余　　　　　　　　　　　　　　　　　　　　280

（二）银行存款的核对

"银行存款日记账"应定期与"银行对账单"核对，至少每月核对一次。企业银行存款日记账账面余额与银行对账单余额之间如有差额，应编制"银行存款余额调节表"进行调节，如没有记账错误，调节后的双方余额应相等。编制银行存款余额调节表只是为了核对账目，不能作为调整银行存款账面余额的记账依据。

【例8-5】滨海公司2018年12月31日银行存款日记账的余额为5 400 000元，银行转来对账单的余额为8 300 000元。经逐笔核对，发现以下未达账项：

（1）企业送存转账支票6 000 000元，并已登记银行存款增加，但银行尚未记账。

（2）企业开出转账支票4 500 000元，并已登记银行存款减少，但持票单位尚未到银行办理转账，银行尚未记账。

（3）企业委托银行代收某公司购货款4 800 000元，银行已收妥并登记入账，但企业尚未收到收款通知，尚未记账。

（4）银行代企业支付电话费 400 000 元，银行已登记减少企业银行存款，但企业尚未收到银行付款通知，尚未记账。

银行存款余额调节表计算结果见表 8-1。

表 8-1   银行存款余额调节表   金额单位：元

项目	金额	项目	金额
企业银行存款日记账余额	5 400 000	银行对账单余额	8 300 000
加：银行已收、企业未收款	4 800 000	加：企业已收、银行未收款	6 000 000
减：银行已付、企业未付款	400 000	减：企业已付、银行未付款	4 500 000
调节后的存款余额	9 800 000	调节后的存款余额	9 800 000

本例反映了企业银行存款日记账余额与银行对账单余额之间不一致的原因，即存在未达账项。所谓未达账项，是由于结算凭证在企业与银行之间或收付款银行之间传递需要时间，造成企业与银行之间入账的时间差，一方收到凭证并已入账，另一方未收到凭证因而未能入账，由此形成的款项。发生未达账项的具体情况有四种：一是企业已收款入账，银行尚未收款入账；二是企业已付款入账，银行尚未付款入账；三是银行已收款入账，企业尚未收款入账；四是银行已付款入账，企业尚未付款入账。

（三）存货清查

存货清查是指通过对存货的实地盘点，确定存货的实有数量，并与账面结存数核对，从而确定存货实存数与账面结存数是否相符的一种专门方法。

由于存货种类繁多、收发频繁，在日常收发过程中可能发生计量错误、计算错误、自然损耗，还可能发生损坏变质以及贪污、盗窃等情况，造成账实不符，形成存货的盘盈、盘亏。对于存货的盘盈、盘亏，应填写存货盘点报告，如实存账存对比表，并及时查明原因，按照规定程序报批处理。

为了反映和监督企业在财产清查中查明的各种存货的盘盈、盘亏和毁损情况，企业应当设置"待处理财产损益"科目，借方登记存货的盘亏、毁损金额及盘盈的转销金额，贷方登记存货的盘盈金额及盘亏的转销金额。企业清查的各种存货损溢，应在期末结账前处理完毕，期末处理后，"待处理财产损益"科目应无余额。

1.存货盘盈的账务处理

企业发生存货盘盈时，借记"原材料""库存商品"等科目，贷记"待处理财产损溢"科目；在按管理权限报经批准后，借记"待处理财产损溢"科目，贷记"管理费用"等科目。

【例 8-6】滨海公司在财产清查中盘盈 H 材料 1 000 千克，实际单位成本为 85 元/千克。经查属于材料收发计量方面的错误。滨海公司应编制如下会计分录：

（1）批准处理前：

借：原材料——H 材料   85 000

     贷：待处理财产损溢——待处理流动资产损溢   85 000

（2）批准处理后：

借：待处理财产损溢——待处理流动资产损溢　　　　　　　　85 000

　　　贷：管理费用　　　　　　　　　　　　　　　　　　　　　　　85 000

2.存货盘亏及毁损的账务处理

企业发生存货盘亏及毁损时，借记"待处理财产损溢"科目，贷记"原材料""库存商品"等科目。在按管理权限报经批准后应做如下账务处理：对于入库的残料价值，记入"原材料"等科目；对于由保险公司或过失人赔偿的赔款，记入"其他应收款"科目；扣除残料和应由保险公司、过失人赔偿后的净损失，属于一般经营损失的部分，记入"管理费用"科目，属于非常损失的部分，记入"营业外支出"科目。

【例8-7】滨海公司在财产清查中发现盘亏K材料500千克，实际单位成本为100元/千克，经查属于一般经营损失。假设不考虑相关税费，滨海公司应编制如下会计分录：

（1）批准处理前：

借：待处理财产损溢——待处理流动资产损溢　　　　　　　　50 000

　　　贷：原材料——K材料　　　　　　　　　　　　　　　　　　　50 000

（2）批准处理后：

借：管理费用　　　　　　　　　　　　　　　　　　　　　　　50 000

　　　贷：待处理财产损溢——待处理流动资产损溢　　　　　　　　　50 000

【例8-8】滨海公司在财产清查中发现毁损L材料300千克，实际单位成本为100元/千克，经查属于材料保管员黄刚的过失造成的，按规定由其个人赔偿20 000元，残料已办理入库手续，价值2 000元。假设不考虑相关税费，滨海公司应编制如下会计分录：

（1）批准处理前：

借：待处理财产损溢——待处理流动资产损溢　　　　　　　　30 000

　　　贷：原材料——L材料　　　　　　　　　　　　　　　　　　　30 000

（2）批准处理后：

①由过失人赔偿部分：

借：其他应收款——黄刚　　　　　　　　　　　　　　　　　　20 000

　　　贷：待处理财产损溢——待处理流动资产损溢　　　　　　　　　20 000

②残料入库：

借：原材料——L材料　　　　　　　　　　　　　　　　　　　2 000

　　　贷：待处理财产损溢——待处理流动资产损溢　　　　　　　　　2 000

③材料毁损净损失：

借：管理费用　　　　　　　　　　　　　　　　　　　　　　　8 000

　　　贷：待处理财产损溢——待处理流动资产损溢　　　　　　　　　8 000

【例8-9】滨海公司因台风造成一批库存M材料毁损，实际成本70 000元，根据保险责任范围及保险合同规定，应由保险公司赔偿50 000元。滨海公司应编制如下会计分录：

（1）批准处理前：

借：待处理财产损溢——待处理流动资产损溢　　　　　　　　70 000

　　　贷：原材料——M材料　　　　　　　　　　　　　　　　　　　70 000

（2）批准处理后：

借：其他应收款——应收保险公司赔偿款　　　　　　　　　　50 000

借：营业外支出——非常损失 20 000
　　贷：待处理财产损溢——待处理流动资产损溢 70 000

（四）固定资产清查

企业应当定期或者至少于每年年末对固定资产进行清查盘点，以保证固定资产核算的真实性，充分挖掘企业现有固定资产的潜力。在固定资产清查过程中，如果发现盘盈、盘亏的固定资产，应当填制固定资产盘盈盘亏报告表。清查发现的固定资产的损溢，应当及时查明原因，并按照规定程序报批处理。

1.固定资产的盘盈

企业在财产清查中盘盈的固定资产，作为前期差错处理，在按管理权限报经批准处理前应先通过"以前年度损益调整"科目核算。盘盈的固定资产应按重置成本确定其入账价值，借记"固定资产"科目，贷记"以前年度损益调整"科目。

【例8-10】2018年12月31日，滨海公司在财产清查过程中发现2017年12月购入的一台设备尚未入账，重置成本为30 000元（假定与其计税基础不存在差异），该盘盈固定资产作为前期差错处理，假设滨海公司按净利润的10%计提法定盈余公积，不考虑相关税费的影响。滨海公司应编制如下会计分录：

（1）盘盈固定资产时：

借：固定资产 30 000
　　贷：以前年度损益调整 30 000

（2）结转为留存收益时：

借：以前年度损益调整 30 000
　　贷：盈余公积——法定盈余公积 3 000
　　　　利润分配——未分配利润 27 000

【提示】根据《企业会计准则第28号——会计政策、会计估计变更和差错更正》的规定，本例中盘盈固定资产作为前期差错处理，应通过"以前年度损益调整"进行核算。

2.固定资产的盘亏

企业在财产清查中盘亏的固定资产，按照盘亏固定资产的账面价值，借记"待处理财产损溢"科目，按照已计提的累计折旧，借记"累计折旧"科目，按照已计提的减值准备，借记"固定资产减值准备"科目，按照固定资产的原价，贷记"固定资产"科目。企业按照管理权限报经批准后，按照可收回的保险赔偿或过失人赔偿金额，借记"其他应收款"科目，按照应计入营业外支出的金额，借记"营业外支出——盘亏损失"科目，贷记"待处理财产损溢"科目。

【例8-11】2017年12月31日，滨海公司在财产清查过程中发现短缺一台笔记本电脑，原价为10 000元，已计提折旧5 000元，假设不考虑相关税费，滨海公司应编制如下会计分录：

（1）盘亏固定资产时：

借：待处理财产损溢——待处理非流动资产损溢 5 000
　　累计折旧 5 000
　　贷：固定资产 10 000

（2）报经批准转销时：

借：营业外支出——盘亏损失　　　　　　　　　　　　　　　　5 000

　　贷：待处理财产损溢——待处理非流动资产损溢　　　　　　　　　　5 000

本学习任务小结

资产清查的核算任务小结见表8-2。

表8-2　　　　　　　　　　　　　　资产清查的核算任务小结

业务内容		会计处理
现金清查	现金短缺	盘点时发现短缺： 借：待处理财产损溢——待处理流动资产损溢 　　贷：库存现金 根据管理层批准处理： 借：其他应收款/管理费用等 　　贷：待处理财产损溢——待处理流动资产损溢
	现金溢余	盘点时发现溢余： 借：库存现金 　　贷：待处理财产损溢——待处理流动资产损溢 根据管理层批准处理： 借：待处理财产损溢——待处理流动资产损溢 　　贷：其他应付款/管理费用等
存货清查	存货盘盈	批准前： 借：原材料/库存商品等 　　贷：待处理财产损溢——待处理流动资产损溢 批准后： 借：待处理财产损溢——待处理流动资产损溢 　　贷：管理费用等
	存货盘亏	批准前： 借：待处理财产损溢——待处理流动资产损溢 　　贷：原材料/库存商品等 批准后： 借：其他应收款/营业外支出/管理费用等 　　贷：待处理财产损溢——待处理流动资产损溢
固定资产清查	固定资产盘盈	盘盈固定资产时： 借：固定资产 　　贷：以前年度损益调整 结转为留存收益时： 借：以前年度损益调整 　　贷：盈余公积——法定盈余公积 　　　　利润分配——未分配利润
	固定资产盘亏	盘亏固定资产时： 借：待处理财产损溢——待处理非流动资产损溢 　　累计折旧 　　贷：固定资产 批准后： 借：营业外支出等 　　贷：待处理财产损溢——待处理非流动资产损溢

任务二　资产减值业务核算

知识目标

1.掌握应收账款减值的核算；
2.掌握存货减值的核算；
3.掌握固定资产减值的核算；
4.熟悉长期股权投资减值的核算；
5.熟悉无形资产减值的核算。

技能目标

1.能够判断资产是否发生减值；
2.能够根据谨慎性原则的要求计提资产减值准备；
3.学会分析资产减值的原始凭证，能够根据审核无误的原始凭证正确填制资产减值业务的记账凭证，并登记相关账簿。

知识准备

我国企业会计准则规定，企业应当定期或者至少每年年度终了，对企业的各项资产进行全面检查，并根据谨慎性原则的要求，合理地预计各项资产可能发生的损失，对可能发生的各项资产减值损失计提资产减值准备。

一、应收账款的减值

（一）应收账款减值损失的确认

企业的各项应收款项可能会因购货人拒付、破产、死亡等原因而无法收回。这类无法收回的应收账款就是坏账。企业因坏账而遭受的损失为坏账损失或减值损失。企业应当在资产负债表日对应收款项的账面价值进行检查，有客观证据表明应收款项发生减值的，应当将该应收款项的账面价值减记至预计未来现金流量现值，减记的金额确认为减值损失，同时计提坏账准备。确定应收款项减值有两种方法，即直接转销法和备抵法，我国企业会计准则规定确定应收款项的减值只能采用备抵法。

备抵法是采用一定的方法按期估计坏账损失，计入当期损益，同时计提坏账准备，待坏账实际发生时，冲销已计提的坏账准备和相应的应收款项。采用这种方法时，在资产负债表上列示的应收款项是净额，报表使用者能了解企业应收款项的可回收金额。在备抵法下，企业应当根据实际情况合理估计当期坏账损失金额。由于企业发生坏账损失带有很大的不确定性，所以只能以过去的经验为基础，参照当前的信用政策、市场环境和行业惯例，准确地估计每期应收款项未来现金流量现值，从而确定当期减值损失金额，计入当期损益。企业在预计未来现金流量现值时，应当在合理预计未来现金流量的同时，恰当地选用折现率。短期应收款项的预计未来现金流量与其现值相差很小的，在确认相关减值损失时，可不对其预计未来现金流量进行折现。

（二）坏账准备的账务处理

企业应当设置"坏账准备"科目，核算应收款项的坏账准备计提、转销等情况。企业当期计提的坏账准备应当计入资产减值损失。"坏账准备"科目的贷方登记当期计提的坏账准备金额，期末余额一般在贷方，反映企业已计提但尚未转销的坏账准备。

坏账准备可按以下公式计算：

$$当期应计提的坏账准备 = 当期按应收款项计算的应提坏账准备金额 - （或+）"坏账准备"科目的贷方（或借方）余额$$

企业在计提坏账准备时，按应减记的金额，借记"资产减值损失——计提的坏账准备"科目，贷记"坏账准备"科目；冲减多计提的坏账准备，借记"坏账准备"科目，贷记"资产减值损失——计提的坏账准备"科目。

【例8-12】2018年12月31日，滨海公司对应收天华公司的账款进行减值测试。应收账款余额合计为1 000 000元，滨海公司根据天华公司的资信情况确定应计提100 000元的坏账准备。2018年年末计提坏账准备时，滨海公司应编制如下会计分录：

借：资产减值损失——计提的坏账准备　　　　　　　　　　　100 000
　　贷：坏账准备　　　　　　　　　　　　　　　　　　　　　　　　100 000

企业确实无法收回的应收款项按管理权限报经批准后作为坏账转销时，应冲减已计提的坏账准备。已确认并转销的应收款项以后又收回的，应当按照实际收到的金额增加坏账准备的账面余额。企业实际发生坏账损失时，借记"坏账准备"科目，贷记"应收账款""其他应收款"等科目。

微课：坏账准备
的核算

【例8-13】2018年3月，滨海公司对天华公司的应收账款实际发生坏账损失30 000元，确认坏账损失时，滨海公司应编制如下会计分录：

借：坏账准备　　　　　　　　　　　　　　　　　　　　　　30 000
　　贷：应收账款——天华公司　　　　　　　　　　　　　　　　　　30 000

【例8-14】沿用【例8-12】和【例8-13】的资料，假设滨海公司2018年年末应收天华公司的账款金额为1 200 000元，经减值测试，滨海公司决定计提120 000元的坏账准备。

根据滨海公司的坏账核算方法，其"坏账准备"科目应保持的贷方余额为120 000元；计提坏账准备前，"坏账准备"科目的实际余额为贷方70 000元（100 000-30 000），因此本年年末应计提的坏账准备金额为50 000元（120 000-70 000）。滨海公司应编制如下会计分录：

借：资产减值损失——计提的坏账准备　　　　　　　　　　　50 000
　　贷：坏账准备　　　　　　　　　　　　　　　　　　　　　　　　50 000

已确认并转销的应收款项以后又收回的，应当按照实际收到的金额增加坏账准备的账面余额。已确认并转销的应收款项以后又收回时，借记"应收款项""其他应收款"等科目，贷记"坏账准备"科目；同时，借记"银行存款"科目，贷记"应收账款""其他应收款"等科目。

【例8-15】2019年2月20日，滨海公司收到2018年3月已转销的坏账20 000元，已存入银行。滨海公司应编制如下会计分录：

借：应收账款——天华公司　　　　　　　　　　　　　　　　20 000

   贷：坏账准备   20 000

  借：银行存款   20 000

   贷：应收账款——天华公司   20 000

二、存货的减值

  存货的初始计量虽然以成本入账，但存货进入企业后可能发生毁损、陈旧或价格下跌等情况，因此，在会计期末，存货的价值并不一定按成本计量，而是应按成本与可变现净值孰低计量。

（一）存货跌价准备的计提和转回

  在资产负债表日，存货应当按照成本与可变现净值孰低计量。其中，成本是指期末存货的实际成本，如企业在存货成本的日常核算中采用计划成本法、售价金额核算法等简化核算方法，则成本为经调整后的实际成本。可变现净值是指在日常活动中，存货的估计售价减去至完工时估计将要发生的成本、估计的销售费用以及估计的相关税费后的金额。可变现净值的特征表现为存货的预计未来净现金流量，而不是存货的售价或合同价。

  当存货成本低于可变现净值时，存货按成本计价；当存货成本高于可变现净值时，存货按可变现净值计价。当存货成本高于其可变现净值时，表明存货可能发生损失，应在存货销售之前确认这一损失，计入当期损益，并相应减少存货的账面价值。以前减记存货价值的影响因素已经消失的，减记的金额应予以恢复，并在原已计提的存货跌价准备金额内转回，转回的金额计入当期损益。

（二）存货跌价准备的账务处理

  为了反映和监督存货跌价准备的计提、转回和转销情况，企业应当设置"存货跌价准备"科目，贷方登记计提的存货跌价准备金额，借方登记实际发生的存货跌价损失金额和转回的存货跌价准备金额，期末余额一般在贷方，反映企业已计提但尚未转销的存货跌价准备。

  当存货成本高于其可变现净值时，企业应当按照存货可变现净值低于成本的差额，借记"资产减值损失——计提的存货跌价准备"科目，贷记"存货跌价准备"科目。

  转回已计提的存货跌价准备金额时，按恢复增加的金额，借记"存货跌价准备"科目，贷记"资产减值损失——计提的存货跌价准备"科目。

  企业结转存货销售成本时，对于已计提存货跌价准备的，借记"存货跌价准备"科目，贷记"主营业务成本""其他业务成本"科目。

  【例8-16】2017年12月31日，滨海公司SIT型钢材材料的账面金额为100 000元。由于市场价格下跌，预计可变现净值为80 000元，由此应计提的存货跌价准备为20 000元。假定SIT型钢材材料之前未计提存货跌价准备。2018年6月30日，由于市场价格有所上升，使得SIT型钢材材料的预计可变现净值为95 000元。2018年12月31日，SIT型钢材材料预计可变现净值为115 000元。滨海公司应编制如下会计分录：

  （1）2017年12月31日计提存货跌价准备时：

  借：资产减值损失——计提的存货跌价准备   20 000

   贷：存货跌价准备   20 000

（2）2018年6月30日，SIT型钢材材料市场价格回升时：

借：存货跌价准备　　　　　　　　　　　　　　　　　15 000

　　贷：资产减值损失——计提的存货跌价准备　　　　　　　　　15 000

微课：存货跌价准备的核算

SIT型钢材材料的预计可变现净值为95 000元，应转回的存货跌价准备为15 000元（95 000-80 000），存货跌价准备的余额为5 000元（20 000-15 000）。

（3）2018年12月31日，SIT型钢材材料市场价格继续回升时：

借：存货跌价准备　　　　　　　　　　　　　　　　　5 000

　　贷：资产减值损失——计提的存货跌价准备　　　　　　　　　5 000

SIT型钢材材料预计可变现净值为115 000元，高于成本15 000元（115 000-100 000），但由于2018年6月30日存货跌价准备余额为5 000元，应在原已计提的存货跌价准备金额范围内转回，不得超出该金额。

根据《企业会计准则第1号——存货》的规定，在资产负债表日，为生产而持有的材料物资等，用其生产的产成品的可变现净值高于成本的，该材料仍旧应当按照成本计量；材料价格的下降表明产成品的可变现净值低于成本的，该材料应当按照可变现净值计量。也就是说，材料存货在期末通常按照成本计量，除非企业用其生产的产品发生了跌价，并且该跌价是由材料本身价格下跌所引发的，才需要考虑计算材料存货的可变现净值，将该材料的可变现净值与其成本进行比较，从而确定材料存货是否需要计提跌价准备。

三、长期股权投资的减值

企业应当定期对持有的长期股权投资的账面价值逐项进行检查，至少每年年末检查一次，如果由于市价持续下跌或被投资单位经营状况变化等原因导致其可回收金额低于投资的账面价值，应将可回收金额低于长期股权投资账面价值的差额确认为当期投资损失。

为了核算企业提取的长期股权投资减值准备，企业应设置"长期股权投资减值准备"科目。期末，如果预计可回收金额低于账面价值，按它们之间的差额，借记"资产减值损失——计提的长期股权投资减值准备"科目，贷记"长期股权投资减值准备"科目。资产减值损失一经确认，在以后会计期间不得转回。

【例8-17】2018年12月31日，滨海公司持有天华股份有限公司普通股股票账面价值为875 000元，作为长期股权投资并采用权益法核算；由于天华公司当年经营不善，资金周转发生困难，使得其股票市价下跌至500 000元，短期内难以恢复。假设滨海公司本年度首次对其计提长期股权投资减值准备，滨海公司应编制如下会计分录：

计提的长期股权投资减值准备金额=875 000-500 000

=375 000（元）

借：资产减值损失——计提的长期股权投资减值准备　　　　375 000

　　贷：长期股权投资减值准备——天华公司　　　　　　　　　　375 000

四、固定资产的减值

固定资产的初始入账价值是历史成本，由于固定资产使用年限较长、市场条件和经营环境的变化、科学技术的进步以及企业经营管理不善等原因，都可能导致固定资产创造未来经济利益的能力大大下降，因此，固定资产的真实价值有可能低于账面价值，在期末需确认固定资产减值损失。

固定资产在资产负债表日存在可能发生减值的迹象时，其可收回金额低于账面价值的，企业应当将该固定资产的账面价值减记至可收回金额，将减记的金额确认为减值损失，计入当期损益，同时计提相应的资产减值准备，借记"资产减值损失——计提的固定资产减值准备"科目，贷记"固定资产减值准备"科目。固定资产减值损失一经确认，在以后会计期间不得转回。

【例 8-18】2018 年 12 月 31 日，滨海公司的某生产线存在可能发生减值的迹象，经计算，该生产线的可收回金额合计为 1 230 000 元，账面价值为 1 400 000 元，以前年度未对该生产线计提过减值准备。

由于该生产线的可收回金额为 1 230 000 元，账面价值为 1 400 000 元。可收回金额低于账面价值，应按两者之间的差额 170 000 元（1 400 000－1 230 000）计提固定资产减值准备。滨海公司应编制如下会计分录：

借：资产减值损失——计提的固定资产减值准备　　　　　　170 000
　　贷：固定资产减值准备　　　　　　　　　　　　　　　　　　170 000

五、无形资产的减值

无形资产在资产负债表日存在可能发生减值的迹象时，其可收回金额低于账面价值的，企业应当将该无形资产的账面价值减记至可收回金额，将减记的金额确认为减值损失，计入当期损益，同时计提相应的资产减值准备，按照应减记的金额，借记"资产减值损失——计提的无形资产减值准备"科目，贷记"无形资产减值准备"科目。无形资产减值损失一经确认，在以后会计期间不得转回。

【例 8-19】2018 年 12 月 31 日，市场上某项技术生产的产品销售势头较好，已对滨海公司产品的销售产生重大不利影响。滨海公司外购的类似专利技术的账面价值为 800 000元，剩余摊销年限为 4 年，经减值测试，该专利技术的可收回金额为 750 000 元。

由于该专利技术在资产负债表日的账面价值为 800 000 元，可收回金额为 750 000 元，可收回金额低于其账面价值，应按其差额 50 000 元（800 000－750 000）计提减值准备。滨海公司应编制如下会计分录：

借：资产减值损失——计提的无形资产减值准备　　　　　　50 000
　　贷：无形资产减值准备　　　　　　　　　　　　　　　　　　50 000

本学习任务小结

资产减值的核算任务小结见表 8-3。

表 8-3 资产减值的核算任务小结

业务内容		会计处理
应收账款减值	计提坏账准备	借：资产减值损失——计提的坏账准备 　贷：坏账准备
	发生坏账	借：坏账准备 　贷：应收账款
	坏账重新收回	借：应收账款 　贷：坏账准备 借：银行存款 　贷：应收账款
	冲回多计提的坏账准备	借：坏账准备 　贷：资产减值损失——计提的坏账准备
存货减值	计提存货跌价准备	借：资产减值损失——计提的存货跌价准备 　贷：存货跌价准备
	存货价值回升	借：存货跌价准备 　贷：资产减值损失——计提的存货跌价准备
长期股权投资减值	计提长期股权投资减值准备	借：资产减值损失——计提的长期股权投资减值准备 　贷：长期股权投资减值准备
	长期股权投资价值回升	不得转回
固定资产减值	计提固定资产减值准备	借：资产减值损失——计提的固定资产减值准备 　贷：固定资产减值准备
	固定资产价值回升	不得转回
无形资产减值	计提无形资产减值准备	借：资产减值损失——计提的无形资产减值准备 　贷：无形资产减值准备
	无形资产价值回升	不得转回

本情境综合习题

一、单项选择题

1.企业对应收账款计提的坏账准备应计入当期损益，进行核算的账户是（　　）。
　A.资产减值损失　B.销售费用　　　　C.财务费用　　　　　D.主营业务成本
2.在期末结账前，"坏账准备"账户如果是借方余额，反映的内容是（　　）。
　A.提取的坏账准备
　B.已经发生的坏账损失
　C.收回以前已经确认并转销的坏账损失

D.已确认的坏账损失超出坏账准备的余额

3.甲公司进行资产清查时发现短缺一台笔记本电脑，原价为4 500元，已计提累计折旧2 000元。经查明属于管理人员的责任，管理人员需赔偿1 000元。假定不考虑其他因素，则该事项影响甲公司当期损益的金额为（　　　）元。

A.800　　　　　　B.1 500　　　　　　C.1 700　　　　　D.2 500

4.企业发生原材料盘亏或毁损时，不应作为管理费用列支的是（　　　）。

A.自然灾害造成的毁损净损失　　　　　B.保管中发生的定额内自然损耗

C.收发计量发生的盘亏损失　　　　　　D.管理不善造成的盘亏损失

5.存货期末计价采用成本与可变现净值孰低法，体现的会计核算信息质量要求是（　　　）。

A.谨慎性　　　　B.重要性　　　　C.可比性　　　　D.客观性

6.某企业2017年12月31日存货的账面余额为20 000元，预计可变现净值为19 000元。2018年12月31日该批存货预计可变现净值为21 000元，则2018年年末冲减的存货跌价准备为（　　　）元。

A.2 000　　　　　B.1 000　　　　　C.9 000　　　　　D.3 000

7.某企业因火灾原因盘亏一批材料，价值16 000元，该批材料的进项税额为2 560元。收到各种赔偿款1 500元，残料价值200元。报经批准后，应记入"营业外支出"账户的金额为（　　　）元。

A.14 400　　　　　B.18 620　　　　　C.14 300　　　　　D.17 020

8.固定资产发生减值应记入的账户是（　　　）。

A.在建工程　　　B.制造费用　　　C.资产减值损失　　　D.长期待摊费用

9.企业自营建造固定资产工程尚未完工，盘盈的工程用料应做的会计分录是（　　　）。

A.借：生产成本（红字）

　　　贷：原材料（红字）

B.借：原材料

　　　贷：在建工程——自营工程

C.借：工程物资

　　　贷：在建工程——自营工程

D.借：原材料

　　　贷：其他业务收入

10.企业的固定资产在盘亏时进行核算的账户是（　　　）。

A.在建工程　　　B.固定资产清理　　　C.待处理财产损溢　　　D.管理费用

11.某增值税一般纳税企业因管理不善导致一批库存材料被盗，该批原材料实际成本为20 000元，保险公司赔偿11 600元。该企业购入材料的增值税税率为16%，该批毁损原材料造成的非正常损失净额是（　　　）元。

A.8 400　　　　　B.19 600　　　　　C.9 200　　　　　D.11 600

12.下列各项中，一般不会引起无形资产账面价值发生增减变动的是（　　　）。

A.对无形资产计提减值准备　　　　　　B.无形资产可收回金额大于账面价值

C.摊销无形资产　　　　　　　　　　　D.转让无形资产所有权

13. 对于已计提跌价准备的存货，在随后的会计期间可变现净值上升使得存货价值得以恢复的，应在原计提的减值准备金额范围内予以恢复，记入（　　）科目。

　　A.资产减值损失　　B.投资收益　　　　　　C.资本公积　　　　　　D.营业外收入

14. A公司2018年12月31日应收甲公司账款1 000万元，该账款预计的未来现金流量现值为960万元，此前已对该账款计提了15万元的坏账准备，则12月31日A公司为该笔应收账款应计提的坏账准备为（　　）万元。

　　A.1 000　　　　　　B.40　　　　　　　　C.25　　　　　　　　D.15

15. 当存货成本低于可变现净值时，存货按照（　　）计价。

　　A.成本　　　　　　　　　　　　　　B.可变现净值

　　C.成本与可变现净值孰高　　　　　　D.成本与可变现净值孰低

二、多项选择题

1. 下列各项关于"坏账准备"账户贷方反映的内容，正确的有（　　）。

　　A.正发生的坏账损失　　　　　　　　B.提取的坏账准备

　　C.收回以前已确认并转销的坏账损失　D.发生坏账冲销的坏账准备

2. 采用备抵法核算坏账时，估计坏账损失可采用的方法有（　　）。

　　A.加权平均法　　　　　　　　　　　B.销货百分比法

　　C.账龄分析法　　　　　　　　　　　D.应收款项余额百分比法

3. 企业在进行财产清查时，对于盘亏的材料，应先记入"待处理财产损溢"账户，待期末或报经批准后，根据不同的原因可分别转入的账户有（　　）。

　　A.管理费用　　　　B.销售费用　　　　C.营业外支出　　　　D.其他应收款

4. 下列表明存货可变现净值为零的有（　　）。

　　A.已霉烂变质的存货

　　B.无使用价值但有转让价值的存货

　　C.生产中已不再需要，并且已无使用价值和转让价值的存货

　　D.已过期且无转让价值的存货

5. 下列关于存货跌价准备的说法中，正确的有（　　）。

　　A.资产负债表日，企业可以按单个项目对存货计提减值准备

　　B.对于数量繁多、单价较低的存货，可以按照存货类别计提存货跌价准备

　　C.存货具有相同或类似最终用途或目的，并在同一地区生产和销售，意味着存货所处的经济环境、法律环境、市场环境等相同，具有相同的风险和报酬，因此可以对其合并计提存货跌价准备

　　D.资产负债表日，存货的可变现净值高于成本，企业应当计提存货跌价准备

6. 下列各项中，最终会引起无形资产账面价值发生增减变动的有（　　）。

　　A.对无形资产计提减值准备

　　B.对使用寿命有限的无形资产计提摊销

　　C.企业内部研究开发项目研究阶段发生的支出

　　D.企业内部研究开发项目开发阶段满足资本化条件的支出

7. 下列关于存货盘盈盘亏的说法中正确的有（　　）。

　　A.存货盘盈时，经批准后，存在记入"管理费用"科目的情况

B.存货盘亏时，经批准后，存在记入"管理费用"科目的情况

C.企业发生存货盘盈盘亏，会涉及"待处理财产损溢"科目

D.企业发生存货盘盈盘亏，不会涉及"其他应收款"科目

8.下列各项中，会引起企业期末存货账面价值发生变动的有（　　　）。

A.已发出商品但尚未确认销售收入　　B.委托外单位加工发出的材料

C.发生的存货盘亏　　　　　　　　　D.冲回多计提的存货跌价准备

9.下列各项中，会引起期末应收账款账面价值发生变化的有（　　　）。

A.收回应收账款　　　　　　　　　　B.收回已转销的坏账

C.计提应收账款坏账准备　　　　　　D.结转到期不能收回的应收票据

10.下列各项中，会影响企业管理费用的有（　　　）。

A.企业盘点现金，发生的现金盘亏净损失

B.存货盘点，发现由于管理不善造成的存货盘亏净损失

C.固定资产盘点，发现固定资产盘亏，盘亏的净损失

D.现金盘点，发现的无法查明原因的现金盘盈

三、判断题

1.企业按年末应收款项余额的一定比例计算的坏账准备金额，应等于年末结账后"坏账准备"账户的余额。　　　　　　　　　　　　　　　　　　　　　　　　（　　　）

2.如果当期按应收款项计算应提坏账准备金额为零，应将"坏账准备"账户的余额全部冲回。　　　　　　　　　　　　　　　　　　　　　　　　　　　　　　　（　　　）

3.企业计提坏账准备的方法由企业自行确定。但是坏账准备计提方法一经确定，不得随意变更。如需变更，应在财务报表附注中予以说明。　　　　　　　　　　（　　　）

4.固定资产盘盈先通过"待处理财产损溢"科目核算，批准后再转入"营业外收入"科目。　　　　　　　　　　　　　　　　　　　　　　　　　　　　　　　　（　　　）

5.如果期末存货的可变现净值低于成本，则"存货跌价准备"科目表现为贷方余额；反之，则表现为借方余额。　　　　　　　　　　　　　　　　　　　　　　　（　　　）

6.企业对于已记入"待处理财产损溢"科目的存货盘亏及毁损事项进行会计处理时，对于自然灾害造成的存货净损失，应计入管理费用。　　　　　　　　　　　　（　　　）

7.企业对长期股权投资计提的减值准备，在该长期股权投资价值回升期间应当转回，但转回的金额不应超过原计提的减值准备。　　　　　　　　　　　　　　　（　　　）

8.企业银行存款日记账的账面余额与银行对账单余额因未达账项存在差额时，应按照银行存款余额调节表调整银行存款日记账。　　　　　　　　　　　　　　　（　　　）

9.收回以前的转销的坏账损失，会导致坏账准备余额增加。　　　　　　　（　　　）

10.固定资产资的减值损失一经计提，不得转回。　　　　　　　　　　　（　　　）

本情境账务处理案例

案例一

海天公司在2018年的财产清查中发现如下问题：

（1）7月25日，因汛期水灾导致公司毁损原材料一批，该批原材料购入时价款100 000元，增值税税额16 000元。

（2）8月1日，公司在现金清查中发现现金短缺200元，原因待查。12月10日，该项现金短款原因已查明，系出纳员李琴工作失职造成，当即用现金200元进行赔偿。

（3）9月4日，收到的银行对账单上显示的银行存款余额为589 000元，企业银行存款日记账上的金额为590 000元。经查实，此项差额是银行代扣8月份电费，电费发票账单尚未达到企业。

（4）12月20日，公司对存货进行全面清查，发现如下问题：盘盈生产工人防辐射服5件，单位实际成本为300元；盘亏生产食品用面粉400千克，单位实际成本为20元，其购进时的增值税进项税额为12 800元。12月28日，上述存货盘盈盘亏原因已查明，防辐射服盘盈系收发计量差错所致；原材料面粉短缺是管理制度不健全造成，经厂长批准后，对上述清查结果做出处理。

（5）12月28日，在对固定资产的清查中盘亏一台笔记本电脑，该电脑账面价值10 000元，已经计提折旧2 000元，购入时的增值税税额1 600元，经查明属于管理不善导致的遗失。

要求：编制上述业务的会计分录。

案例二

天华公司从2017年开始采用应收款项余额百分比法核算坏账损失，坏账准备的提取比例为5%，有关资料如下（暂且只考虑应收账款）：

（1）2017年年末应收账款余额为200 000元。

（2）2018年1月，经董事会批准核销一笔坏账损失，金额为36 000元。

（3）2018年12月，上述已核销的坏账又收回10 000元。

（4）2018年年末应收账款余额为260 000元。

要求：编制上述业务的会计分录。

案例三

东风公司采用备抵法核算存货的跌价损失，该公司在2018—2019年进行资产减值测试，有关资料如下：

生产汽车的LET型钢材2018年年初"存货跌价准备"科目为贷方余额4 210元，2018年末存货成本为863 000元，可变现净值为857 220元。2019年6月30日，该批存货仍旧存放在工厂的仓库，可变现净值为924 040元。

2018年1月，东风公司管理层决定进行债券投资，从金融市场上购入国盛公司债券，作为以摊余成本计量的金融资产，债券成本为500 000元。2018年12月31日，东风公司持有的该公司债券公允价值为485 000元。2019年6月30日，东风公司持有的国盛公司债券公允价值为510 000元。

2018年12月31日，东风公司拥有的一项非专利技术的成本为465 000元，由于消费者的偏好，用该技术生产的产品逐渐退出市场，公司预计其可回收金额为300 000元。

要求：编制上述业务的会计分录。

利润形成及利润分配业务核算

开篇案例

2008年度，受金融危机、国内经济增速放缓及自然灾害等因素影响，企业外部经营环境急剧恶化，直接表现为上市公司营业总成本增速超过营业总收入增速，公司盈利能力明显下降，表现出"增收不增利"的总体特点。2008年度，我国上市公司营业收入总额为95 315亿元，与2007年相比上升了18.75%，而净利润总额为4 715亿元，与2007年相比下降了33.32%。

2008年我国企业虽然实施了25%的所得税税率，所得税税负下降，但这难以抵销毛利率降低、资产减值损失和公允价值变动与投资损益变动对净利润的不利影响。为了保证资产质量，防备金融危机导致资产价格下跌的风险，上市公司充分计提了资产减值准备，其年末余额为1 462亿元，与2007年相比增加了1 079亿元，增幅为281.72%；同时受我国证券市场大幅震荡下行和海外投资损失的影响，上市公司投资收益出现负增长，1 573家上市公司共实现投资净收益637亿元，同比减少34.70%；公允价值变动损益从2007年的33亿元下跌至2008年的-205亿元。另外，财务费用的大幅上升也是导致利润大幅下滑的不可忽视的因素之一。2008年度上市公司财务费用总额为1 342亿元，比上一年度增长42.60%，财务费用占其利润总额的23.92%，财务费用的增加主要来自于利息支出的增加。

资料来源：佚名. 对十大产业前十名上市公司的业绩评价［EB/OL］.［2009-07-30］. http://www.360doc.com/content/09/0730/12/127 016_4549 086.shtml.

工作情境描述

1.主要经济业务及其流程

根据《企业会计准则》的规定，企业一般按月计算利润，按月计算有困难的，可以按季或按年计算利润。利润的实现和分配应当分别核算，利润构成及利润分配各项目应当设置明细账，进行明细核算。

企业利润及利润分配过程主要涉及以下经济业务：（1）利润形成业务；（2）计缴所得税业务；（3）利润分配业务。

利润及分配流程图如图9-1所示。

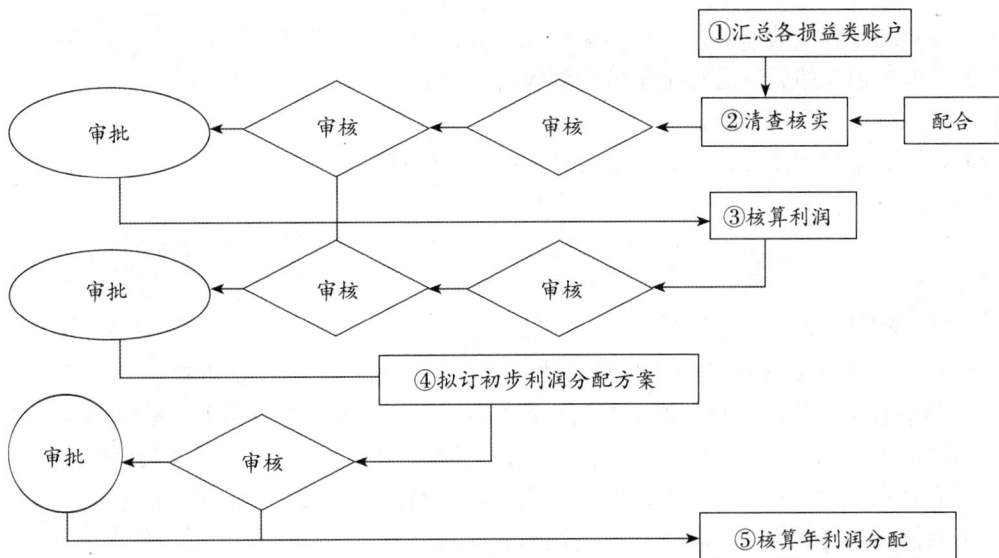

图9-1　利润及分配流程图

2.业务涉及的主要会计岗位及其职责

企业利润形成及利润分配过程的业务核算由收入利润核算岗位的会计人员完成。在该项业务中，其承担的岗位职责一般包括：

（1）熟悉并掌握利润核算方面的制度规定，确保企业正确核算和反映生产经营成果。

（2）编制利润计划。根据企业目标利润和本单位的销售计划、成本计划等有关资料，按年、按季、按月编制利润计划，并及时计算分析利润计划的完成情况，督促实现利润目标。

（3）负责利润的明细核算，结转收入、成本和费用，严格审查营业外支出、企业管理费用、财务费用和销售费用开支。

（4）按规定计算应交所得税，对公司所得税有影响的项目，应注意调整应纳税所得额。登记有关明细账。

（5）负责利润分配的明细核算。

（6）编制利润表、利润分配表。考核利润计划的执行情况，分析盈亏原因。

任务一　利润形成的核算

知识目标

1.掌握利润的构成及含义；

2.理解期间费用的含义及内容；

3.理解营业外收入和营业外支出的含义及内容。

技能目标

1.正确区分各项期间费用，根据原始凭证进行相关会计业务处理；

2.能够根据原始凭证进行常见营业外收支业务的会计处理；

3.结平收入、费用等损益类账户；

4.利用本年利润账户，计算一定会计期间的经营成果。

知识准备

一、利润的定义及计算公式

任何一个企业要在市场经济环境下求得生存与发展，并为投资者提供一定的投资收益，就必须有能力以自身的经营收入抵补各项成本费用，并且实现盈利。企业盈利的大小在很大程度上反映企业生产经营的经济效益，表明企业在每一会计期间的最终经营成果。

利润是指企业在一定会计期间的经营成果。利润包括收入减去费用后的净额、直接计入当期利润的利得和损失等。未计入当期利润的利得和损失扣除所得税影响后的净额计入其他综合收益项目。净利润与其他综合收益的合计金额为综合收益总额。利得是指由企业非日常活动所形成的、会导致所有者权益增加的、与所有者投入资本无关的经济利益的流入。损失是指由企业非日常活动所发生的、会导致所有者权益减少的、与向所有者分配利润无关的经济利益的流出。

与利润相关的计算公式主要有：

（一）营业利润

$$营业利润=营业收入-营业成本-税金及附加-销售费用-管理费用-财务费用-资产减值损失+公允价值变动收益（-公允价值变动损失）+投资收益（-投资损失）+资产处置收益（-资产处置损失）+其他收益$$

其中：

营业收入是指企业经营业务所确认的收入总额，包括主营业务收入和其他业务收入。

营业成本是指企业经营业务所发生的实际成本总额，包括主营业务成本和其他业务成本。

资产减值损失是指企业计提各项资产减值准备所形成的损失。

公允价值变动收益（-损失）是指企业以各种资产，如投资性房地产、债务重组、非货币性资产交换、交易性金融资产等公允价值变动形成的应计入当期损益的利得（–损失）。

投资收益（–损失）是指企业以各种方式对外投资所取得的收益（–发生的损失）。

资产处置收益（–损失）是指企业出售划分为持有待售的非流动资产（金融工具、长期股权投资和投资性房地产除外）或处置组时确认的处置利得或损失，以及处置未划分为持有待售的固定资产、在建工程、生产性生物资产及无形资产而产生的处置利得或损失。

其他收益是指收到的与企业日常活动相关的计入当期收益的政府补助。

（二）利润总额

利润总额=营业利润+营业外收入–营业外支出

其中：

营业外收入是指企业发生的与其日常活动无直接关系的各项利得。

营业外支出是指企业发生的与其日常活动无直接关系的各项损失。

（三）净利润

净利润=利润总额–所得税费用

其中，所得税费用是指企业确认的应从当期利润总额中扣除的所得税。

二、结转利润的方法及会计处理

（一）结转本年利润的方法

1.表结法

在表结法下，各损益类账户每月月末只需结计出本月发生额和月末累计余额，不结转到"本年利润"账户，只有在年末时才将全年累计余额转入"本年利润"账户。但每月月末要将损益类账户的本月发生额合计数填入利润表的本月数栏，同时将本月末累计余额填入利润表的本年累计数栏，通过利润表计算反映各期的利润（或亏损）。在表结法下，年中损益类账户无须结转入"本年利润"账户，从而减少了转账环节和工作量，同时并不影响利润表的编制及有关损益指标的利用。

2.账结法

在账结法下，每月月末均需编制转账凭证，将在账上结计出的各损益类账户的余额转入"本年利润"科目。结转后"本年利润"科目的本月合计数反映当月实现的利润或发生的亏损，"本年利润"科目的本年累计数反映本年累计实现的利润或发生的亏损。账结法在各月均可通过"本年利润"科目提供当月及本年累计的利润（或亏损）额，但增加了转账环节和工作量。

（二）结转本年利润的账务处理

企业应设置"本年利润"科目，核算企业本年度实现的净利润（或发生的净亏损）。

会计期末，企业应将"主营业务收入""其他业务收入""营业外收入"等科目的余额分别转入"本年利润"科目的贷方，将"主营业务成本"、"其他业务成本"、"税金及附加"、"销售费用"、"管理费用"、"财务费用"、"资产减值损失"、"营业外支出"及"所得税费用"等科目的余额分别转入"本年利润"科目的借方。企业还应将"公允价值变动损益""投资收益"科目的净收益转入"本年利润"科目的贷方，将"公允价值变动损益""投资收益"科目的净损失转入"本年利润"科目的借方。结转后"本年利润"科目如为贷方余额，表示当年实现的净利润；如为借方余额，表示当年发生的净亏损。

年度终了，企业还应将"本年利润"科目的本年累计余额转入"利润分配——未分配利润"科目。如"本年利润"为贷方余额，借记"本年利润"科目，贷记"利润分配——未分配利润"科目；如为借方余额，做相反的会计分录。结转后"本年利润"科目应无余额。

【例9-1】滨海公司2018年有关损益类科目的年末余额见表9-1。该企业采用表结法年末一次结转损益类科目，所得税税率为25%。

表9-1　　　　　　　　　　　2018年有关损益类科目的年末余额　　　　　　　　　　单位：元

科目名称	借或贷	结账前余额
主营业务收入	贷	6 000 000
其他业务收入	贷	700 000
公允价值变动损益	贷	150 000
投资收益	贷	600 000
营业外收入	贷	50 000
主营业务成本	借	4 000 000
其他业务成本	借	400 000
税金及附加	借	80 000
销售费用	借	500 000
管理费用	借	770 000
财务费用	借	200 000
资产减值损失	借	100 000
营业外支出	借	250 000

滨海公司2018年年末结转本年利润应编制如下会计分录：

（1）将各损益类科目年末余额结转入"本年利润"科目：

①结转各项收入、利得类科目：

借：主营业务收入　　　　　　　　　　　　　　　　　　　　　　6 000 000
　　其他业务收入　　　　　　　　　　　　　　　　　　　　　　　700 000
　　公允价值变动损益　　　　　　　　　　　　　　　　　　　　　150 000
　　投资收益　　　　　　　　　　　　　　　　　　　　　　　　　600 000
　　营业外收入　　　　　　　　　　　　　　　　　　　　　　　　 50 000
　　贷：本年利润　　　　　　　　　　　　　　　　　　　　　　7 500 000

②结转各项费用、损失类科目：

借：本年利润　　　　　　　　　　　　　　　　　　　　　　　6 300 000
　　贷：主营业务成本　　　　　　　　　　　　　　　　　　　　4 000 000
　　　　其他业务成本　　　　　　　　　　　　　　　　　　　　　400 000
　　　　税金及附加　　　　　　　　　　　　　　　　　　　　　　 80 000
　　　　销售费用　　　　　　　　　　　　　　　　　　　　　　　500 000
　　　　管理费用　　　　　　　　　　　　　　　　　　　　　　　770 000
　　　　财务费用　　　　　　　　　　　　　　　　　　　　　　　200 000
　　　　资产减值损失　　　　　　　　　　　　　　　　　　　　　100 000
　　　　营业外支出　　　　　　　　　　　　　　　　　　　　　　250 000

（2）经过上述结转后，"本年利润"科目的贷方发生额合计 7 500 000 元减去借方发生额合计 6 300 000 元即为税前会计利润 1 200 000 元。

（3）假设滨海公司 2018 年度不存在所得税纳税调整因素。

（4）应交所得税=1 200 000×25%=300 000（元）

①确认所得税费用：

借：所得税费用	300 000
贷：应交税费——应交所得税	300 000

②将所得税费用结转至"本年利润"科目：

借：本年利润	300 000
贷：所得税费用	300 000

（5）将"本年利润"科目年末余额 900 000 元（7 500 000-6 300 000-300 000）转入"利润分配——未分配利润"科目：

借：本年利润	900 000
贷：利润分配——未分配利润	900 000

本学习任务小结

利润形成的核算任务小结见表 9-2。

表 9-2　　　　　　　　　　　利润形成的核算任务小结

业务内容	会计处理
费用、损失结转至"本年利润"账户	借：本年利润 　　贷：主营业务成本 　　　其他业务成本 　　　税金及附加 　　　资产减值损失 　　　管理费用 　　　销售费用 　　　研发费用 　　　财务费用 　　　公允价值变动损益（借方余额） 　　　投资收益（借方余额） 　　　资产处置损益 　　　营业外支出 　　　所得税费用等
收入、利得结转至"本年利润"账户	借：主营业务收入 　　其他业务收入 　　投资收益（贷方余额） 　　公允价值变动损益（贷方余额） 　　营业外收入等 　　贷：本年利润

任务二　所得税费用的核算

知识目标

1.掌握所得税费用核算的基本原理；

2.熟悉企业常见的纳税调整事项。

技能目标

1.能正确分析企业常见的纳税调整事项；

2.能正确计算企业当期应纳税所得额和应交所得税；

3.能正确计算当期所得税费用；

4.熟练运用"所得税费用"账户，对所得税业务进行会计处理。

知识准备

一、当期应交所得税的计算

企业的所得税费用包括当期所得税和递延所得税两个部分。其中，当期所得税是指当期应交所得税。递延所得税包括递延所得税资产和递延所得税负债。递延所得税资产是指对于可抵扣暂时性差异，以未来期间很可能取得用来抵扣可抵扣暂时性差异的应纳税所得额为限确认的一项资产。递延所得税负债是指根据应纳税暂时性差异计算的未来期间应付所得税的金额。

应交所得税是指企业按照税法规定计算确定的针对当期发生的交易和事项，应缴纳给税务部门的所得税金额，即当期应交所得税。应纳税所得额是在企业税前会计利润（即利润总额）的基础上调整确定的，计算公式为：

$$应纳税所得额 = 税前会计利润 + 纳税调整增加额 - 纳税调整减少额$$

纳税调整增加额主要包括税法规定允许扣除项目中，企业已计入当期费用但超过税法规定扣除标准的金额（如超过税法规定标准的职工福利费、工会经费、职工教育经费、业务招待费、公益性捐赠支出、广告费和业务宣传费等），以及企业已计入当期损失但税法规定不允许扣除项目的金额（如税收滞纳金、罚金、罚款）。

纳税调整减少额主要包括按税法规定允许弥补的亏损和准予免税的项目，如前五年内的未弥补亏损和国债利息收入等。

企业当期所得税的计算公式为：

$$应交所得税 = 应纳税所得额 × 所得税税率$$

【例9-2】滨海公司2018年度按企业会计准则计算的税前会计利润为19 800 000元，所得税税率为25%。滨海公司全年实发工资、薪金2 000 000元，职工福利费300 000元，工会经费50 000元，职工教育经费100 000元；经查，滨海公司当年营业外支出中有120 000元为税收滞纳金。假定滨海公司全年无其他纳税调整因素。

企业所得税法规定，在计算企业应交所得税金额时，企业发生的合理的工资、薪金支出准予据实扣除；企业发生的职工福利费支出，不超过工资、薪金总额14%的部分准予扣除；企业拨缴的工会经费，不超过工资、薪金总额2%的部分准予扣除；除国务院财政、税务主管部门另有规定外，企业发生的职工教育经费支出，不超过工资、薪金总额2.5%的部分准予扣除，超过部分准予结转以后纳税年度扣除。

本例中，按税法规定，企业在计算当期应纳税所得额时，可以扣除工资、薪金支出2 000 000元，职工福利费支出280 000元（2 000 000×14%），工会经费支出40 000元（2 000 000×2%），职工教育经费支出50 000元（2 000 000×2.5%）。滨海公司有两种纳税调整因素：一是已计入当期费用但超过税法规定标准的费用支出；二是已计入当期营业外支出但按税法规定不允许扣除的税收滞纳金。这两种因素均应调整增加应纳税所得额。

滨海公司当期所得税的计算如下：

纳税调整数=（300 000-280 000）+（50 000-40 000）+（100 000-50 000）+120 000
$\qquad$=200 000（元）

应纳税所得额=19 800 000+200 000=20 000 000（元）

当期应交所得税=20 000 000×25%=5 000 000（元）

【例9-3】大华公司2018年全年利润总额（即税前会计利润）为10 200 000元，其中包括本年收到的国债利息收入200 000元，所得税税率为25%。假设大华公司全年无其他纳税调整因素。

按照税法的有关规定，企业购买国债的利息收入免交所得税，即在计算应纳税所得额时可将其扣除。大华公司当期所得税的计算如下：

应纳税所得额=10 200 000-200 000=10 000 000（元）

当期应交所得税=10 000 000×25%=2 500 000（元）

二、所得税费用的账务处理

根据企业会计准则的规定，计算确定的当期所得税和递延所得税之和，即为应从当期利润总额中扣除的所得税费用，即：

所得税费用=当期所得税+递延所得税

企业通过"所得税费用"科目核算企业所得税费用的确认及结转情况。期末，应将"所得税费用"科目的余额转入"本年利润"科目，借记"本年利润"科目，贷记"所得税费用"科目，结转后本科目应无余额。

微课：所得税费用的核算

【例9-4】沿用【例9-2】的资料，滨海公司递延所得税负债年初数为400 000元，年末数为500 000元，递延所得税资产年初数为250 000元，年末数为200 000元。滨海公司应编制如下会计分录：

滨海公司所得税费用的计算如下：

递延所得税=（500 000-400 000）+（250 000-200 000）=150 000（元）

所得税费用=当期所得税+递延所得税=5 000 000+150 000=5 150 000（元）

滨海公司应编制如下会计分录：

借：所得税费用 $\qquad$ 5 150 000

　　贷：应交税费——应交所得税 $\qquad$ 5 000 000

  贷：递延所得税负债   100 000
    递延所得税资产   50 000

本学习任务小结

所得税费用的核算任务小结见表9-3。

表9-3   所得税费用的核算任务小结

业务内容	会计处理

计算应交所得税	借：所得税费用
	  递延所得税资产（根据其增加还是减少判断借贷方向）
	 贷：应交税费——应交所得税
	  递延所得税负债（根据其增加还是减少判断借贷方向）

月末转入本年利润	借：本年利润 贷：所得税费用
缴纳所得税	借：应交税费——应交所得税 贷：银行存款

任务三　利润分配的核算

知识目标

1.掌握企业利润分配的一般程序；

2.理解企业利润分配的原则；

3.了解企业弥补亏损的方法；

4.掌握可供分配利润的计算方法。

技能目标

1.能正确进行弥补亏损的会计处理；

2.能正确计提盈余公积，向投资者分配股利或利润；

3.熟练运用"利润分配"账户，对利润分配活动进行会计处理。

知识准备

一、留存收益概述

留存收益是指企业从历年实现的利润中提取或形成的留存于企业的内部积累，包括盈余公积和未分配利润两类。

盈余公积是指企业按照有关规定从净利润中提取的积累资金。公司制企业的盈余公积包括法定盈余公积和任意盈余公积。法定盈余公积是指企业按照规定的比例从净利润中提取的盈余公积。任意盈余公积是根据公司章程及股东会的决议，从公司盈余中提取的公积金。

未分配利润是指企业实现的净利润经过弥补亏损、提取盈余公积和向投资者分配利润后留存在企业的、历年结存的利润。相对于所有者权益的其他部分来说，企业对于未分配利润的使用有较大的自主权。

二、留存收益的账务处理

（一）利润分配

利润分配是指企业根据国家有关规定和企业章程、投资者协议等，对企业当年可供分配的利润所进行的分配。计算公式为：

$$可供分配的利润=当年实现的净利润（或净亏损）+年初未分配利润（或-年初未弥补亏损）+其他转入$$

利润分配的顺序依次是：（1）提取法定盈余公积；（2）提取任意盈余公积；（3）向投资者分配利润。

企业通过"利润分配"科目核算企业利润的分配（或亏损的弥补）和历年分配（或弥补）后的未分配利润（或为弥补亏损）。该科目应分别"提取法定盈余公积"、"提取任意盈余公积"、"应付现金股利或利润"、"盈余公积补亏"和"未分配利润"等进行明细核算。企业未分配利润通过"利润分配——未分配利润"明细科目进行核算。年度终了，企业应将全年实现的净利润或发生的净亏损，自"本年利润"科目转入"利润分配——未分配利润"科目，并将"利润分配"科目所属其他明细科目的余额转入"未分配利润"明细科目。结转后，"利润分配——未分配利润"科目如为贷方余额，表示累计未分配的利润数额；如为借方余额，则表示累计未弥补的亏损数额。

【例9-5】诚志公司年2018年初未分配利润为0，2018年度实现净利润2 000 000元，本年提取法定盈余公积200 000元，宣告发放现金股利800 000元。假设不考虑其他因素，诚志公司应编制如下会计分录：

（1）结转本年利润：

借：本年利润 2 000 000
　　贷：利润分配——未分配利润 2 000 000

如企业当年发生亏损，则应借记"利润分配——未分配利润"科目，贷记"本年利润"科目。

（2）提取法定盈余公积、宣告发放现金股利：

借：利润分配——提取法定盈余公积 200 000
　　　　　　——应付现金股利或利润 800 000
　　贷：盈余公积 200 000
　　　　应付股利 800 000

同时，

借：利润分配——未分配利润 1 000 000
　　贷：利润分配——提取法定盈余公积 200 000
　　　　　　　　——应付现金股利或利润 800 000

本例中，"利润分配——未分配利润"科目的余额在贷方，贷方余额1 000 000元（本年利润2 000 000-提取法定盈余公积200 000-应付现金股利800 000）即为诚志公司本年年末的累计未分配利润。

（二）盈余公积

按照《中华人民共和国公司法》有关规定，公司制企业应按照净利润（减弥补以前年度亏损，下同）的10%提取法定盈余公积。按照《中华人民共和国企业所得税法》的规定，以前年度亏损（5年内）可用税前利润弥补，从第6年起只能用税后利润弥补。非公司制企业法定盈余公积的提取比例可超过净利润的10%。法定盈余公积累计额已达注册资本的50%时可以不再提取。

如果以前年度未分配利润有盈余（即年初未分配利润余额为正数），在计算提取盈余公积的基数时，不应包括企业年初未分配利润；如果以前年度有亏损（即年初未分配利润余额为负数），应先弥补以前年度亏损再提取盈余公积。

公司制企业可根据股东会的决议提取任意盈余公积。非公司制企业经类似权力机构批准，也可提取任意盈余公积。法定盈余公积和任意盈余公积的区别在于其各自计提的依据不同，前者以国家的法律法规为计提依据，后者由企业自行决定提取。

企业提取的盈余公积经批准可用于弥补亏损、转增资本、发放现金股利或利润等。企业按规定提取盈余公积时，应通过"利润分配"和"盈余公积"等科目核算。

【例9-6】滨海公司本年实现净利润5 000 000元，年初未分配利润为0。经股东大会批准，滨海公司按当年净利润的10%提取法定盈余公积。假设不考虑其他因素，滨海公司应编制如下会计分录：

本年提取法定盈余公积金额=5 000 000×10%=500 000（元）

  借：利润分配——提取法定盈余公积   500 000

    贷：盈余公积——法定盈余公积   500 000

【例9-7】经股东大会批准，滨海公司用以前年度提取的盈余公积弥补当年亏损，当年弥补亏损的数额为600 000元。假设不考虑其他因素，滨海公司应编制如下会计分录：

  借：盈余公积   600 000

    贷：利润分配——盈余公积补亏   600 000

【例9-8】因扩大经营规模需要，经股东大会批准，滨海公司将盈余公积400 000元转增股本。假设不考虑其他因素，滨海公司应编制如下会计分录：

  借：盈余公积   400 000

    贷：股本   400 000

【例9-9】信达公司2018年12月31日普通股股本为50 000 000股，每股面值1元，可供投资者分配的利润为5 000 000元，盈余公积20 000 000元。2019年3月20日，股东大会批准了2018年度利润分配方案，以2018年12月31日为登记日，按每股0.2元发放现金股利。信达公司共需要分派10 000 000元现金股利，其中动用可供投资者分配的利润5 000 000元、盈余公积5 000 000元。

假设不考虑其他因素，信达公司应编制如下会计分录：

（1）宣告发放现金股利时：

  借：利润分配——应付现金股利或利润   5 000 000

    盈余公积   5 000 000

    贷：应付股利   10 000 000

（2）支付股利时：

借：应付股利   10 000 000

  贷：银行存款   10 000 000

本学习任务小结

利润分配的核算任务小结见表9-4。

表9-4   利润分配的核算任务小结

业务内容		会计处理
本年利润结转	盈利时	借：本年利润 贷：利润分配——未分配利润
	亏损时	借：利润分配——未分配利润 贷：本年利润

利润分配	提取盈余公积	借：利润分配——提取法定盈余公积
		       ——提取任意盈余公积
		  贷：盈余公积——法定盈余公积
		       ——任意盈余公积

	应付普通股股利	借：利润分配——应付现金股利或利润 贷：应付股利
	盈余公积弥补亏损	借：盈余公积 贷：利润分配——盈余公积补亏

结转利润分配		借：利润分配——未分配利润
		  贷：利润分配——提取法定盈余公积
		       ——提取任意盈余公积
		       ——应付现金股利或利润

本情境综合习题

一、单项选择题

1.盈余公积是企业从（ ）中提取的公积金。

 A.利润总额   B.税后净利润   C.营业利润   D.税前利润

2.某企业以前年度发生的亏损10 000元，按规定可以用以后年度利润弥补亏损，在用利润弥补以前年度亏损时应做会计处理为（ ）。

 A.借记"利润分配——弥补以前年度亏损"科目，贷记"利润分配——未分配利润"科目

 B.借记"盈余公积"科目，贷记"利润分配——其他转入"科目

 C.借记"利润分配——弥补以前年度亏损"科目，贷记"应弥补亏损"科目

 D.不做账务处理

3.某企业盈余公积年初余额为70万元，本年利润总额为600万元，所得税费用为150万元，按净利润的10%提取法定盈余公积，并将盈余公积10万元转增资本。该企业盈余公积年末余额为（ ）万元。

A.60 　　　　　B.105 　　　　　C.115 　　　　　D.130

4.下列各项中，会引起企业所有者权益总额发生变化的是（　　）。

　　A.从净利润中提取盈余公积 　　　　　B.用盈余公积弥补亏损

　　C.用盈余公积转增资本 　　　　　D.向投资者分配现金股利

5.法定盈余公积已达到注册资本的（　　）时可不再提取。

　　A.20% 　　　　　B.25% 　　　　　C.10% 　　　　　D.50%

6.下列各项不包括在营业利润中的是（　　）。

　　A.主营业务利润 　　B.其他业务利润 　　　C.期间费用 　　　　　D.所得税费用

7."本年利润"属于所有者权益类账户，经过处理后的最终结果是企业的（　　）。

　　A.利润总额 　　　　　B.净利润（或亏损）

　　C.营业利润（或亏损） 　　　　　D.主营业务利润（或亏损）

8.某企业2018年年初未分配利润的贷方余额为400万元，本年度实现的净利润为200万元，分别按净利润的10%和5%提取法定盈余公积和任意盈余公积。假定不考虑其他因素，该企业2018年年末未分配利润的贷方余额应为（　　）万元。

　　A.410 　　　　　B.510 　　　　　C.540 　　　　　D.570

9.下列各项中，能够导致企业留存收益减少的是（　　）。

　　A.宣告分配现金股利 　　　　　B.以资本公积转增资本

　　C.提取盈余公积 　　　　　D.以盈余公积弥补亏损

10.下列各项不通过"利润分配"账户进行核算的内容是（　　）。

　　A.弥补以前年度亏损 　　　　　B.提取公积金

　　C.计算应交所得税 　　　　　D.应分配给投资者利润

11.下列各项不影响当年可供分配利润的是（　　）。

　　A.当年资本公积转增资本 　　　　　B.年初未弥补亏损

　　C.当年盈余公积补亏 　　　　　D.当年实现净利润

12.下列关于利润分配的顺序说法中，正确的是（　　）。

　　A.先向投资者分配利润，再提取任意盈余公积，最后提取法定盈余公积

　　B.先提取任意盈余公积，再提取法定盈余公积，最后向投资者分配利润

　　C.先提取任意盈余公积，再向投资者分派利润，最后提取法定盈余公积

　　D.先提取法定盈余公积，再提取任意盈余公积，最后向投资者分配利润

二、多项选择题

1.下列各项中，属于企业留存收益的有（　　）。

　　A.发行股票的溢价收入 　　　　　B.按规定从净利润中提取的法定盈余公积

　　C.累计未分配利润 　　　　　D.按股东大会决议从净利润中提取的任意盈余公积

2.企业提取的盈余公积主要用于（　　）。

　　A.弥补亏损 　　B.转赠资本 　　　　　C.分配股利 　　　　　D.发放奖金

3.盈余公积减少可能的原因有（　　）。

　　A.用盈余公积发放职工福利 　　　　　B.用盈余公积转增资本

　　C.用盈余公积弥补亏损 　　　　　D.用盈余公积派发股利

4.下列各项中，最终不会引起留存收益总额发生增减变动的有（　　）。

A.资本公积转增资本　　　　　　　　B.盈余公积转增资本

C.盈余公积补亏损　　　　　　　　　D.发生业务招待费

5.企业自行弥补亏损的合法渠道包括（　　　）。

A.用以后年度税前利润弥补　　　　　B.用以后年度税后利润弥补

C.用盈余公积弥补　　　　　　　　　D.用资本公积弥补

6.下列各项构成利润总额的因素有（　　　）。

A.营业利润　　　　　　　　　　　　B.所得税费用

C.投资净收益　　　　　　　　　　　D.直接计入当期利润的利得和损失

7.构成营业利润的因素有（　　　）。

A.投资净收益　　　B.主营业务收入　　　C.主营业务成本　　　D.税金及附加

8.企业所得税费用核算设置的账户有（　　　）。

A.应交税费　　　　　　　　　　　　B.所得税费用

C.递延所得税资产　　　　　　　　　D.递延所得税负债

9.下列各项属于"利润分配"明细账户的有（　　　）。

A.盈余公积补亏　　　　　　　　　　B.提取法定（任意）盈余公积

C.应付现金股利或利润　　　　　　　D.未分配利润

10.下列各项中，年度终了需要转入"利润分配——未分配利润"科目的有（　　　）。

A.本年利润　　　　　　　　　　　　B.利润分配——应付现金股利

C.利润分配——盈余公积补亏　　　　D.利润分配——提取法定盈余公积

11.A公司"盈余公积"年初余额是500万元，本年提取法定盈余公积100万元，提取任意盈余公积50万元，用盈余公积转增资本150万元，用盈余公积发放现金股利60万元，假定不考虑其他因素。下列说法正确的有（　　　）。

A.所有者权益减少60万元　　　　　　B.所有者权益总额维持不变

C.实收资本增加150万元　　　　　　D.留存收益减少60万元

12.甲公司2018年年初未分配利润是300万元，本年实现净利润500万元，按照净利润的10%提取法定盈余公积，按照5%提取任意盈余公积，宣告发放现金股利100万元。下列说法正确的有（　　　）。

A.甲公司年末未分配利润是625万元　　B.甲公司年末可供分配的利润是800万元

C.甲公司年末未分配利润是725万元　　D.甲公司年末可供分配的利润是700万元

三、判断题

1.企业年末资产负债表中的未分配利润的金额一定等于"本年利润"科目的年末余额。　　　　　　　　　　　　　　　　　　　　　　　　　　　（　　　）

2.盈余公积是所有者权益的一部分，在必要时应将其全部分配给投资者。　（　　　）

3.用盈余公积转增资本或弥补亏损，均不影响所有者权益总额的变化。　（　　　）

4."本年利润"账户是将收入与费用进行配比的核心账户，它核算企业实现的净利润额。　　　　　　　　　　　　　　　　　　　　　　　　　　　　（　　　）

5."所得税费用"账户是资产账户，期末余额表示企业应交未交的所得税税额。　　　　　　　　　　　　　　　　　　　　　　　　　　　　　　　（　　　）

6."利润分配——未分配利润"账户的年末余额为历年积存的未分配利润。　（　　　）

7. 企业在弥补亏损和提取法定盈余公积前，一般不得分配利润。（　　）

8. 留存收益属于企业的所有者权益，它来源于利润。（　　）

9. 年度终了，企业应该将当年实现的净利润或发生的净亏损，自"本年利润"科目转入"利润分配——未分配利润"科目，之后将所属"利润分配"科目的其他明细科目的余额，转入"未分配利润"明细科目。（　　）

10. 企业用当年实现的净利润弥补以前年度亏损时，会影响所有者权益总额。

（　　）

11. 如果以前年度未分配利润有盈余(即年初未分配利润余额为正数)，在计算提取法定盈余公积的基数时，不应包括企业年初未分配利润；如果以前年度有亏损(即年初未分配利润余额为负数)，应先弥补以前年度亏损再提取盈余公积。（　　）

12. 无论是以税前利润还是以税后利润弥补亏损，在会计上都无须做专门的会计分录，只是两者计算缴纳所得税时的处理不同而已。（　　）

本情境账务处理案例

东新有限责任公司（以下简称东新公司）成立于2014年10月31日，该公司的主营业务是生产并销售电子元器件，同时兼营安装和咨询服务，属于增值税一般纳税人，增值税税率为16%。企业所得税税率为25%。东新公司2018—2019年该公司有关损益及利润分配情况如下：

2018年年末有关账户余额如下（单位：万元）：

主营业务收入（贷方）　5 000

其他业务收入（贷方）　200

营业外收入（贷方）　40

投资收益（贷方）　30

资产处置损益（贷方）　10

公允价值变动损益（借方）　15

主营业务成本（借方）　2 800

其他业务成本（借方）　100

税金及附加（借方）　50

销售费用（借方）　30

管理费用（借方）　120

财务费用（借方）　25

资产减值损失（借方）　60

营业外支出（借方）　70

无纳税暂时性差异。

2019年3月25日，东新公司最终确定利润分配及其他所有者权益变动方案如下：

（1）按税后净利润的10%提取法定盈余公积，按税后净利润的10%提取任意盈余公积。

（2）分配现金利润200万元。

（3）因扩大经营规模需要，经股东大会批准，将盈余公积180万元转增股本。

要求：

（1）将有关账户余额结转至"本年利润"账户。

（2）计算企业的营业利润、利润总额、所得税费用、净利润并结转有关账项。

（3）对税后利润进行分配，并结转"利润分配"账户。

财务报表的编制

开篇案例

蓝田股份自1996年上市以来，以5年间股本扩张了36%的骄人业绩创造了中国股市的神话。然而就在2001年12月，一位叫刘姝威的学者却以一篇600字的短文对蓝田神话直接提出了质疑，从而使自己卷入了一场始料不及的风波中。

这篇600字的短文是刘姝威写给《金融内参》的，它的标题是"应立即停止对蓝田股份发放贷款"。从2001年10月9日起，刘姝威对蓝田股份的财务报告进行了分析，得出的结论是：2000年蓝田股份的流动比率已经下降到0.77，净营运资金已经下降到-1.27亿元。蓝田股份的流动比率小于1，也就是说，它在一年内难以偿还流动债务；而蓝田股份的净营运资金是-1.27亿元，这意味着它在一年中有1.27亿元的短期债务无法偿还，蓝田股份已经失去了创造现金流量的能力了，如果银行继续给它贷款的话，那么蓝田股份的债务负担会越来越重，而且无力偿还这些巨额债务。

两个月之后，因涉嫌提供虚假财务信息，瞿兆玉的继任者、蓝田股份的董事长保田股份等10名公司管理人员被拘传，而此前改任中国蓝田股份总公司总裁的瞿兆玉也接受了有关部门的调查，最终锒铛入狱。2002年，蓝田神话彻底破灭。

资料来源：黄利明，吴峰，段寅燕. 蓝田神话破灭：刘姝威与600字报告 [N]. 经济观察报，2007-11-03.

工作情境描述

1. 主要经济业务及其流程

财务报表是会计核算的最终成果。在日常的会计核算工作中，对经营过程中所发生的各项经济业务，通过设置会计账户、复式记账、填制和审核会计凭证、登记账簿、成本计算、财产清查等会计核算方法，最后通过财务报表反映出来。

财务报表包括资产负债表、利润表、现金流量表、所有者权益变动表及相关附注和财务状况说明书。财务报表所提供的有关企业财务状况和经营成果的信息，可以帮助报表使用者总结和评价企业的财务状况、经营成果和现金流量，预测企业未来的偿债能力、盈利能力和产生现金流量的能力，有助于报表使用者做出正确的经营和投资决策。

业务流程图如图10-1所示。

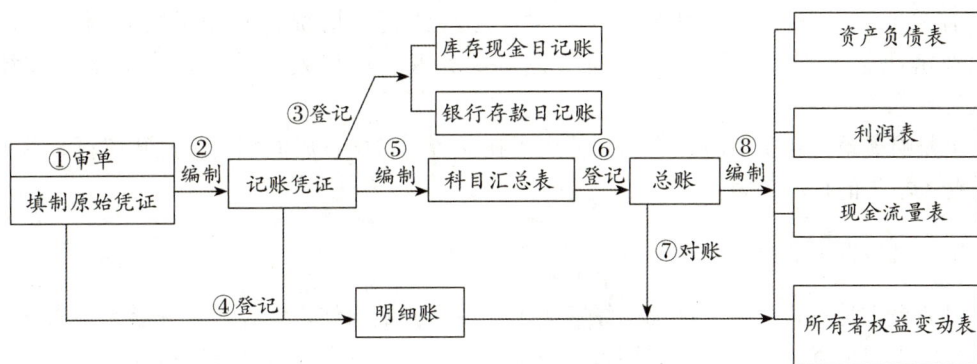

图10-1　业务流程图

2. 业务涉及的主要会计岗位及其职责

报表岗位的职责一般包括：

（1）负责编制资产负债表、利润表、现金流量表等有关财务报表；

（2）编制财务报表并进行分析，写出综合分析报告；

（3）负责管理会计凭证和财务报表；

（4）负责为公司管理决策活动提供有关财务数据和报表。

报表岗位人员要求具有丰富的业务知识和纪律理念，有独立的分析能力。财务会计报告的主体是财务报表，财务报表是会计核算的最终成果。

任务一　财务报告概述

知识目标

1. 理解财务报告的目标；
2. 掌握财务报表的组成和分类。

技能目标

1.了解财务报告的定义及编制目的；

2.能够分辨财务报表的组成和分类。

知识准备

一、财务报告及其目标

财务报告，是指企业对外提供的反映企业某一特定日期财务状况和某一会计期间经营成果、现金流量等会计信息的文件。财务报告包括财务报表和其他应当在财务报告中披露的相关信息及资料。

财务报告的目标是向财务报告使用者提供与企业财务状况、经营成果和现金流量等有关的会计信息，反映企业管理层受托责任履行情况，有助于财务报告使用者做出经济决策。财务报告使用者通常包括投资者、债权人、政府及有关部门和社会公众等。

企业财务报告包括财务报表和其他应当在财务报告中披露的相关信息和资料。财务报表是财务报告的核心内容。

二、财务报表的组成

财务报表是对企业财务状况、经营成果和现金流量的结构性表述。一套完整的财务报表至少应当包括资产负债表、利润表、现金流量表、所有者权益（或股东权益，下同）变动表以及附注。

资产负债表、利润表和现金流量表分别从不同角度反映企业的财务状况、经营成果和现金流量。

所有者权益变动表反映构成所有者权益的各组成部分当期的增减变动情况。企业的净利润及其分配情况是所有者权益变动表的组成部分，相关信息已经在所有者权益变动表及其附注中反映，企业不需要再单独编制利润分配表。

附注是财务报表不可或缺的组成部分，是对在资产负债表、利润表、现金流量表和所有者权益变动表等报表中列示项目的进一步文字描述或明细资料，以及对未能在这些报表中列示项目的说明等。

任务二　资产负债表的编制

知识目标

1.理解资产负债表的意义；

2.掌握资产负债表的结构与内容；

3.掌握资产负债表的编制方法。

技能目标

1.学会资产负债表的编制方法；
2.熟悉资产负债表的编制流程。

知识准备

一、资产负债表概述

资产负债表是指反映企业在某一特定日期财务状况的报表（静态报表）。依据"资产 = 负债 + 所有者权益"平衡式，资产负债表主要反映资产、负债、所有者权益三方面的内容。通过资产负债表，可以反映企业在某一特定日期所拥有或者控制的经济资源、所承担的现时义务和所有者对净资产的要求权，帮助财务报表使用者全面了解企业的财务状况、分析企业的偿债能力等情况，从而为其作出经济决策提供依据。

（一）资产

资产反映由过去的交易或事项形成并由企业在某一特定日期所拥有或控制的，预期会给企业带来经济利益的资源。资产应当按照流动资产和非流动资产两大类别在资产负债表中列示，在流动资产和非流动资产类别下进一步按性质（流动性）分项列示。

流动资产是指预计在一个正常营业周期中变现、出售或耗用，或者主要为交易目的而持有，或者预计自资产负债表日起一年内变现的资产，或者自资产负债表日起一年内交换其他资产或清偿负债的能力不受限制的现金或现金等价物。资产负债表中列示的流动资产项目通常包括货币资金、应收票据及应收账款、预付款项、其他应收款、存货和一年内到期的非流动资产等。

非流动资产是指流动资产以外的资产。资产负债表中列示的非流动资产项目通常包括长期股权投资、固定资产、在建工程、无形资产、开发支出、长期待摊费用及其他非流动资产等。

（二）负债

负债反映在某一特定日期企业所承担的、预期会导致经济利益流出企业的现时义务。负债应按照流动负债和非流动负债在资产负债表中进行列示，在流动负债和非流动负债类别下进一步按性质分项列示。

流动负债是指预计在一个正常营业周期中清偿，或者主要为了交易目的而持有，或者自资产负债表日起一年内（含一年）到期应予以清偿，或者企业无权自主地将清偿推迟至资产负债表日后一年以上的债务。资产负债表中列示的流动负债项目包括短期借款、应付票据及应付账款、预收款项、应付职工薪酬、应交税费、其他应付款、一年内到期的非流动负债等。

非流动负债是指流动负债以外的负债。非流动负债项目通常包括：长期借款、应付债券和其他非流动负债等。

（三）所有者权益

所有者权益是指企业资产扣除负债后的剩余权益，反映企业在某一特定日期股东拥有的净资产的总额，所有者权益包括实收资本（或股本）、其他权益工具、资本公积、其他综合收益、盈余公积和未分配利润。

二、资产负债表的结构

资产负债表一般由表头、表体两部分组成。表头部分应列明报表名称、编制单位名称、资产负债表日、报表编号和计量单位；表体部分是资产负债表的主体，列示了用以说明企业财务状况的各个项目。资产负债表的表体格式一般有两种：报告式资产负债表和账户式资产负债表。报告式资产负债表是上下结构，上半部分列示资产各项目，下半部分列示负债和所有者权益各项目。账户式资产负债表是左右结构，左边是资产各项目，反映全部资产的分布及存在形态；右边列式负债和所有者权益各项目，反映全部负债和所有者权益的内容及构成情况。无论什么格式的资产负债表，都不会影响"资产=负债+所有者权益"这一等式。

我国企业的资产负债表采用账户式结构。账户式资产负债表分左右两方，左方为资产项目，大体按资产的流动性大小排列，流动性大的资产如"货币资金""应收票据及应收账款"等排在前面，流动性小的资产如"长期股权投资""固定资产"等排在后面。右方为负债及所有者权益项目，一般按要求清偿的时间先后顺序排列："短期借款""应付票据""应付账款"等需要在一年以内或者长于一年的一个正常营业周期内偿还的流动负债排在前面，"长期借款"等在一年以上才需偿还的非流动负债排在中间，在企业清算之前不需要偿还的所有者权益项目排在后面。

企业衍生金融工具业务具有重要性的，应当在资产负债表资产项下"以公允价值计量且其变动计入当期损益的金融资产"项目和"应收票据及应收账款"项目之间增设"衍生金融资产"项目，在资产负债表负债项下"以公允价值计量且其变动计入当期损益的金融负债"项目和"应付票据及应付账款"项目之间增设"衍生金融负债"项目，分别反映企业衍生金融工具形成资产和负债的期末余额。

此外，高危行业企业如有按国家规定提取安全生产费的，应当在资产负债表所有者权益项下的"其他综合收益"项目和"盈余公积"项目之间增设"专项储备"项目，反映企业提取的安全生产费期末余额。

资产负债表中的资产项目的合计等于负债和所有者权益各项目的合计，即资产负债表左方和右方平衡。因此，通过账户式资产负债表，可以反映资产、负债、所有者权益之间的内在关系，即"资产=负债+所有者权益"。我国企业资产负债表格式见表10-1。

表10-1　　　　　　　　　　　资产负债表　　　　　　　　　　　会企01表

编制单位：　　　　　　　　　　年　月　日　　　　　　　　　　单位：元

资产	年初余额	期末余额	负债和所有者权益（或股东权益）	年初余额	期末余额
流动资产：			流动负债：		
货币资金			短期借款		
以公允价值计量且其变动计入当期损益的金融资产			以公允价值计量且其变动计入当期损益的金融负债		
应收票据及应收账款			应付票据及应付账款		
预付款项			预收款项		
其他应收款			应付职工薪酬		
存货			应交税费		

资产	年初余额	期末余额	负债和所有者权益（或股东权益）	年初余额	期末余额
持有待售的非流动资产或持有待售的处置组中的资产			其他应付款		
一年内到期的非流动资产			持有待售的处置组中的负债		
其他流动资产			一年内到期的非流动负债		
流动资产合计			其他流动负债		
非流动资产：			流动负债合计		
以摊余成本计量的金融资产			非流动负债：		
以公允价值计量且其变动计入其他综合收益的金融资产			长期借款		
长期应收款			应付债券		
长期股权投资			长期应付款		
投资性房地产			预计负债		
固定资产			递延收益		
在建工程			递延所得税负债		
生产性生物资产			其他非流动负债		
油气资产			非流动负债合计		
无形资产			负债合计		
开发支出			所有者权益（或股东权益）：		
商誉			实收资本（或股本）		
长期待摊费用			其他权益工具		
递延所得税资产			其中：优先股		
其他非流动资产			永续债		
非流动资产合计			资本公积		
			减：库存股		
			其他综合收益		
			盈余公积		
			未分配利润		
			所有者权益（或股东权益）合计		
资产总计			负债和所有者权益（或股东权益）总计		

单位负责人：　　　　　财会负责人：　　　　　复核：　　　　　制表：

三、资产负债表的编制

（一）资产负债表项目的填列方法（适用于尚未执行新金融准则和新收入准则的企业）

资产负债表的各项目均需填列"年初余额"和"期末余额"两栏。

资产负债表"年初余额"栏内各项数字，应根据上年年末资产负债表的"期末余额"栏内所列数字填列。如果上年度资产负债表规定的各个项目的名称和内容与本年度不一致，应对上年年末资产负债表各项目的名称和数字按照本年度的规定进行调整，填入本表"年初余额"栏内。

资产负债表的"期末余额"栏内各项数字，其填列方法如下：

1.根据总账科目的余额填列

资产负债表中的有些项目，可直接根据有关总账科目的余额填列，如"短期借款"等项目；有些项目，则需根据几个总账科目的余额计算填列，如"货币资金"项目，需根据"库存现金"、"银行存款"和"其他货币资金"三个总账科目余额合计填列。

2.根据有关明细科目的余额计算填列

资产负债表中的有些项目，需要根据明细科目余额填列，如"应付票据及应付账款"项目，需要分别根据"应付票据"、"应付账款"和"预付账款"科目所属明细科目的期末贷方余额计算填列。

3.根据总账科目和明细科目的余额分析计算填列

资产负债表中的有些项目，需要依据总账科目和明细科目两者的余额分析填列，如"长期借款"项目，应根据"长期借款"总账科目余额扣除"长期借款"科目所属的明细科目中将在资产负债表日起一年内到期且企业不能自主地将清偿义务展期的长期借款后的金额填列。

4.根据有关科目余额减去其备抵科目余额后的净额填列

如资产负债表中的"应收票据及应收账款""长期股权投资"等项目，应根据"应收票据""应收账款""长期股权投资"等科目的期末余额减去"坏账准备""长期股权投资减值准备"等科目余额后的净额填列；"固定资产"项目，应根据"固定资产"科目期末余额减去"累计折旧""固定资产减值准备"科目余额后的净额填列；"无形资产"项目，应根据"无形资产"科目期末余额减去"累计摊销""无形资产减值准备"科目余额后的净额填列。

5.综合运用上述填列方法分析填列

如资产负债表中的"存货"项目，需根据"原材料"、"库存商品"、"委托加工物资"、"周转材料"、"材料采购"、"在途物资"、"发出商品"及"材料成本差异"等总账科目期末余额的分析汇总数，再减去"存货跌价准备"等科目余额后的金额填列。

（二）资产负债表项目的填列说明

资产负债表中资产、负债和所有者权益主要项目的填列说明如下：

1.资产项目的填列说明

（1）"货币资金"项目，反映企业库存现金、银行结算户存款、外埠存款、银行汇票存款、银行本票存款、信用卡存款、信用证保证金存款等的合计数。本项目应根据"库存现金"、"银行存款"及"其他货币资金"科目期末余额的合计数填列。

（2）"以公允价值计量且其变动计入当期损益的金融资产"项目，反映企业持有的以公允价值计量且其变动计入当期损益的为交易目的所持有的债券投资、股票投资、基金投资、权证投资等金融资产。本项目应当根据"交易性金融资产"科目和在期初确认时指定为以公允价值计量且其变动计入当期损益的金融资产科目的期末余额填列。

（3）"应收票据及应收账款"项目，反映资产负债表日以摊余成本计量、企业因销售商品、提供劳务等经营活动应收取的款项以及收到的商业汇票，包括银行承兑汇票和商业承兑汇票。该项目应根据"应收票据"和"应收账款"科目的期末余额，减去"坏账准备"科目中相关坏账准备期末余额后的金额填列。

（4）"预付款项"项目，反映企业按照购货合同规定预付给供应单位的款项等。本项目应根据"预付账款"和"应付账款"科目所属各明细科目的期末借方余额合计数，减去"坏账准备"科目中有关预付款项计提的坏账准备期末余额后的净额填列。如"预付账款"

科目所属各明细科目期末有贷方余额的，应在资产负债表"应付票据及应付账款"项目内填列。

（5）"其他应收款"项目，反映企业应收取的债券投资等的利息、应收取的现金股利和应收取其他单位分配的利润以及除应收票据、应收账款、预付款项、应收股利、应收利息等经营活动以外的其他各种应收、暂付的款项。本项目应根据"应收利息""应收股利""其他应收款"科目的期末余额，减去"坏账准备"科目中有关应收利息计提的坏账准备期末余额后的净额填列。

（6）"存货"项目，反映企业期末在库、在途和在加工中的各种存货的可变现净值或成本（成本与可变现净值孰低）。存货包括各种材料、商品、在产品、半成品、包装物、低值易耗品、委托代销商品等。本项目应根据"材料采购"、"原材料"、"低值易耗品"、"库存商品"、"周转材料"、"委托加工物资"、"委托代销商品"和"生产成本"等科目的期末余额合计，减去"受托代销商品款""存货跌价准备"科目期末余额后的净额填列。材料采用计划成本核算，以及库存商品采用计划成本核算或售价核算的企业，还应按加或减材料成本差异、商品进销差价后的金额填列。

（7）"持有待售的非流动资产或持有待售的处置组中的资产"项目，反映企业主要通过出售（包括具有商业实质的非货币性资产交换）而非持续使用收回其账面价值的一项非流动资产或处置组。企业应当在资产负债表中区别于其他资产单独列示持有待售的非流动资产或持有待售的处置组中的资产。本项目应根据有关科目的期末余额分析填列。

（8）"一年内到期的非流动资产"项目，反映企业将于一年内到期的非流动资产项目金额。本项目应根据有关科目的期末余额分析填列。

（9）"以摊余成本计量的金融资产"项目，反映企业持有的以摊余成本计量的金融资产。本项目应根据有关科目的期末余额分析填列。

（10）"以公允价值计量且其变动计入其他综合收益的金融资产"项目，反映企业持有的以公允价值计量且其变动计入其他综合收益的金融资产。本项目应根据有关科目的期末余额分析填列。

（11）"长期应收款"项目，反映企业融资租赁产生的应收款项和采用递延方式分期收款、实质上具有融资性质的销售商品和提供劳务等经营活动产生的应收款项。本项目应根据"长期应收款"科目的期末余额，减去相应的"未实现融资收益"科目和"坏账准备"科目所属相关明细科目期末余额后的金额填列。

（12）"长期股权投资"项目，反映企业持有的对子公司、联营企业和合营企业的长期股权投资。本项目应根据"长期股权投资"科目的期末余额，减去"长期股权投资减值准备"科目期末余额后的净额填列。

（13）"投资性房地产"项目，反映为赚取租金或资本增值或者两者兼有而持有的房地产，主要包括已经出租的土地使用权、持有并准备增值后转让的土地使用权和已经出租的建筑物。本项目应根据"投资性房地产"科目的期末余额，减去"投资性房地产累计折旧（摊销）"和"投资性房地产减值准备"科目期末余额后的净额填列。

（14）"固定资产"项目，反映资产负债表日企业固定资产的期末账面价值和企业尚未清理完毕的固定资产清理净损益。该项目应根据"固定资产"科目的期末余额，减去"累计折旧"和"固定资产减值准备"科目的期末余额后的金额以及"固定资产清理"科目的期末余额填列。

（15）"在建工程"项目，反映企业期末各项未完工程的实际支出，包括交付安装的设备价值、未完建筑安装工程已经耗用的材料、工资和费用支出、预付出包工程的价款、已经建筑安装完毕但尚未交付使用的工程等的账面余额以及企业尚未使用的各项工程物资的实际成本。本项目应根据"在建工程""工程物资"科目的期末余额，减去"在建工程减值准备"以及"工程物资减值准备"科目期末余额后的净额填列。

（16）"无形资产"项目，反映企业持有的无形资产，包括专利权、非专利技术、商标权、著作权、土地使用权等。本项目应根据"无形资产"的期末余额，减去"累计摊销"和"无形资产减值准备"科目期末余额后的金额填列。

（17）"开发支出"项目，反映企业开发无形资产过程中能够资本化形成无形资产成本的支出部分。本项目应当根据"研发支出"科目中所属的"资本化支出"明细科目期末余额填列。

（18）"长期待摊费用"项目，反映企业已经发生但应由本期和以后各期负担的分摊期限在一年以上的各项费用。长期待摊费用中在一年内（含一年）摊销的部分，在资产负债表"一年内到期的非流动资产"项目填列。本项目应根据"长期待摊费用"科目的期末余额减去将于一年内（含一年）摊销的数额后的金额分析填列。

（19）"递延所得税资产"项目，反映企业根据所得税准则确认的可抵扣暂时性差异产生的所得税资产，本项目应根据"递延所得税资产"科目的期末余额填列。

（20）"其他非流动资产"项目，反映企业除长期股权投资、固定资产、在建工程、无形资产等以外的其他非流动资产。本项目应根据有关科目的期末余额填列。

2.负债项目的填列说明

（1）"短期借款"项目，反映企业向银行或其他金融机构等借入的期限在一年以下（含一年）的各种借款。本项目应根据"短期借款"科目的期末余额填列。

（2）"以公允价值计量且其变动计入当期损益的金融负债"项目，反映企业持有的以公允价值计量且其变动计入当期损益的金融负债。本项目应根据"交易性金融负债"科目和在初始确认时指定为以公允价值计量且其变动计入当期损益的金融负债科目的期末余额填列。

（3）"应付票据及应付账款"项目，反映企业购买材料、商品和接受劳务供应等而开出、承兑的商业汇票，包括银行承兑汇票和商业承兑汇票以及企业因购买材料、商品和接受劳务供应等经营活动应支付的款项。本项目应根据"应付票据""应付账款"和"预付账款"科目所属各明细科目的期末贷方余额合计数填列。如"应付账款"科目所属明细科目期末有借方余额的，应在资产负债表"预付款项"项目内填列。

（4）"预收款项"项目，反映企业按照销货合同规定预收供应单位的款项。本项目应根据"预收账款"和"应收账款"科目所属各明细科目的期末贷方余额合计数填列。如"预收账款"科目所属各明细科目期末有借方余额，应在资产负债表"应收票据及应收账款"项目内填列。

（5）"应付职工薪酬"项目，反映企业根据有关规定应付给职工的工资、职工福利、社会保险费、住房公积金、工会经费、职工教育经费、非货币性福利、辞退福利等各种薪酬。外商投资企业按规定从净利润中提取的职工奖励及福利基金，也在本项目列示。

（6）"应交税费"项目，反映企业按照税法规定计算应缴纳的各种税费，包括增值税、消费税、企业所得税、资源税、土地增值税、城市维护建设税、房产税、城镇土地使用税、车船税、教育费附加等。企业代扣代缴的个人所得税，也通过本项目列示。企业所缴纳的税金不需要预计应交数的，如印花税、耕地占用税等，不在本项目列示。本项目应根据"应交税费"科目的期末贷方余额填列；如"应交税费"科目期末为借方余额，应以"－"号填列。

（7）"其他应付款"项目，反映企业按照规定应当支付的利息，包括分期付息到期还本的长期借款应支付的利息、企业发行的债券应支付的利息等以及企业应付的现金股利或利润和企业除应付票据、应付账款、预收款项、应付职工薪酬、应付股利、应付利息、应交税费等经营活动以外的其他各项应付、暂收的款项。本项目应根据"应付利息""应付股利""其他应付款"科目的期末余额填列。企业分配的股票股利不通过本项目列示。

（8）"一年内到期的非流动负债"项目，反映企业非流动负债中将于资产负债表日后一年内到期部分的金额，如将于一年内偿还的长期借款。本项目应根据有关科目的期末余额分析填列。

（9）"长期借款"项目，反映企业向银行或其他金融机构借入的期限在一年以上（不含一年）的各项借款。本项目应根据"长期借款"科目的期末余额减去其明细科目中将于一年内到期的数额后填列。

（10）"应付债券"项目，反映企业为筹集长期资金而发行的债券本金（和利息）。本项目应根据"应付债券"科目的期末余额填列。

（11）"长期应付款"项目，反映除了长期借款和应付债券以外的其他各项长期应付款，主要有应付补偿贸易引进设备款、采用分期付款方式购入固定资产和无形资产发生的应付账款、应付融资租入固定资产租赁费等以及企业接受国家作为企业所有者拨入的具有专门用途的款项所形成的不需要以资产或者增加其他负债偿还的负债，是企业接受国家拨入的具有专门用途的拨款。该项目应根据"长期应付款""专项应付款"科目的余额，减去"未确认融资费用"科目的期末余额，再减去所属相关明细科目中将于一年内到期的部分后进行填列。

（12）"预计负债"项目，反映企业根据或有事项等相关准则确认的各项预计负债，包括对外提供担保、未决诉讼、产品质量保证、重组义务以及固定资产和矿区权益弃置义务等产生的预计负债。本项目应根据"预计负债"科目的期末余额填列。

（13）"递延收益"项目，反映尚待确认的收入或者收益。本项目核算包括企业根据政府补助准则确认的应在以后期间计入当期损益的政府补助金额、售后租回形成融资租赁的售价与资产账面价值差额等其他递延性收入。本项目应根据"递延收益"科目的期末余额填列。

（14）"递延所得税负债"项目，反映企业根据所得税准则确认的应纳税暂时性差异产生的所得税负债。本项目应根据"递延所得税负债"科目的期末余额填列。

（15）"其他非流动负债"项目，反映企业除长期借款、应付债券等项目以外的其他非流动负债。本项目应根据有关科目的期末余额填列。其他非流动负债项目应根据有关科目期末余额减去将于一年内（含一年）到期偿还数后的余额分析填列。非流动负债各项目中将于一年内（含一年）到期的非流动负债，应在"一年内到期的非流动负债"项目内反映。

3.所有者权益项目的填列说明

（1）"实收资本（或股本）"项目，反映企业各投资者实际投入的资本（或股本）总额。本项目应根据"实收资本"（或"股本"）科目的期末余额填列。

（2）"其他权益工具"项目，反映企业发行的除普通股以外的归类为权益工具的优先股、永续绩的价值。本项目应根据"其他权益工具"科目的期末余额填列。"其他权益工具"项目下设的"优先股"和"永续债"两个项目，分别反映企业发行的分类为权益工具的优先股和永续债的账面价值。

（3）"资本公积"项目，反映企业资本公积的期末余额。本项目应根据"资本公积"科目的期末余额填列。

（4）"其他综合收益"项目，反映企业其他综合收益的期末余额。本项目应根据"其他综合收益"科目的期末余额填列。

（5）"盈余公积"项目，反映企业盈余公积的期末余额。本项目应根据"盈余公积"科目的期末余额填列。

（6）"未分配利润"项目，反映企业尚未分配的利润。本项目应根据"本年利润"科目和"利润分配"科目的余额计算填列。未弥补的亏损在本项目内以"–"号填列。

【例 10-1】滨海公司 2018 年 12 月 31 日部分账户余额表见表 10-2。

表 10-2　　　　　　　　　　2018 年 12 月 31 日部分账户余额表

编制单位：滨海公司　　　　　　　　　　　　　　　　　　　　　　　　　　　单位：元

总分类账户	明细分类账户	借或贷	余额
原材料		借	320 000
在途物资		借	60 000
生产成本		借	100 000
库存商品		借	280 000
应收账款	总账	借	186 000
	天华公司	借	210 000
	诚信公司	贷	24 000
应付账款	总账	贷	210 000
	联华公司	贷	230 000
	海达公司	借	20 000
预收账款	总账	贷	80 000
	百通公司	贷	100 000
	华盛公司	借	20 000
预付账款	总账	借	49 000
	昌联公司	借	67 000
	天翼公司	贷	18 000
固定资产		借	500 000
累计折旧		贷	160 000
应交税费		借	2 400
本年利润		贷	270 000
利润分配		借	108 000

滨海公司资产负债表中"存货""应收票据及应收账款""预付款项""应付票据及应付账款""预收款项""固定资产""应交税费""未分配利润"等项目的金额如下：

（1）"存货"项目＝"原材料"＋"在途物资"＋"生产成本"＋"库存商品"－"存货跌价准备"＝320 000＋60 000＋100 000＋280 000＝760 000（元）

（2）"应收票据及应收账款"项目＝"应收账款"所属明细账户借方余额＋"预收账款"所属明细科目借方余额－坏账准备＝210 000＋20 000＝230 000（元）

（3）"预付款项"项目＝"预付账款"所属明细科目借方余额＋"应付账款"所属明细科目借方余额－坏账准备＝67 000＋20 000＝87 000（元）

（4）"应付票据及应付账款"项目="应付账款"所属明细科目贷方余额+"预付账款"所属明细科目贷方余额=230 000+18 000=248 000（元）

（5）"预收款项"项目="预收账款"所属明细科目贷方余额+"应收账款"所属明细科目贷方余额=100 000+24 000=124 000（元）

（6）"固定资产"项目=科目余额-备抵项目=500 000-160 000=340 000（元）

（7）"应交税费"项目=总账账户余额=-2 400元

（8）"未分配利润"项目="本年利润"-"利润分配"=270 000-108 000=162 000（元）

任务三　利润表的编制

知识目标

1.理解利润表的作用；
2.掌握利润表的结构和内容；
3.掌握利润表的编制方法。

技能目标

1.熟悉利润表的结构和内容；
2.能够正确编制利润表。

知识准备

一、利润表概述

利润表是反映企业在一定会计期间的经营成果的报表。

通过利润表，可以反映企业在一定会计期间收入、费用、利润（或亏损）、其他综合收益的数额、构成情况，帮助财务报表使用者全面了解企业的经营成果，分析企业的获利能力及盈利增长趋势，从而为其做出经济决策提供依据。

二、利润表的结构

利润表由表首、正表两部分组成。其中，表首的内容有报表名称、编制单位、编报时期、报表编号、货币名称和计量单位；正表是利润表的主体，反映形成经营成果的各个项目和计算过程。正表的内容主要包括两部分：一是企业在生产经营过程中获得的各种收入；二是与收入相配比的投入及各项费用。两部分相配比，反映利润的计算过程与结果。

正表的格式一般有两种：单步式和多步式。

（1）单步式利润表的格式在排列上完全按照"收入-费用=利润"这一会计等式及顺序，用本期所有收入合计数减去本期所有费用成本合计数，计算出当期净利润或净亏损。单步式利润表结构比较简单，但不便于分析利润的形成过程及各项目的配比关系。因此，我国企业会计准则规定利润表采用多步式格式。

（2）多步式利润表通过对当期收入、费用、支出项目按性质加以归类，按利润形成的主要环节列示一些中间性利润指标，如营业利润、利润总额、净利润，分步计算当期净损益。

利润表的结构和内容见表10-3。

表10-3   利 润 表   会企02表

编制单位：   年   月   单位：元

项 目	本期金额	上期金额
一、营业收入		
减：营业成本		
税金及附加		
销售费用		
管理费用		
研发费用		
财务费用		
其中：利息费用		
利息收入		
资产减值损失		
加：其他收益		
投资收益（损失以"-"号填列）		
其中：对联营企业和合营企业的投资收益		
公允价值变动收益（损失以"-"号填列）		
资产处置收益（损失以"-"号填列）		
二、营业利润（亏损以"-"号填列）		
加：营业外收入		
减：营业外支出		
三、利润总额（亏损总额以"-"号填列）		
减：所得税费用		
四、净利润（净亏损以"-"号填列）		
（一）持续经营净利润（净亏损以"-"号填列）		
（二）终止经营净利润（净亏损以"-"号填列）		
五、其他综合收益的税后净额		
（一）以后不能重分类进损益的其他综合收益		
1.重新计量设定受益计划净负债或净资产的变动		
2.权益法下在被投资单位不能重分类进损益的其他综合收益中享有的份额		
……		
（二）以后将重分类进损益的其他综合收益		
1.权益法下在被投资单位以后将重分类进损益的其他综合收益中享有的份额		
2.以公允价值计量且其变动计入其他综合收益的金融资产的公允价值变动		
3.以摊余成本计量的金融资产重分类为以公允价值计量且其变动计入其他综合收益的金融资产形成的利得		
4.现金流量套期工具产生的利得或损失中属于有效套期的部分		
5.外币财务报表折算差额		
6.将作为存货的房地产转换为投资性房地产产生的公允价值大于账面价值的部分		
……		
六、综合收益总额		
七、每股收益		
（一）基本每股收益		
（二）稀释每股收益		

三、利润表的编制

（一）利润表项目的填列方法（适用于尚未执行新金融准则和新收入准则的企业）

我国企业利润表的主要编制步骤和内容如下：

第一步，以营业收入为基础，减去营业成本、税金及附加、销售费用、管理费用、财务费用、资产减值损失，加上其他收益、投资收益（减去投资损失）、公允价值变动收益（减去公允价值变动损失）和资产处置收益（减去资产处置损失），计算出营业利润。

第二步，以营业利润为基础，加上营业外收入，减去营业外支出，计算出利润总额。

第三步，以利润总额为基础，减去所得税费用，计算出净利润（或净亏损）。

第四步，以净利润（或亏损）为基础，计算每股收益。

第五步，以净利润（或亏损）和其他综合收益为基础，计算综合收益总额。

利润表各项目均需填列"本期金额"和"上期金额"两栏。其中"上期金额"栏内各项数字，应根据上年该期利润表的"本期金额"栏内所列数字填列。"本期金额"栏内各项数字，除"基本每股收益"和"稀释每股收益"项目外，应当按照相关科目的发生额分析填列。

（二）利润表项目的填列说明

（1）"营业收入"项目，反映企业经营主要业务和其他业务所确认的收入总额。本项目应根据"主营业务收入"和"其他业务收入"科目的发生额分析填列。

（2）"营业成本"项目，反映企业经营主要业务和其他业务所发生的成本总额。本项目应根据"主营业务成本"和"其他业务成本"科目的发生额分析填列。

（3）"税金及附加"项目，反映企业经营业务应负担的消费税、城市维护建设税、资源税、土地增值税和教育费附加等。本项目应根据"税金及附加"科目的发生额分析填列。

（4）"销售费用"项目，反映企业在销售商品过程中发生的包装费、广告费等费用和为销售本企业商品而专设的销售机构的职工薪酬、业务费等经营费用。本项目应根据"销售费用"科目的发生额分析填列。

（5）"管理费用"项目，反映企业为组织和管理生产经营发生的管理费用。本项目应根据"管理费用"科目的发生额分析填列。

（6）"研发费用"项目，反映企业进行研究与开发过程中发生的费用化支出。该项目应根据"管理费用"科目下的"研发费用"明细科目的发生额分析填列。

（7）"财务费用"项目，反映企业筹集生产经营所需资金等而发生的筹资费用。本项目应根据"财务费用"科目的发生额分析填列。

"其中：利息费用"项目，反映企业为筹集生产经营所需资金等而发生的应予费用化的利息支出。该项目应根据"财务费用"科目的相关明细科目的发生额分析填列。

"利息收入"行项目，反映企业确认的利息收入。该项目应根据"财务费用"科目的相关明细科目的发生额分析填列。

（8）"资产减值损失"项目，反映企业各项资产发生的减值损失。本项目应根据"资产减值损失"科目的发生额分析填列。

（9）"公允价值变动收益"项目，反映企业应当计入当期损益的资产或负债公允价值变动收益。本项目应根据"公允价值变动损益"科目的发生额分析填列。如为净损失，本项目以"−"号填列。

（10）"其他收益"项目，反映收到的与企业日常活动相关的计入当期收益的政府补助。本项目应根据"其他收益"科目的发生额分析填列。

（11）"投资收益"项目，反映企业以各种方式对外投资所取得的收益。本项目应根据"投资收益"科目的发生额分析填列。如为投资损失，本项目用"−"号填列。

（12）"资产处置收益"项目，反映企业出售划分为持有待售的非流动资产（金融工具、长期股权投资和投资性房地产除外）或处置组时确认的处置利得或损失，以及处置未划分为持有待售的固定资产、在建工程、生产性生物资产及无形资产而产生的处置利得或损失。

（13）"营业利润"项目，反映企业实现的营业利润。如为亏损，本项目以"−"号填列。

（14）"营业外收入"项目，反映企业发生的与经营业务无直接关系的各项收入。本项目应根据"营业外收入"科目的发生额分析填列。

（15）"营业外支出"项目，反映企业发生的与经营业务无直接关系的各项支出。本项目应根据"营业外支出"科目的发生额分析填列。

（16）"利润总额"项目，反映企业实现的利润。如为亏损，本项目以"−"号填列。

（17）"所得税费用"项目，反映企业应从当期利润总额中扣除的所得税费用。本项目应根据"所得税费用"科目的发生额分析填列。

（18）"净利润"项目，反映企业实现的净利润。如为亏损，本项目以"−"号填列。

（19）"其他综合收益的税后净额"项目，反映企业根据会计准则规定未在损益中确认的各项利得和损失扣除所得税影响后的净额。

（20）"综合收益总额"项目，反映企业净利润与其他综合收益（税后净额）的合计金额。

（21）"每股收益"项目，包括基本每股收益和稀释每股收益两项指标，反映普通股或潜在普通股已公开交易的企业，以及正在公开发行普通股或潜在普通股过程中的企业的每股收益信息。

【例10-2】根据滨海公司2018年1—12月份损益类账户累计发生额（见表10-4），计算滨海公司2018年的营业利润、利润总额和净利润。

表10-4 账户累计发生额 单位：元

账户名称	1—12月累计发生额
主营业务收入	2 250 000
主营业务成本	1 560 000
税金及附加	152 000
销售费用	160 000
其他业务收入	82 000
其他业务成本	71 000
管理费用	120 000
财务费用	−5 800
投资收益	180 000
营业外收入	48 300
营业外支出	27 600
所得税费用	118 875

滨海公司2018年的营业利润、利润总额和净利润计算如下：

（1）$\frac{营业}{利润}=\frac{主营业务}{收入}+\frac{其他业务}{收入}-\frac{主营业务}{成本}-\frac{其他业务}{成本}-\frac{税金及}{附加}-\frac{销售}{费用}-\frac{管理}{费用}-\frac{财务}{费用}+\frac{投资}{收益}$

$=2\,250\,000+82\,000-1\,560\,000-71\,000-152\,000-160\,000-120\,000-（-5\,800）$

$+180\,000$

$=454\,800$（元）

（2）利润总额=营业利润+营业外收入-营业外支出=454 800+48 300-27 600

=475 500（元）

（3）净利润=利润总额-所得税费用=475 500-118 875=356 625（元）

任务四　现金流量表的编制

知识目标

1.理解现金流量的分类；

2.熟悉现金流量表的结构；

3.了解现金流量表的编制方法。

技能目标

1.了解现金流量表的作用；

2.能够看懂现金流量表。

知识准备

一、现金流量表概述

现金流量表是反映企业在一定会计期间现金和现金等价物流入和流出情况的报表。

通过现金流量表，可以为报表使用者提供企业一定会计期间内现金和现金等价物流入和流出的信息，便于使用者了解和评价企业获取现金和现金等价物的能力，据以预测企业的未来现金流量。

现金流量是一定会计期间内企业现金和现金等价物的流入和流出。企业从银行提取现金、用现金购买短期到期的国库券等现金和现金等价物之间的转换不属于现金流量。

现金是企业库存现金以及可以随时用于支付的存款，包括库存现金、银行存款和其他货币资金（如外埠存款、银行汇票存款、银行本票存款）等。不能随时用于支付的存款不属于现金。

现金等价物是企业持有的期限短、流动性强、易于转换为已知金额现金、价值变动风险很小的投资。期限短一般是指从购买日起三个月内到期。现金等价物通常包括三个月内到期的债券投资等。权益性投资变现的金额通常不确定，因而不属于现金等价物。企业应当根据具体情况，确定现金等价物的范围，一经确定不得随意变更。

企业产生的现金流量分为三类：

（一）经营活动产生的现金流量

经营活动是企业投资活动和筹资活动以外的所有交易和事项。经营活动主要包括销售商品或提供劳务、购买商品、接受劳务、支付工资和缴纳税款等流入和流出现金及现金等价物的活动或事项。

（二）投资活动产生的现金流量

投资活动是企业长期资产的购建和不包括在现金等价物内的投资及其处置活动。投资活动主要包括购建固定资产、处置子公司及其他营业单位等流入和流出现金及现金等价物的活动或事项。

（三）筹资活动产生的现金流量

筹资活动是导致企业资本及债务规模和构成发生变化的活动。筹资活动主要包括吸收投资、发行股票、分配利润、发行债券、偿还债务等流入和流出现金及现金等价物的活动或事项。偿付应付账款、应付票据等商业应付款属于经营活动，不属于筹资活动。

二、现金流量表的结构

我国企业现金流量表采用报告式结构，分类反映经营活动产生的现金流量、投资活动产生的现金流量和筹资活动产生的现金流量，最后汇总反映企业某一期间现金及现金等价物的净增加额。现金流量表结构见表10-5。

表 10-5　　　　　　　　　　　　　现金流量表　　　　　　　　　　　　会企03表

编制单位：　　　　　　　　　　　　　年度　　　　　　　　　　　　　　单位：元

项　　目	本期金额	上期金额
一、经营活动产生的现金流量		
销售商品、提供劳务收到的现金		
收到的税费返还		
收到其他与经营活动有关的现金		
经营活动现金流入小计		
购买商品、接受劳务支付的现金		
支付给职工以及为职工支付的现金		
支付的各项税费		
支付其他与经营活动有关的现金		
经营活动现金流出小计		
经营活动产生的现金流量净额		
二、投资活动产生的现金流量		
收回投资收到的现金		
取得投资收益收到的现金		
处置固定资产、无形资产和其他长期资产收回的现金净额		
处置子公司及其他营业单位收到的现金净额		
收到其他与投资活动有关的现金		
投资活动现金流入小计		
购建固定资产、无形资产和其他长期资产支付的现金		
投资支付的现金		
取得子公司及其他营业单位支付的现金净额		
支付其他与投资活动有关的现金		
投资活动现金流出小计		
投资活动产生的现金流量净额		

项　　目	本期金额	上期金额
三、筹资活动产生的现金流量		
吸收投资收到的现金		
取得借款收到的现金		
收到其他与筹资活动有关的现金		
筹资活动现金流入小计		
偿还债务支付的现金		
分配股利、利润或偿付利息支付的现金		
支付其他与筹资活动有关的现金		
筹资活动现金流出小计		
筹资活动产生的现金流量净额		
四、汇率变动对现金及现金等价物的影响		
五、现金及现金等价物净增加额		
加：期初现金及现金等价物余额		
六、期末现金及现金等价物余额		
补充资料		
1.将净利润调节为经营活动的现金流量：		
净利润		
加：资产减值准备		
固定资产折旧、油气资产折耗、生产性生物资产折旧		
无形资产摊销		
长期待摊费用摊销		
处置固定资产、无形资产和其他长期资产的损失（收益以"－"号填列）		
固定资产报废损失（收益以"－"号填列）		
公允价值变动损失（收益以"－"号填列）		
财务费用（收益以"－"号填列）		
投资损失（收益以"－"号填列）		
递延所得税资产减少（增加以"－"号填列）		
递延所得税负债增加（减少以"－"号填列）		
存货的减少（增加以"－"号填列）		
经营性应收项目的减少（增加以"－"号填列）		
经营性应付项目的增加（减少以"－"号填列）		
其他		
经营活动产生的现金流量净额		
2.不涉及现金收支的重大投资和筹资活动：		
债务转为资本		
一年内到期的可转换公司债券		
融资租入固定资产		
3.现金及现金等价物净变动情况：		
现金的期末余额		
减：现金的期初余额		
加：现金等价物的期末余额		
减：现金等价物的期初余额		
现金及现金等价物净增加额		

三、现金流量表的编制

（一）现金流量表的填制方法（适用于尚未执行新金融准则和新收入准则的企业）

编制现金流量表时，列示经营活动现金流量的方法有两种：一是直接法；二是间接法。这两种方法通常也称为编制现金流量表的直接法和间接法。直接法和间接法各有特点。

在直接法下，一般是以利润表的营业收入为起算点，调节与经营活动有关项目的增减变动，然后计算出经营活动产生的现金流量。在间接法下，则是以净利润为起算点，调整不涉及现金的收入、费用、营业外收支等项目，剔除投资活动、筹资活动对现金流量的影响，据此计算出经营活动产生的现金流量。相对而言，采用直接法编制的现金流量表，便于分析企业经营活动产生的现金流量的来源，预测企业现金流量的未来前景；而采用间接法不易做到这一点。

我国企业会计准则规定，企业应当采用直接法列示经营活动产生的现金流量。采用直接法具体编制现金流量表时，可以采用工作底稿法或T形账户法，也可以根据有关科目记录分析填列。

工作底稿法是以工作底稿为手段，以利润表和资产负债表数据为基础，结合有关科目的记录，对现金流量表的每一项目进行分析并编制调整分录，从而编制现金流量表的一种方法。工作底稿法的步骤包括：第一步，将资产负债表项目的年初数和期末数过入工作底稿中与之对应项目的期初数栏和期末数栏。第二步，对当期业务进行分析并编制调整分录。编制调整分录时，要以利润表项目为基础，从"营业收入"开始，结合资产负债表项目逐一进行分析。在调整分录中，有关现金和现金等价物的事项，并不直接借记或贷记"库存现金"，而是分别计入"经营活动产生的现金流量""投资活动产生的现金流量""筹资活动产生的现金流量"有关项目，借记表示现金流入，贷记表示现金流出。第三步，将调整分录过入工作底稿中的相应部分。第四步，核对调整分录，借方、贷方合计数均已经相等，资产负债表项目期初数加减调整分录中的借贷金额以后，也等于期末数。第五步，根据工作底稿中的现金流量表项目部分编制正式的现金流量表。

现金流量表各项目均需填列"本期金额"和"上期金额"两栏。现金流量表"上期金额"栏内各项数字，应根据上一期间现金流量表"本期金额"栏内所列数字填列。

（二）现金流量表主要项目说明

1.经营活动产生的现金流量

（1）"销售商品、提供劳务收到的现金"项目，反映企业本期销售商品、提供劳务实际收到的现金，以及前期销售商品、提供劳务本期收到的现金（包括应向购买者收取的增值税销项税额）和本期预收的款项，减去本期销售本期退回的商品和前期销售本期退回的商品支付的现金。企业销售材料和代购代销业务收到的现金，也在本项目反映。

（2）"收到的税费返还"项目，反映企业收到返还的各种税费，如收到的增值税、所得税、消费税、关税和教育费附加等各种税费的返还款。

（3）"收到其他与经营活动有关的现金"项目，反映企业经营租赁收到的租金等其他与经营活动有关的现金流入，金额较大的应当单独列示。

（4）"购买商品、接受劳务支付的现金"项目，反映企业购买商品、接受劳务实际支付的现金（包括增值税进项税额），以及本期支付前期购买商品、接受劳务的未付款项和本期预付款项，减去本期发生的购货退回收到的现金。企业购买材料和代购代销业务支付的现金也在本项目反映。

（5）"支付给职工以及为职工支付的现金"项目，反映企业实际支付给职工的现金以及为职工支付的现金，包括企业为获得职工提供的服务，本期实际给予职工的各种形式的报酬以及其他相关支出（包括代扣代缴的职工个人所得税），如支付给职工的工资、奖金、各种津贴和补贴等，以及为职工支付的其他费用。

（6）"支付的各项税费"项目，反映企业按规定支付的各项税费，包括本期发生并支付的税费，以及本期支付以前各期发生的税费和预交的税费，如支付的所得税、增值税、消费税、印花税、房产税、土地增值税、车船税、教育费附加等。

（7）"支付其他与经营活动有关的现金"项目，反映企业除上述各项目外，支付的其他与经营活动有关的现金，如罚款支出、支付的差旅费、业务招待费、保险费、经营租赁支付的租金等。其他与经营活动有关的现金，如果金额较大的，应单列项目反映。

2.投资活动产生的现金流量

（1）"收回投资收到的现金"项目，反映企业出售、转让或到期收回除现金等价物以外的短期投资、长期股权投资而收到的现金，但处置子公司及其他营业单位收到的现金净额除外。

（2）"取得投资收益收到的现金"项目，反映企业除现金等价物以外的对其他企业的长期股权投资等分回的现金股利和利息等。

（3）"处置固定资产、无形资产和其他长期资产收回的现金净额"项目，反映企业出售、报废固定资产、无形资产和其他长期资产所取得的现金（包括因资产毁损而收到的保险赔偿收入），减去为处置这些资产而支付的有关费用后的净额。

（4）"处置子公司及其他营业单位收到的现金净额"项目，反映企业处置子公司及其他营业单位所取得的现金，减去子公司或其他营业单位持有的现金和现金等价物以及相关处置费用后的净额。

（5）"购建固定资产、无形资产和其他长期资产支付的现金"项目，反映企业购买、建造固定资产；取得无形资产和其他长期资产支付的现金（含增值税税款等），包括购买机器设备所支付的现金、建造工程支付的现金、支付在建工程人员的工资等现金支出。

（6）"投资支付的现金"项目，反映企业取得除现金等价物以外的对其他企业的长期股权投资等所支付的现金以及支付的佣金、手续费等附加费用，但取得子公司及其他营业单位支付的现金净额除外。

（7）"取得子公司及其他营业单位支付的现金净额"项目，反映企业取得子公司及其他营业单位购买出价中以现金支付的部分，减去子公司或其他营业单位持有的现金和现金等价物后的净额。

（8）"收到其他与投资活动有关的现金""支付其他与投资活动有关的现金"项目，反映企业除上述（1）至（7）项目外收到或支付的其他与投资活动有关的现金，金额较大的应当单独列示。

3.筹资活动产生的现金流量

（1）"吸收投资收到的现金"项目，反映企业以发行股票、债券等方式筹集资金实际收到的款项（发行收入减去支付的佣金等发行费用后的净额）。

（2）"取得借款收到的现金"项目，反映企业举借各种短期、长期借款而收到的现金，以及发行债券实际收到的款项净额（发行收入减去直接支付的佣金等发行费用后的净额）。

（3）"偿还债务支付的现金"项目，反映企业以现金偿还债务的本金，包括归还金融企业的借款本金、偿付企业到期的债券本金等。

（4）"分配股利、利润或偿付利息支付的现金"项目，反映企业实际支付的现金股利、支付给其他投资单位的利润或用现金支付的借款利息、债券利息。

（5）"收到其他与筹资活动有关的现金""支付其他与筹资活动有关的现金"项目，反映企业除上述（1）至（4）项目外收到或支付的其他与筹资活动有关的现金，金额较大的应单独列示。

4.汇率变动对现金及现金等价物的影响

"汇率变动对现金及现金等价物的影响"项目，反映下列两个金额之间的差额：

（1）企业在将外币现金流量折算为记账本位币时，采用现金流量发生日的即期汇率或按照系统合理的方法确定的、与现金流量发生日即期汇率近似的汇率折算的金额（编制合并现金流量表时折算境外子公司的现金流量，应当比照处理）；

（2）企业外币现金及现金等价物净增加额按资产负债表日即期汇率折算的金额。

任务五　所有者权益变动表的编制

一、所有者权益变动表概述

所有者权益变动表是指反映构成所有者权益各组成部分当期增减变动情况的报表。

通过所有者权益变动表，既可以为报表使用者提供所有者权益总量增减变动的信息，也能为其提供所有者权益增减变动的结构性信息，特别是能够让报表使用者理解所有者权益增减变动的根源。

二、所有者权益变动表的结构

在所有者权益变动表上，企业至少应当单独列示反映下列信息的项目：（1）综合收益总额；（2）会计政策变更和差错更正的累积影响金额；（3）所有者投入资本和向所有者分配利润等；（4）提取的盈余公积；（5）实收资本（或股本）、资本公积、盈余公积、未分配利润的期初和期末余额及调节情况。

所有者权益变动表以矩阵的形式列示：一方面，列示导致所有者权益变动的交易或事项，即按所有者权益变动的来源对一定时期所有者权益的变动情况进行全面反映；另一方面，按照所有者权益各组成部分（即实收资本、资本公积、盈余公积、未分配利润和库存股）及其总额列示交易或事项对所有者权益的影响。

所有者权益变动表见表10-6。

三、所有者权益变动表的编制（适用于尚未执行新金融准则和新收入准则的企业）

（一）所有者权益变动表各项目的填列方法

所有者权益变动表各项目均需填列"本年金额"和"上年金额"两栏。

所有者权益变动表"上年金额"栏内各项数字应根据上年度所有者权益变动表"本年金额"栏内所列数字填列。上年度所有者权益变动表规定的各个项目的名称和内容同本年度不一致的，应对上年度所有者权益变动表各项目的名称和数字按照本年度的规定进行调整，填入所有者权益变动表的"上年金额"栏内。

表10-6　　　　　　　　　　　　　　　　所有者权益变动表　　　　　　　　　　　　　会企04表

编制单位：　　　　　　　　　　　　　　　　　年度　　　　　　　　　　　　　　　　单位：元

项　目	本年金额										上年金额									
	实收资本(或股本)	其他权益工具			资本公积	减:库存股	其他综合收益	盈余公积	未分配利润	所有者权益合计	实收资本(或股本)	其他权益工具			资本公积	减:库存股	其他综合收益	盈余公积	未分配利润	所有者权益合计
		优先股	永续债	其他								优先股	永续债	其他						
一、上年年末余额																				
加：会计政策变更																				
前期差错更正																				
其他																				
二、本年年初余额																				
三、本年增减变动金额（减少以"-"号填列）																				
（一）综合收益总额																				
（二）所有者投入和减少资本																				
1.所有者投入的普通股																				
2.其他权益工具持有者投入资本																				
3.股份支付计入所有者权益的金额																				
4.其他																				
（三）利润分配																				
1.提取盈余公积																				
2.对所有者（或股东）的分配																				
3.其他																				
（四）所有者权益内部结转																				
1.资本公积转增资本（或股本）																				
2.盈余公积转增资本（或股本）																				
3.盈余公积弥补亏损																				
4.设定受益计划变动额结转留存收益																				
5.其他																				
四、本年年末余额																				

所有者权益变动表"本年金额"栏内各项数字一般应根据"实收资本（或股本）"、"资本公积"、"其他综合收益"、"盈余公积"、"利润分配"、"库存股"及"以前年度损益调整"科目的发生额分析填列。

企业的净利润及其分配情况作为所有者权益变动表的组成部分，不需要单独编制利润分配表列示。

（二）所有者权益变动表主要项目说明

（1）"上年年末余额"项目，反映企业上年资产负债表中实收资本（或股本）、资本公积、盈余公积、未分配利润的年末余额。

"会计政策变更"和"前期差错更正"项目，分别反映企业采用追溯调整法处理的会计政策变更的累积影响金额和采用追溯重述法处理的会计差错更正的累积影响金额。

（2）"本年增减变动金额"项目：

①"综合收益总额"项目，反映净利润和其他综合收益扣除所得税影响后的净额相加后的合计金额。

②"所有者投入和减少资本"项目，反映企业当年所有者投入的资本和减少的资本。

A."所有者投入的普通股"项目，反映企业接受投资者投入形成的实收资本（或股本）和资本溢价（或股本溢价）。

B.“其他权益工具持有者投入资本”项目，反映持有的优先股、永续债等转入的股份，对应列示在“优先股”“永续债”等栏。

C.“股份支付计入所有者权益的金额”项目，反映企业处于等待期中的权益结算的股份支付当年计入资本公积的金额。

（3）“所有者权益内部结转”项目，反映企业构成所有者权益的各组成部分之间的增减变动情况。

① “资本公积转增资本（或股本）”项目，反映企业以资本公积转增资本（或股本）的金额。

② “盈余公积转增资本（或股本）”项目，反映企业以盈余公积转增资本（或股本）的金额。

③ “盈余公积弥补亏损”项目，反映企业以盈余公积弥补亏损的金额。

本情境综合习题

一、单项选择题

1.下列各科目的期末余额，不应在资产负债表“存货”项目列示的是（　　　）。

　　A.库存商品　　　　　B.生产成本　　　　　　C.在建工程　　　　　　D.发出商品

2.年度终了前，资产负债表中的“未分配利润”项目，应根据（　　　）填列。

　　A.“利润分配”科目余额

　　B.“本年利润”科目余额

　　C.“本年利润”和“利润分配”科目的余额

　　D.“应付股利”科目余额

3.处置固定资产净收入在现金流量表的（　　　）中反映。

　　A.经营活动产生的现金流量　　　　　　　B.投资活动产生的现金流量

　　C.筹资活动产生的现金流量　　　　　　　D.不影响企业现金流量

4.下列各项业务引起企业现金净额发生变化的项目是（　　　）。

　　A.将现金存入开户银行　　　　　　　　　B.用企业设备清偿债务

　　C.用银行存款支付购货款　　　　　　　　D.用现金购入3个月内到期的债券

5.支付的各项税费填报的现金流量表项目是（　　　）。

　　A.经营活动产生的现金流量　　　　　　　B.筹资活动产生的现金流量

　　C.投资活动产生的现金流量　　　　　　　D.不影响现金变化的业务

6.现金流量表中“偿还债务支付的现金”项目反映企业（　　　）。

　　A.现金偿还债务的本金　　　　　　　　　B.现金偿还债务的利息

　　C.现金偿还借款的利息　　　　　　　　　D.现金偿还债务本金和利息

7.甲企业2018年6月30日“固定资产”科目余额为5 000万元，“累计折旧”科目余额为2 000万元，“固定资产减值准备”科目余额为250万元，“工程物资”科目余额为500万元，“固定资产清理”科目余额为300万元。该企业2018年6月30日资产负债表中固定资产项目的金额为（　　　）万元。

　　A.3 050　　　　　　　B.225　　　　　　　C.2 750　　　　　　　D.5 500

8.下列各项中，在利润表中反映的项目是（　　　）。

　　A.未分配利润　　　　　　　　　　B.资本公积

　　C.营业利润　　　　　　　　　　　D.提取法定盈余公积

9.某企业 2015 年 7 月 1 日从银行借入期限为 4 年的长期借款 600 万元，2018 年 12 月 31 日编制资产负债表时，此项借款应填入的报表项目是（　　　）。

　　A.短期借款　　　　　　　　　　　B.长期借款

　　C.其他非流动负债　　　　　　　　D.一年内到期的非流动负债

10.某企业期末原材料账户借方余额为 200 000 元，库存商品账户借方余额为 100 000 元，材料成本差异账户借方余额 2 000 元，商品进销差价账户贷方余额 5 000 元，资产负债表的存货项目应填列的金额为（　　　）元。

　　A.370 000　　　　B.270 000　　　　C.220 000　　　　D.250 000

11.下列各项中，应在资产负债表中"货币资金"项目列示的是（　　　）。

　　A.银行本票存款

　　B.银行承兑汇票

　　C.商业承兑汇票

　　D.以公允价值计量且其变动计入当期损益的金融资产

12.企业 2018 年 10 月 31 日生产成本借方余额 50 000 元，原材料借方余额 30 000 元，委托代销商品借方余额 40 000 元，周转材料借方余额 9 500 元，存货跌价准备贷方余额 3 000 元，则资产负债表"存货"项目的金额为（　　　）元。

　　A.116 500　　　　B.117 500　　　　C.119 500　　　　D.126 500

13.某企业年末"应收票据"科目余额为 0，"应收账款"科目的借方余额为 650 万元，其中，"应收账款"明细账的借方余额为 850 万元，贷方余额为 200 万元，年末计提坏账准备后的"坏账准备"科目的贷方余额为 65 万元。假定年末坏账准备均与应收账款相关，该企业年末资产负债表中"应收票据及应收账款"项目的金额为（　　　）万元。

　　A.585　　　　　　B.600　　　　　　C.785　　　　　　D.800

14.下列各项中，应在所有者权益变动表中反映的是（　　　）。

　　A.支付职工薪酬　　　　　　　　　B.盈余公积转增股本

　　C.赊购商品　　　　　　　　　　　D.购买商品支付的现金

15.下列各项中，应在资产负债表中作为非流动负债列示的是（　　　）。

　　A.其他应付款　　　　　　　　　　B.应付票据及应付账款

　　C.应付债券　　　　　　　　　　　D.应付职工薪酬

二、多项选择题

1.下列各项账户余额在资产负债表"货币资金"项目反映的有（　　　）。

　　A.库存现金　　　B.其他货币资金　　　C.银行存款　　　D.长期借款

2.下列各项账户余额在资产负债表"存货"项目反映的有（　　　）。

　　A.材料采购　　　B.周转材料　　　C.存货跌价准备　　　D.生产成本

3.现金等价物的特点包括（　　　）。

　　A.期限短　　　　　　　　　　　　B.流动性强

　　C.易于转为已知金额的现金　　　　D.价值变动风险很小

4.下列各项中，期末余额影响"固定资产"项目列示金额的有（　　　）。

 A.在建工程   B.工程物资

 C.固定资产减值准备   D.累计折旧

5.经营活动产生的现金流量中"支付的各项税费"包括的内容有（　　　）。

 A.本期支付的教育费附加   B.本期支付的印花税

 C.本期支付的房产税   D.本期支付的罚款

6.下列各项属于筹资活动产生的现金流量项目的有（　　　）。

 A.吸收投资收到现金   B.取得借款收到现金

 C.偿还债务支付现金   D.分配股利支付现金

7.下列各项在利润表中填列的内容有（　　　）。

 A.税金及附加   B.所得税费用

 C.公允价值变动损益   D.利润总额

8.所有者权益变动表列报的项目有（　　　）。

 A.本年净利润   B.提取盈余公积

 C.直接计入所有者权益的利得和损失 D.资产公积转增资本

9.在填列资产负债表"一年内到期的非流动负债"项目时，需要考虑的会计科目有（　　　）。

 A.应付债券 B.长期借款 C.长期应付款 D.应付利息

10.下列各项中，可以通过资产负债表反映的有（　　　）。

 A.某一时点的财务状况   B.某一时点的偿债能力

 C.某一期间的经营成果   D.某一期间的获利能力

11.下列各项属于流动负债的有（　　　）。

 A.应付票据   B.一年内到期的非流动负债

 C.预付账款   D.应付职工薪酬

12.下列各项中，应在资产负债表"应交税费"项目列示的有（　　　）。

 A.应交未交的消费税   B.应交未交的所得税

 C.应交未交的增值税   D.应交未交的印花税

13.下列各项中，会影响企业利润表中"营业利润"项目填列金额的有（　　　）。

 A.对外投资取得的投资收益 B.出租无形资产取得的租金收入

 C.计提固定资产减值准备   D.缴纳所得税

14.下列各项可能影响资产负债表"应收票据及应收账款"项目金额的有（　　　）。

 A.应收账款 B.预收账款 C.预付账款 D.坏账准备

15.下列各项中，会使资产负债表中"负债"项目金额增加的有（　　　）。

 A.计提坏账准备   B.计提存货跌价准备

 C.计提一次还本付息应付债券的利息 D.计提分期付息长期借款利息

三、判断题

1.资产负债表中填报的各项目应分别根据相应账户的期末余额抄列。 （　　）

2.资产负债表中的"货币资金"项目反映企业现金和银行存款的期末余额合计数。（　　）

3.利润表是反映企业一定会计期间经营成果的财务报表。   （　　）

4.利润表的营业收入和营业成本项目分别反映企业主营业务和其他业务确认的收入总

额和实际成本总额。 （　）

5.资产负债表是反映企业一定会计期间财务状况、经营活动情况和现金流量的报表。 （　）

6.企业的月度、季度和年度财务会计报告均应同时报送财务会计报告附注。 （　）

7.一年内到期的长期借款需要列示在资产负债表中"短期借款"项目下。 （　）

8.企业期末各项原材料、低值易耗品、包装物、在途物资、周转材料、工程物资都需要计入"存货"项目。 （　）

9.企业购建固定资产支付的现金应列示在现金流量表"经营活动产生的现金流量"项目中。 （　）

10.如果"生产成本""制造费用"科目存在期末余额，则应在资产负债表"存货"项目下列示。 （　）

11."长期股权投资"项目应根据"长期股权投资"科目的期末余额，减去"长期股权投资减值准备"科目的期末余额后的金额填列。 （　）

12."利润分配"总账的年末余额不一定与相应的资产负债表中"未分配利润"项目的数额一致。 （　）

本情境账务处理案例

宏发有限责任公司为一般纳税人，增值税税率为16%，所得税税率为25%，采用应付税款法核算，原材料采用实际成本法核算。该公司2018年12月有关账户期初余额见表10-7。

表10-7　　　　　　　　　　2018年12月有关账户期初余额　　　　　　　　单位：元

账户名称	借方金额	账户名称	贷方金额
库存现金	800	短期借款	120 000
银行存款	5 610 720	应付票据	800 000
以公允价值计量且其变动计入当期损益的金融资产	60 000	应付账款	326 740
应收票据	918 400	其他应付款	22 640
应收账款	120 000	应付职工薪酬	440 000
坏账准备	-3 600	应交税费	12 000
预付账款	40 000	应付利息	4 000
其他应收款	2 000	长期借款	6 040 000
在途物资	90 000	其中：一年内到期的长期借款	400 000
原材料	220 000	实收资本	8 000 000
周转材料	35 220	盈余公积	1 560 160
库存商品	672 000	未分配利润	200 000
长期股权投资	1 000 000		
固定资产	6 000 000		
累计折旧	-160 000		
在建工程	600 000		
无形资产	2 400 000		
累计摊销	-80 000		
合　计	17 525 540	合　计	17 525 540

该公司2018年12月份发生如下经济业务：

（1）12月1日，购入材料一批，买价60 000元，增值税进项税额为10 200元，款项以银行存款支付，材料未到。

（2）12月2日，以银行存款支付到期的商业汇票款40 000元。

（3）12月5日，购入材料一批，材料价款39 920元，增值税税率为16%，价税款以银行存款付清，材料验收入库。

（4）12月6日，收到上月付款的材料一批验收入库，实际成本40 000元。

（5）12月7日，销售商品一批，售价120 000元，增值税税率为16%，现金折扣条件为"2/10，1/10，N/30"，合同约定计算现金折扣时不考虑增值税税额。该批商品的实际成本72 000元。

（6）12月10日，收到上述销售商品价款存入银行。

（7）12月10日，投资的兴华公司宣告分派现金股利200 000元，公司对兴华公司的投资占兴华公司所有者权益总额的60%，15日，收到上述股利存入银行。

（8）12月12日，出售以公允价值计量且其变动计入当期损益的金融资产，账面价值60 000元，无公允价值变动，收到款项86 600元存入银行。

（9）12月13日，购入一台不需要安装的设备，设备价款40 400元，增值税税率为16%，价税款已用银行存款支付，设备投入使用。

（10）12月14日，购入工程用物资一批，物资价款51 283元，增值税税率为16%，物资入库，款项用银行存款支付。

（11）12月15日，计算应付工程人员工资80 000元。

（12）12月16日，一项工程达到预定可使用状态，工程全部造价560 000元。

（13）12月17日，计算未完工程负担的长期借款利息60 000元，利息尚未支付。

（14）12月18日，报废生产用设备一台，原值80 000元，已提折旧72 000元，用银行存款支付清理费200元，残值收入320元存入银行，清理工作全部完成。

（15）12月18日，从工商银行借入三年期借款160 000元用于购建固定资产，借款已存入银行。

（16）12月19日，销售商品一批，售价280 000元，增值税税率为16%，款项尚未收到。该批商品的实际成本为168 000元。

（17）12月19日，收到到期的无息银行承兑汇票款80 000元存入银行。

（18）12月20日，接受华美公司投入一项专利技术，投资协议约定该项专利权价值为500 000元，增值税税率为6%，该项专利技术投资协议约定价值与公允价值一致。投资后，华美公司在所有者权益中享有的份额为400 000元。

（19）12月20日，用银行存款归还到期的短期借款本金100 000元以及全部利息5 000元（利息未提前预提）。

（20）12月21日，用银行存款支付业务招待费5 000元，支付税收滞纳金罚款2 000元。

（21）12月21日，分配本月生产经营人员工资120 000元，其中生产经营人员工资110 000元，车间管理人员工资4 000元，行政管理人员工资6 000元。

（22）12月22日，用银行存款支付上月工资：应发工资150 000元，代扣代缴个人所得税3 000元，代扣养老保险、住房公积金15 000元。

（23）12月23日，生产车间生产产品领用原材料280 000元，领用生产用包装物4 500元。

（24）12月24日，生产车间生产产品领用低值易耗品20 000元，采用一次摊销法摊销。

（25）12月25日，用银行存款支付产品广告费8 000元。

（26）12月26日，结转一批完工产品成本12 960元。

（27）12月31日，用银行存款上缴本月产生的部分增值税税款40 000元。

（28）12月31日，计提无形资产本月摊销金额24 000元。

（29）12月31日，计提本月固定资产折旧，生产车间32 000元，管理部门8 000元。

（30）12月31日，在对存货进行清查时，发现原材料毁损1 000千克，该原材料购入时单价5元，增值税税率为16%。经查实，原材料毁损属于管理不善导致其变质。

（31）年末，按应收账款余额的3%计提坏账准备。

（32）计算以摊余价值计量的债权投资（国债）投资利息5 000元。

（33）将各损益账户发生额转入"本年利润"账户。

（34）计算2018年度公司应交所得税金额，将所得税费用转入"本年利润"账户。

（35）计算本年净利润，结转"本年利润"账户。

其他资料：

（1）2019年1月31日，用银行存款上交2018年产生的所得税。

（2）2019年1月开始研发一项技术，1—3月共发生研发支出500 000元，其中符合资本化条件的支出为455 000元，3月31日，该项技术达到预定状态。

（3）2019年2月25日，经股东大会决议通过2018年公司利润分配方案如下：按净利润的10%计提法定盈余公积，分配现金利润100 000元。

（4）将利润分配各明细账户余额转入"未分配利润"账户。

要求：

（1）根据经济业务逐一编制会计分录；

（2）编制2018年12月31日的资产负债表；

（3）编制2018年度的利润表；

（4）根据其他资料，编制相关会计分录。

参考文献

［1］中华人民共和国财政部. 企业会计准则［M］. 北京：经济科学出版社，2018.

［2］孔德兰. 企业财务会计［M］. 北京：高等教育出版社，2014.

［3］财政部会计资格评价中心. 初级会计实务［M］. 北京：中国财政经济出版社，2018.

［4］财政部会计资格评价中心. 中级会计实务［M］. 北京：中国财政经济出版社，2018.

［5］中国注册会计师协会. 会计［M］. 北京：中国财政经济出版社，2018.

［6］康丽华. 财务会计［M］. 上海：上海财经大学出版社，2012.

［7］中华人民共和国财政部. 企业会计准则应用指南［M］. 上海：立信会计出版社，2018.

［8］王宗江，张宝清. 财务会计［M］. 北京：高等教育出版社，2011.

［9］中华会计网校，http://www.chinaacc.com/.

［10］东奥会计在线，http://www.dongao.com/.